Riebel/Paudtke/Zscherlich · Verrechnungspreise

Paul Riebel · Helmut Paudtke
Wolfgang Zscherlich

Verrechnungspreise für Zwischenprodukte

Ihre Brauchbarkeit für Programmanalyse, Programmwahl und Gewinnplanung unter besonderer Berücksichtigung der Kuppelproduktion

Fachmedien Wiesbaden GmbH 1973

ISBN 978-3-531-11097-4 ISBN 978-3-322-83605-2 (eBook)
DOI 10.1007/978-3-322-83605-2

Ursprünglich erschienen bei Westdeutscher Verlag GmbH Opladen 1973
Softcover reprint of the hardcover 1st edition 1973

Gesamtherstellung: Dr. Friedrich Middelhauve GmbH Opladen
Schutzumschlag von Hanswerner Klein Opladen

Vorwort

So gut wie alle Unternehmungen - von kleinsten und einfachsten Verhältnissen abgesehen - sind gezwungen, Entscheidungsbefugnisse zu delegieren oder wenigstens nach Teilbereichen differenziert zu planen und zu kontrollieren. Da die Teilbereiche in der Regel voneinander mehr oder weniger abhängig sind, gilt es sicherzustellen, daß bei Entscheidungen, die zentral für einen Teilbereich oder dezentral in ihm selbst getroffen werden, die Auswirkungen auf andere Teilbereiche berücksichtigt werden. Dezentralisierte Entscheidungen müssen somit koordiniert werden. Diese Koordination läßt sich grundsätzlich durch ein System von internen Betriebspreisen oder Verrechnungspreisen erreichen oder wenigstens ansteuern. Eine solche "pretiale Betriebslenkung" steht und fällt mit dem Auffinden solcher Verrechnungspreise oder "Betriebswerte", welche "die Abteilungsleiter veranlassen, so zu disponieren, daß die Gesamtunternehmung davon den größten Nutzen hat" (Schmalenbach). Entsprechendes gilt für eine auf Teilbereiche beschränkte Planung bei zentralisierter Entscheidung. Neben der Koordination von Bereichsinteresse und Gesamtinteresse sollen die Verrechnungspreise aber auch noch weitere Zwecke erfüllen; insbesondere sollen sie eine zutreffende Vorkalkulation der Kosten, der Leistungen und des Ergebnisses ermöglichen.

In der Praxis wird mit zahlreichen Arten von Verrechnungspreisen und Verfahren zu ihrer Bestimmung gearbeitet; weitere Möglichkeiten der Bildung von Verrechnungspreisen werden in der Literatur erörtert. Unter sonst gleichen Bedingungen führen sie durchweg zu unterschiedlichen Wertansätzen und damit auch zu einer unterschiedlichen Beurteilung der Zwischenprodukte und innerbetrieblichen Leistungen in den Entscheidungskalkülen. Welche der mannigfaltigen Möglichkeiten, Verrechnungspreise zu bilden, den jeweiligen Zwecken, Fragestellungen und Betriebsgegebenheiten gerecht wird, ja ob Verrechnungspreise überhaupt für die Betriebslenkung und andere Aufgaben geeignet sind, ist in Wissenschaft und Praxis umstritten. Daher ist zu fragen:

Wie wirkt sich der Ansatz unterschiedlich ermittelter Verrechnungspreise auf Entscheidungen über Teilbereiche oder in ihnen aus?

Unter welchen Voraussetzungen sind Marktpreise oder die verschiedenen Varianten von Vollkosten und Teilkosten als Lenkungspreise geeignet?

Welche dieser Verrechnungspreise sind zugleich für die Gewinnplanung brauchbar?

Dieser umstrittene Fragenkomplex ist so kompliziert, daß er nur schrittweise angegangen werden kann. Im vorliegenden Werk wird an Hand eines mehrstufigen Betriebsmodells mit Kuppelproduktion (als allgemeinster Form verbundener Produktion) und wechselnd-sukzessiver Weiterverarbeitung untersucht, wie sich verschiedene Arten kostengebundener und marktpreisorientierter Verrechnungspreise auf die Beurteilung eines gegebenen Produktionsprogramms und die Programmwahl sowie auf die Vorkalkulation des Periodengewinns bei gegebener Betriebsbereitschaft auswirken. Die Übertragbarkeit der gewonnenen Erkenntnisse auf andere Produktionsstrukturen wird überprüft. Im Laufe der Untersuchung werden die Ausgangsannahmen schrittweise abgebaut. Außerdem werden Zahl und Lage der Engpässe sowie die Verhältnisse auf den Zwischenproduktmärkten variiert. Weiter wird die zunächst auf die Weiterverarbeitungsstufen beschränkte Programmautonomie im Laufe der Untersuchung auch auf die Vorstufen ausgedehnt, und schließlich wird noch die Wahl zwischen verschiedenen Rohstoffen und Ausbeuteverhältnissen einbezogen, um die Anwendungsgrenzen der zunächst als brauchbar erkannten Verrechnungspreise abzutasten. Als Beurteilungsbasis dienen dabei jeweils die Ergebnisse einer Gesamtrechnung.

Soweit als möglich wurde die verbal-numerische Darstellung bevorzugt, obwohl sie mehr Raum als eine rein mathematische Formulierung erfordert. Mit zunehmendem Abbau der Ausgangsannahmen werden freilich die Zusammenhänge komplizierter, so daß die mathematische Beweisführung nicht mehr zu vermeiden ist. Die Darstellung ist dennoch so gehalten, daß ihr auch der mathematisch Ungeschulte, wenn er den Formelapparat überspringt, folgen kann. Der eilige Leser, der sich zunächst über die Ergebnisse der Untersuchung informieren möchte, findet detailliertere Zusammenfassungen als im Schlußkapitel im Siebenten Kapitel sowie auf S. 288 ff., 301 ff., 310 f., 319 f., 338 f., 363 ff., 385 ff. und 401 f. Die numerierten Tabellen und Matrizen sind im Anhang zusammengefaßt, die übrigen befinden sich unmittelbar im Text.

Zur Entstehung dieser Untersuchung ist folgendes anzumerken:

Auf Anregungen aus dem Betriebswirtschaftlichen Ausschuß des Verbandes der Chemischen Industrie e.V. wurde schon vor Jahren im Rahmen der Betriebswirtschaftlichen Forschungsstelle Chemische Industrie am Seminar für Industriewirtschaft der Johann Wolfgang Goethe-Universität, Frankfurt, mit Voruntersuchungen zur Brauchbarkeit kostengebundener Verrechnungspreise bei Kuppelproduktion begonnen, an denen unter meiner Leitung vor allem die Herren Dipl.-Kfm. Jürgen Thielking und Dipl.-Kfm. Wolfgang Schmidt beteiligt waren. Diese verbal-numerischen Untersuchungen wurden später durch Herrn Dipl.-Kfm. Helmut Paudtke überarbeitet, erweitert und fortgeführt.

Parallel dazu lief eine von Herrn Dipl.-Wirtschaftsingenieur Dr. Wolfgang Zscherlich unter meiner Leitung durchgeführte, mathematisch-formale Analyse der Brauchbarkeit von Verrechnungspreisen unter solchen Bedingungen, die einer rein verbal-numerischen Betrachtungsweise nur schwer zugänglich sind. Der Deutschen Forschungsgemeinschaft danken wir dafür, diese Untersuchung eineinhalb Jahre gefördert zu haben.

Herr Zscherlich hat später diese Untersuchungen im Rahmen der Forschungsstelle noch erweitert und schließlich gemeinsam mit Herrn Paudtke zu der vorliegenden Gesamtdarstellung zusammengefaßt. Herrn Dr. Wolfgang Männel danken wir für die kritische Durchsicht der Entwurfsfassung und die damit verbundenen Anregungen. Dem Verband der Chemischen Industrie e.V. und seinem Betriebswirtschaftlichen Ausschuß gilt unser besonderer Dank dafür, daß er diese Forschungsarbeiten nicht nur über Jahre gefördert, sondern auch die Veröffentlichung durch einen Druckkostenzuschuß unterstützt hat. Dem Westdeutschen Verlag danken wir für die verlegerische Betreuung.

Paul Riebel

Inhaltsverzeichnis

Verzeichnis der Tabellen und Matrizen

Symbol- und Abkürzungsverzeichnis

Daten der kommenden Periode werden, soweit sie von denen der abgelaufenen abweichen, durch einen hochgestellten Querstrich ($\bar{\ }$) gekennzeichnet. Sofern es sich um Kostengrößen handelt, werden hierdurch die jeweils verrechneten Kosten bezeichnet.

Symbol	Dimension	
A	-	Hauptendprodukt
B	-	Nebenendprodukt
C	DM/t	verfahrensunabhängige Kostenbestandteile
D	DM	proportionale Energiekosten der Periode
DB	DM	Deckungsbeitrag der Periode
E	DM	reduzierter Nettoerlös der Periode (nach Abzug der umsatzabhängigen Kosten)
E_g	DM	Nettoerlös der Periode (vor Abzug der umsatzabhängigen Kosten)
F	DM	Perioden-Bereitschaftskosten des Gesamtunternehmens (Verwaltungs- und Vertriebsgemeinkosten)
$F_{U,V,W,X}$	DM	Perioden-Bereitschaftskosten der Produktionsstellen
FK	DM	Fixkosten
G	DM	vorausberechneter Gewinn der Periode
H	-	(unmittelbares) Hauptkuppelprodukt
HW	kcal/kg	praktisch erreichbarer Heizwert
K	DM	Kosten der Periode
L	-	(unmittelbares) Nebenkuppelprodukt
LE	-	Leistungseinheit
M	DM	proportionale Materialkosten der Periode
ME	-	Mengeneinheit
MP	DM/t	Marktpreis
Q	-	Faktor zur Verrechnung der Verwaltungs- und Vertriebsgemeinkosten
R	-	Rohstoff
S	-	Dispositionsstelle

Symbol	Dimension	
T	h	Bearbeitungszeit
U	-	Produktionsstellen
V	-	
VP	DM/t	Verrechnungspreis
VP_A	DM/t	Verrechnungspreis der Zwischenprodukte
VP_H	DM/t	Verrechnungspreis des Hauptkuppelproduktes
VP_L	DM/t	Verrechnungspreis des Nebenkuppelproduktes
VV	-	Verwaltung und Vertrieb
W	-	Produktionsstellen
X	-	
Y	DM	verfahrens-(verrechnungspreis-)abhängiger Teil des Gewinns der Periode
Z	-	Zusatzstoff
ZS	DM/t	Zwischensumme
Δ	-	Differenz
Θ	-	Endproduktpäckchen(-kombinat)
Φ	-	Kuppelproduktpäckchen(-kombinat)
a	t	Ausbringung des Hauptendproduktes
a_E	-	Anteil des Zwischenproduktes A am Hauptendprodukt
b	t	Ausbringung des Nebenendproduktes
c	-	Konstante
d	DM/t	Energiekosten je LE
db	DM/t	Deckungsbeitrag je LE
e	DM/t	reduzierter Nettoerlös je LE
f	DM/t	anteilige Bereitschaftskosten je LE
g	DM/t	Nettoergebnis je LE (Stückerfolg)
g_e	DM/h	Nettoergebnis je Engpaßeinheit(-stunde)
h	t	Ausbringung des Hauptkuppelproduktes
h_E	-	Anteil des Hauptkuppelproduktes am Hauptendprodukt
k	DM/t	Kosten je LE
k_{A_λ}	DM/t	proportionale Kosten je LE A_λ (mit Hilfe der Restwertrechnung ermittelt)
k_H	DM/t	proportionale Kosten je LE H (mit Hilfe der Restwertrechnung ermittelt)
k_f	DM/t	anteilige Verwaltungs- und Vertriebsgemeinkosten je LE
l	t	Ausbringung des Nebenkuppelproduktes
m	DM/t	Materialkosten je LE

Symbol	Dimension	
n	-	Zahl der Hauptendprodukte
p	-	Mengenverhältnis der (unmittelbaren) Kuppelprodukte $(\frac{h}{l} = \frac{h}{b})$
q	-	Aufteilungsverhältnis der Kuppelprozeßkosten (Schlüssel)
q'	-	zusätzlicher Schlüsselfaktor
r	t	Einsatzmenge des Rohstoffes
s	-	Verhältnis der Absatzkapazität der neuen zu der der abgelaufenen Periode
t	h/t	Bearbeitungszeit je Endprodukteinheit
y	-	Hilfsvariable
z	t	Einsatzmenge des Zusatzstoffes
α	-	Änderungsfaktor des Schlüsselungsverhältnisses q
ε	DM/t	Bruttoergebnis je LE
ε_e	DM/h	Bruttoergebnis je Engpaßeinheit(-stunde)
η	-	verfahrensabhängiger Faktor des Verrechnungspreises
η'	-	variierter verfahrensabhängiger Faktor des Verrechnungspreises
θ	t	Ausbringung an Endproduktkombinat
κ	-	tatsächlich in der kommenden Periode abgesetzter Teil der möglichen Absatzmenge an Endproduktkombinat
κ'	-	gleich eins gesetzte mögliche Absatzmenge an Endproduktkombinat in der kommenden Periode
ρ	DM/t	verfahrensabhängiger Kostenbestandteil
τ	h/t	Herstellzeit je ME
ϕ	t	Ausbringung an Kuppelproduktkombinat

Indizes

e	je Engpaßeinheit	
eff	effektiv	
G	Gesamtunternehmen	
g	gesamt	
H	je LE Hauptkuppelprodukt	
HK	Herstell-	
i	$1,2,3,\ldots,n_1$	Index der Zusatzstoffe sowie der Zwischenprodukte

j	$1,2,3,\ldots,n_2$ Index der Endstufen
K	Kuppelproduktion
k	$1,2,3,\ldots,n_3$ Index der Hauptendprodukte
L	je LE Nebenkuppelprodukt
max	Maximum
min	Minimum
o	Optimum
p	proportional
R	Restwertrechnung
S	Schlüsselungsverfahren; in Verbindung mit VP auch: spezieller Verrechnungspreis
T	Teilkosten
u	im Unternehmen hergestellt bzw. verbleibend
v	Verkauf
z	Zukauf
λ	$1,2,3,\ldots,n$ zusammenfassender Index der Hauptendprodukte bzw. Endproduktkombinate (statt ijk)
μ	nicht im Programm enthaltene Produkte
ν	Produkte mit negativen Bruttoergebnissen je LE
ω	$1,2,3,\ldots,n$ Index der nach der Rangfolge der Bruttoergebnisse geordneten Endproduktkombinate

Abkürzungen bei Literaturangaben

HWB	Handwörterbuch der Betriebswirtschaft, hrsg. von Seischab, Hans und Schwantag, Karl, 4 Bände, Stuttgart 1957 - 1962
HWR	Handwörterbuch des Rechnungswesens, hrsg. von Kosiol, Erich, Stuttgart 1970
N.A.A. Bulletin	National Association of Accountants' Bulletin
ZfB	Zeitschrift für Betriebswirtschaft
ZfbF, NF	Schmalenbachs Zeitschrift für betriebswirtschaftliche Forschung (Neue Folge der Zeitschrift für handelswissenschaftliche Forschung)
ZfhF, NF	Zeitschrift für handelswissenschaftliche Forschung, Neue Folge
ZfN	Zeitschrift für Nationalökonomie

Einleitender Teil: Allgemeine Grundlegung

I. Bedeutung und Arten der Verrechnungspreise

1. Bedeutung und Zwecke der Verrechnungspreise in der Industrie

Je größer und differenzierter ein Unternehmen ist, desto mehr besteht das Bedürfnis, ja die Notwendigkeit, das betriebliche Geschehen rechnerisch abzuspiegeln, um es noch überschauen und beherrschen zu können. Es ist daher nicht verwunderlich, daß das Rechnungswesen der Unternehmungen seit über einem Jahrhundert mehr und mehr innerbetriebliche Vorgänge einbezieht und immer weiter in die Einzelheiten des internen Betriebsgeschehens eindringt. Dabei werden die Verhältnisse in den einzelnen Verantwortungsbereichen und der Fluß der internen Hilfsleistungen von Kostenstelle zu Kostenstelle ebenso verfolgt wie der Weg der für den Markt bestimmten Produkte vom Rohstoff bis zum Fertigerzeugnis, ja bis zum Abnehmer.

Sobald die Betriebsverhältnisse so komplex geworden sind, daß die Planung nach Teilbereichen differenziert werden muß - aber auch aus zahlreichen anderen Gründen (1) -, wird es erforderlich, die von Planungsbereich zu Planungsbereich fließenden Zwischenprodukte oder "Wiedereinsatzleistungen" nicht nur mengenmäßig zu berücksichtigen, sondern sie mit internen Preisen, Betriebspreisen oder "Betriebswerten" (Schmalenbach) zu versehen. Weil dadurch eine wertmäßige Verrechnung der Leistungsübertragungen ermöglicht wird, bezeichnet man diese Wertansätze treffend als "Verrechnungspreise" (2).

Die eigentliche Funktion dieser Bewertung liegt dabei darin, technische in ökonomische Größen zu transponieren sowie insbesondere Maßstäbe für die Beurteilung und Lenkung ökonomischer Sachverhalte zu liefern (und weniger in der Nebenwirkung, he-

1) Siehe die Zusammenstellung der wichtigsten Zwecke der Verrechnungspreise auf S. 28 f.

2) Wenn im folgenden von "Verrechnungspreisen" die Rede ist, sind stets diese "innerbetrieblichen Verrechnungspreise" gemeint, da die "externen Verrechnungspreise" zwischen selbständigen Betrieben, die in zentral gelenkten Volkswirtschaften eine bedeutende Rolle spielen, für die vorliegende Untersuchung nicht relevant sind.

terogene Güter addierbar zu machen).

Die Lenkungsfunktion innerbetrieblicher Verrechnungspreise gewinnt eine überragende Bedeutung, wenn die Unternehmungsleitung Entscheidungsbefugnisse delegiert. Dann kommt es vor allem darauf an, solche Verrechnungspreise zu wählen, die geeignet sind, die Interessen der einzelnen Verantwortungsbereiche untereinander zu koordinieren und mit denen der Gesamtunternehmung zu identifizieren. Auch für die zentrale Kontrolle, die als Gegenstück zur dezentralen Unternehmungsleitung gefordert werden muß, ist es notwendig, Verrechnungspreise für die Leistungsübertragungen von Verantwortungsbereich zu Verantwortungsbereich festzusetzen.

In der Industrie ist die Ermittlung von Verrechnungspreisen für Zwischenprodukte oder Wiedereinsatzleistungen besonders wichtig. Die Leistungserstellung vollzieht sich nämlich nur selten in einem einzigen, in sich abgeschlossenen und nicht unterteilten technologischen Prozeß. Zumeist ist schon für die Herstellung der Grundstoffe eine ganze Reihe von Produktionsstufen neben- und hintereinandergeschaltet. Das macht vielfach nicht nur eine apparative und räumliche Trennung erforderlich, sondern auch eine organisatorische Untergliederung mit zahlreichen Übergängen von Zwischenprodukten und anderen Wiedereinsatzleistungen von einem Verantwortungsbereich zum anderen.

In verstärktem Maße gilt dies für die gewöhnlich sehr stark verästelte Weiterverarbeitung zu mannigfaltig differenzierten Endprodukten, die zumeist recht kompliziert sind und aus zahlreichen Komponenten bestehen. Schematische Darstellungen der Produktionsabläufe zeigen - insbesondere in der chemischen Industrie, aber auch in anderen Zweigen - nur selten eine Gruppe nebeneinander oder unverzweigt hintereinander ablaufender Prozesse, sondern zumeist ein mehr oder minder engmaschiges Netzwerk ineinanderverflochtener Produktionsvorgänge. Die Gründe hierfür liegen vor allem darin, daß zahlreiche Zwischenprodukte für die unterschiedlichsten Endprodukte eingesetzt werden können. Die sogenannten "Stammbäume" wichtiger chemischer Grundstoffe vermitteln, obwohl sie meist stark vereinfacht sind, von dieser Verflechtung ein anschauliches Bild. Ähnliche Verhältnisse liegen aber auch bei den Bauelementen und Baugruppen der Elektroindustrie und des Maschinenbaus vor.

Eine weitere wichtige Ursache für die Verflochtenheit der Produktionsprozesse und die Vielgliedrigkeit der Produktionsstruktur in einigen Industriezweigen, insbesondere in der chemischen Industrie und der Mineralölindustrie, in Metallhütten und grossen Teilen der Nahrungsmittelindustrie, liegt in dem ausgeprägten Auftreten der Kuppelproduktion. Darunter versteht man den zwangsläufigen Anfall von zwei oder mehr verschiedenartigen Produkten in einem Produktionsprozeß. Diese Erscheinung zwingt dazu, nach wirtschaftlich ergiebigen Verwendungsmöglichkeiten für die einzelnen Kuppelprodukte zu suchen, was vielfach erst durch Weiterverarbeitung im eigenen Betrieb, Unternehmen oder Konzern möglich ist. Häufig entstehen dadurch wieder neue Kuppelprodukte, die abermals zur Angliederung weiterer Produktionsprozesse zwingen (3).

Schließlich führen auch die hohe Materialintensität mancher Industriezweige und die qualitativen Anforderungen an die benötigten Grundmaterialien - vor allem bei der Großchemie - zwecks Sicherung der Bezugsquellen oftmals zu einer unternehmensmäßigen Verflechtung mit vorgelagerten Produktionsstufen. In ähnlicher Weise können das Streben, den Absatz zu sichern, und häufig auch die Notwendigkeit, wirtschaftlich günstige Absatzmöglichkeiten überhaupt erst zu schaffen, es nahelegen, eine Verflechtung mit nachgelagerten Produktionsstufen oder Absatzorganen einzugehen.

Diese kurzen Andeutungen mögen genügen, um darzulegen, welche große Rolle Leistungsübergänge und Wiedereinsatzleistungen in der Industrie, insbesondere in Großbetrieben, spielen. Je größer und differenzierter die abzurechnenden Werke, Unternehmungen und Konzerne sind, desto notwendiger ist es im allgemeinen, Verrechnungspreise anzuwenden, weil mit zunehmender

3) Zu Einzelheiten siehe Paul Riebel: Die Kuppelproduktion. Betriebs- und Marktprobleme, Köln und Opladen 1955.

Größe das Bedürfnis nach detaillierten Planungen und dezentralisierten Entscheidungen sowie nach Kontrollen des Werteflusses zwischen den Verantwortungsbereichen wächst.

Verrechnungspreise werden in der Industrie - ebenso wie in anderen Wirtschaftszweigen - für die verschiedenartigsten Zwecke und Fragestellungen gebildet, die hier nicht im einzelnen erläutert werden können. Im folgenden sind daher nur die wichtigsten zusammengestellt, wobei die Reihenfolge keinerlei Rangordnung zum Ausdruck bringen soll. Dies verbietet sich schon allein deshalb, weil die Zwecksetzung sowohl von den Entscheidungen der Unternehmensleitung als auch von den jeweiligen leistungsmäßigen und organisatorischen Gegebenheiten abhängt.

Verrechnungspreise werden vor allem für folgende Zwecke gebildet:

1. zur Vorkalkulation der Auswirkungen erwarteter externer und interner Gegebenheiten auf Kosten und Erfolg,

2. zur Vorbereitung unternehmerischer Entscheidungen, beispielsweise für

   a) die Wahl des Produktionsprogramms, insbesondere die Wahl zwischen dem unmittelbaren Verkauf wiedereinsetzbarer Leistungen und den verschiedenen Möglichkeiten ihrer Weiterverarbeitung,
   b) die Wahl zwischen Selbsterzeugung und Fremdbezug,
   c) die Wahl zwischen verschiedenen Erzeugungsverfahren, Verfahrensbedingungen und Rohstoffen,
   d) die Ermittlung der anlegbaren Preise beim Einkauf,
   e) die Ermittlung von Preisuntergrenzen bei jeweils unterschiedlichen Bedingungen und absatzpolitischen Zielsetzungen,
   f) Gewinnverlagerungen zwischen Konzernunternehmungen,

3. zur dezentralen Lenkung des Entscheidungsprozesses in den Teilbereichen des Unternehmens,

4. zur Kontrolle der Betriebsgebarung, insbesondere zur Dispositionskontrolle,
5. zur Aufspaltung von Erfolgsgrößen, z. B. des Gesamterfolgs oder des Betriebsergebnisses nach Verantwortungsbereichen, etwa zur Beurteilung der Leistung von Führungskräften und zur differenzierten Ermittlung ihrer Gewinnbeteiligung,
6. für "verordnungsgerechte" Preiskalkulationen,
7. zur Bewertung von Beständen, vor allem bei der Ermittlung des Erfolgs, des Vermögens und von Schadensansprüchen,
8. zur Vereinfachung und Beschleunigung der Betriebsabrechnung und Kalkulation.

Die Vielfalt und die betriebswirtschaftliche Bedeutung dieser Verwendungszwecke lassen erkennen, wie wichtig es ist zu wissen, nach welchen Gesichtspunkten Verrechnungspreise gebildet werden können, um eine sachgemäße Wahl für einen bestimmten Zweck oder eine bestimmte Zweckkombination zu treffen.

2. Die Arten der Verrechnungspreise

Die Verrechnungspreise lassen sich nach mehreren Kriterien unterteilen, so daß eine Fülle verschiedenartiger Ausprägungsformen entsteht, die miteinander in mannigfacher Weise kombiniert werden können. Für die Kennzeichnung und Gruppierung der Grundformen kommen in erster Linie folgende Merkmale infrage:

1. Nach der Art des Zustandekommens kann man zwischen Verrechnungspreisen unterscheiden, die

   a) durch schematische Errechnung nach festgelegten Grundsätzen,
   b) durch autoritative Festsetzung durch die Unternehmensleitung oder
   c) durch Aushandeln zwischen den Beteiligten, z. B. der abgebenden Vorstufe und der übernehmenden Nachstufe,

   bestimmt werden. Für jeden dieser drei Fälle bestehen mehrere sachliche und zeitliche Orientierungsmöglichkeiten.

2. Hinsichtlich der sachlichen Orientierungsmöglichkeiten

kann man zwischen Verrechnungspreisen unterscheiden, die gebildet werden

a) in Anlehnung an den Beschaffungsmarkt und die Kosten der Wiedereinsatzleistung,
b) in Anlehnung an den Absatzmarkt und die Kosten der Weiterverarbeitung der Wiedereinsatzleistung,
c) in unmittelbarer Anlehnung an die Beschaffungs- oder Absatzpreise für die Wiedereinsatzleistung, sofern diese marktgängig ist, d. h. unmittelbar aus dem Markt beschafft oder im Markt abgesetzt werden kann,
d) in Anlehnung an die Marktpreise für solche Güter, welche die Wiedereinsatzleistung grundsätzlich zu ersetzen vermögen (3a).

3. Bei den an Kosten orientierten Verrechnungspreisen ist vor allem zwischen folgenden Kostengrößen zu wählen:

a) zwischen Istkosten, Normalkosten, Standard-(Plan-)kosten und Prognosekosten, und hierbei wieder
b) zwischen Vollkosten und Teilkosten, bei letzteren wiederum
c) zwischen Grenzkosten, durchschnittlichen Differenzkosten, Proportionalkosten und Einzelkosten.

Dabei ist zu beachten, daß die Vollkosten nach ganz unterschiedlichen Gesichtspunkten errechnet werden können, weil für die Zurechnung der Gemeinkosten keine eindeutigen und zwingenden Prinzipien und Verfahren zur Verfügung stehen. Die Verrechnungspreise können sich daher je nach den gewählten Zurechnungsprinzipien und -verfahren sowie nach den Verteilungsschlüsseln unterscheiden. Aber auch Teilkosten-Verrechnungspreise können nach mannigfaltigen Prinzipien gebildet werden und recht unterschiedliche Kostenbestandteile

3a) Vgl. hierzu z.B.: Paul Riebel: Kuppelprodukte, Kalkulation der, in: HWR, Sp. 994-1006, hier Sp. 996; Ders.: Kuppelproduktion und -Kalkulation, in: Management Enzyklopädie, Bd. 3, München 1970, S. 1243-1265, hier S. 1252 f.

enthalten, insbesondere im Hinblick auf ihre Zurechenbarkeit, ihr Verhalten gegenüber wichtigen Kosteneinflußgrößen, ihren Ausgabencharakter sowie ihre Genauigkeit und Meßbarkeit.

4. Weitere Differenzierungsmöglichkeiten ergeben sich aus den unterschiedlichen zeitlichen Orientierungsmöglichkeiten im Beschaffungs- oder Absatzmarkt und bei der Ermittlung der Herstellungs- oder Weiterverarbeitungskosten, und zwar

   a) an Vergangenheitspreisen (insbesondere Anschaffungspreisen),
   b) an Gegenwartspreisen (Tagespreisen),
   c) an Zukunftspreisen (erwarteten Preisen).

   In den Fällen a) und b) kann es sich zudem entweder um effektiv bezahlte oder um lediglich beobachtete Preise handeln.

5. Bei der genaueren zeitlichen Festlegung kann man von den Preisen

   a) bestimmter Stichtage oder
   b) von den durchschnittlichen Preisen mehr oder weniger langer, näher zu bestimmender Zeiträume ausgehen.

6. Nach der Gültigkeitsdauer kann man ferner zwischen

   a) festen Verrechnungspreisen, die für eine mehr oder weniger lange Zeitspanne festgelegt sind, und
   b) veränderlichen Verrechnungspreisen, die kurzfristig den jeweiligen Verhältnissen angepaßt werden,

   unterscheiden.

7. Weitere Verrechnungspreisarten ergeben sich, wenn anstelle des üblicherweise einheitlichen Verrechnungspreises für eine bestimmte Wiedereinsatzleistung differenzierte Verrechnungspreise verwendet werden, die beispielsweise

   a) nach den Verwendungszwecken,
   b) nach den Verwendungsstellen,

c) nach den Lieferstellen und
d) nach der Verwendungs- bzw. Lieferzeit (z. B. Tageszeiten)

der Wiedereinsatzleistung in unterschiedlicher Höhe festgesetzt sein können.

8. Neben dem Ansatz "einteiliger" Verrechnungspreise kommt auch die Verwendung "mehrteiliger" Verrechnungspreise in Betracht, die sich beispielsweise aus einem festen, von der übertragenen Menge der Wiedereinsatzleistung unabhängigen Grundbetrag je Periode und einem gesonderten Preis pro Einheit der übertragenen Menge zusammensetzen können (entsprechend den Tarifen der Energieversorgungs- und Verkehrsunternehmungen).

9. Als Sonderformen seien schließlich noch die komplementären Verrechnungspreispaare erwähnt, die sich ergeben, wenn für die Gutschrift der Wiedereinsatzleistung bei der abgebenden Stelle ("Gutschrift"- oder "Abgabepreis") und für die Lastschrift bei der übernehmenden Stelle ("Lastschrift"- oder "Abnahmepreis") unterschiedliche Verrechnungspreise angesetzt werden.

Die möglichen Verrechnungspreisformen sind mit dieser Aufzählung keineswegs erschöpft. Die Vielfalt der Verrechnungspreise nimmt nämlich einen kaum mehr überschaubaren Umfang an, wenn man bei der Unterscheidung nicht nur auf jeweils ein einziges Merkmal abstellt, sondern zwei oder mehrere der erwähnten Merkmale miteinander kombiniert. Um die vorliegende Untersuchung in einem überschaubaren Rahmen zu halten, wird daher eine Beschränkung auf die für die Praxis besonders wichtig erscheinenden Arten von Verrechnungspreisen und Verfahren zu ihrer Ermittlung notwendig.

II. Zur Behandlung der Verrechnungspreise im Schrifttum

Einzelne Hinweise in der Literatur deuten darauf hin, daß bereits in der Zeit des Merkantilismus Verrechnungspreise in mehrstufigen Betrieben angewandt wurden. Wenn sich auch schon verhältnismäßig frühe Ansätze zu kalkulatorischen Erwägungen bei der Festsetzung von Verrechnungspreisen finden lassen (4), so beginnt doch - wenigstens im deutschen Sprachraum - die wissenschaftliche Erörterung der Verrechnungspreise erst mit Eugen Schmalenbach, der sich 1903 mit einer Arbeit über "Die Verrechnungspreise in großindustriellen Betrieben" in Köln habilitierte (5).

Nach Schmalenbach entstehen Verrechnungspreise "überall da, wo man im industriellen Rechnungswesen den Gesamtbetrieb aufteilt in Unterbetriebe derart, daß die Leistungen derselben untereinander im einzelnen gemessen und verrechnet werden" (6).

Forschungsziel sei es, die Regeln zu erkennen, die bei ihrer Benutzung angewendet werden müßten. Mit dieser Forderung weist er der weiteren Forschung ebenso den Weg wie mit seiner Unterscheidung der Verrechnungspreisarten: der Produktionskostenpreis-, der Normalpreis-, der Marktpreis- und der Proportionalpreisverrechnung, die in der Folgezeit von anderen Autoren immer wieder übernommen oder abgewandelt wird. Das Wesen sowie die Vor- und Nachteile dieser Verrechnungspreisarten werden von ihm schon recht ausführlich behandelt und teilweise auch bereits im Zusammenhang mit der dezentralen Lenkung gesehen. Schmalenbach kommt zu dem Ergebnis, daß der Proportionalpreis den "natürlichen" Verrechnungspreis darstelle. Es gelte, die Technik der Proportionalpreis-Verrechnung so zu entwickeln, daß die ihr anhaftenden Mängel beseitigt würden (7).

Die unmittelbare Wirkung der Schmalenbach'schen Ideen war zunächst noch gering. Erst seit Mitte der zwanziger Jahre begann

4) So z.B. bei: Friedrich Leopold Fredersdorff: Praktische Anleitung zu einer guten Eisenhütten-Oeconomie, Pyrmont 1802, S.75 f.; Albrecht Thaer: Grundsätze der rationellen Landwirtschaft, 4 Bände, Berlin 1809, Erster Band, S.241-245; Adolph Busch: Die Organisation und Buchführung des Eisengießerei- und Maschinenbau-Betriebes, Nordhausen 1854; C.G. Gottschalk: Die Grundlagen des Rechnungswesens und ihre Anwendung auf industrielle Anstalten, insbesondere auf Bergbau, Hütten- und Fabrik-Betrieb, Leipzig 1865, insbesondere S.354 f.

5) Die wesentlichen Gedanken dieser Arbeit sind in seinem Aufsatz: Über Verrechnungspreise, in: ZfhF, III. Jg. 1908/09, S.165-185, veröffentlicht.

6) Ebenda S.168.

7) Ebenda S.185.

man den Verrechnungspreisen größere Aufmerksamkeit zu widmen, vor allem in Verbindung mit der Normalkostenrechnung - später auch der Standard-(Plan-)kostenrechnung -, der Erfolgsspaltung und der Verrechnung innerhalb von Konzernen. Daneben wurden auch Fragen des Begriffsumfangs und der Systematisierung der Verrechnungspreise intensiv erörtert (8).

Aus der Vielzahl der Arbeiten dieser Zeit ragt die knappe Analyse von Stackelbergs hervor, die auch in methodischer Hinsicht eine Sonderstellung einnimmt (9). Erstmalig wird hier anhand einfacher Betriebsmodelle mathematisch-deduktiv untersucht, welche Verrechnungspreise für Zwischenprodukte in bestimmten Situationen zum Gewinnmaximum des Gesamtbetriebes führen. Danach ist für marktgängige Zwischenprodukte bei freier Konkurrenz der Marktpreis anzusetzen. Für den Fall nicht-marktgängiger Zwischenprodukte hält von Stackelberg dagegen die Durchschnittskosten für den geeigneten Verrechnungspreis. Er will damit erreichen, daß die Kostenfunktionen des übernehmenden Betriebs und der Gesamtunternehmung übereinstimmen und daß der übernehmende Betrieb aufgrund der gleichen Grenzbetrachtungen wie die Gesamtunternehmung entscheidet.

Nach dem Zweiten Weltkrieg ist die Frage der dezentralen Lenkung mit Hilfe von Verrechnungspreisen noch stärker in den Vordergrund gerückt. Im deutschen Sprachbereich wurde die Diskus-

8) Siehe hierzu vor allem: Theodor Beste: Die Verrechnungspreise in der Selbstkostenrechnung industrieller Betriebe, Berlin 1924; Max Rudolf Lehmann: Das Wesen der Verrechnungspreise in Kalkulation und Buchhaltung, in: Betriebswirtschaftliche Rundschau, 1.Jg. 1924/25, S.220-225 und 249-252; Willy Bouffier: Die Verrechnungspreise als Grundlage der Betriebskontrolle und Preisstellung, Berlin-Wien 1928; Artur Richter: Verrechnungspreispolitik in Konzernen, in: Zeitschrift für Handelswissenschaft und Handelspraxis, 22.Jg. 1929, S.234-241; Max Rudolf Lehmann: Das Wesen und das System der betriebswirtschaftlichen Verrechnungspreise, in: ZfB, 7.Jg. 1930, S.721-742, 801-818 und 902-920; Heinrich Kreis: Der Widerstreit der Verrechnungspreiszwecke in der Praxis, in: Archiv für das Eisenhüttenwesen, 4.Jg. 1930/31, S.449-453; Michael Pfauter: Die Erfolgsspaltung, Berlin 1931; Hermann Funke: Kurzfristige Rechnung und Erfolgsspaltung in Maschinen-Fabriken, Bühl-Baden 1935; Heinrich Kreis: Verrechnungspreisprobleme in Konzernen, in: Der Wirtschaftstreuhänder, 4.Jg. 1935, S.500-504.

9) Heinrich von Stackelberg: Grundlagen einer reinen Kostentheorie, Wien 1932, S.69-74 und 102-107 (zuvor veröffentlicht in der Zeitschrift für Nationalökonomie, 3.Jg. 1932, S.333-367 und 552-590, hier S.585-590).

sion vor allem durch Schmalenbachs "Pretiale Wirtschaftslenkung" angeregt (10). Schmalenbach will die weitgehend verselbständigten Betriebsabteilungen durch eine Abteilungserfolgsrechnung zu gesamtoptimalem Verhalten anleiten, wobei als Verrechnungspreise "optimale Geltungszahlen" im Sinne von Betriebswerten angesetzt werden, die bei ungehinderter Erzeugung von den Grenzkosten und beim Vorliegen betrieblicher Engpässe vom Grenznutzen abgeleitet werden. Läßt sich der Grenznutzen nicht bestimmen, schlägt er ein sukzessives Herantasten an den richtigen Wert durch probeweises Festsetzen der Verrechnungspreise vor.

Die Schmalenbach'schen Ideen haben in der Folge immer wieder dazu angeregt, sich mit der pretialen Lenkung auseinanderzusetzen. Einer der ersten Autoren, die sich hiermit beschäftigen, ist Bender (11). Er geht allerdings mehr auf die allgemeine betriebliche Bedeutung der Abteilungsergebnisrechnung als auf die konkrete Entscheidungslenkung durch vorgegebene Verrechnungspreise ein. Die Abteilungsergebnisrechnungen, die möglichst auf Marktpreisen für die übertragenen Leistungen beruhen sollen, will er dabei einmal zur einzel- und gesamtbetrieblichen Kontrolle und zum anderen als kompaßartiges Steuerungsmittel für die Dispositionen der Abteilungsleiter verwenden. Welche Verrechnungspreise beim Fehlen von Märkten für die Abteilungsleistungen festgesetzt werden sollen, bleibt jedoch weitgehend ungeklärt.

Auch in den übrigen Arbeiten der beiden ersten Nachkriegsjahrzehnte zur pretialen Lenkung stehen in aller Regel mehr die allgemeinen betrieblichen Vorzüge und Anwendungsmöglichkeiten einer preisorientierten internen Steuerung als die konkreten Probleme der Festsetzung innerbetrieblicher Verrechnungspreise im Vordergrund. Außerdem werden die Probleme der pretialen Lenkung meist ohne genaue Umgrenzung der jeweiligen Entscheidungs-

10) Eugen Schmalenbach: Pretiale Wirtschaftslenkung, Bd.1: Die optimale Geltungszahl, Bremen-Horn 1947, Bd.2: Pretiale Lenkung des Betriebes, Bremen-Horn 1948. Die wesentlichen Teile dieses Werkes wurden in die 7., erweiterte und verbesserte Auflage von Eugen Schmalenbach: Kostenrechnung und Preispolitik, bearbeitet von Richard Bauer, Köln und Opladen 1956, eingebaut.

11) Kurt Bender: Pretiale Betriebslenkung, Essen 1951.

situation in verbaler, verhältnismäßig unspezifizierter Form abgehandelt. Modellanalytische Untersuchungen sind dagegen recht selten. Obendrein wird auch in ihnen nur wenig auf die Problematik der Bildung von Zwischenprodukt-Verrechnungspreisen eingegangen.

Von diesen modellorientierten Analysen seien hier die Untersuchungen von Böhm und Selowsky erwähnt (12). Böhm bestimmt den optimalen Verrechnungspreis zwischen einer Fertigungs- und einer Vertriebsabteilung und kommt dabei wie Schmalenbach zu dem Ergebnis, daß die proportionalen Stückkosten bzw. im Engpaßfall der Grenznutzen zu verwenden sind. Selowsky untersucht demgegenüber in Anlehnung an von Stackelberg auf algebraischem Wege einige Zwischenprodukt-Situationskomplexe, gelangt dabei jedoch zum Teil zu unzulässigen Schlußfolgerungen.

Mitunter gehen auch dezentrale und zentrale Lenkungselemente dermaßen ineinander über, daß eine Trennung kaum möglich ist, beispielsweise in der von Böhm und Wille vertretenen Standardgrenzpreisrechnung (13) oder in der Untersuchung von Schütz (14).

Trotz des Mangels an systematischen Untersuchungen ist aber unverkennbar, daß die große Bedeutung der Verrechnungspreisprobleme für die pretiale Betriebslenkung in zunehmendem Maße erkannt wird. Dies gilt nicht nur für den Teil der Literatur, der sich unmittelbar mit den Möglichkeiten der pretialen Lenkung befaßt, sondern auch für solche Arbeiten, die von speziellen Fragestellungen oder anderen Ausgangspunkten her sich mit ähnlichen Problemen beschäftigen. So spielt etwa in den Veröffentlichungen

12) Hans-Hermann Böhm: Beeinflussung des Erfolges und der Beschäftigung durch den Verrechnungspreis, in: ZfB, 24. Jg. 1954, S.141-150; Rolf Selowsky: Der proportionale Satz als Instrument der Kostenauflösung und Preispolitik, Diss. Köln 1955, S.214-241.

13) Vgl. hierzu z.B. Hans-Hermann Böhm und Friedrich Wille: Direct Costing und Programmplanung, 1. Aufl. München 1960 (ab 2. Aufl. 1965 unter dem Titel: Deckungsbeitragsrechnung und Programmoptimierung).

14) Günter Schütz: Pretiale Betriebsrechnung, Diss. Mannheim 1960.

von Everling (15) zur internen Erfolgsrechnung die Verrechnungspreisbildung eine wichtige Rolle. Daneben werden auch bei der Behandlung von Problemen der - für eine pretiale Lenkung besonders prädestinierten - Konzerne häufig Verrechnungspreisfragen erörtert (16).

In der angelsächsischen, vor allem in der amerikanischen Literatur hat sich seit Mitte der fünfziger Jahre ebenfalls eine lebhafte Diskussion über die Anwendbarkeit von Verrechnungspreisen zur Bewertung interner Leistungsübertragungen entwickelt. Die tiefere Ursache hierfür ist darin zu sehen, daß die amerikanischen Großunternehmen nach dem Zweiten Weltkrieg in weitgehendem Maße zur Bildung mehr oder minder stark verselbständigter operativer Einheiten, der sogenannten "divisions" übergingen, so daß die Probleme der dezentralen Unternehmensführung eine außerordentliche Aktualität gewannen. Auf diesem empirischen Hintergrund hat sich die amerikanische Literatur daher eingehend mit der dezentralen Lenkung und damit auch mit den Verrechnungspreisen befaßt. Dabei sind allerdings mehrere Richtungen zu unterscheiden. Die eine, mehr praktisch interessierte, untersucht vor allem die tatsächliche Handhabung der Verrechnungspreise in der Industrie und die Vor- und Nachteile der einzelnen Verrechnungspreisarten. Typische Beispiele für diese Richtung sind etwa die Untersuchung der National Association of Cost Accountants (17), die auf einer Analyse der Verrechnungspreispraktiken in 40 divisionalisierten Großunternehmen

15) Vgl. hierzu z.B.: Wolfgang Everling: Leistungsverrechnung zwischen Fertigung und Vertrieb, in: Kostenrechnungspraxis, Jg. 1958, S.157-164; Ders.: Die Bedeutung der internen Preisbildung für die Aussagefähigkeit von Bereichsergebnissen, in: Betriebswirtschaftliche Forschung und Praxis, 14. Jg. 1962, S.557-566; Ders.: Interne Preisbildung bei Lieferung gleicher Erzeugnisse an externe und interne Abnehmer, in: Betriebswirtschaftliche Forschung und Praxis, 15. Jg. 1963, S.446-455; Ders.: Die Aussagefähigkeit der Erfolgsrechnung unselbständiger Unternehmungsteile, in: Der Betrieb, 18. Jg. 1965, S.521-524.

16) Vgl. hierzu Gerhard Hofmann: Die Bedeutung der optimalen Geltungszahl für die Verrechnungspreise in Konzernen, Diss. Tübingen 1958; Dietger Hahn: Handels- und steuerrechtliche Zulässigkeit von Konzernverrechnungspreisen, in: Betriebswirtschaftliche Forschung und Praxis, 17. Jg. 1965, S.342-357 und 438-449.

17) National Association of Cost Accountants (Hrsg.): Accounting for Intra-Company Transfers, Research Series No. 30, New York 1956.

basiert, die Studie von Stone (18), der aufgrund einer Umfrage die Verrechnungspreismethoden großer Unternehmen untersucht und in einer Reihe von statistischen Übersichten zusammenstellt, sowie die Arbeit von Martin (19), der das Verrechnungspreissystem zweier Gesellschaften darstellt. Daneben lassen sich hier auch zahlreiche Zeitschriftenaufsätze (20) und - wenn auch weniger eindeutig - eine Reihe von kostenrechnerischen Textbüchern (21) einordnen, in denen die Vor- und Nachteile der verschiedenen Verrechnungspreisarten behandelt werden.

Dabei stehen

- auf Basis von Grenzkosten oder variablen Kosten,
- anhand von (Voll-) Kostenwerten einschließlich eines internen Gewinnzuschlags,
- am Marktwert der Zwischenprodukte und
- durch Aushandeln bestimmte

Verrechnungspreise im Vordergrund. Daneben werden aber auch zahlreiche Sonderformen, wie etwa die Aufteilung des Verrechnungspreises in einen leistungsmengenunabhängigen und einen leistungsmengenabhängigen Teil oder auch die Anwendung komplemen-

18) Williard E. Stone: Management Practices with Respect to Internal Transfer Pricing in Large Manufacturing Companies, Ph. D. Diss. University of Pennsylvania 1957.
19) George Robert Martin: Accounting Data and Their Decision Use: An Empirical Study of Transfer Prices and Their Use in Management Decisions, Ph. D. Diss. University of California, Berkeley 1967.
20) Als Beispiele für solche empirisch orientierten Aufsätze seien hier erwähnt:
Paul W. Cook, jr.: Decentralization and the Transfer-Price Problem, in: The Journal of Business, Vol. XXVIII (1955), S.87-94; Joel Dean: Decentralization and Intracompany Pricing, in: Harvard Business Review, Vol. 33 (1955), No. 4, S.65-74; Harold Bierman, jr.: Pricing Intracompany Transfers, in: The Accounting Review, Vol. XXXIV (1959), S.429-432; John Dearden: Interdivisional Pricing, in: Harvard Business Review, Vol. 38 (1960), No. 1, S.117-125.
21) Vgl. z.B. Gordon Shillinglaw: Cost Accounting: Analysis and Control, 1. Aufl. Homewood, Ill. 1961, S.728-761; Harold Bierman, jr.: Topics in Cost Accounting and Decisions, New York-San Francisco-Toronto-London 1963, S.88-102; Wayne J. Keller und William L. Ferrara: Management Accounting for Profit Control, 2. Aufl. New York-St. Louis-San Francisco-Toronto-London-Sydney 1966, S.622-643.

tärer Verrechnungspreispaare diskutiert (22).

In der Praxis liegt dabei - wie alle diese Untersuchungen übereinstimmend erkennen lassen - eine eindeutige Präferenz für marktwertorientierte Verrechnungspreise vor.

Eine zweite Richtung, zu der z. B. Hirshleifer und Gould, z. T. auch Solomons gerechnet werden können (23), geht in stärkerem Maße von theoretischen Überlegungen aus.

Im Vordergrund steht dabei das Problem, ob und gegebenenfalls wie mit Hilfe von Verrechnungspreisen eine Abstimmung zwischen den teilbetrieblichen und den gesamtbetrieblichen Interessen herbeigeführt werden kann, die eine Optimierung des Gesamtgewinns gewährleistet. Diese Frage wird hauptsächlich anhand von graphischen Darstellungen untersucht, in denen bestimmte Situationen einer aus zwei Stufen bestehenden Unternehmung mit gekrümmten Kosten- und Erlösfunktionen dargestellt sind. Die mikroökonomischen Analysen dieser Autoren zeigen deutlich, wie schwierig die Frage der Interessenabstimmung - insbesondere beim Fehlen echter Marktalternativen für die beteiligten Divisionen - ist und wie leicht es durch ein quasi-monopolistisches Verhalten des internen Abnehmers oder Lieferanten zu nicht-optimalen Produktions- und Absatzentscheidungen kommen kann. Eine allgemeine Lösung sieht jedenfalls keiner dieser Autoren. Aber auch

22) Solche Verrechnungspreise werden z.B. von Drebin und Greer erörtert (vgl. Allan R. Drebin: A Proposal for Dual Pricing of Intra-Company Transfers, in: N.A.A. Bulletin, Vol. XL, No. 6, February 1959, S.51-55; Howard C. Greer: Divisional Profit Calculation - Notes on the "Transfer Price" Problem, in: N.A.A. Bulletin, Vol. XLIII, No. 11, July 1962, S. 5-12). Drebin will dabei den internen Bezieher mit den Grenzkosten belasten, während der Lieferer den Verkaufspreis des Endprodukts abzüglich "profits and cost to complete" gutgeschrieben erhalten soll. Greer möchte dagegen der liefernden Einheit den jeweils höheren Wert aus Kosten und Marktpreis gutschreiben, wogegen die beziehende Einheit mit dem jeweils niedrigeren dieser beiden Werte belastet werden soll.

23) Jack Hirshleifer: On the Economics of Transfer Pricing, in: The Journal of Business, Vol. XXIX (1956), S.173-184; Ders.: Economics of the Divisionalized Firm, in: The Journal of Business, Vol. XXX (1957), S. 96-108; Ders.: Internal Pricing and Decentralized Decisions, in: Management Controls: New Directions in Basic Research, hrsg. von Charles P. Bonini, Robert K. Jaedicke und Harvey M. Wagner, New York-San Francisco-Toronto-London 1964, S.27-37; J.R. Gould: Internal Pricing in Firms When There Are Costs of Using an Outside Market, in: The Journal of Business,Vol. XXXVII (1964), S.61-67; David Solomons: Divisional Performance: Measurement and Control, New York 1965, S.212-228.

die von ihnen für einzelne Situationen erarbeiteten Vorschläge sind - abgesehen von einigen wenigen einfachen Fällen - verhältnismäßig kompliziert.

Eine dritte Gruppe geht von der neueren Organisations- und Unternehmenstheorie aus, in der die Fragen der dezentralen Lenkung eine wichtige Rolle spielen. Das Grundproblem, mit dem sich diese Gruppe beschäftigt, ist dabei, ob es - in Analogie zum gesamtwirtschaftlichen Preismechanismus - ein Preissystem gibt, das eine optimale Entscheidungskoordination innerhalb gegliederter Organisationen sicherstellt, und wie diese Preise bestimmt und angewendet werden können. Große Bedeutung kommt dabei den analytischen Hilfsmitteln und theoretischen Aussagen des Operations Research zu, mit deren Hilfe die Möglichkeiten zur dezentralen Lenkung analysiert werden können. So hat bereits Koopmans (24) auf die Anwendbarkeit des von ihm formulierten Preistheorems für die Lenkung eines dezentral organisierten Systems hingewiesen. Dieser Gedanke ist später u. a. von Dorfman, Samuelson und Solow sowie von Charnes und Cooper (25) aufgegriffen worden.

Besonders wichtig sind in diesem Zusammenhang die sogenannten Dualwerte oder Schattenpreise des Linearen Programmierens, die als Verrechnungspreise für die begrenzt verfügbaren Produktionsfaktoren angesehen werden können. Die theoretische Analyse dieser Werte hat einerseits zwar gezeigt, daß sie die gesuchten gesamtoptimalen internen Preise darstellen, andererseits aber auch geklärt, daß zu ihrer Bestimmung ein Planungsmodell formuliert werden muß, dessen Lösung nicht nur die Dualwerte selbst, sondern zugleich auch die optimale Verteilung der betrieblichen Ressourcen angibt, so daß der Einsatz der Dualvariablen überflüssig wird. Außerdem ist darauf hinzuweisen, daß die Dual-

24) Tjalling C. Koopmans: Analysis of Production as an Efficient Combination of Activities, in: Activity Analysis of Production and Allocation, hrsg. von dems., New York-London 1951, S.33-97, hier S.42 und 93-95.

25) Robert Dorfman, Paul A. Samuelson und Robert M. Solow: Linear Programming and Economic Analysis, New York 1958, S.166-185; A.Charnes und W.W. Cooper: Management Models and Industrial Applications of Linear Programming, in: Management Science, Vol. 4, No. 1, October 1957, S.38-61, hier S.58-61.

variablen auch sonst eine Reihe von Eigenschaften aufweisen, die ihre Verwendung als Basis der Verrechnungspreisbildung für Zwischenprodukte in divisionalisierten Unternehmen außerordentlich erschweren, wenn nicht sogar unmöglich machen würden (26).

Angesichts der sich für eine dezentrale Lenkung mit Hilfe der Dualvariablen ergebenden Probleme hat man auch versucht, im Wege einer sukzessiven Abstimmung der Entscheidungen der einzelnen Teilbereiche zu einer optimalen Lenkung zu gelangen, ähnlich wie dies Schmalenbach in seiner "Pretialen Lenkung" vorgeschlagen hat.

Für solche Versuche wird vielfach das von Dantzig und Wolfe (27) entwickelte Dekompositionsprinzip verwendet, das durch Zerlegung eines Planungsproblems in mehrere miteinander verbundene Einzelprobleme zu einer schrittweisen Lösung des Gesamtproblems unter Verzicht auf eine vollständige zentrale Datenverarbeitung gelangt. Überlegungen, wie dieses Prinzip in der einen oder anderen Form für die dezentrale Unternehmensführung nutzbar gemacht werden kann, sind etwa von Baumol und Fabian angestellt worden (28), während sich im deutschen Sprachbereich vor allem H. Hax, Jaensch und Buhr (29) hiermit befaßt haben.

Die Einstellung der genannten Autoren zu den Möglichkeiten einer praktischen Verwendung des Dekompositionsprinzips für die

26) So würden bei ihrer Anwendung nur solche Unternehmensteile einen Bruttogewinn erwirtschaften, die als Engpaßbereiche anzusehen sind. Die Leiter der übrigen Bereiche könnten daher versucht sein, die Kapazität der ihnen unterstellten Betriebe bewußt zu verringern. Ferner können die Dualvariablen, da sie sich aus einem interdependenten Planungssystem ergeben, bei Veränderungen der Datenkonstellation kaum vorhersehbaren Schwankungen unterliegen.

27) George B. Dantzig und Philip Wolfe: Decomposition Principle for Linear Programs, in: Operations Research, Vol. 8 (1960), S.101-111.

28) William J. Baumol und Tibor Fabian: Decomposition, Pricing for Decentralization and External Economies, in: Management Science, Vol. 11 (1964), S.1-32.

29) Herbert Hax: Die Koordination von Entscheidungen, Köln-Berlin-Bonn-München 1965; Günter Jaensch: Optimale Produktionssteuerung bei unvollständiger Information der Unternehmungsleitung, in: Produktionstheorie und Produktionsplanung, Festschrift für Karl Hax, hrsg. von Adolf Moxter, Dieter Schneider, Waldemar Wittmann, Köln und Opladen 1966, S.195-229; Walter Buhr: Dualvariable als Kriterien unternehmerischer Planung, Meisenheim/Glan 1967, S.162-176.

dezentrale Lenkung ist dabei keineswegs einheitlich. So glaubt Jaensch, daß mit Hilfe des Dekompositionsverfahrens eine wirksame Entlastung der Unternehmensleitung erreicht werden könne. Von Hax wird demgegenüber darauf hingewiesen, daß das Verfahren an spezielle Bedingungen gebunden bleibe, wenn es auch im Sonderfall "beachtenswerte Möglichkeiten" eröffne.

Eindeutig negativ ist die Stellungnahme von D. Schneider (30), der insbesondere den Informations- und Zeitaufwand beim Dekompositionsverfahren kritisiert. Darüber hinaus besteht nach Albach (31) die Gefahr, daß die Teilbereiche den Ablauf und das Ergebnis des Verfahrens im Eigeninteresse zum Schaden des Gesamtunternehmens manipulieren. Im übrigen wird das Dekompositionsverfahren in der Literatur in aller Regel ohnehin nicht auf mehrstufige Unternehmen und damit auf die Verrechnungspreisbildung für Zwischenprodukte bezogen, sondern auf die dezentrale Lenkung von Organisationen, deren Teilglieder keine unmittelbare Leistungsverflechtung aufweisen. Formal könnte es allerdings auch für mehrstufige Unternehmen angewendet werden.

Aufgrund der aus der theoretischen Analyse des Dezentralisierungsproblems gewonnenen Erkenntnisse werden die Möglichkeiten für eine gesamtoptimale dezentrale Lenkung in der neueren Literatur häufig verhältnismäßig skeptisch beurteilt. Besonders kritisch haben sich vor allem Albach, Poensgen (32) und D. Schneider geäußert. Nach Albach etwa ist der von Schmalenbach vorgeschlagene Weg der dezentralen Steuerung ein "Holzweg", weil die Verrechnungspreise keine gesamtoptimale Koordination der Einzelpläne gewährleisten (33).

Auch Schneider glaubt, daß der Gedanke der Betriebslenkung über Verrechnungspreise im Grunde ökonomisch nicht tragfähig ist, da

30) Dieter Schneider: Die Theorie der Verrechnungspreise heute, in: Liiketaloudellinen Aikakauskirja (The Journal of Business Economics), II 1967, S.106-124 (in gekürzter Form unter dem Titel "Abteilungsleiter als Unternehmer?" in: Der Volkswirt, 21. Jg. 1967, S.275-278), hier S.117 f.

31) Horst Albach: Die Koordination der Planung im Großunternehmen, in: ZfB, 36. Jg. 1966, S.790-804, hier S.800.

32) Otto H. Poensgen: Zentralisation und Dezentralisation im Lichte dreier moderner Entwicklungen, in: ZfB, 37. Jg. 1967, S.373-394.

33) Vgl. Horst Albach, a.a.O., S.801.

es nicht möglich sei, die Verrechnungspreise so zu setzen, daß sie sowohl eine optimale Verteilung der knappen Faktoren sicherstellen als auch zu einem Ausweis von Abteilungserfolgen führen, die eine Identifizierung der Abteilungsleiter mit dem Unternehmensziel gewährleisten (34).

Trotz dieser Einwände bleibt es aber angesichts der Dezentralisierungstendenz in der industriellen Praxis auch weiterhin erforderlich, nach tragbaren Lösungen zu suchen. Dies gilt umso mehr, als es bisher noch nicht gelungen ist, zu einer systematischen und umfassenden Klärung des Verrechnungspreisproblems zu kommen.

III. Problemstellung und methodische Grundlagen der Untersuchung

1. Die Problemstellung

In Anbetracht der großen Bedeutung des Verrechnungspreisproblems ist es unbefriedigend, daß trotz der Erörterung zahlreicher Einzelaspekte systematische Untersuchungen darüber fehlen, welche Verrechnungspreise für bestimmte Zwecke, Fragestellungen und Situationen zweckmäßig oder "richtig" sind und wo die Grenzen ihrer Geltungsbereiche liegen.

Die ungewöhnlich komplizierte Struktur des Problems macht eine umfassende Lösung äußerst schwierig, wenn nicht sogar unmöglich. Außer den mannigfachen Arten von Verrechnungspreisen und den verschiedenen Prinzipien und Verfahren zu ihrer Bestimmung sind auch noch verschiedene Typen von Wiedereinsatzleistungen und unterschiedliche Typen innerbetrieblicher und marktlicher Verflechtung sowie unterschiedliche Kostenverläufe, Preis-Absatz-Funktionen, Zielsetzungen usw. zu berücksichtigen. Dazu kommt dann noch die Frage, an welchen quantitativen und qualitativen Kriterien die Eignung der Verrechnungspreise für die jeweiligen Zwecke geprüft werden soll und wie ihre eventuellen Vor- und Nachteile gegeneinander abzuwägen sind.

34) Vgl. Dieter Schneider, a.a.O., S.118 f.

Man darf daher nicht erwarten, daß das Problem der Verrechnungspreise schnell und umfassend geklärt werden kann. Es läßt sich vielmehr nur schrittweise einkreisen. Ob es dabei eine generelle Lösung im Sinne eines einheitlichen Verrechnungspreises gibt, der allen Rechnungszwecken gerecht wird, scheint nach dem gegenwärtigen Stand der Entwicklung ausgeschlossen zu sein. Welche Lösungsmöglichkeiten jedoch für bestimmte Zwecke oder Fragestellungen existieren und wie weit ihr Gültigkeitsbereich geht, ob es für bestimmte Bedingungen und Fragestellungen eindeutig "richtige" Verrechnungspreise oder nur Näherungslösungen gibt, ist noch weitgehend offen.

Die vorliegende Untersuchung soll daher zur systematischen Klärung eines betriebspolitisch bedeutsamen Teilaspekts des Verrechnungspreis-Problems beitragen, und zwar zur Ermittlung zweckentsprechender <u>Planungs</u>- und <u>Lenkungspreise</u>. Darunter sind solche internen Verrechnungspreise zu verstehen, die einerseits geeignet sind, die Auswirkungen bestimmter Erwartungen und Maßnahmen auf den Periodenerfolg oder seine Veränderung eindeutig zu ermitteln, anderseits dazu dienen können, Entscheidungen in Teilbereichen - mögen sie zentral oder dezentral getroffen werden - so zu lenken, daß ihre Auswirkungen auf das Ergebnis den Zielsetzungen der Gesamtunternehmung entsprechen. Dieser Problemkreis soll am Beispiel der Programmbeurteilung und Programmwahl sowie der Vorkalkulation des Periodenerfolgs ("Gewinnplanung") für das jeweils optimal erscheinende Programm bei Anwendung verschiedener Arten kostengebundener und marktpreisgebundener Verrechnungspreise unter Annahme konstanter Kapazität und Betriebsbereitschaft untersucht werden. Die zunächst anhand eines Modells mit Kuppelproduktion und nachfolgender alternativer Weiterverarbeitung gewonnenen Erkenntnisse werden später daraufhin überprüft, inwieweit sie sich auf andere Produktionsstrukturen übertragen lassen, um so ihren generellen Geltungsbereich abzustecken. Dabei soll vor allem auf die wechselnde und parallele Weiterverarbeitung eines isoliert anfallenden Zwischenprodukts eingegangen werden.

2. Methodische Grundlagen

a) Betriebsmodell und Ausgangsprämissen

Die allgemeine Umschreibung der Problemstellung muß nun vor allem in methodischer Hinsicht näher erläutert werden. Da einer der wesentlichen Mängel der bisherigen Verrechnungspreis-Diskussion darin besteht, daß systematische Untersuchungen fehlen, liegt es nahe, als Erfahrungsobjekt ein Betriebsmodell zu wählen. Hierdurch lassen sich Aussagen erreichen, die direkter verwertbar sind, als wenn man sich an einzelnen konkreten Betrieben orientiert oder eine rein theoretische Analyse ohne faßbaren Bezugsgegenstand durchführt. Ferner können bei Verwendung eines Betriebsmodells die Modellprämissen schrittweise variiert werden, so daß genauere Aussagen über die Brauchbarkeit und den Geltungsbereich der untersuchten Verrechnungspreise zu erzielen sind. Außerdem ist es möglich, die jeweiligen Aussagen und Ergebnisse nicht nur verbal, sondern auch numerisch und algebraisch darzustellen und zu analysieren. Die Anwendung mathematischer Verfahren gestattet es schließlich, die verbalen Darstellungen zu ergänzen und zu kontrollieren sowie zusätzliche Erkenntnisse über kompliziertere, einer verbalen Analyse kaum mehr zugängliche Zusammenhänge zu gewinnen.

Die Darstellungsform der Untersuchung richtet sich dementsprechend nach den jeweils untersuchten Modellsituationen. Da die Zusammenhänge zunächst noch verhältnismäßig leicht zu überschauen sind, liegt das Schwergewicht anfänglich auf einer verbal-numerischen Darstellung. Die Analyse wird jedoch bereits auf dieser Stufe zusätzlich in algebraischer Form durchgeführt, zum einen als mathematische Kontrollrechnung, zum anderen, um bestimmte strukturelle Gemeinsamkeiten und Unterschiede bei der Bildung und Verwendung der behandelten Verrechnungspreise auch formelmäßig aufzeigen und untersuchen zu können. Im weiteren Verlauf der Untersuchung werden dann die anfangs gesetzten Prämissen schrittweise aufgehoben oder modifiziert, so daß die Zusammenhänge komplizierter werden und die algebraische Darstellungsform in den Vordergrund tritt.

Die Gestaltung des Betriebsmodells ist durch die Problemstellung der Untersuchung und durch die Besonderheiten des Verrechnungspreis-Problems in Vielprodukt-Unternehmungen mit verbundener Produktion, wie sie beispielsweise für die chemische Industrie besonders typisch sind, vorgezeichnet. Das Untersuchungsziel - die Beurteilung der Brauchbarkeit von Zwischenprodukt-Verrechnungspreisen für die Programmanalyse, Programmwahl und die Vorkalkulation des Periodenerfolgs - erfordert zum einen, daß der Betrachtung ein mehrstufiger Mehrproduktbetrieb zugrunde gelegt wird. Zum anderen ist es zweckmäßig, neben der alternativen oder sukzessiv-wechselnden Produktion einen Kuppelproduktionsprozeß in das Modell einzubauen, weil es sich dabei um den ausgeprägtesten Fall der verbundenen Produktion handelt (35) und weil nur hier das Problem der ausbringungsmengenabhängigen echten Gemeinkosten auftritt. Zudem sind gerade im Falle der Kuppelproduktion die Bewertungsmethoden und Kalkulationsverfahren besonders umstritten.

Das unter diesen Gesichtspunkten gebildete Betriebsmodell ist in Abb. 1 dargestellt. Es handelt sich um einen "Drei-Stufen-Betrieb", in dessen erster Stufe U aus der Zerlegung des Rohstoffes R in einem Kuppelproduktionsprozeß zwei Kuppelprodukte H und L hervorgehen. Das Kuppelprodukt H wird als "primäres" Zwischenprodukt in der zweiten Produktionsstufe V mit je einem weiteren Zusatzstoff Z_1 - Z_6 wahlweise zu mehreren "sekundären" Zwischenprodukten A_1 - A_6 verarbeitet, die ihrerseits in einer dritten Produktionsstufe W eingesetzt werden. Eines dieser Zwischenprodukte (A_1) kann auch wahlweise direkt am Markt abgesetzt werden. Um diese beiden Möglichkeiten - direkter Verkauf des Zwischenproduktes A_1 am Markt oder Weiterverarbeitung in der Stufe W - symbolmäßig auszudrücken und um bestimmte Modifikationen des Betriebsmodells vornehmen zu können, wird den Bezeichnungsindizes der Zwischenprodukte A_1 - A_6 eine zweite Stelle zugefügt (A_{10} - A_{61}). Die in der Produktionsstufe W eingesetzten Zwischenprodukte A_{11} - A_{61} werden dort wahlweise zu den Endprodukten A_{111} - A_{611} verarbeitet. Das Zwischenprodukt A_{11} kann dabei wahlweise zu den Endprodukten A_{111} oder

35) So stellt auch Heinrich von Stackelberg die Theorie der verbundenen Produktion am Fall der Kuppelproduktion dar (a.a.O., S.53-65).

A_{112} verarbeitet werden. Aus rein mathematischen Gründen erhält ferner das gegebenenfalls für den Marktverkauf vorgesehene Zwischenprodukt A_{10} eine dritte Indexstelle (A_{101}), womit es formal den aus der Stufe W hervorgehenden Endprodukten gleichgestellt wird.

Das Kuppelprodukt L wird in einer Weiterverarbeitungsstelle X zum Endprodukt B veredelt. Ein Zusatzstoff wird hierfür nicht benötigt.

Im Verlauf der Untersuchung wird dieses Betriebsmodell in verschiedener Weise abgeändert und erweitert. Aus diesem Grunde sei nachstehend seine allgemeine, algebraische Form gebracht. Sie schließt das obige Modell ein, führt jedoch zu einigen Veränderungen der Darstellung, die kurz erläutert werden sollen.

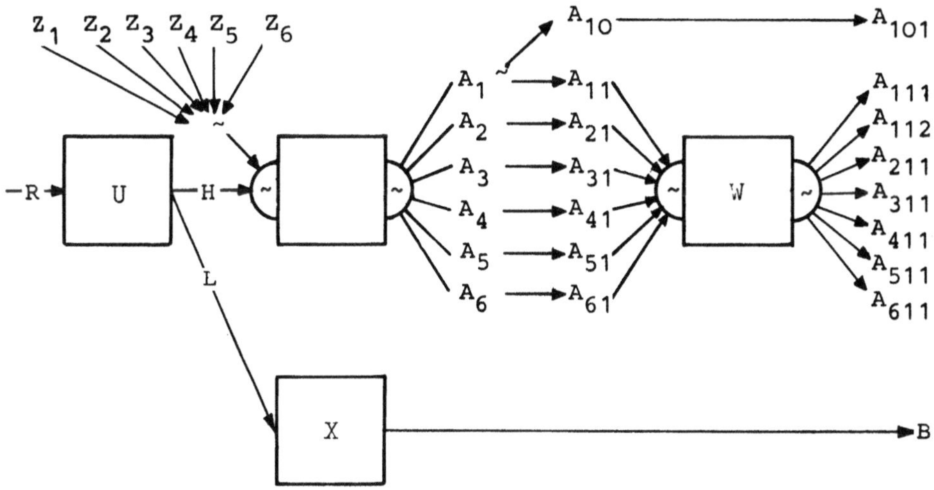

Abb. 1: Darstellung des speziellen Betriebsmodells

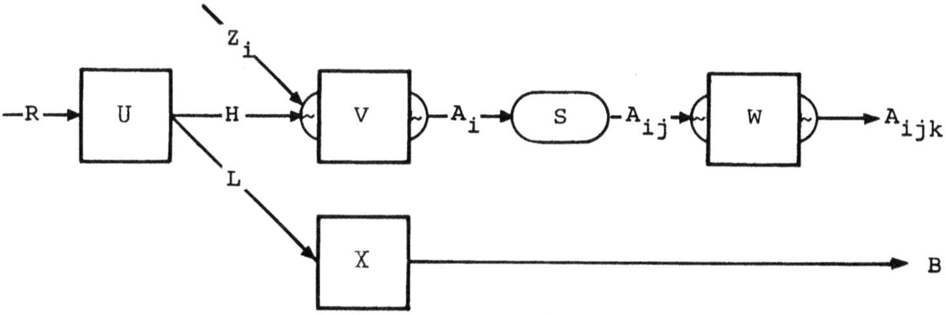

Abb. 2: Darstellung des allgemeinen Betriebsmodells

Einmal treten an die Stelle der numerischen ein-, zwei- oder dreistelligen Indizes für die Zusatzstoffe, Zwischen- und Endprodukte nunmehr die allgemeinen algebraischen Indizes i, j und k. Außerdem wird die Wahlmöglichkeit zwischen dem Direktverkauf und der Weiterverarbeitung des Zwischenproduktes A_1 verallgemeinert dadurch ausgedrückt, daß die Zwischenprodukte A_i eine lediglich formale Dispositionsstelle S durchlaufen, in der über ihren Direktverkauf oder ihre Weiterverarbeitung entschieden wird. Schließlich wird der Verkauf des Zwischenproduktes A_{10} am Markt so aufgefaßt, daß eine rein formale Leerstufe durchlaufen wird, die der Stufe W parallel geschaltet ist. Verallgemeinert dargestellt, durchlaufen so die Zwischenprodukte A_{ij} die Stufen W_j, aus denen die einzelnen Endprodukte A_{ijk} hervorgehen.

Das Modell basiert auf der Annahme, daß die Kuppelprodukte H und L in der Stufe U in einem festen Gewichtsverhältnis von 2 : 1 anfallen. Außerdem wird angenommen, daß sich die Zwischenprodukte A_1 - A_6 bzw. A_i durch die zeitliche Inanspruchnahme der Kapazität in der Stelle V sowie durch den Verbrauch an H und an den jeweiligen Zusatzstoffen Z_1 - Z_6 bzw. Z_i unterscheiden. In der Stufe W soll die jeweilige Inanspruchnahme der Kapazität ebenfalls verschieden hoch sein. In den Stufen V und W sollen ferner zur Herstellung der einzelnen Zwischen- bzw. Endprodukte unterschiedliche proportionale Energiekosten anfallen. Auch in den Stufen U und X seien proportionale Energiekosten erforderlich, um die Kuppelprodukte H und L bzw. das Endprodukt B herzustellen. Ferner wird unterstellt, daß beim Verkauf sämtlicher Produkte am Markt preisabhängige Vertriebskosten (z. B. Provisionen) anfallen. Schließlich sollen in allen Produktionsstufen und darüber hinaus in einem angenommenen Verwaltungs- und Vertriebsbereich jeweils bestimmte Bereitschaftkosten auftreten.

Weitere "interne" (den Aufbau des Modellbetriebes und den Ablauf seines Betriebsgeschehens betreffende) und "externe" (die Beziehungen des Betriebes zur Umwelt, seine Stellung auf den Märkten regelnde) Prämissen sind:

1. Die Kapazität und Betriebsbereitschaft der einzelnen Betriebsteile können nicht verändert werden; der Grad der Betriebsbereitschaft sei dabei so angenommen, daß in allen Teilbereichen eine volle Ausnutzung der Kapazität möglich ist.

2. Die Kostenverläufe sind stetig und linear; es gibt also keine sprungfixen, unterproportionalen und überproportionalen Kosten, sondern im gesamten Beschäftigungsbereich der einzelnen Teilbetriebe lediglich fixe und linear mit der Erzeugungsmenge veränderliche Kosten. Die Verbrauchsfunktionen für die Kostengüter sind linear. Aus diesen Prämissen folgt, daß die proportionalen Kosten der Stelle U mit den Einzelkosten der Kuppelproduktpäckchen und die proportionalen Kosten aller übrigen Stellen mit den Einzelkosten der jeweils daraus hervorgehenden Produkte identisch sind. Alle proportionalen und fixen Kosten seien außerdem eindeutig der betrachteten Periode zuzurechnen.

3. Es bestehen und entstehen keine Lager; es wird also angenommen, daß die Absatz- und Erzeugungsmengen bei allen Produkten übereinstimmen. Eine Vernichtung einmal hergestellter Mengen der Zwischenprodukte H und L ist ebenfalls nicht möglich; sie müssen daher weiterverarbeitet werden.

4. Es besteht keinerlei Absatzverbund zwischen den einzelnen Produkten.

5. Die Verkaufspreise sind innerhalb der angenommenen Aktionsbereiche konstant.

6. Die Marktpreise der Kostengüter sind ebenfalls keinen Veränderungen unterworfen. Damit wird - im Interesse einer übersichtlichen Darstellung - das Problem ausgeklammert, wie die eingesetzten "primären", d. h. unmittelbar aus dem Markt bezogenen Kostengüter zu bewerten sind.

7. Hinsichtlich der Marktverhältnisse bestehen sichere Erwartungen.

8. Betriebliche Engpässe können nur auftreten, weil
   a) die Kapazität der Teilbetriebe und
   b) die Absatz- und Einkaufsmengen der End- und Zwischenprodukte sowie des Rohstoffes R begrenzt sind (36).

9. Unternehmerische Zielsetzung ist die Maximierung des Periodengewinnes (37).

Wesentlich ist ferner, daß es sich um eine statisch-komperative Analyse handelt. Es werden keine sukzessiven Veränderungen im Zeitablauf untersucht, sondern lediglich die Ergebnisse des alternativen Ansatzes unterschiedlich gebildeter Verrechnungspreise für eine kommende Periode dargestellt, verglichen und analysiert. Dabei wird das Schwergewicht zunächst darauf gelegt, die Brauchbarkeit dieser Verrechnungspreise für die Programmanalyse, Programmwahl und Vorkalkulation des Periodenerfolgs in einer bestimmten Ausgangssituation zu untersuchen. Hieraus läßt sich bereits erkennen, welche Verrechnungspreise als ungeeignet für diese Zwecke anzusehen sind.

Im weiteren Verlauf der Untersuchung werden dann schrittweise bestimmte Modifikationen der anfangs gesetzten Daten und Prä-

36) Unter einem Engpaß soll jede Beschränkung verstanden werden, die es verhindert, daß die Leistungsmöglichkeit irgendeines der im Betriebe vorhandenen Produktionsfaktoren voll ausgenutzt wird. Dabei ist einerseits an knappe Produktionsfaktoren, andererseits an Begrenzungen der Absatzmöglichkeiten vom Markt her zu denken. Wesentlich für die vorliegende Untersuchung ist, daß man die möglichen internen Engpässe unterschiedlich ausnutzen kann, sei es direkt zur Erstellung verschiedenartiger Leistungen, sei es indirekt dadurch, daß die im Engpaß hergestellte Leistung in nachgelagerten Produktionsstufen alternativ verwendet werden kann. Umgekehrt liegt eine indirekte Wahlmöglichkeit aber auch dann vor, wenn es möglich ist, ein bestimmtes Endprodukt, das nur in begrenzter Menge abzusetzen ist, in unterschiedlicher Weise herzustellen. In diesem Fall können auch Absatzbegrenzungen als Engpässe angesehen werden, obwohl sie keine Produktionsfaktoren sind.

37) Zur Frage anderer unternehmerischer Zielsetzungen vgl. z.B.: Johannes Bidlingmaier: Unternehmerziele und Unternehmerstrategien, Wiesbaden 1964; Ders.: Zielkonflikte und Zielkompromisse im unternehmerischen Entscheidungsprozeß, Wiesbaden 1968; Edmund Heinen: Das Zielsystem der Unternehmung, Wiesbaden 1966; Ulrich Schmidt-Sudhoff: Unternehmerziele und unternehmerisches Zielsystem, Wiesbaden 1967; Werner Kirsch: Gewinn und Rentabilität, Wiesbaden 1968.

missen vorgenommen, die einmal die Relationen der betrieblichen Teilkapazitäten, d. h. die Engpaßverhältnisse betreffen, zum anderen das Bestehen bzw. Fehlen von Zwischenproduktmärkten, drittens die Wahl des Ausgangsrohstoffs und viertens die Festlegung der Dispositionsträger, d. h. die Frage, wer die Programmentscheidungen trifft. Hilfsweise werden außerdem an einigen Stellen einzelne weitere Prämissen abgeändert, entweder zur Vereinfachung der Darstellung oder um eine an der betreffenden Stelle interessierende Frage ebenfalls behandeln zu können.

Durch die Abänderung bestehender und die Aufnahme neuer Modellmerkmale und -bedingungen läßt sich eine Kette von Modellsituationen bilden, die genauere Aussagen über die Brauchbarkeit und den Geltungsbereich der untersuchten Verrechnungspreis-Verfahren zuläßt als bei einer unveränderlichen Modellsituation. Zwar ist es hier nicht möglich, sämtliche denkbaren Modellsituationen "durchzuspielen", doch dürfte die getroffene Auswahl einige der theoretisch wichtigsten und auch für die Praxis typischen Situationen umfassen.

b) Auswahl der zu untersuchenden Verfahren der Verrechnungspreisbildung

Um den Umfang der Untersuchung überschaubar zu halten, muß darauf verzichtet werden, sämtliche in der Praxis vorkommenden bzw. in der Literatur behandelten Verfahren zur Bildung und Verwendung von Verrechnungspreisen und zur Bewertung von Zwischenprodukten, insbesondere von Kuppelprodukten, am Modell zu überprüfen. Zum Teil ist dies jedoch auch gar nicht notwendig, weil viele Verfahren sich entweder nur formal unterscheiden oder die gleiche Grundstruktur aufweisen und daher dem gleichen Verfahrenstyp zuzuordnen sind. Dennoch muß - vor allem aus der Vielzahl der kostengebundenen Verrechnungspreise und der Kalkulationsverfahren für Kuppelprodukte - eine Wahl getroffen werden.

Maßgebend für die Auswahl der <u>kostengebundenen Verrechnungspreise</u> ist der Gedanke, die Brauchbarkeit der theoretisch und praktisch wichtigsten Kostenrechnungssysteme für die Bildung und Verwendung von Verrechnungspreisen anhand einer begrenzten Zahl von Verfahrenstypen zu überprüfen.

Da Zwischenprodukte als Vor-Kostenträger aufgefaßt werden können, werden in der Praxis die verschiedenen Spielarten der Kostenträgerrechnung für die Verrechnungspreisbildung benutzt, insbesondere wenn keine Marktpreise vorliegen. Die dabei angesetzten Verrechnungspreise werden überwiegend durch Verteilung aller Herstellkosten auf die einzelnen (Zwischen-) Produkteinheiten nach den Prinzipien der Durchschnittskostenrechnung oder Vollkostenrechnung ("Gemeinkosten-Verteilungsrechnung") ermittelt. Daher soll zunächst überprüft werden, ob die Vollkostenrechnung tatsächlich sinnvollerweise für die Verrechnungspreisermittlung verwendet werden kann.

Dabei werden hinsichtlich der Beschäftigung, die für die Bildung der Verrechnungspreise zugrundegelegt wird, zwei Grundtypen unterschieden: die von der tatsächlichen Beschäftigung ausgehende Istkostenrechnung und die "Optimalkosten"rechnung. Diese orientiert sich an der optimalen Beschäftigung, die im hier gebildeten Betriebsmodell wegen des linearen Gesamtkostenverlaufs bei der vollen Ausnutzung der Kapazität erreicht wird. Sie dient hier als Beispiel für alle Kostenrechnungssysteme, die von einer anderen als der tatsächlichen Beschäftigung ausgehen.

Die einzelnen Formen der Vollkostenrechnungsverfahren werden weiter danach unterteilt, wie sie das Auftreten betrieblicher Engpässe berücksichtigen, und zwar in Rechnungen ohne und mit Engpaßbezug der jeweiligen Stückerfolge. Obwohl engpaßbezogene Vollkostenrechnungen in Literatur und Praxis so gut wie gar nicht beachtet worden sind (38), erscheint es wegen der großen kalkulatorischen Bedeutung von Engpässen zweckmäßig, sie in die

38) Zu den seltenen Ausnahmen gehört der Vorschlag, die Gemeinkosten und den Gewinnzuschlag nach einem Schlüssel, in dem die Inanspruchnahme des Engpasses zum Ausdruck kommt, den Erzeugnissen zuzurechnen; er findet sich bei E. Schmalenbach: Mitteilung, in: ZfhF, IV. Jg. 1909/10, S. 355 f. Zur Problematik siehe Paul Riebel: Die Preiskalkulation auf Grundlage von "Selbstkosten" oder von relativen Einzelkosten und Deckungsbeiträgen, in: ZfbF, NF, 16. Jg. 1964, S.549-612, hier S.576 f., und die vorliegende Arbeit, S. 155 f.

Untersuchung einzubeziehen und nicht nur die herkömmlichen Möglichkeiten der Vollkostenrechnung zu untersuchen.

Als zweite kostenrechnerische Verfahrensgruppe zur Bildung von Verrechnungspreisen werden die Teilkostenrechnungen erörtert. Die Verwendung von Teilkosten zur Leistungsverrechnung wird - zumindest in bestimmten Situationen und für bestimmte Fragestellungen - bereits seit längerem, mit besonderem Nachdruck aber in neuerer Zeit empfohlen. Im Verlauf dieser Entwicklung ist eine ganze Reihe von Kostenrechnungssystemen ausgearbeitet worden, in denen jeweils nur bestimmte Kostenkategorien (proportionale Kosten (39), durchschnittliche variable Kosten oder "Direct Costs" (40), Grenzkosten, Grenz-Plankosten (41), rela-

39) Vgl. hierzu z.B.: E. Schmalenbach: Gewerbliche Kalkulation, in: ZfhF, NF, 15. Jg. 1963, S.375-384 (Nachdruck aus: Zeitschrift für das gesamte Kaufmännische Unterrichtswesen, V.Jg. 1902/03); Kurt Rummel: Kosten, Preise, Werte. Eine Zusammenstellung der Schwierigkeiten, Unzulänglichkeiten und Grenzen, aber auch des positiven Gehaltes der Kostenträgerrechnung, in: Archiv für das Eisenhüttenwesen, 10. Jg. 1936/37, S.419-440.

40) Vgl. z.B.: F.C. Lawrence und E.N. Humphreys: Marginal Costing, London 1947; National Association of Cost Accountants (Hrsg.): Direct Costing, N.A.A. Research Series No. 23, New York 1953 (deutsche Übertragung: RKW: Direct Costing. Das Rechnen mit Grenzkosten. Übersetzung eines amerikanischen Forschungsberichtes, 1. Aufl. Berlin, Frankfurt, Köln 1960); Peter Heine: Direct Costing - eine anglo-amerikanische Teilkostenrechnung, in: ZfhF, NF, 11. Jg. 1959, S.515-534; Hans-Hermann Böhm und Friedrich Wille: Direct Costing und Programmplanung, München 1960, (ab 2. Aufl. 1965 unter dem Titel: Deckungsbeitragsrechnung und Programmoptimierung); Wilmer Wright: Direct Standard Costs for Decision Making and Control, New York-Toronto-London 1962; National Association of Accountants on Direct Costing, Selected Papers, hrsg. von Raymond P. Marple, New York 1965; Karl Weber: Amerikanisches Direct Costing, Bern und Stuttgart 1970; H.Peter Holzer: Direct (Variable) Costing, in: HWR, Sp.412-418 und die dort angegebene Literatur.

41) Vgl. z.B.: H.-G. Plaut: Wo steht die Plankostenrechnung in der Praxis? in: ZfhF, NF, 4. Jg. 1952, S.396-407; Ders.: Die Grenz-Plankostenrechnung, in: ZfB, 23. Jg. 1953, S.347-363 und 402-413; Ders.: Unternehmenssteuerung mit Hilfe der Voll- oder Grenzplankostenrechnung, in: ZfB, 31. Jg. 1961, S.460-482; Wolfgang Kilger: Flexible Plankostenrechnung, 1. Aufl. Köln und Opladen 1961, 4. Aufl. 1970; Hans-Georg Plaut, Heinrich Müller und Werner Medicke: Grenzplankostenrechnung und Datenverarbeitung, München 1968.

tive Einzelkosten (42) usw.) verrechnet werden, während die jeweils komplementären Kostenkategorien global oder differenziert und stufenweise aus den Bruttogewinnen oder Deckungsbeiträgen gemeinsam abgedeckt werden. Zum Teil wird in Engpaßsituationen darüber hinaus noch der Ansatz von verdrängten Bruttogewinnen oder Deckungsbeiträgen, die oft auch als "Opportunitätskosten" bezeichnet werden (43), gefordert. Diese Verfahren, die aus einer Kritik an der Vollkostenrechnung entstanden, werden teils ausdrücklich auch für die Bildung von Verrechnungspreisen empfohlen, teils bietet sich ihre Verwendung hierfür aus ihrer Natur und Zielsetzung heraus an. Einige solcher Teilkostenrechnungen werden daher gleichfalls dargestellt und auf ihre Brauchbarkeit für diesen Zweck untersucht. Es handelt sich dabei um die "Proportionalkostenrechnung", mit der in der vorliegenden Untersuchung - wegen des hier unterstellten linearen Kostenverlaufs - die Grenzkostenrechnung und das Direct Costing identisch sind, und um das "Rechnen mit relativen Einzelkosten und Deckungsbeiträgen".

42) Vgl. z.B.: Paul Riebel: Die Gestaltung der Kostenrechnung für Zwecke der Betriebskontrolle und Betriebsdisposition, in: ZfB, 26. Jg. 1956, S.278-289; Ders.: Das Rechnen mit Einzelkosten und Deckungsbeiträgen, in ZfhF, NF, 11. Jg. 1959, S.213-238; Ders.: Preiskalkulation, a.a.O., S.549-612; Wolfgang Fassbender: Betriebsindividuelle Kostenerfassung und Kostenauswertung, Frankfurt am Main 1964; Manfred Layer: Möglichkeiten und Grenzen der Anwendbarkeit der Deckungsbeitragsrechnung im Rechnungswesen der Unternehmung, Berlin 1967; Paul Riebel: Kurzfristige unternehmerische Entscheidungen im Erzeugungsbereich auf Grundlage des Rechnens mit relativen Einzelkosten und Deckungsbeiträgen, in: Neue Betriebswirtschaft, 20. Jg. 1967, Nr. 8, S.1-23; Wulf Hecker: Kurzfristige Erfolgsrechnung im Einzelhandel, Stuttgart 1968; Wolfgang Männel: Die Wahl zwischen Eigenfertigung und Fremdbezug; Theoretische Grundlagen - Praktische Fälle, Herne/Berlin 1968; Ders.: Kostenrechnerische Probleme bei der Bewertung gleichartiger Kostengüter verschiedener Herkunft, in: Neue Betriebswirtschaft, 21. Jg. 1968, Nr. 4, S. 7-20; Paul Riebel: Die Bereitschaftskosten in der entscheidungsorientierten Unternehmerrechnung, in: ZfbF, NF, 22. Jg. 1970, S.372-386; Ders.: Deckungsbeitragsrechnung, in: HWR, Stuttgart 1970, Sp. 383-400; Siegfried Hummel: Wirklichkeitsnahe Kostenerfassung, Berlin 1970; Wolfgang Männel: Möglichkeiten und Grenzen des Rechnens mit Opportunitätserlösen, in: Beiträge zur betriebswirtschaftlichen Ertragslehre, Festschrift zum 70. Geburtstag von Erich Schäfer, hrsg. von Paul Riebel, Köln und Opladen 1970, S.201-245; Ders.: Die Zurechnung von Erlösen auf parallel arbeitende Betriebsteile, in: Neue Betriebswirtschaft, 24. Jg. 1971, Nr. 7, S.1-21; Kornelius Schott: Deckungsbeitragsrechnung in der Spedition, Hamburg 1971; Paul Riebel: Zur Programmplanung bei Kuppelproduktion, in: ZfbF, NF, 23. Jg. 1971, S.733-775; Ders.: Einzelkosten- und Deckungsbeitragsrechnung (= Deckungsbeitragsrechnung

Da die Bewertung weiterzuverarbeitender Kuppelprodukte besondere Schwierigkeiten bereitet, ist das Betriebsmodell so aufgebaut, daß daran die wichtigsten Verfahren zur Kalkulation von Kuppelprodukten auf ihre Brauchbarkeit für die Festsetzung von Verrechnungspreisen geprüft werden können. Die zahlreichen in der Literatur vorgeschlagenen und in der Praxis anzutreffenden Verfahren und Verfahrensvarianten zur Kostenzuordnung auf die einzelnen Kuppelprodukte (44) lassen sich nämlich auf folgende Grundtypen reduzieren:

und Unternehmungsführung, Bd. 1), Opladen 1972; Wieland Geese: Die Steuern im entscheidungsorientierten Rechnungswesen (= Deckungsbeitragsrechnung und Unternehmungsführung, Bd. 2), Opladen 1972; Bernd Heine Grundfragen der Deckungsbeitragsrechnung in der Binnenschiffahrt (= Deckungsbeitragsrechnung und Unternehmungsführung, Bd. 3), Opladen 1972; Günter Jürgen Höhn: Zum Problem der betriebswirtschaftlich richtigen Linienerfolgsrechnung (Schriften für Verkehr und Technik, H. 50), Berlin 1972.

43) Zum Rechnen mit Opportunitätskosten vgl. insbesondere: Hans-Hermann Böhm und Friedrich Wille, a.a.O.; Wolfram Engels: Betriebswirtschaftliche Bewertungslehre im Licht der Entscheidungstheorie, Köln und Opladen 1962, insbes. S.162-176; Hartmut Michel: Grenzkosten und Opportunitätskosten - zur Diskussion um das Problem Voll- oder Teilkostenrechnung, in: ZfbF, NF, 16. Jg. 1964, S.82-93; Werner Kern: Kalkulation mit Opportunitätskosten, in: ZfB, 35. Jg. 1965, S.133-147; Herbert Hax: Kostenbewertung mit Hilfe der mathematischen Programmierung, in: ZfB, 35. Jg. 1965, S.197-210; Klaus Opfermann und Heinrich Reinermann: Opportunitätskosten, Schattenpreise und optimale Geltungszahl - ein Vergleich klassischer und moderner Optimalkalküle, in: ZfB, 35. Jg. 1965, S.211-236; Edmund Heinen: Betriebswirtschaftliche Kostenlehre, Bd.I: Begriff und Theorie der Kosten, 2. Aufl. Wiesbaden 1965, S.309-362; Hans Münstermann: Bedeutung der Opportunitätskosten für unternehmerische Entscheidungen, in: ZfB, 36. Jg. 1966, 1. Ergänzungsheft, S.18-36; Wolfgang Kilger, a.a.O., 4. Aufl., insbes. S.700-713; Dietrich Adam: Entscheidungsorientierte Kostenbewertung, Wiesbaden 1970.

44) Siehe hierzu vor allem die Übersichtsdarstellungen von: J. Rudolf Merian: Die betriebswirtschaftliche Preisbildung der Kuppelprodukte, in: ZfhF, 25. Jg. 1931, S.225-248 und 289-308; John Arch. White: Accounting for By-Products, Co-Products and Joint Products, in: The Journal of Accountancy, Vol. 51, 1931, S.90-102; R. Vonderreck: Kalkulation von Kuppelprodukten in der chemischen Industrie, in: ZfhF, 27. Jg. 1933, S.617-641; Hans Baur: Die Kalkulation chemischer Kuppelprodukte, Diss. München 1954; Theodor Beste: Kuppelprodukte, Kalkulation der ..., in: HWB, 3.Bd., Sp.3628-3635; Paul Riebel: Kuppelprodukte, Kalkulation der, a.a. O., Sp.995-999; Ders.: Kuppelproduktion und -Kalkulation, a.a.O., hier S.1250-1252.

1. Schlüsselungsverfahren (45) (Die gemeinsamen Kosten bis zur Aufspaltung werden im Verhältnis bestimmter Schlüsselgrößen auf alle Kuppelprodukte aufgeteilt)

   a) "Marktpreisverhältnisrechnung" (Aufteilung im Verhältnis der Markterlöse bzw. bestimmter "abgeleiteter" Erlöse oder Überschüsse aus der Weiterverarbeitung) (46),

   b) "Gewichtsrechnung" (Aufteilung im Verhältnis des Mengenanfalls der einzelnen Kuppelprodukte) (47),

   c) Schlüsselung nach "technischen Maßstäben", mit denen die Ausbringungsmengen gewichtet werden; dafür sind die verschiedenartigsten produktspezifischen physikalischen Merkmale vorgeschlagen worden, z. B. der Heizwert (48), die Dichte, die Konzentration, das Molekulargewicht (49) u. a.

2. "Restwert- oder Subtraktionsverfahren" (Die Erlöse aus dem unmittelbaren Verkauf bzw. die Überschüsse aus der Weiterverarbeitung eines oder mehrerer Kuppelprodukte - gewöhnlich der Nebenprodukte und Abfälle - werden von den Kuppelprozeß-

45) Oft in Form von Äquivalenzziffernrechnungen, die lediglich eine rechentechnische Variante der Schlüsselung sind, durchgeführt. Zur sachlichen Übereinstimmung von Schlüsselung und Äquivalenzziffernrechnung und ihrer gegenseitigen formalen Überführbarkeit vgl. Helmut Koch: Die Ermittlung der Durchschnittskosten als Grundprinzip der Kostenrechnung, in: ZfhF, NF, 5. Jg. 1953, S.303-327.

46) Um die Ableitung solcher Ersatzgrößen hat sich vor allem bemüht Karl-Heinz Tillmann: Die Bewertung von marktpreislosen Kuppelprodukten in der Kostenrechnung der chemischen Industrie, Diss. Köln 1952; in den wesentlichen Teilen unter dem gleichen Titel veröffentlicht in: ZfhF, NF, 6. Jg. 1954, S.156-172.

47) Vgl. hierzu die Vorschläge von Hanspeter Kohler: Betriebsabrechnung und Kalkulation im Gaswerk, Diss. Bern 1951.

48) Diese Schlüsselgröße wurde insbesondere propagiert von Ludwig Winkler; vgl. z.B. seine Aufsätze: Restwertrechnung oder Einzelkostenermittlung in der Kohlenentgasung, in: Gas- und Wasserfach, 79. Jg. 1936, S.129 ff.; Die "mangelhafte" Restwertrechnung (Das Problem der Kuppelprodukten-Kalkulation in der Gaserzeugung), in: Technik und Wirtschaft, 30. Jg. 1937, S.241-245.

49) Empfohlen von Hans Küng: Die Anwendung der grundlegenden betriebswirtschaftlichen Erkenntnisse im Rechnungswesen der chemischen Industrie, Basel 1952, und Josef Walter Groh: Probleme der Kostenrechnung in der Chemiefaser-Industrie, Diss. Frankfurt a.M. 1955.

kosten abgezogen oder dem verbleibenden Kuppelprodukt "gutgeschrieben"; der "Restwert" wird dem verbleibenden Kuppelprodukt - gewöhnlich handelt es sich um das Hauptprodukt - zugeordnet)

Als Beispiel für einen nach technischen Merkmalen gebildeten Schlüssel wird formal der Heizwert gewählt; dieser technische Faktor kann jedoch ebensogut als Molekulargewicht, Dichte oder sonstiges physikalisches Merkmal der Kuppelprodukte interpretiert werden. Spezifisch für alle Varianten der Schlüsselung mit Hilfe technischer Größen ist nämlich allein die Tatsache, daß der Gewichtsanteil eines jeden Kuppelproduktes mit einem produktspezifischen konstanten Faktor multipliziert wird, der weder vom Marktpreis oder von den Verarbeitungsüberschüssen noch von den Kosten abhängt.

Die genannten Verfahren der Bewertung bzw. Kalkulation von Kuppelprodukten werden zwar bislang nur im Rahmen von Vollkostenrechnungen praktiziert, doch lassen sie sich auch im Rahmen von Teilkostenrechnungen anwenden (50); sie werden daher auch im Rahmen der Proportionalkostenrechnung überprüft.

Daneben wird im Rahmen der Teilkostenrechnung auch noch ein Verfahren untersucht, bei dem die gesamten Kuppelproduktionskosten in voller Höhe einem einzigen der Kuppelprodukte zugeordnet werden (Bewertung der Nebenprodukte mit Null). Schließlich kann man sich aber auch die einzelnen Kuppelprodukte zu komplexen Kuppelproduktbündeln oder -"päckchen" vereinigt vorstellen, denen man die gemeinsamen Kosten ungeteilt zurechnet. Dies geschieht sowohl in der "Päckchenrechnung" (51) als auch im "Rechnen mit relativen Einzelkosten und Deckungsbeiträgen". Auch diese beiden Verfahren werden daher in die Untersuchung einbezogen.

50) Vgl. hierzu Paul Riebel: Kuppelprodukte, Kalkulation der, a.a.O., Sp. 995-999 und 1003; Ders.: Kuppelproduktion und -Kalkulation, a.a.O., S.1250-1252.
51) Diese wurde entwickelt von Heinrich von Stackelberg, a.a.O., S.55 f. (ZfN, S.570-573).

c) Bestimmung der Beurteilungsmaßstäbe

Das Kriterium für die Brauchbarkeit der zu behandelnden Verrechnungspreisarten zum Zwecke der Programmwahl ist das Auftreten bzw. das Fehlen systembedingter Abweichungen zwischen dem bei ihrer Verwendung erzielten Periodengewinn der Unternehmung und dem Periodengewinn, der bei dem tatsächlich optimalen Programm erzielt werden kann.

Ihre Brauchbarkeit zum Zwecke der Gewinnplanung wird beurteilt am Auftreten bzw. Fehlen systembedingter Abweichungen zwischen dem effektiven Periodengewinn des jeweils gewählten Programms und dem Periodengewinn, der für dieses Programm mit Hilfe der betreffenden Verrechnungspreisart vorkalkuliert wird.

Es ist demnach notwendig, Verfahren zu entwickeln, die eine Ermittlung des wirklich optimalen Programmes sowie eine zutreffende Vorausberechnung des Gewinnes erlauben. Die im Modell angenommenen numerischen Zahlenverhältnisse dürfen dabei keine (zufällige) Rolle spielen. Es ist vielmehr aus den sachlogischen Modellzusammenhängen abzuleiten, ob es Verfahren der Programmwahl und Gewinnprognose gibt, die bei den zugrundegelegten Modellbedingungen zwangsläufig zum Optimum führen, und wie gegebenenfalls ihr Rechengang ist. Hierbei ist vor allem darauf zu achten, für welche Modellsituationen bzw. -situationskomplexe diese Verfahren jeweils gültig sind. Erst dann liegt der Maßstab vor, der eine kritische Würdigung der zur Diskussion stehenden Verrechnungspreise ermöglicht. Die Aufgabe der Untersuchung wird es dann sein, die auftretenden Abweichungen bei der Programmanalyse, Programmwahl und Gewinnprognose auf ihre Ursachen hin zu analysieren.

Als Beurteilungsbasis wird im Laufe der Untersuchung zunächst eine "verkürzte Totalrechnung" entwickelt, die auf einer Analyse des Zusammenhangs zwischen der Programmgestaltung und dem Periodenerfolg basiert und ohne Bildung von Verrechnungspreisen die Gegebenheiten des Betriebsmodells in sachlogischer Weise berücksichtigt. Die besonderen Merkmale dieser verkürzten Totalrechnung liegen darin, daß einmal die durch Programmänderungen beeinflußten und nicht beeinflußten Kostenelemente getrennt werden, daß ferner die durch den Kuppelprozeß bedingte Kosten- und Erfolgsverknüpfung zwischen den Hauptendprodukten und dem Nebenendprodukt berücksichtigt wird und daß schließlich betriebliche Engpässe bei der Wahl der Bezugsobjekte der Kosten- und Erfolgsrechnung beachtet werden. Aus der Anwendung dieses Maßstabs wird dann schon ein Teil der Erkenntnisse gewonnen, die für die Bestimmung des optimalen Programms und Gewinns in den später behandelten Modellsituationen notwendig sind. Das Schwergewicht verschiebt sich dort jedoch entsprechend der Komplizierung der Zusammenhänge auf mathematische Beurteilungsmaßstäbe und insbesondere auf die Ermittlung von Optimalgewinnen mit Hilfe des Linearen Programmierens.

Die Eignung der Verrechnungspreise darf nicht an der Höhe der numerischen Abweichungen vom optimalen Ergebnis gemessen werden; dies ist nur dann zulässig, wenn gleichzeitig analysiert wird, ob und in welcher Höhe die Abweichungen auch bei veränderten Zahlenverhältnissen auftreten. Verrechnungspreise, die nach den gleichen Grundsätzen gebildet sind, können nämlich je nach den zufällig zugrundegelegten Zahlenverhältnissen selbst bei gleicher Leistungsstruktur des Modellbetriebes zu Programmen mit völlig unterschiedlichen Gesamtgewinnen führen. Aus dem Ausmaß der Abweichungen vom optimalen Programm (maximalen Gewinn) bzw. des vorkalkulierten vom effektiven Gewinn darf also keinesfalls auf die vergleichsweise bessere oder schlechtere Eignung der jeweiligen Methoden zur Ermittlung der Verrechnungspreise geschlossen werden. Es ist vielmehr aus den sachlogischen Zusammenhängen zu erklären, ob es sich um systembedingte Abweichungen handelt und worauf sie im einzelnen beruhen. Die Ergebnisse zahlenmäßiger Berechnungen dürfen somit nur vor dem Hintergrund "richtig" oder "falsch" gebildeter Verrechnungspreise gesehen werden. Wenn in der vorliegenden Untersuchung gleichwohl außer mit algebraischen auch mit numerischen Werten gearbeitet wird, so nicht zur Beweisführung, sondern stets nur deswegen, um die gewonnenen Aussagen zu verifizieren, die Zusammenhänge zu veranschaulichen und Anhaltspunkte für bestimmte Hypothesen zu gewinnen.

d) Gang der Untersuchung

Die weitere Untersuchung ist in zwei Hauptteile gegliedert. Im ersten Hauptteil werden die nach den oben genannten Gesichtspunkten ausgewählten Verrechnungspreise auf ihre Brauchbarkeit für die Programmanalyse, Programmwahl und Gewinnplanung in einer bestimmten Ausgangssituation des Modells zunächst verbal-numerisch untersucht. Die Ergebnisse werden sodann in einer algebraischen Kontrollrechnung überprüft, um Fehlurteile, die durch die Zufälligkeit der Ausgangszahlen bedingt sein könnten, sicher auszuschließen. Weiter werden die Auswirkungen einer Modifizierung der zunächst angenommenen Engpaßverhältnisse gezeigt. Die Ausgangssituation ist im wesentlichen durch das nahezu vollständige Fehlen von Zwischenproduktmärkten und durch das Vorliegen eines Fertigungsengpasses in der Stufe V gekennzeichnet. Sie ist daher besonders gut für eine Analyse der kostenrechnerischen Problematik der Verrechnungspreisbildung und -verwendung geeignet.

Im zweiten Hauptteil werden dann die Verrechnungspreisprobleme behandelt, die sich bei der Einführung von Zwischenproduktmärkten, von Wahlmöglichkeiten zwischen mehreren Rohstoffen und bei der dezentralen Lenkung der betrieblichen Teilbereiche des Modells ergeben. Hierbei werden diejenigen Verrechnungspreisverfahren, die bereits unter den im ersten Hauptteil angenommenen Verhältnissen versagten, nicht mehr diskutiert, da sie wegen ihrer systembedingten Mängel auch bei den im zweiten Hauptteil untersuchten Modellsituationen versagen würden. Die Analyse beschränkt sich daher auf die Überprüfung derjenigen Verrechnungspreise, die aufgrund der Ergebnisse des ersten Hauptteils und der Eigenarten der jeweils erörterten Situationen in Frage kommen. Abschließend sollen die Ergebnisse der Untersuchung zusammengefaßt und eine Reihe offener Probleme umrissen werden.

Erster Hauptteil:

Die Brauchbarkeit kostengebundener Verrechnungspreise für die Programmwahl und Gewinnplanung bei der Weiterverarbeitung eines Kuppelproduktes

Im folgenden soll die Eignung kostengebundener Verrechnungspreise für die Programmwahl und Gewinnplanung überprüft werden. Da hierbei von einer bestimmten Situation des Betriebsmodells ausgegangen wird, soll diese zunächst dargestellt werden. Daran anschließend werden die Ermittlung der einzelnen kostengebundenen Verrechnungspreise sowie ihre Verwendung für die Programmwahl und die Vorausberechnung des Gewinnes für das jeweils optimal erscheinende Programm gezeigt. Aus den Leistungs- und Erfolgszusammenhängen des Modells wird ferner ein Kriterium für die Beurteilung der verschiedenen kostengebundenen Verrechnungspreise abgeleitet. Auf dieser Grundlage werden dann die einzelnen Verfahren der Verrechnungspreisbildung und -verwendung einer kritischen Analyse unterzogen. Im Anschluß daran sollen die gleichen Fragen in Form einer mathematischen Kontrollrechnung dargestellt und untersucht werden. Für den an einer Beweisführung dieser Art weniger interessierten Leser ist es daher nicht erforderlich, diesen Abschnitt im einzelnen zu verfolgen.

Den Abschluß des ersten Hauptteils bildet eine kurze Analyse der Verrechnungspreisproblematik bei einer Modifikation der in den vorangehenden Abschnitten angenommenen Engpaßverhältnisse. Eine detaillierte Darstellung ist hierbei nicht notwendig, da auf die bereits gefundenen Ergebnisse zurückgegriffen werden kann.

Erstes Kapitel:

Die Ausgangssituation

Der Aufbau und die Prämissen des in dieser Untersuchung verwendeten Betriebsmodells wurden bereits im einleitenden Teil beschrieben (vgl. S. 46 ff.). Die dort genannten Merkmale der Produktions- und Absatzstruktur müssen hier also lediglich, soweit dies für die Zwecke der Analyse erforderlich ist, ergänzt sowie durch technische und kostenrechnerische Daten konkretisiert werden.

Um die Zusammenhänge zu vereinfachen, bleibt im Ersten Hauptteil der Zu- oder Verkauf von Zwischenprodukten ausgeschlossen. Eine Ausnahme hiervon bildet nur das "sekundäre" Zwischenprodukt A_1, das wahlweise direkt am Markt verkauft (A_{101}) oder (als A_{11}) in der Weiterverarbeitungsstufe W eingesetzt werden kann. Der nahezu völlige Verzicht auf die Einführung von Zwischenproduktmärkten gestattet es, insbesondere auf die kostenrechnerischen Aspekte der Kuppelproduktion einzugehen. Der Ausschluß von Zwischenproduktmärkten hat zur Folge, daß die erste Produktionsstufe U lediglich die Weiterverarbeitungsstufen beliefern kann, also völlig von deren Bedarf und damit von dem dort gewählten Weiterverarbeitungsprogramm abhängig ist. So lange Zu- und Verkaufsmöglichkeiten für die Zwischenprodukte ausgeschlossen bleiben, ist also für das Modell im Grunde genommen eine zentrale Steuerung unterstellt, die freilich nicht durch eine zentrale Institution ausgeübt werden muß. Als Träger dieser Rechnungen und Dispositionen kann man sich statt einer zentralen Planungsstelle in der Unternehmungsleitung auch eine solche im Vertriebsbereich vorstellen, die den einzelnen Produktionsstufen übergeordnet ist und ihre Entscheidungen auf Grund der kostenrechnerischen Unterlagen des Gesamtbetriebes trifft. Man kann jedoch auch - in Analogie zu einem verbreiteten Vorgehen in der Praxis - an eine zentrale Steuerung der Gesamtproduktion durch die Leitung eines die beiden Stufen V und W zusammenfassenden Weiterverarbeitungsbereichs denken. Die Bildung und Verwendung von Verrechnungspreisen dient dann in beiden Fällen vorwiegend dem Zweck, die zentralen Entscheidungs- und Kontrollrechnungen zu vereinfachen und zu beschleunigen, da die Verrechnungspreise sich aus bekannten kostenrechnerischen Einzelelementen zusammensetzen.

Formal ist es jedoch auch möglich, stärker auf die Lenkungsfunktion der Verrechnungspreise abzustellen. Sie würden bei dieser Konzeption von einer gedachten Zentralstelle ermittelt und dann dem zusammengefaßten Weiterverarbeitungs- und Vertriebsbereich VW vorgegeben werden. Der Bereich VW würde hierbei die Dispositionen so treffen, wie es für ihn aufgrund der vorgegebenen Verrechnungspreise und der eigenen Kosten- und Erlösverhältnisse als optimal erscheint. Seine Entscheidungen müßten allerdings für die Kuppelproduktionsstufe U bindend sein. Bei dieser Betrachtungsweise käme es also darauf an, die Verrechnungspreise so vorzugeben, daß sie zu Entscheidungen führen, die vom Standpunkt des Gesamtunternehmens aus als optimal anzusehen sind. Es muß jedoch betont werden, daß eine solche Interpretation hier lediglich eine formale Änderung bedeutet, die keine materiellen Konsequenzen, beispielsweise in den Programmdispositionen hat. Der Grund dafür ist, daß die für die Programmdispositionen maßgeblichen Größen in gleicher Höhe wie bei der zentralen Konzeption ermittelt werden.

Die hier betrachtete Entscheidungsaufgabe, nämlich die Wahl des gewinnoptimalen Produktions- und Verkaufsprogramms, löst der Entscheidungsträger aufgrund von Rangfolgeberechnungen für die Endprodukte. Als Kriterium für die Aufstellung der Rangfolge dient dabei entweder die Höhe der Erfolge pro Leistungseinheit, die sich nach dem jeweils angewandten Verrechnungspreisverfahren ergibt, oder auch - bei bestimmten Verfahren - die Höhe der Erfolge pro Engpaßeinheit. Diese Entscheidungsgrößen werden dann auch bei der Vorausberechnung des Gesamtgewinns der Unternehmung verwendet, der bei dem jeweils gewählten Produktionsprogramm zu erwarten ist.

Da hier vor allem untersucht werden soll, welche Probleme die Verrechnungspreisbildung und -verwendung für kurz- und mittelfristige Entscheidungen mit sich bringt, wird angenommen, daß zum Zeitpunkt der Programmwahl bereits ein bestimmtes Produktionsprogramm realisiert ist. Als Grundlage der Programmwahl für die kommende Periode wird daher zunächst eine Programmanalyse für die abgelaufene Periode durchgeführt.

Für das Ausgangsprogramm, das grundsätzlich frei gewählt werden kann, seien folgende Werte angenommen:

Endprodukte	A_{101}	A_{111}	A_{112}	A_{211}	A_{311}	A_{411}	A_{511}	A_{611}	B
Produktions- und Absatzmenge der vergangenen Periode (in Tonnen)	490	385	315	120	45	360	400	210	892

Für die kommende Periode sei es möglich, die Absatzmengen für jedes einzelne Produkt bei unveränderten Preisen um 40 % zu erhöhen. Aufgabe der Programmwahl ist es, das Programm zu finden, das den unter den gegebenen Bedingungen höchstmöglichen Gewinn erbringt.

Inwieweit die Absatzchancen der neuen Periode überhaupt genutzt werden können, hängt, da im Modell von der Existenz von Lagern abgesehen wird, von der Größe der einzelnen Teilkapazitäten ab. Wie Tab. 1 im Anhang erkennen läßt, sind diese hier so gewählt, daß die Produktionsverhältnisse in der Stufe V die vollständige Nutzung der Absatzchancen verhindern, und zwar noch bevor in anderen Bereichen der Unternehmung die Kapazitäten voll ausgelastet sind. Die Stufe V stellt somit einen potentiellen Engpaß dar. Sie wird zu einem tatsächlich wirksamen Engpaß, wenn die Entscheidungsrechnungen zu dem Ergebnis führen, daß die als vorteilhaft erscheinenden Absatzmöglichkeiten höher sind als die Produktionsmöglichkeiten in der Stufe V. Die Kapazität von V wird dabei mit 500 Maschinenstunden gerade so hoch angenommen, daß sie in der abgelaufenen Periode voll genutzt ist.

Außer den Kapazitäten der Fertigungsstellen sind in Tabelle 1 noch die Ausbringung und die Stoffeinsatzmengen sowie die Kapazitätseinsatzzeiten der Ausgangsperiode aufgeführt. Tabelle 1 gibt somit die für die Entscheidungsrechnungen erforderlichen Mengen- und Zeitkomponenten an. Die gleichfalls benötigten Daten der Kosten- und der Umsatzergebnisrechnung sind in den Tabellen 2 bis 5 zusammengestellt. Nähere Erläuterungen sind hierzu nicht erforderlich.

Ferner ist nun noch festzulegen, auf welcher der verschiedenen Stufen des Modellbetriebes kostengebundene Verrechnungspreise gebildet werden sollen. Während in dem Nebenkuppelprodukt-Zweig nur ein Zwischenprodukt-Verrechnungspreis (für L) gebildet werden kann, sind bei der Verarbeitung des Hauptkuppelproduktes H drei Möglichkeiten denkbar; einmal kann nur für H ein Verrechnungspreis gebildet werden, zum anderen nur für die Zwischenprodukte A_1 - A_6, und drittens können sowohl für H als auch für die Zwischenprodukte A_1 - A_6 Verrechnungspreise ermittelt werden. Wie leicht einzusehen ist, ist jedoch die Frage, auf welcher Stufe des Produktionsprozesses kostengebundene Verrechnungspreise gebildet werden sollen, nur eine Frage der formalen Gruppierung der Kostenelemente bzw. eine Frage der Kostenstellenbildung. Ob die Kostenbestandteile, die den einzelnen Produkten nach den verschiedenen Rechenverfahren angelastet werden, getrennt aufgeführt oder zum Teil in einem oder gar in zwei Verrechnungspreisen zusammengefaßt sind, hat auf die jeweilige Beurteilung der Erzeugnisse keinen Einfluß, da hierbei nur die Summe der Kostenbestandteile berücksichtigt wird. Die Kritik der Verrechnungspreisbildung und -verwendung für H und L schließt beispielsweise wegen der Notwendigkeit, auch die übrigen Kostenelemente in die Analyse einzubeziehen, die Kritik der Verrechnungspreisbildung und -verwendung in den anderen Fällen ein. Es würde infolgedessen nur unnötige Wiederholungen mit sich bringen, wollte man die Analyse nacheinander für alle drei genannten Fälle durchführen. Aus diesem Grunde sollen hier nur für die Kuppelprodukte H und L Verrechnungspreise gebildet werden.

Zweites Kapitel:

Die Verfahren zur Ermittlung kostengebundener Verrechnungspreise

I. Durch Vollkostenrechnung (Gemeinkostenverteilung) bestimmte Verrechnungspreise

Bei der Vollkostenrechnung werden sämtliche anfallenden Kosten auf die einzelnen Kostenträger weitergewälzt. Solange die Erzeugnisse noch nicht verkaufsreif sind, ist es allerdings üblich, sie nur mit den bis dahin angefallenen Herstellkosten zu belasten. Das Hauptmerkmal der Vollkostenrechnung ist somit in der Verteilung aller anfallenden Kosten bzw. aller Herstellkosten der jeweiligen Stufe auf die Erzeugnisarten und darüber hinaus auf die einzelnen Erzeugniseinheiten zu sehen. Neben den mit der Erzeugungsmenge veränderlichen ("variablen") Kosten werden auch die von der Erzeugungsmenge unabhängigen ("fixen") Kosten der einzelnen Erzeugniseinheit zugerechnet und damit so behandelt, als wenn sie sich proportional zur Erzeugungsmenge verändern würden ("Fixkosten-Proportionalisierung"). Die Kostenzurechnung erfolgt - je nach dem Leistungsprogramm - nach einem Zuschlags- oder Verrechnungssatzverfahren der Äquivalenzziffernrechnung oder nach einer mehr oder weniger modifizierten Divisionsrechnung. Die Belastung der Erzeugniseinheit hängt bei gegebener Kapazität und Betriebsbereitschaft davon ab, welche Beschäftigung bei der Fixkostenverrechnung zugrundegelegt wird. Das Ergebnis der traditionellen Kostenträger-Stückrechnung fällt deshalb ganz unterschiedlich aus, je nachdem, ob man die tatsächliche, die erwartete, die normale, die durchschnittliche, die volle oder die "optimale" Beschäftigung ansetzt. Wird die Kostenträgerrechnung als Dispositionsrechnung zum Zweck der Programmwahl durchgeführt, so wird sich die Beschäftigung der Betriebsteile zumeist erst aus den Überlegungen zur Programmgestaltung ergeben. Vorher, d. h. bei der Bildung und Verwendung der Verrechnungspreise, läßt sich - wenn überhaupt - nur vermuten, wie sich die Beschäftigung gestalten wird (52). Es

52) Ob es unter den angenommenen Modellbedingungen möglich ist, die Fixkosten auf Basis einer solchen Beschäftigung zu verrechnen, wie sie sich <u>nach</u> der Programmwahl tatsächlich ergibt, sei dahingestellt. Denkbar wäre vielleicht ein Vorgehen nach der "Trial and Error"-Methode oder der Ansatz eines Systems von Gleichungen. In der herkömmlichen Vollkostenrechnung ist dieser Weg aber wohl kaum zu verwirklichen.

liegt daher nahe, sich bei der Verrechnung der Fixkosten mehr oder weniger stark an der derzeitigen Beschäftigung ("Istkostenrechnung") zu orientieren. Aus dieser Überlegung heraus wird in der vorliegenden Untersuchung - wie bereits erwähnt - zunächst mit der in der abgelaufenen Periode realisierten Beschäftigung gearbeitet.

Da sich die Fixkostenbelastung der Produkte bei der Istkostenrechnung wegen der schwankenden Beschäftigung der Kostenstellen von Periode zu Periode ändern kann, rechnet man vielfach auch mit den Durchschnittswerten mehrerer zurückliegender Perioden, mit einer mehr oder weniger willkürlich festzulegenden Normalbeschäftigung oder mit der Optimal- bzw. Vollbeschäftigung, die vor allem als Basisbeschäftigung für Plankostenrechnungen empfohlen wird (53). Parallel zur Rechnung auf Basis der Istbeschäftigung soll daher stellvertretend für alle diese Systeme die auf der vollen - hier zugleich optimalen - Beschäftigung basierende Gemeinkosten-Verteilungsrechnung behandelt werden, die im folgenden abgekürzt als Optimalkostenrechnung bezeichnet wird.

Die Zuschlüsselung der Bereitschaftskosten auf die Produkte kann im Rahmen der Ist- oder Optimalkostenrechnung in teilweise völlig verschiedenartiger Weise erfolgen. In der Praxis werden die Zahl der Maschinen- oder Arbeitsstunden, das Gewicht, das Volumen oder die Menge der hergestellten Erzeugnisse sowie noch andere Schlüssel, u. U. auch Kombinationen derartiger Größen, als Zuteilungsmaßstäbe benutzt. Für unseren Modellbetrieb sei angenommen, daß man die Bereitschaftskosten der Stufe V auf die Einheiten der Zwischenprodukte A_1 - A_6 nach der Anzahl der für sie aufgewandten Apparate- und Maschinenstunden verteilt. Auch die fixen Kosten der Stelle W sollen nach der Inanspruchnahme der Kapazität auf die einzelnen Produkte verrechnet werden. Die Verwaltungs- und Vertriebsgemeinkosten schließlich

53) Vgl. zu dieser "Kapazitätsplanung" z.B. Kilger, Wolfgang: Flexible Plankostenrechnung, 1. Aufl. Köln und Opladen 1961, S.305-310, 4. Aufl. 1970, S.351-356, und Käfer, Karl: Standardkostenrechnung, 2. Aufl. Stuttgart 1965, S.169-172 sowie die dort angegebene Literatur.

werden auf Basis der jeweils für die einzelnen Produkte ermittelten Herstellkosten verrechnet.

Wenn die zu belastenden Produkte Kuppelprodukte sind - wie im vorliegenden Falle H und L - entstehen Schwierigkeiten eigener Art, weil sämtliche im Zuge eines Kuppelprozesses anfallenden Kosten sich nicht für die einzelnen Kuppelprodukte erfassen lassen. Die Verteilung der Kuppelproduktionskosten und damit die Bildung der Verrechnungspreise erfolgen dann, wie bereits erwähnt, nach verschiedenen Verfahren. Dies soll in den folgenden Unterabschnitten dargestellt werden.

A. Vollkostenrechnung mit Schlüsselung der Kuppelproduktionskosten

1. Vollkostenrechnung mit Bewertung der Kuppelprodukte nach der Marktpreis- oder Erlösüberschuß-Verhältnisrechnung

Bei der Marktpreisverhältnisrechnung oder - korrekter - Erlösverhältnisrechnung werden die Kuppelprodukte im Verhältnis der mit den Marktpreisen gewichteten Mengen, also im Verhältnis der Erlöse mit den Kosten des Kuppelprozesses belastet. Die Marktpreisverhältnisrechnung stellt damit - wenigstens tendenziell - auf die Tragfähigkeit der Kuppelprodukte ab; Produkte, die einen vergleichsweise hohen Erlös erbringen, sollen auch einen vergleichsweise hohen Teil der Kuppelproduktionskosten tragen (54).

Im vorliegenden Fall stößt die unmittelbare Durchführung der Marktpreisverhältnisrechnung auf Schwierigkeiten, weil die Kuppelprodukte H und L hier nicht verkauft, sondern weiterverarbeitet werden. Die zunächst fehlende Verteilungsgrundlage für die Verrechnung der Kuppelprozeßkosten kann aber durch Ableitung "fiktiver Marktpreise" oder "fiktiver Erlöse" gewonnen werden. Um solche Ersatzwerte zu ermitteln, kann man z. B. von den Erlösen der Endprodukte zunächst die Vertriebskosten und dann

54) Die tatsächliche Tragfähigkeit hängt nicht von den Erlösen, sondern von den verbleibenden Überschüssen nach Abdeckung der spezifischen Verarbeitungs- und Vertriebskosten ab.

die Kosten der Weiterverarbeitung der Zwischenprodukte abziehen (55), und zwar im Falle der Vollkostenrechnung sowohl die Erzeugniseinzelkosten als auch die anteiligen Einzelkosten der Weiterverarbeitungs- und Vertriebsstellen, die in unserem Modell mit deren Bereitschaftskosten identisch sind. Die verbleibenden Überschüsse können dann anstelle echter Marktpreise der Zwischenprodukte in dem Schlüssel für die Aufteilung der Kuppelprozeßkosten verwendet werden.

Aus Gründen der Vereinfachung soll im folgenden terminologisch nicht zwischen der Marktpreis- oder Erlösverhältnisrechnung im strengen Sinne einerseits und der Erlösüberschußverhältnisrechnung andererseits unterschieden werden. Vielmehr werden die beiden tendenziell auf das Tragfähigkeitsprinzip abstellenden Verfahren im folgenden unter der Bezeichnung Marktpreisverhältnisrechnung zusammengefaßt. Numerisch werden die fiktiven Marktpreise und die Verrechnungspreise für H und L wie folgt ermittelt:

a) Auf Basis der Ist-Beschäftigung

Endprodukte	A_{101}	A_{111}	A_{112}	A_{211}	A_{311}	A_{411}	A_{511}	A_{611}	B
Marktpreise	2.000	2.110	2.220	2.870	3.950	2.100	1.320	1.270	250
- Summe der proportionalen Kosten je LE (t) (56)	1.400	1.460	1.480	510	700	1.200	460	270	90
- Summe der anteiligen Bereitschaftskosten (57)	57	263	302	301	478	170	209	188	100
Erlösüberschüsse	543	387	438	2.059	2.772	730	651	812	60

Nach Berücksichtigung des H-Anteils je Einheit des jeweiligen Endproduktes ergeben sich folgende fiktive Marktpreise je Ein-

55) Eine solche retrograde Ermittlung abgeleiteter Preise empfiehlt Karl-Heinz Tillmann, a.a.O. (ZfhF), S.159-161.
56) Laut Tabelle 4.
57) Laut Tabelle 6.

heit H bzw. L (im Falle des Nebenprodukts bleibt der Wert unverändert, da in eine Einheit B eine Einheit L eingeht):

Endprodukte	A_{101}	A_{111}	A_{112}	A_{211}	A_{311}	A_{411}	A_{511}	A_{611}	B
Fiktive Marktpreise der Zwischenprodukte H und L	1.086	774	876	1.716	2.772	608	651	1.015	60

Es existieren somit entsprechend der Zahl der Verarbeitungsmöglichkeiten von H acht verschiedene fiktive Marktpreise, von denen jeder zusammen mit dem fiktiven Marktpreis von L unter Berücksichtigung der Mengenrelation das Verhältnis bestimmen könnte, in dem die Kuppelprozeßkosten auf H und L verteilt werden sollen. Nach einem Vorschlag in der Literatur soll in solchen Fällen der höchste der jeweiligen fiktiven Marktpreise bzw. Erlösüberschußwerte maßgebend sein (58).

Mit ebenso großer Berechtigung könnte man etwa den niedrigsten der fiktiven Marktpreise für H wählen. Das werden oft die Erlöse der jeweils "letzten" Verwertungsmöglichkeit sein, die noch herangezogen werden muß, um den gesamten Anfall abzusetzen. In der Praxis wird man jedoch - vor allem unter Abrechnungsgesichtspunkten - nicht einem einzelnen fiktiven Marktpreis von H den Vorzug geben, sondern ihren, mit den jeweiligen Einsatzmengen an H gewogenen Durchschnitt verwenden. Rechnerisch läuft das auf das Gleiche hinaus wie eine Aufteilung im Verhältnis der Gesamtüberschüsse aus der Weiterverarbeitung von H und L über sämtliche Kosten der Weiterverarbeitung und des Vertriebs (59). Hierbei können die Gesamtüberschüsse mit Hilfe der fiktiven Marktpreise, d. h. durch deren Multiplikation mit den jeweils eingesetzten Mengen an H bzw. L, oder mit Hilfe der Erlösüberschüsse für die einzelnen Endprodukte, d. h. durch deren Multiplikation mit den Ausbringungsmengen er-

58) Karl-Heinz Tillmann, a.a.O. (ZfhF), S.160.
59) Man könnte also bei der hier angenommenen Variante darauf verzichten, die fiktiven Marktpreise zu errechnen, und stattdessen die Schlüsselgrößen so ermitteln, daß man von der Summe der Erlösüberschüsse über die proportionalen Weiterverarbeitungs- und Vertriebskosten für die H-Produkte bzw. für L die Bereitschaftskosten in V und W bzw. in X absetzt.

mittelt werden. Bei genauer Rechnung (ohne Abrundungen) führen beide Verfahren zum gleichen Ergebnis. Entsprechend dem Gang der bisherigen Rechnung sei hier das erste angewandt:

Produkte	fiktiver Marktpreis für H DM/t	x	eingesetzte (60) Menge H t	=	Erlösüberschuß DM
A_{101}	1.086	x	245,0	=	266.070
A_{111}	774	x	192,5	=	148.995
A_{112}	876	x	157,5	=	137.970
A_{211}	1.716	x	144,0	=	247.104
A_{311}	2.772	x	45,0	=	124.740
A_{411}	608	x	432,0	=	262.656
A_{511}	651	x	400,0	=	260.400
A_{611}	1.015	x	168,0	=	170.520

Erlösüberschuß aus dem Verkauf der Hauptendprodukte	1.618.455 DM
+ Erlösüberschuß aus dem Verkauf des Nebenendprodukts (60 DM/t x 892 t)	53.520 DM
Gesamterlösüberschuß	1.671.975 DM

Die Kosten des Kuppelprozesses werden demnach im Verhältnis

1.618.455 : 53.520

auf die Kuppelprodukte H und L verteilt. Auf die Gesamtproduktion an H entfallen 1.139.750 DM, auf die Gesamtproduktion an L 37.690 DM.

Der Verrechnungspreis von H beträgt:

Verrechnungspreis H = 1.139.750 DM : 1.784 t = 639 DM/t,

der von L:

Verrechnungspreis L = 37.690 DM : 892 t = 42 DM/t.

60) Vgl. Tabelle 1.

b) Auf Basis voller (optimaler) Beschäftigung

Bei der Optimalkostenrechnung errechnen sich die fiktiven Marktpreise wie folgt:

Endprodukte	A_{101}	A_{111}	A_{112}	A_{211}	A_{311}	A_{411}	A_{511}	A_{611}	B
Marktpreise	2.000	2.110	2.220	2.870	3.950	2.100	1.320	1.270	250
- Summe der proportionalen Kosten je LE (t) (61)	1.400	1.460	1.480	510	700	1.200	460	270	90
- Summe der anteiligen Bereitschaftskosten (62)	57	205	233	292	469	141	173	167	81
Erlösüberschüsse	543	445	507	2.068	2.781	759	687	833	79
Fiktive Marktpreise der Zwischenprodukte H und L	1.086	890	1.014	1.723	2.781	633	687	1.041	79

Die Berechnung der Erlösüberschüsse, die analog zum Vorgehen bei der Ist-Beschäftigungs-Variante erfolgt, führt zu folgenden Gesamtwerten:

Erlösüberschuß aus dem Verkauf der Hauptendprodukte	1.693.501 DM
+ Erlösüberschuß aus dem Verkauf des Nebenendprodukts (79 DM/t x 892 t)	70.468 DM
Gesamterlösüberschuß	1.763.969 DM

Bei dem damit gewonnenen Aufteilungsverhältnis von

1.693.501 : 70.468

werden auf

61) Laut Tabelle 4.
62) Laut Tabelle 7.

	H Fixkosten in Höhe von	308.290 DM,
auf	L Fixkosten in Höhe von	12.828 DM,
auf	H proportionale Kosten in Höhe von	822.111 DM,
auf	L proportionale Kosten in Höhe von	34.209 DM

verrechnet.

Die Verrechnungspreise für H und L lassen sich dann wie folgt bestimmen:

Fixkostenanteil H	308.290 DM : 2.350 t (63)	= 131 DM/t
Anteil proportionaler Kosten	822.111 DM : 1.784 t	= 461 DM/t
Verrechnungspreis H		= 592 DM/t

Fixkostenanteil L	12.828 DM : 1.175 t (63)	= 11 DM/t
Anteil proportionaler Kosten	34.209 DM : 892 t	= 38 DM/t
Verrechnungspreis L		= 49 DM/t

2. Vollkostenrechnung mit Bewertung der Kuppelprodukte nach der Gewichtsrechnung

Die Verteilung der Kuppelproduktionskosten nach dem Gewicht der gekoppelten Produkte läuft auf eine reine Divisionskalkulation hinaus, bei der weder ökonomische noch technische Unterschiede zwischen den gekoppelten Produkten berücksichtigt werden. Man muß lediglich die Summe aller Kosten der Kuppelprodukte in der Abrechnungsperiode feststellen und sie durch die Gesamtausbringung dividieren. Da sich die Bewertung im hier verwendeten Modell auf eine Gewichtseinheit bezieht, fallen damit die Verrechnungspreise unmittelbar und ohne weitere Umrechnung an.

Deutet man die Gewichtsrechnung so, daß zunächst die Gesamtkosten auf die Kuppelprodukte im Gewichtsverhältnis aufgeteilt werden und anschließend eine Divisionskalkulation durchgeführt wird, dann gestaltet sich lediglich der Rechengang etwas an-

63) Kapazitätswerte gemäß Tabelle 1 im Anhang.

ders, das Ergebnis ist jedoch das gleiche.

Die Verrechnungspreise für das Hauptprodukt H und das Nebenprodukt L lassen sich demnach wie folgt ermitteln:

a) Auf Basis der Ist-Beschäftigung

Gesamtkosten der Kuppelprodukte in U:

Materialkosten (M_R)	749.280 DM
proportionale Energiekosten	107.040 DM
Bereitschaftskosten in U	321.120 DM
Gesamtkosten in U	1.177.440 DM

Gesamtausbringung:

Ausbringung an Hauptprodukt H	1.784 t
Ausbringung an Nebenprodukt L	892 t
Gesamtausbringung	2.676 t

Durchschnittskosten je Gewichtseinheit
(= Verrechnungspreis für H bzw. L):

$$\frac{1.177.440}{2.676} \text{ DM/t} = \underline{\underline{440 \text{ DM/t}}}$$

b) Auf Basis voller Beschäftigung

Proportionale Gesamtkosten der Kuppelprodukte in U:

Materialkosten (M_R)	749.280 DM
proportionale Energiekosten	107.040 DM
Summe der proportionalen Kosten in U	856.320 DM

Gesamtausbringung	2.676 t	
Durchschnittliche proportionale Kosten je t Kuppelprodukt	$\frac{856.320}{2.676}$ DM/t	= 320 DM/t
Bereitschaftskosten in U	321.120 DM	
Mögliche Gesamtausbringung	3.525 t	
Durchschnittliche Bereitschaftskosten je t Kuppelprodukt	$\frac{321.120}{3.525}$ DM/t	= 91 DM/t
Verrechnungspreis für H bzw. L		= 411 DM/t

3. Vollkostenrechnung mit Bewertung der Kuppelprodukte nach "technischen Schlüsseln"

Bei der Wahl von technischen Schlüsseln zur Verteilung von Kuppelproduktionskosten kann man sich an ganz verschiedenartigen produktspezifischen Merkmalen orientieren (64). Formal ist das Aufteilungsverfahren mit dem der Marktpreisverhältnisrechnung identisch; bei der Kostenverteilung tritt lediglich an Stelle des Marktpreises bzw. Erlösüberschusses je Mengeneinheit eine technische Größe. Im vorliegenden Fall soll der Verteilungsschlüssel der Anschaulichkeit halber als Heizwertschlüssel interpretiert werden.

Bei der Heizwertrechnung werden die Kosten des Kuppelprozesses im Verhältnis der mit den Mengen (Gewichten) multiplizierten Heizwerte auf die Kuppelprodukte verteilt. Dadurch soll eine von "zufälligen" Marktschwankungen freie, "objektive" Belastung der Produkte ermöglicht werden. Diesem Anspruch liegt die Vorstellung zugrunde, die Verteilung der Kosten habe sich nach exakt bestimmbaren technischen Eigenschaften zu richten, die gleichsam einen inneren Wert der Kuppelprodukte bestimmen.

Wenn man annimmt, daß das Hauptprodukt H einen Heizwert von 3.750 kcal/kg und das Nebenprodukt L einen solchen von 10.500 kcal/kg hat, werden die Kosten in folgendem Verhältnis verteilt:

1.784.000 kg (H) x 3.750 kcal/kg : 892.000 kg (L) x
10.500 kcal/kg = 5 : 7

Die Verrechnungspreise lassen sich dann wie folgt ermitteln:

a) Auf Basis der Ist-Beschäftigung

<u>Verrechnungspreis für das Hauptprodukt H:</u>

Gesamtkosten in U	1.177.400 DM
5/12 x 1.177.440 DM =	490.600 DM
Bei einer Produktion von 1.784 t H ergibt sich je Tonne Hauptprodukt ein Verrechnungspreis von	$\frac{490.600}{1.784}$ DM/t = 275 DM/t

64) Vgl. S. 56.

Verrechnungspreis für das Nebenprodukt L:

7/12 x 1.177.440 DM = 686.840 DM

Bei einer Produktion von 892 t L ergibt sich je Tonne Nebenprodukt ein Verrechnungspreis von $\frac{686.840}{892}$ DM/t = 770 DM/t

b) Auf Basis voller Beschäftigung

Verrechnungspreis für das Hauptprodukt H:

Bereitschaftskosten von U 321.120 DM

5/12 x 321.120 DM = 133.800 DM

Bei einer Produktion von 2.350 t H bei voller Beschäftigung ergibt sich je Tonne Hauptprodukt ein Betrag von $\frac{133.800}{2.350}$ DM/t = 57 DM/t

Proportionale Kosten der Stelle U 856.320 DM

5/12 x 856.320 DM = 356.800 DM

Bei einer Produktion von 1.784 t H ergibt sich je Tonne Hauptprodukt ein Betrag von $\frac{356.800}{1.784}$ DM/t = 200 DM/t

Verrechnungspreis für das Hauptprodukt H = 257 DM/t

Verrechnungspreis für das Nebenprodukt L:

Bereitschaftskosten von U 321.120 DM

7/12 x 321.120 DM = 187.320 DM

Bei einer Produktion von 1.175 t L bei voller Beschäftigung ergibt sich je Tonne Nebenprodukt ein Betrag von $\frac{187.320}{1.175}$ DM/t = 159 DM/t

Proportionale Kosten der Stelle U 856.320 DM

7/12 x 856.320 DM = 499.520 DM

Bei einer Produktion von 892 t L ergibt sich je Tonne Nebenprodukt ein Betrag von $\frac{499.520}{892}$ DM/t = 560 DM/t

Verrechnungspreis für das Nebenprodukt L = 719 DM/t

B. Vollkostenrechnung mit Bewertung der Kuppelprodukte nach der Restwertmethode

Die Restwertmethode, die auch als "Subtraktionsmethode" bezeichnet wird, ist aus der Vorstellung entstanden, eines der Kuppelprodukte sei das alleinige oder eigentliche Ziel der Produktion ("Hauptprodukt") und habe deswegen alle Kosten der Kuppelproduktion zu tragen. Etwa anfallende Überschüsse der Nebenprodukterlöse über die Kosten der Nebenproduktverwertung werden hiervon als "Gutschrift" abgezogen. Die restlichen vom Hauptprodukt abzudeckenden Kosten werden als "Restkosten" oder als "Restwert" bezeichnet.

1. Auf Basis der Ist-Beschäftigung

In unserem Modell gestaltet sich die Anwendung der Vollkosten-Restwertrechnung auf Basis der Istbeschäftigung der abgelaufenen Periode wie folgt (65).

Ermittlung der Gutschrift des Nebenproduktes L:

Erlöse des Nebenendproduktes B	223.000 DM
- proportionale (preisabhängige) Vertriebskosten	22.300 DM
- proportionale Energiekosten in X	57.980 DM
- Bereitschaftskosten von X	89.200 DM
Gutschrift	53.520 DM

Diese Gutschrift geht in die Ermittlung des Verrechnungspreises von H ein:

Ermittlung des Verrechnungspreises für das Hauptprodukt H:

Materialkosten (M_R)	749.280 DM
+ proportionale Energiekosten in U	107.040 DM
+ Bereitschaftskosten in U	321.120 DM
Summe	1.177.440 DM
- Gutschrift	53.520 DM
Restkosten H	1.123.920 DM

Verrechnungspreis für H bei einer Produktion von 1.784 t H =

$$\frac{1.123.920}{1.784} \text{ DM/t} = 630 \text{ DM/t}$$

65) Die Werte ergeben sich aus Tabelle 2 und 3.

2. Auf Basis voller Beschäftigung

Bei der Optimalkostenvariante hat man die Bereitschaftskosten von U - von der Summe der übrigen Kosten gesondert - statt durch die effektive durch die maximal mögliche Ausbringung von H zu dividieren. Der sich daraus ergebende Fixkostenbetrag je Einheit H erhöht die Belastung von H mit proportionalen Rechengrößen. Hinsichtlich der Bereitschaftskosten der Stelle X kann man verschiedenartig vorgehen. Eine Möglichkeit besteht darin, die Stellen U und X für die Anwendung des Optimalkostenprinzips als selbständig zu betrachten und die Bereitschaftskosten von X bereits bei der Errechnung der Gutschrift zu berücksichtigen. Hier müßte man die anteiligen Bereitschaftskosten bei voller Beschäftigung in X errechnen und sie entsprechend der tatsächlichen Produktion ebenso wie die proportionalen Kosten in X von den Erlösen für B absetzen. Die andere Möglichkeit ist, die Bereitschaftskosten von X ebenfalls auf die maximal mögliche Ausbringung an H zu beziehen. Hierbei würde also das Optimalkostenprinzip nur auf U angewendet. Diesem Vorgehen liegt die Vorstellung zugrunde, daß der Hauptbetrieb U und der Nebenbetrieb X eine Einheit bilden. In die Ermittlung der Gutschrift gehen dann nur noch die Erlöse des Nebenendproduktes und die proportionalen Kosten in X ein. Für dieses Verfahren, das hier angewendet werden soll, spricht vor allem, daß bei Anwendung der Restwertrechnung Haupt- und Nebenbetrieb tatsächlich mehr als Einheit gesehen werden.

Ermittlung der Gutschrift des Nebenproduktes L:
(ohne Verrechnung der Bereitschaftskosten in X)

Erlös des Nebenendproduktes B	223.000 DM
- proportionale (preisabhängige) Vertriebskosten	22.300 DM
- proportionale Energiekosten in X	57.980 DM
Gutschrift	142.720 DM

Ermittlung des Verrechnungspreises für das Hauptprodukt H:

Materialkosten (M_R)	749.280 DM
+ proportionale Energiekosten in U	107.040 DM
Summe	856.320 DM
- Gutschrift	142.720 DM
Restproportionalkosten von H	713.600 DM

Restproportionalkosten je Tonne H (bei einer Produktion von 1.784 Einheiten H) =

$$\frac{713.600}{1.784} \text{ DM/t} = \quad 400 \text{ DM/t}$$

Bereitschaftskosten in X	89.200 DM
+ Bereitschaftskosten in U	321.120 DM
Summe der Bereitschaftskosten	410.320 DM

Anteilige Bereitschaftskosten je Tonne H bei maximaler Beschäftigung in U =

$$\frac{410.320}{2.350} \text{ DM/t} = \quad 175 \text{ DM/t}$$

Verrechnungspreis für H = 575 DM/t

II. Durch Teilkostenrechnung bestimmte Verrechnungspreise

A. Proportionalkostenrechnungen

1. Proportionalkostenrechnung mit Schlüsselung der proportionalen Kuppelproduktionskosten

a) Proportionalkostenrechnung mit Bewertung der Kuppelprodukte nach der Marktpreisverhältnisrechnung

Für die Errechnung der Verrechnungspreise nach der Marktpreisverhältnisrechnung auf Proportionalkostenbasis gelten sinngemäß die Ausführungen für die Vollkostenrechnung (vgl. S. 68 ff.). Jedoch werden von den Erlösen bzw. Marktpreisen lediglich die proportionalen Kosten des Vertriebs und der Weiterverarbeitung abgezogen.

Ermittlung der fiktiven Marktpreise:

Endprodukte	A_{101}	A_{111}	A_{112}	A_{211}	A_{311}	A_{411}	A_{511}	A_{611}	B
Marktpreise	2.000	2.110	2.220	2.870	3.950	2.100	1.320	1.270	250
- Summe der proportionalen Kosten je LE (t) (66)	1.400	1.460	1.480	510	700	1.200	460	270	90
Erlösüberschüsse über die proportionalen Kosten je LE (t)	600	650	740	2.360	3.250	900	860	1.000	160

Nach Berücksichtigung des jeweiligen H-Anteils gelangt man zu folgenden fiktiven Marktpreisen je t H bzw. L:

Endprodukte	A_{101}	A_{111}	A_{112}	A_{211}	A_{311}	A_{411}	A_{511}	A_{611}	B
Fiktive Marktpreise der Zwischenprodukte H und L je t	1.200	1.300	1.480	1.967	3.250	750	860	1.250	160

Entsprechend der Zahl der Verarbeitungsmöglichkeiten von H ergeben sich somit acht verschiedene fiktive Marktpreise.

Als Summen der für alle Verwendungsarten erzielten proportionalen Erlösüberschüsse lassen sich in Analogie zum Vorgehen bei der Vollkostenrechnung folgende Werte bestimmen:

Erlösüberschuß aus dem Verkauf der Hauptendprodukte	2.084.848 DM (67)
+ Erlösüberschuß aus dem Verkauf des Nebenendprodukts (160 DM/t x 892 t)	142.720 DM
Gesamterlösüberschuß	2.227.568 DM (67)

66) Laut Tabelle 4.

67) Die Werte weichen geringfügig von den in Tabelle 3 angegebenen Erlösüberschüssen ab, weil die "fiktiven Marktpreise" z.T. gerundet sind. Auf die Höhe der (ebenfalls gerundeten) Verrechnungspreise hat dies keinen Einfluß.

Die proportionalen Kosten des Kuppelprozesses werden somit im Verhältnis

2.084.848 : 142.720

auf die Kuppelprodukte H und L verteilt.

Auf die Gesamtproduktion an H entfallen demnach 801.455 DM,
auf die Gesamtproduktion an L 54.865 DM.

Je Einheit H ergibt sich ein

Verrechnungspreis von $\frac{801.455}{1.784}$ DM/t = **449 DM/t.**

Je Einheit L ergibt sich ein

Verrechnungspreis von $\frac{54.865}{892}$ DM/t = **62 DM/t.**

b) Proportionalkostenrechnung mit Bewertung der Kuppelprodukte nach der Gewichtsrechnung

Die Summe der proportionalen Kosten des Kuppelprozesses in U wird durch das Gesamtgewicht aller Kuppelprodukte dividiert. Die auf die Gewichtseinheit entfallenden proportionalen Kosten sind für H und L gleich hoch:

Verrechnungspreis H, L = $\frac{856.320}{1.784+892}$ DM/t = **320 DM/t**

c) Proportionalkostenrechnung mit Bewertung der Kuppelprodukte nach technischen Schlüsseln

Wählt man als technische Schlüsselgrößen wieder die Heizwerte der beiden gekoppelten Zwischenprodukte, so werden die proportionalen Kosten des Kuppelprozesses im Verhältnis der mit den Mengen (Gewichten) multiplizierten Heizwerte verteilt, bei Heizwerten von

3.750 kcal/kg für H und
10.500 kcal/kg für L (vgl. S. 75) also im Verhältnis von 5 : 7.

Von den proportionalen Kosten der Stelle U in der Ausgangsperiode in Höhe von	856.320 DM
entfallen demnach auf H 5/12 x 856.320 DM =	356.800 DM,
auf L 7/12 x 856.320 DM =	499.520 DM.

Daraus ergibt sich als

Verrechnungspreis für H $\frac{356.800}{1.784}$ DM/t = **200 DM/t**,

und als

Verrechnungspreis für L $\frac{499.520}{892}$ DM/t = **560 DM/t**.

2. Proportionalkostenrechnung mit Bewertung der Kuppelprodukte nach der Restwertmethode

Die Restwertrechnung auf Proportionalkostenbasis beruht auf dem gleichen Grundgedanken wie die Restwertrechnung auf Vollkostenbasis. Anders als bei dieser wird jedoch auf eine Verteilung der fixen Kosten verzichtet. Das Hauptkuppelprodukt wird mit den "proportionalen Restkosten" des Kuppelprozesses, d. h. den Proportionalkosten belastet, die durch die Gutschrift für das Nebenprodukt nicht gedeckt sind. Die Gutschrift errechnet sich dabei als Differenz zwischen dem Erlös des weiterverarbeiteten Nebenprodukts und den proportionalen Kosten der Weiterverarbeitung einschließlich der proportionalen Kosten des Vertriebes:

Erlös des Nebenendprodukts B	223.000 DM
- proportionale (preisabhängige) Vertriebskosten von B	22.300 DM
- proportionale Kosten der Weiterverarbeitung	57.980 DM
Gutschrift	**142.720 DM**

Gutschrift je t Nebenprodukt L: $\frac{142.720}{892}$ DM/t = **160 DM/t**

Die Ermittlung der proportionalen Restkosten des Hauptprodukts H zeigt folgende Rechnung:

Materialkosten (M_R)	749.280 DM
+ proportionale Energiekosten in U	107.040 DM
proportionale Periodenkosten in U	856.320 DM
- Gutschrift des Nebenprodukts L	142.720 DM
proportionale Restkosten	**713.600 DM**

Daraus ergibt sich je Einheit H ein

Verrechnungspreis von $\frac{713.600}{1.784}$ DM/t = 400 DM/t.

B. Rechnen mit relativen Einzelkosten und Deckungsbeiträgen

Nach den Grundsätzen der Einzelkostenrechnung dürfen nur solche Kosten den einzelnen Bezugsobjekten angelastet werden, die als Einzelkosten für das betreffende Kalkulationsobjekt gesondert erfaßt werden können. Die Kosten, die für mehrere Erzeugnisarten, z. B. für ein Kuppelproduktbündel (68) oder für mehrere Erzeugniseinheiten gemeinsam anfallen, lassen sich der einzelnen Erzeugnisart bzw. den einzelnen Erzeugniseinheiten nicht zurechnen und können daher nicht in den Verrechnungspreis einer Erzeugniseinheit eingehen. Das Rechnen mit relativen Einzelkosten zieht jedoch außer Erzeugniseinheiten und -arten auch andere Bezugsgrößen, z. B. Produktgruppen, als Kalkulationsobjekte heran und untersucht, inwieweit solche Kosten diesen übergeordneten, allgemeineren Bezugsgrößen direkt zugerechnet werden können. In diesem Sinne betrachtet die Einzelkostenrechnung bei Kuppelproduktion das "Produktbündel" als Kalkulationsobjekt in der Perioden- und Zeitablaufrechnung. Um zu fiktiven komplexen Leistungseinheiten zu kommen, wird der Vorschlag H. v. Stackelbergs (69) aufgegriffen, bei Kuppelproduktion mit festem Mengenverhältnis "Päckchen" zu bilden, in denen die gekoppelten Produkte im Verhältnis ihres Anfalls enthalten sind. Als Bezugsobjekt der Verrechnungspreisbildung zwischen der Kuppelproduktionsstufe und der Weiterverarbeitung kommen nur "Päckchen" oder "Leistungskombinate" der "unmittelbaren Kuppelprodukte" (70) in Frage; im vorliegenden Falle ist es zweckmässig, die Päckchen so zu dimensionieren, daß sie 1,0 t H + 0,5 t L enthalten, insbesondere weil H und die daraus hervorgehenden Endprodukte das eigentliche Produktionsziel sind. Entsprechend bildet man für die Erlösrechnung und die Deckungsbeitrags-

68) Zu Begriff und Ökonomik der Kuppelproduktbündel siehe Paul Riebel: Die Kuppelproduktion, a.a.O., S.126 f., 135-178 und 198-225.
69) Vgl. Heinrich von Stackelberg, a.a.O., S.55.

70) Zur Unterscheidung zwischen unmittelbaren und mittelbaren Kuppelprodukten vgl. Paul Riebel: Die Kuppelproduktion, a.a.O., S.83-91.

rechnung im Rahmen der Weiterverarbeitung Endproduktbündel, die jeweils eine aus H hergestellte Endprodukteinheit und die zugehörige gekoppelte Menge B umfassen. Mit der Bildung solcher Kombinate aus "mittelbaren Kuppelprodukten" (70) berücksichtigt man die tatsächlichen Zusammenhänge zwischen der Gestaltung des Produktions- und Verkaufsprogramms und dem Erlös- und Kostenanfall und verwirklicht das Ziel, auf jede Schlüsselung von Kosten und Erlösen zu verzichten (71) (72).

Der Verrechnungspreis für das Zwischenproduktpäckchen "1t H + 0,5t L" ist demnach im System der Einzelkosten- und Deckungsbeitragsrechnung wie folgt zu errechnen:

$$\frac{\text{Proportionale Kosten der Kuppelproduktion der Periode}}{\text{1.784 Einheiten des Zwischenproduktbündels (1t H + 0,5t L)}} = \frac{856.320}{1.784} \text{ DM/Päckchen}$$

$$= \underline{\underline{\text{480 DM/Päckchen (1t H + 0,5t}}}$$

III. Übersicht über die gebildeten Verrechnungspreise

Wie wir gesehen haben, führen die verschiedenen hier behandelten Verfahren der Voll- und Teilkostenrechnung für Kuppelprodukte zu recht unterschiedlichen Verrechnungspreisen je Lei-

71) Zur Anwendung der Deckungsbeitragsrechnung bei Kuppelproduktion vgl. Paul Riebel: Kuppelprodukte, Kalkulation der, a.a.O., Sp.999-1003; Ders.: Kuppelproduktion und -Kalkulation, S.1253-1265; Ders.: Zur Programmplanung bei Kuppelproduktion, S.741-755; Ders.: Einzelkosten- und Deckungsbeitragsrechnung, a.a.O., S.294-341.

72) Zum Rechnen mit Produktbündeln und -päckchen siehe auch Hans-Josef Brink: Zur Planung des optimalen Fertigungsprogramms, dargestellt am Beispiel der Kalkindustrie, Köln/Berlin/Bonn/München 1969; Manfred Layer: Die Herstellkosten der Deckungsbeitragsrechnung und ihre Verwendbarkeit in Handelsbilanz und Steuerbilanz für die Bewertung unfertiger und fertiger Erzeugnisse, in: ZfbF, NF, 21. Jg. 1969, S.131-154, hier S.137 f.

stungseinheit. In der nachfolgenden Tabelle sind diese noch einmal zusammengefaßt:

Kostenrechnungssystem / Kalkulationsverfahren	Vollkostenrechnung auf Basis der Istbeschäftigung		Vollkostenrechnung auf Basis der Vollbeschäftigung		Teilkostenrechnung		
	H	L	H	L	H	L	H+1/2 L
1. Schlüsselungsverfahren							
a) Marktpreisverhältnisrechnung	639	42	592	49	449	62	
b) Gewichtsrechnung	440	440	411	411	320	320	
c) Verteilung nach technischen Schlüsseln (Beispiel: Heizwert)	275	770	257	719	200	560	
2. Restwertmethode	630	-	575	-	400	-	
3. Einzelkosten- und Deckungsbeitragsrechnung							480

Drittes Kapitel:

Die Verwendung der Verrechnungspreise für die Programmanalyse, Programmwahl und Gewinnprognose

Nachdem im vorigen Kapitel dargestellt wurde, wie die Verrechnungspreise ermittelt werden, soll nunmehr gezeigt werden, in welcher Weise sich ihre Anwendung auf die Beurteilung des gegebenen Erzeugungs- und Absatzprogramms, die Wahl des optimalen Programms und die Vorausberechnung des Periodengewinns auswirkt. Dabei soll davon ausgegangen werden, daß das Programm als optimal angesehen wird, dessen vermeintlicher Gesamtgewinn am höchsten ist. Als Zielsetzung der Unternehmung wird also die Gewinnmaximierung angenommen.

I. Die Programmanalyse als Vorstufe der Programmwahl

Zunächst soll dargestellt werden, wie sich bei Verwendung der einzelnen Verrechnungspreisarten die Programmanalyse für die abgelaufene Periode gestaltet. Hierbei werden Voll- und Teilkostenrechnungen unterschieden. Innerhalb der Gruppe der Vollkostenrechnungen wird eine Unterteilung danach vorgenommen, ob die für die Beurteilung der Produkte maßgeblichen Größen auf den Engpaß bezogen werden oder nicht. Dabei erfolgt noch eine weitere Differenzierung nach der zugrundegelegten Beschäftigung und nach der jeweiligen Verrechnung der Kuppelproduktionskosten. Bei der Gruppe der Teilkostenrechnungen werden - wie schon bei der Ermittlung der Verrechnungspreise - die Proportionalkostenrechnungen sowie das Rechnen mit relativen Einzelkosten und Deckungsbeiträgen unterschieden. Für die Zwecke der Programmanalyse kann man dann bei den Proportionalkostenrechnungen ebenfalls Rechnungen ohne und mit Engpaßbezug der Ergebnisse unterscheiden. Innerhalb dieser Untergruppen wird wiederum nach der jeweiligen Verrechnung der Kuppelproduktionskosten differenziert

A. Vollkostenrechnungen

Die herkömmliche kalkulatorische Erfolgsrechnung orientiert sich bei der Beurteilung der Ertragskraft der einzelnen zum Programm gehörenden Produktarten am Gewinn je Produkteinheit, also an der Differenz zwischen dem Erlös und den durch Verteilung aller betrieblichen Kosten bestimmten Selbstkosten. Diese Differenz, der "Stückerfolg", ist damit das ausschlaggebende Kriterium für die Beurteilung eines gegebenen und die Wahl eines neuen Programms. Darüber hinaus kann der Stückerfolg in der traditionellen Betriebsabrechnung auch zur Vorkalkulation des Gewinnes verwendet werden; der vermeintliche Gesamterfolg eines geplanten Programms errechnet sich dann als die Produktsumme der Stückerfolge und der geplanten Mengen der jeweiligen Erzeugnisse.

Es liegt auf der Hand, daß die bei der Ermittlung der Selbstkosten zugrundegelegte Beschäftigung der einzelnen Kostenstellen erheblichen Einfluß auf die Höhe der Stückerfolge und damit auf die Programmanalyse, die Programmgestaltung und Erfolgsprognose ausübt. Wie schon bei der Bildung der Verrechnungspreise sollen daher auch bei der Ermittlung der Stückerfolge zwei Beschäftigungstypen berücksichtigt werden, die zugleich verschiedene Systeme der Vollkostenrechnung kennzeichnen, nämlich die effektive Beschäftigung der Ausgangsperiode und die maximal mögliche Beschäftigung.

Die fixen Kosten der Stellen V und W sollen, wie bereits erwähnt, bei Anwendung der Ist-Beschäftigung - entsprechend einem weit verbreiteten Vorgehen - im Verhältnis der Maschinenstunden verteilt werden, die jeweils in diesen Stufen für die einzelnen Zwischen- bzw. Endprodukte aufgewendet wurden. Auch für den Fall der Voll-(Optimal-)beschäftigung wird dieser Schlüssel verwendet; er betrifft jedoch nur den Teil der Gemeinkosten, der auf die tatsächlich genutzten Kapazitäten entfällt.

Die Verwaltungs- und Vertriebsgemeinkosten werden ebenfalls nach einem in der Praxis häufig benutzten Schlüssel verteilt, nämlich nach dem Verhältnis der Herstellkosten der einzelnen Erzeugnisarten. Für die Optimalkostenrechnungen ergeben sich dabei gewisse Schwierigkeiten, da nicht eindeutig ist, wie sich die Konzeption der Optimalkostenrechnung auf die Verteilung der Verwaltungs- und Vertriebsgemeinkosten übertragen läßt. Hier wird so vorgegangen, daß auf die jeweiligen Herstellkosten ein bestimmter Prozentsatz aufgeschlagen wird, der durch Bezug der Verwaltungs- und Vertriebsgemeinkosten auf eine angenommene maximale Herstellkostensumme ermittelt wird. Dieser Zuschlag kann jedoch auch so interpretiert werden, daß unterstellt wird, die tatsächliche Beschäftigung der Verwaltungs- und Vertriebskostenstellen betrage rd. 80 % der optimalen (maximalen). Das würde bedeuten, daß nur rd. 80 % der Verwaltungs- und Vertriebsgemeinkosten auf die in den Optimalkostenrechnungen ermittelten Herstellkosten zu beziehen sind, um den Zuschlag zu erhalten.

Bei der Ermittlung der Stückerfolge werden die Selbstkosten pro Einheit von dem Erlös pro Einheit abgezogen. Die Einführung kostengebundener Verrechnungspreise bewirkt hierbei, daß ein Teil der Selbstkosten nicht mehr nach ursprünglichen Kostenarten, Kostenkategorien und/oder Kostenstellen getrennt in der Rechnung erscheint, sondern zusammengefaßt als Verrechnungspreis für das eingesetzte Zwischenprodukt. Die für die Programmanalyse und die Programmwahl maßgebliche Größe, der Erfolg je Leistungseinheit, errechnet sich dann nach folgendem Schema:

1. Erlös je Einheit			.....
2. ./. Selbstkosten je Einheit			
Kosten des Zwischenprodukteinsatzes (Verbrauch je Einheit Endprodukt x Verrechnungspreis des Zwischenproduktes)	.....		
Kosten der Weiterverarbeitung des Zwischenproduktes je Endprodukteinheit	.....		
anteilige Verwaltungs- und Vertriebsgemeinkosten je Endprodukteinheit	.....		
	.....	./.	.....
3. Erfolg je Einheit			.....

Ist der Erfolg je Einheit für die zur Wahl stehenden Endprodukte ermittelt, so kann man eine Produkt-Rangfolge aufstellen, indem man die Stückerfolge der Höhe nach ordnet. Das Urteil über das gegebene Programm wird sich dann darauf gründen, ob die Produkte, die in der Rangfolge an den ersten Stellen stehen, in dem von der Absatzseite her möglichen Umfang hergestellt und verkauft wurden, ob die Kapazitäten durch solche Produkte voll genutzt wurden, die als gewinnbringend erscheinen, oder ob etwa Produkte in das Programm aufgenommen wurden, die einen negativen Stückerfolg, also einen Stückverlust, aufweisen.

Im folgenden werden zunächst die Stückerfolgsrechnungen bei den Vollkostenrechnungen gezeigt, bei denen die Programmanalyse entsprechend dem soeben Gesagten allein auf den Stückerfolgen basiert. Daran anschließend werden als Sonderformen die Vollkostenrechnungen behandelt, bei denen die Programmanalyse mit Hilfe von engpaßbezogenen Stückerfolgen durchgeführt wird.

1. Ohne Engpaßbezug der Stückerfolge

a) Vollkostenrechnung mit Schlüsselung der Kuppelproduktionskosten

(1) Auf Basis der Ist-Beschäftigung

Zur Ermittlung der Stückerfolge und der Rangzahlen der einzelnen Endprodukte kann grundsätzlich das auf Seite 88 angegebene Schema benutzt werden. Aus rein formalen, darstellungstechnischen Gründen sollen hier jedoch zunächst die jeweiligen Selbstkosten pro Endprodukteinheit ermittelt werden, anschließend dann durch ihre Subtraktion von den Marktpreisen die Stückerfolge. Die detaillierte Ermittlung der Stückerfolge soll hier nur am Beispiel der Marktpreisverhältnisrechnung gezeigt werden (vgl. die untenstehende Tabelle), da der Aufbau des Schemas für die übrigen Schlüsselungsverfahren nicht verändert werden muß. Die einzelnen Werte ergeben sich aus den Tabellen 4 - 6 im Anhang und durch Multiplikation des Verrechnungspreises für H mit dem H-Anteil je Endprodukteinheit in Tabelle 1. Auch für das Nebenendprodukt B muß eine Spalte vorgesehen werden, da dieses Endprodukt bei Anwendung der Schlüsselungsverfahren ein selbständiges Kalkulationsobjekt darstellt. Für B wird im übrigen, da sich die Programmanalyse auf die Hauptendprodukte richtet, keine Rangzahl ermittelt.

Endprodukte	A_{101}	A_{111}	A_{112}	A_{211}	A_{311}	A_{411}	A_{511}	A_{611}	B
Stoffkosten H, L	320	320	320	767	639	767	639	511	42
+ Stoffkosten Z	1.170	1.170	1.170	75	64	930	255	65	-
+ Energiekosten in V, X	30	30	30	140	233	35	42	60	65
+ Bereitschaftskosten in V, X	57	57	57	267	444	67	80	114	100
+ Energiekosten in W	-	49	58	8	8	25	31	18	-
+ Bereitschaftskosten in W	-	206	245	34	34	103	129	74	-
Herstellkosten	1.577	1.832	1.880	1.291	1.422	1.927	1.176	842	207
+ Verwaltungs- und Vertriebsgemeinkosten (73)	196	227	233	160	176	239	146	104	26
+ preisabhängige Kosten	200	211	222	287	395	210	132	127	25
Selbstkosten	1.973	2.270	2.335	1.738	1.993	2.376	1.454	1.073	258
Marktpreis	2.000	2.110	2.220	2.870	3.950	2.100	1.320	1.270	250
Stückerfolg	27	- 160	- 115	1.132	1.957	- 276	- 134	197	- 8
Rang	4	7	5	2	1	8	6	3	

Vergleicht man die Stückerfolge der Hauptendprodukte, so zeigt sich, daß bisher mit A_{111}, A_{112}, A_{411} und A_{511} vier Verlustprodukte hergestellt und abgesetzt wurden. Nach dem Ergebnis dieser Rechnung ist daher das Programm der vergangenen Periode erheblich zu verbessern, wenn man die genannten Erzeugnisse streicht und den Absatz der Gewinnprodukte ausweitet.

Die bei den übrigen Schlüsselungsverfahren sich ergebenden Stückerfolge und Rangzahlen der Endprodukte können der Tabelle 8 (im Anhang) entnommen werden.

73) Der Zuschlagssatz beträgt 12,41 % der Herstellkosten; er ergibt sich aus Tabelle 2: [473.280 : (4.766.013 - 952.030)] . 100 %.

(2) Auf Basis voller Beschäftigung

Die Berechnung der Stückerfolge gestaltet sich nach dem gleichen Schema wie bei der Istkostenrechnung (74); von den Ausgangsgrößen ändern sich lediglich die anteiligen fixen Kosten (vgl. Tabelle 7) und die Verrechnungspreise für H und L, die nunmehr 592 bzw. 49 DM/t betragen. Natürlich ändern sich hierdurch auch die Herstellkosten pro Endprodukteinheit sowie die Selbstkosten und Stückerfolge. Außerdem soll für alle Optimalkostenrechnungen der Zuschlag auf die Herstellkosten für die Verwaltungs- und Vertriebsgemeinkosten 9,94 % betragen (75). Unter Berücksichtigung dieser Veränderungen ergeben sich die in Tabelle 8 dargestellten Stückerfolge und Rangzahlen der einzelnen Hauptendprodukte.

b) Vollkostenrechnung mit Bewertung der Kuppelprodukte nach der Restwertmethode

Zur Ermittlung der Stückerfolge und der Rangzahlen der einzelnen Endprodukte wird grundsätzlich das gleiche Schema wie bei Anwendung der Schlüsselungsverfahren benutzt. Es verkürzt sich lediglich durch den Wegfall der Spalte für das Nebenendprodukt B. Außerdem fallen die Hinweise auf L und X in den Zeilenbezeichnungen weg. Die Stückerfolge und Rangzahlen können der Tabelle 8 im Anhang entnommen werden.

2. <u>Mit Engpaßbezug der Stückerfolge</u>

Bei den bisher besprochenen Verfahren der Verrechnungspreisbildung und -verwendung war die Höhe der Erfolge je Erzeugniseinheit das allein ausschlaggebende Kriterium für die Beurteilung der Erfolgswirksamkeit der einzelnen Produkte im abgelaufenen Programm und damit auch für die Wahl des Programms der kommenden Periode. Dies entspricht einem weitverbreiteten Vorgehen in der Praxis, weil bei den dort überwiegend angewendeten Vollkostenrechnungsverfahren die (vermeintlichen) Stückerfolge als das maßgebliche Dispositionskriterium angesehen werden.

74) Da dieses Schema bei allen Vollkostenrechnungen ohne Engpaßbezug der Stückerfolge unverändert bleibt, soll auf seine Darstellung im folgenden verzichtet werden.
75) Vgl. die Ausführungen auf S. 87 f.

Obwohl daher die Wahl eines anderen Kriteriums strenggenommen dem Ziel der Vollkostenrechnungen widerspricht und auch weder in der Theorie noch in der Praxis vorgeschlagen wird (76), soll hier untersucht werden, wie sich die Verwendung engpaßbezogener Stückerfolge auf die Programmanalyse, die Programmwahl und die Vorausberechnung des Periodengewinns auswirkt. Der Grund dafür ist einmal, daß auch die Vollkostenrechnungen an eine Engpaßsituation angepaßt werden können. Zum anderen werden die Vollkostenrechnungsverfahren damit formal in gleicher Weise wie die Teilkostenrechnungen behandelt, bei denen sowohl Erfolgsrechnungen ohne als auch mit Berücksichtigung des Engpasses erörtert werden. Aus Vergleichsgründen sollen dabei wieder die gleichen Verfahren zur Ermittlung und Verwendung von Verrechnungspreisen angewendet werden wie im vorigen Abschnitt.

Maßstab für die Beurteilung der Produkte soll im folgenden also der auf die Maßeinheit des knappen Produktionsfaktors - hier der Maschinenstunden in der Fertigungsstelle V - bezogene Erfolg sein, der für die einzelnen Hauptendprodukte auf Grund der Vollkostenrechnung zu erwarten ist. Dahinter steht der Gedanke, festzustellen, ob die beschränkte Kapazität dieser Stufe in der abgelaufenen Periode erfolgsoptimal genutzt wurde und daraus dann das neue Programm abzuleiten.

Um die gesuchten Erfolgsgrößen je Engpaßeinheit zu ermitteln, werden die Stückerfolge, die sich nach den einzelnen Verfahren der Vollkostenrechnung für die Hauptendprodukte ergeben, durch die je Leistungseinheit erforderliche Inanspruchnahme der Stelle V dividiert oder - was auf dasselbe hinausläuft - mit der Ausbringung an Endprodukteinheiten je Engpaßeinheit multipliziert.

76) Verwandt damit ist der auf S. 52 erwähnte Vorschlag Eugen Schmalenbachs, die Gemeinkosten und den Gewinnzuschlag nach einem Schlüssel, in dem die Inanspruchnahme des Engpasses zum Ausdruck kommt, den Erzeugnissen zuzuteilen. Dieser Vorschlag wurde jedoch unseres Wissens in Literatur und Praxis - auch von Schmalenbach selbst - nicht weiter verfolgt.

Die für die Berechnung notwendigen Angaben über die Ausbringungsgrößen pro Maschinenstunde in V können der Tabelle 1 (im Anhang) entnommen werden. Da die Berechnungen selbst keinerlei Probleme aufwerfen, sollen sie hier nicht im einzelnen gezeigt werden. Ihre Ergebnisse sind in Tabelle 8 zusammengefaßt.

B. Teilkostenrechnungen

1. Proportionalkostenrechnungen

Auch bei den Proportionalkostenrechnungen gilt es zunächst, ein Kriterium für die Beurteilung der Erzeugnisse und die Wahl des Produktionsprogramms sowie für die Gewinnprognose zu finden. Von den in der Literatur angegebenen Kriterien für die Förderungswürdigkeit zur Wahl stehender Produkte (77) sollen im folgenden zwei untersucht werden, nämlich einmal das Bruttoergebnis je Erzeugniseinheit und zum anderen das engpaßbezogene Bruttoergebnis, also das Bruttoergebnis je Engpaßeinheit.

a) Verwendung von Bruttoergebnissen je Erzeugniseinheit

Für die Ermittlung der Bruttoergebnisse je Erzeugniseinheit wird vom gleichen Schema wie bei der Vollkostenrechnung ausgegangen. Dieses Schema verkürzt sich um alle Zeilen, in denen bei der Vollkostenrechnung anteilige Fixkosten verrechnet werden. Ferner ändert sich wegen des unterschiedlichen Verrechnungspreises eine Reihe von Rechengrößen. Außerdem sind einige Bezeichnungen zu verändern. Für die Marktpreisverhältnisrechnung ergibt sich z. B. folgendes Bild:

77) Vgl. hierzu die auf S. 53 f., Fußnoten 40-42, angegebene Literatur.

Endprodukte	A_{101}	A_{111}	A_{112}	A_{211}	A_{311}	A_{411}	A_{511}	A_{611}	B
Stoffkosten H, L	225	225	225	539	449	539	449	359	62
+ Stoffkosten Z	1.170	1.170	1.170	75	64	930	255	65	-
+ Energiekosten in V,X	30	30	30	140	233	35	42	60	65
+ Energiekosten in W	-	49	58	8	8	25	31	18	-
erzeugungsabhängige Kosten	1.425	1.474	1.483	762	754	1.529	777	502	127
+ preisabhängige Kosten	200	211	222	287	395	210	132	127	25
Proportionalkosten	1.625	1.685	1.705	1.049	1.149	1.739	909	629	152
Marktpreis	2.000	2.110	2.220	2.870	3.950	2.100	1.320	1.270	250
Bruttoergebnis	375	425	515	1.821	2.801	361	411	641	98
Rang	7	5	4	2	1	8	6	3	

Die Ergebnisse der übrigen Rechnungen sind in Tabelle 9 enthalten.

b) Verwendung engpaßbezogener Bruttoergebnisse

Wie die engpaßbezogenen Bruttoergebnisse ermittelt werden, sei hier nur am Beispiel der Restwertmethode gezeigt:

Produkte	Bruttoergebnis je t DM/t	x	Erzeugungsmenge je Engpaßeinheit t/Std. V	=	Engpaßbezogenes Bruttoergebnis DM/Std. V	Rang
A_{101}	400	x	7	=	2.800	4
A_{111}	450	x	7	=	3.150	2
A_{112}	540	x	7	=	3.780	1
A_{211}	1.880	x	1,5	=	2.820	3
A_{311}	2.850	x	0,9	=	2.565	5
A_{411}	420	x	6	=	2.520	6
A_{511}	460	x	5	=	2.300	8
A_{611}	680	x	3,5	=	2.380	7

Die engpaßbezogenen Bruttoergebnisse für die übrigen Proportionalkostenrechnungen, die auf analoge Art gewonnen werden, sind der Tabelle 9 zu entnehmen.

2. Rechnen mit relativen Einzelkosten und Deckungsbeiträgen (78)

Bei Anwendung des Rechnens mit relativen Einzelkosten und Deckungsbeiträgen hatte sich für das zwangsläufig gekoppelte Zwischenproduktkombinat ("Päckchen") aus 1 t H und 0,5 t L ein Verrechnungspreis von 480 DM ergeben.

Wie bei der Errechnung dieses Verrechnungspreises erwähnt wurde (vgl. S. 83 f.), wird hier die starre Verbundenheit der Produktionszweige auf der Erlösseite dadurch berücksichtigt, daß Endproduktkombinate ("Päckchen") aus jeweils einer Einheit eines der Hauptendprodukte und der zugehörigen Menge des Nebenendproduktes B gebildet werden.

Maßstab für die Förderungswürdigkeit zur Wahl stehender Produktkombinate ist in diesem System - falls kein Engpaß vorliegt - der Überschuß der Erlöse über die zur Zahl der Päckchen proportionalen Kosten oder - mit anderen Worten - über die Einzelkosten der betreffenden Päckchen und ihrer Bestandteile. Betrieblichen Engpässen wird in der Weise Rechnung getragen, daß dieser Deckungsbeitrag der Produktkombinate oder Produktbündel auf die benötigten Maßeinheiten des Engpasses bezogen wird. In Form des "engpaßbezogenen Deckungsbeitrages" - hier speziell als "engpaßbezogener Päckchen- oder Bündelbeitrag" zu bezeichnen - bildet er dann das für die Programmüberlegungen entscheidende Kriterium.

Im vorliegenden Modellfall ist demgemäß zu prüfen, ob lohnende Absatzmöglichkeiten in einem solchen Umfang bestehen, daß Teilkapazitäten der Produktion knapp werden oder andere Engpässe auftreten. Hiernach wird entschieden, ob der "Päckchenbeitrag" oder der "engpaßbezogene Päckchenbeitrag" als Kriterium herangezogen werden muß.

Diese Überlegungen führen zu folgender Deckungsbeitragsrechnung je Einheit Endproduktkombinat ("Päckchen"):

78) Vgl. hierzu die auf S.84 in Fußnote 71) genannte Literatur.

Endproduktpäckchen in LE (t)	1 A_{101} + 0,25 B			1 A_{111} + 0,25 B			1 A_{112} + 0,25 B			1 A_{211} + 0,6 B		
Erzeugungsabhängige Kosten: Stoffkosten der benötigten Menge Zwischenproduktpäckchen		240			240			240			576	
Erzeugungsabhängige Kosten: Stoffkosten Z	1.170			1.170			1.170			75		
Erzeugungsabhängige Kosten: Energiekosten in V	30			30			30			140		
Erzeugungsabhängige Kosten: Energiekosten in W	-			49			58			8		
Erzeugungsabhängige Kosten: Energiekosten in X			16,25			16,25			16,25			39
Erzeugungsabhängige Kosten: insgesamt	1.200	240	16,25	1.249	240	16,25	1.258	240	16,25	223	576	39
Umsatz-(Preis-)abhängige Kosten	200		6,25	211		6,25	222		6,25	287		15
Proportionale Kosten insgesamt		1.662,50			1.722,50			1.742,50			1.140	
Gekoppelter Erlös (79) je "Päckchen"		2.062,50			2.172,50			2.282,50			3.020	
DECKUNGSBEITRAG je "Päckchen" ("PÄCKCHEN BEITRAG")		400			450			540			1.880	
Rang		8			6			4			2	
ENGPASSBEZOGENER PÄCKCHENBEITRAG		2.800			3.150			3.780			2.820	
Rang		4			2			1			3	

Endproduktpäckchen in LE (t)	1 A_{311} + 0,5 B			1 A_{411} + 0,6 B			1 A_{511} + 0,5 B			1 A_{611} + 0,4 B		
Erzeugungsabhängige Kosten: Stoffkosten der benötigten Menge Zwischenproduktpäckchen		480			576			480			384	
Erzeugungsabhängige Kosten: Stoffkosten Z	64			930			255			65		
Erzeugungsabhängige Kosten: Energiekosten in V	233			35			42			60		
Erzeugungsabhängige Kosten: Energiekosten in W	8			25			31			18		
Erzeugungsabhängige Kosten: Energiekosten in X			32,5			39			32,5			26
Erzeugungsabhängige Kosten: insgesamt	305	480	32,5	990	576	39	328	480	32,5	143	384	26
Umsatz-(Preis-)abhängige Kosten	395		12,5	210		15	132		12,5	127		10
Proportionale Kosten insgesamt		1.215			1.830			985			690	
Gekoppelter Erlös (79) je "Päckchen"		4.075			2.250			1.445			1.370	
DECKUNGSBEITRAG je "Päckchen" ("PÄCKCHEN BEITRAG")		2.850			420			460			680	
Rang		1			7			5			3	
ENGPASSBEZOGENER PÄCKCHENBEITRAG		2.565			2.520			2.300			2.380	
Rang		5			6			8			7	

79) Gebildet aus dem Marktpreis der Hauptendprodukte und dem Erlös der Nebenendproduktmenge, die der jeweils zwangsläufig anfallenden Menge des Zwischenproduktes L entspricht.

Die Rechnung zeigt, daß jedes der acht Endproduktkombinate einen positiven Deckungsbeitrag liefert. Wären die Produktionskapazitäten und die Betriebsbereitschaft groß genug, so müßte man deswegen alle Absatzmöglichkeiten in vollem Umfang ausnutzen, um den Gesamtgewinn zu maximieren. Da die restlose Nutzung der Absatzchancen jedoch eine Kapazität von 700 Maschinenstunden in V erfordern würde, tatsächlich jedoch nur 500 Maschinenstunden je Periode verfügbar sind (vgl. Tabelle 1), wird die Stufe V zum Engpaß. Es kommt nun darauf an zu ermitteln, wie ergiebig dieser Engpaß durch die verschiedenen Endproduktkombinate genutzt wird. Dies geschieht durch Bestimmung der engpaßbezogenen Deckungsbeiträge je Maschinenstunde in V, d. h. dadurch, daß die absoluten Deckungsbeiträge je Päckchen mit der Zahl der je Maschinenstunde in V ausgebrachten Päckchen multipliziert werden. Ebensogut könnte man die Päckchenbeiträge durch die Zahl der je Päckchen benötigten Maschinenstunden in V dividieren. Die Ergebnisse dieser Rechnungen sind im unteren Teil der vorstehenden Tabelle angeführt.

II. Die Programmwahl

Mit der Ermittlung der Werte, in denen die vermeintliche Erfolgswirksamkeit der einzelnen Endprodukte zum Ausdruck kommt, und mit der Ermittlung der jeweiligen Rangzahlen sind bereits die wichtigsten Schritte für die Programmwahl für die kommende Periode getan. Da das hier gewählte Ausgangsprogramm sämtliche absetzbaren Produktarten enthält, sind alle für die Programmwahl erforderlichen Entscheidungsgrößen bestimmt. Weil in den technischen und kostenrechnerischen Daten voraussetzungsgemäß keine Änderung eintritt, besteht die eigentliche Programmwahl dann lediglich darin, entsprechend den jeweils ermittelten Rangfolgen die erfolgsgünstigsten Produkte auszuwählen und ihre Herstellung im maximal möglichen Umfang zu planen. Man wird also zunächst das vermeintlich erfolgsoptimale Produkt mit der Menge in das Programm aufnehmen, die von ihm maximal abgesetzt werden kann, anschließend das zweitbeste, dann das drittbeste usw. Dieser Prozeß wird solange fortgeführt, bis die verfügbare Kapazität in der Stelle V ausgelastet ist, d. h. eine weitere Ausdehnung der Produktion nicht mehr möglich ist. Im Regelfall wird dabei das zuletzt in das Programm aufgenommene Produkt nicht mehr in vollem Umfang gefertigt werden können. Die sukzessive Aufnahme der einzelnen Endprodukte in das Programm wird jedoch abgebrochen, wenn das nach der Rangfolge in Betracht kommende Produkt einen negativen Erfolg aufweist. In diesem Fall würde man darauf verzichten, die verfügbare Kapazität in V voll auszulasten, da man von der Aufnahme weiterer Produkte eine Gewinnverminderung befürchten müßte.

Bei positiven Erfolgswerten läßt sich jeder Rangfolge der Erzeugnisse ein bestimmtes Produktionsprogramm und damit zugleich ein bestimmter tatsächlicher Gesamterfolg der Unternehmung zuordnen. Da die Rangfolge stets durch die Höhe der Erfolgsgrößen bestimmt wird und diese wiederum von der Höhe des Verrechnungspreises beeinflußt werden, hängt der Gesamterfolg des neu gestalteten Programms unter sonst unveränderten Bedingungen von der Höhe des Verrechnungspreises bzw. dem Verfahren seiner Ermittlung ab. Darüber hinaus wird hierdurch auch der jeweils errechnete Prognosegewinn des gewählten Programmes beeinflußt.

A. Vollkostenrechnungen

Bei den Vollkostenrechnungen wird die Programmwahl je nach dem angewandten Verfahren entweder auf Basis der Stückerfolge oder auf Basis der auf die Engpaßeinheit bezogenen Stückerfolge durchgeführt. Da die entsprechenden Rechnungen keinerlei Schwierigkeiten bereiten, sei hier nur ein Beispiel gebracht, dem die Marktpreisverhältnisrechnung ohne Engpaßbezug der Stückerfolge auf Basis der Ist-Beschäftigung zugrunde liegt:

Hauptendprodukte	Stückerfolg DM/t	Menge t	Erforderliche Maschinenstunden in V Std.
A_{311}	1.957	63	70
A_{211}	1.132	168	112
A_{611}	197	294	84
A_{101}	27	686	98
Summe			364

Bei diesem Programm bleiben also 136 Maschinenstunden in V ungenutzt, da die Absatzmöglichkeiten der vier Gewinnprodukte voll ausgeschöpft sind und das fünfte Produkt der Rangfolge (A_{112}) bereits einen negativen Stückerfolg (Stückverlust) von 115 DM/t aufweist.

Die Ergebnisse der Programmwahl für die einzelnen Vollkostenrechnungen sind in Tabelle 10 im Anhang zusammengefaßt. Soweit keine Mengen angegeben sind, wird bei den betreffenden Produkten jeweils die maximal absetzbare Menge hergestellt. In der Tabelle sind ferner die für die einzelnen Programme erforderlichen Mengen des Kuppelprodukts H und die damit gekoppelt anfallenden Mengen des Nebenprodukts L angegeben, die für die späteren Gewinnrechnungen benötigt werden.

B. Teilkostenrechnungen

Auch bei den Teilkostenrechnungen wird das Programm aufgrund der Rangfolge und der Höhe der in der Programmanalyse ermittelten Beurteilungs- und Entscheidungsgrößen gewählt. Als Beispiel sei hier die Restwertrechnung mit Engpaßbezug der Bruttoergebnisse aufgeführt:

Hauptendprodukte	Bruttoergebnisse je Engpaßeinheit	Menge	Erforderliche Maschinenstunden in V
	DM/Masch.-Std. V	t	Std.
A_{112}	3.780	441	63
A_{111}	3.150	539	77
A_{211}	2.820	168	112
A_{101}	2.800	686	98
A_{311}	2.565	63	70
A_{411}	2.520	480	80
Summe			500

Bei diesem Programm wird die Kapazität in V vollständig ausgelastet. Würde es die Kapazität zulassen, so könnten auch noch die Produkte A_{611} und A_{511} in das Programm aufgenommen werden, da ihre Bruttoergebnisse ebenfalls positiv sind.

Für die Einzelkosten- und Deckungsbeitragsrechnung hatten sich engpaßbezogene Deckungsbeiträge für die einzelnen Produktkombinate ergeben. Da in diesen "Päckchen" jeweils eine Leistungseinheit der Hauptendprodukte enthalten ist, stimmt bei jedem in das Programm aufgenommenen Kombinat die Zahl der Päckchen mit der Zahl der Einheiten der Hauptendprodukte überein.

Die Ergebnisse der Programmwahl sind in Tabelle 11 zusammengefaßt, in der auch wieder die für die Programme benötigten Mengen des unmittelbaren Kuppelproduktes H und die gekoppelt anfallenden Mengen des Nebenproduktes L angegeben werden.

III. Die Gewinnprognose

Bei der Programmwahl für die kommende Periode wird in der Regel aus mehreren Gründen, vor allem aber dem Gedanken einer umfassenden betrieblichen Planung folgend, der zu erwartende Gewinn vorausberechnet. Seine Ermittlung ist auch deswegen von Interesse, um die voraussichtlichen Auswirkungen der getroffenen Programmveränderungen beurteilen zu können. Die Gewinnprognose hat damit die Aufgabe, die erfolgsmäßigen Konsequenzen der Programmanalyse und Programmwahl auszudrücken.

A. Vollkostenrechnungen

Da Form und Inhalt der Gewinnprognose zweifellos durch die Art des jeweils verwendeten Kostenrechnungssystems erheblich beeinflußt werden, sind teilweise recht unterschiedliche Wege zur Vorkalkulation des Gewinnes denkbar und üblich, vor allem bei der in der Praxis vorherrschenden Vollkostenrechnung. Am konsequentesten geht man hier wohl vor, wenn man sich an den vermeintlichen Stückerfolgen der einzelnen im Programm enthaltenen Erzeugnisarten orientiert, da in diesen Größen nach der Konzeption der Vollkostenrechnung der Gewinnbeitrag einer Leistungseinheit der jeweiligen Produkte zum Ausdruck kommt. Um zu zeigen, wie sich eine solche konsequente Anwendung der Vollkostenrechnung auswirkt, soll die Gewinnprognose im folgenden daher ebenfalls auf dieser Basis durchgeführt werden. Für das hier verwendete Modell heißt dies, daß die Stückerfolge der in die jeweiligen Programme aufgenommenen Produkte mit den zu produzierenden Mengen multipliziert werden (80). Bei den Schlüsselungsverfahren wird auch für das Nebenendprodukt B in gleicher Weise ein "Produktgewinn" errechnet (81). Aus der Addition dieser "Produktgewinne" errechnet sich dann der gesamte Prognosegewinn der gewählten Programme.

Die einzelnen Rechnungen brauchen hier nicht gezeigt zu werden, da sie formal sehr einfach sind. Die Ergebnisse sind in der Tabelle 12 zusammengefaßt.

B. Teilkostenrechnungen

Bei den Teilkostenrechnungen wird die Vorausberechnung des Gewinns ähnlich wie bei den Vollkostenrechnungen durchgeführt. Für die Proportionalkostenrechnungen werden die Bruttoergebnisse der in die jeweiligen Programme aufgenommenen Produkte mit den entsprechenden Produktmengen multipliziert (82). Bei den Schlüsselungsverfahren wird hierbei auch das Nebenendprodukt B berücksichtigt. Die Perioden-Bruttoergebnisse der einzelnen Produkte werden addiert, und von dem Ergebnis werden sämtliche Fixkosten abgezogen.

Auch bei dem Rechnen mit relativen Einzelkosten und Deckungsbeiträgen wird analog verfahren. Die Deckungsbeiträge der in das Programm aufgenommenen Produktkombinate werden mit der Zahl der jeweils im Programm enthaltenen "Päckchen" multipliziert, um die Perioden-Deckungsbeiträge der einzelnen Produktbündel zu

80) Bei den Vollkostenrechnungen mit Engpaßbezug der Stückerfolge können die Prognosegewinne auch dadurch ermittelt werden, daß die Ergebnisse pro Engpaßeinheit mit der Zahl der für die einzelnen Hauptendprodukte zu verwendenden Engpaßstunden multipliziert werden. Bei den Schlüsselungsverfahren müßte man jedoch zur Ermittlung des "Produktgewinnes" des Nebenendproduktes B wieder auf dessen Stückerfolg zurückgreifen, da für dieses Produkt ja kein Erfolg pro Engpaßeinheit ermittelt wird. Die Ergebnisse beider Verfahren müssen bei genauer Rechnung, d. h. bei Ausschaltung von Abrundungsdifferenzen, identisch sein.

81) Für die Restwertmethode kommt dies nicht in Betracht, da hier kein Stückerfolg für das Nebenendprodukt errechnet wird.

82) Für die Proportionalkostenrechnungen mit Verwendung engpaßbezogener Bruttoergebnisse kann der Prognosegewinn auch mit Hilfe der engpaßbezogenen Bruttoergebnisse ermittelt werden, die hierfür mit der Zahl der jeweils in der Engpaßstelle V benötigten Engpaßstunden zu multiplizieren sind. Für das Nebenendprodukt B ist dies wiederum nicht möglich.

ermitteln (83). Nach deren Addition werden von dem Ergebnis wieder die Fixkosten abgezogen.

Die Ergebnisse der einzelnen Rechnungen sind in der Tabelle 13 zusammengefaßt.

83) Zum gleichen Ergebnis gelangt man, wenn man die engpaßbezogenen Deckungsbeiträge mit der Zahl der jeweils beanspruchten Engpaßeinheiten multipliziert.

Viertes Kapitel:

Beurteilung der behandelten Verrechnungspreisarten

In den vorangehenden Kapiteln wurden die wichtigsten Verfahren zur Bildung kostenorientierter Verrechnungspreise bei Kuppelproduktion auf ein numerisches Modell angewandt und in ihren Auswirkungen auf die Beurteilung und Wahl des Produktionsprogramms sowie auf die Vorkalkulation des Periodenerfolgs dargestellt. Diese Verfahren sollen im folgenden vergleichend analysiert werden.

Die kritische Analyse soll zunächst am Vergleich der numerischen Ergebnisse ansetzen, zu denen die behandelten Verrechnungspreisarten bei der Programmanalyse, der Wahl des gewinnmaximalen Programms und der Gewinnprognose geführt haben. Da hierdurch jedoch noch keine grundsätzlichen Erkenntnisse vermittelt werden können, wird anschließend ein allgemeiner Beurteilungsmaßstab in Form einer verkürzten Totalrechnung abgeleitet, der es ermöglicht, das tatsächlich optimale Programm und die Effektivgewinne der jeweils gewählten Programme zu ermitteln. Weil die Ergebnisse der verkürzten Totalrechnung und das Ausmaß der Abweichungen von ihren Werten jedoch von den zufällig gewählten Zahlenverhältnissen des Modells abhängen und weil daher selbst die zahlenmäßige Übereinstimmung, die sich bei Anwendung bestimmter Verrechnungspreise zeigt, durch die zufällige Wahl der Ausgangszahlen bedingt sein könnte, muß anschließend eine grundsätzliche Kritik erfolgen. In ihr wird das jeweilige Verfahren zur Errechnung und Verwendung der einzelnen Verrechnungspreise auf die Sachlogik seiner Konzeption geprüft. Dabei gilt es insbesondere zu untersuchen, inwieweit die dem Kalkulationsverfahren zugrunde liegenden Prinzipien, Annahmen und Operationen den Bedingungen des Modells angemessen sind.

I. Vergleich der numerischen Ergebnisse

Die Darlegungen in den vorangegangenen Abschnitten ließen erkennen, daß der Ansatz verschiedenartig gebildeter Verrechnungspreise zum Teil stark voneinander abweichende Vorstellungen über die betrieblichen Erfolgszusammenhänge vermittelt, aus denen dann unterschiedliche Erwartungen über die erfolgsmäßigen Konsequenzen der Programmdispositionen resultieren. Das wird besonders deutlich, wenn man die numerischen Resultate in tabellarischer Form einander gegenüberstellt, wie das in den Tabellen 8 - 13 (im Anhang) und in der Tabelle auf S. 85 geschehen ist.

A. Verrechnungspreise, Programmanalyse und Programmwahl

Die für das Hauptprodukt H und das Nebenprodukt L des Kuppelprozesses errechneten Verrechnungspreise sind, wie die Übersichtstabelle auf S. 85 zeigt, je nach dem zugrunde gelegten Kalkulationsverfahren sehr unterschiedlich. Es fällt auf, daß die Streuungsbreite der nach Teilkostenverfahren gebildeten Verrechnungspreise geringer ist als die der nach Vollkostenverfahren gebildeten. Das ist wohl dem Verzicht auf die Proportionalisierung und Zurechnung fixer Kosten zuzuschreiben. Wie stark sich dieser Verzicht bei den einzelnen Verfahren auswirkt, läßt sich gleichfalls gut erkennen. Dabei ist jedoch immer zu beachten, daß die Ergebnisse auf den angenommenen Zahlenverhältnissen des Betriebsmodells beruhen.

Die unterschiedliche Höhe der Verrechnungspreise läßt schon vermuten, daß nicht alle in gleichem Maße brauchbar sein werden. Diese Vermutung wird bestärkt, wenn man die Rechengrößen vergleicht, an deren absoluter und vergleichsweiser Höhe man sich bei der Programmanalyse und Programmwahl orientiert und die in die Errechnung des Prognosegewinnes eingehen (s. Tabellen 8 und 9).

Für die Beurteilung der einzelnen Verrechnungspreisverfahren spielt es nur vordergründig eine Rolle, daß die auftretenden Unterschiede in diesen Größen nicht allein durch die jeweils angesetzten Verrechnungspreise bedingt sind, sondern auch dadurch, daß die fixen Kosten der Weiterverarbeitung, der Verwaltung und des Vertriebs bei den Voll- und Teilkostenverfahren unterschiedlich behandelt werden.

Wollte man allein darstellen, wie sich der Ansatz unterschiedlich gebildeter Verrechnungspreise auswirkt, so könnte man in den Weiterverarbeitungsstufen ein einheitliches System der Ergebnisrechnung zugrunde legen. Alle auftretenden Unterschiede innerhalb der Rechnungen ohne und mit Berücksichtigung des Engpasses könnten dann auf den verschiedenartigen Ansatz der Verrechnungspreise zurückgeführt werden. Bei dieser Lösung müßte man aber in Kauf nehmen, daß das für die Weiterverarbeitung zugrundezulegende, einheitliche System, unabhängig davon, ob es auf Vollkosten oder Teilkosten basiert, stets mit einem Teil der Verfahren der Verrechnungspreisbildung in Widerspruch steht. Der Grund hierfür ist, daß sich eine unterschiedliche Verrechnung in den einzelnen Stufen des Modells ergibt, z. B. durch Ansatz eines Vollkostenverrechnungspreises in der Kuppelproduktionsstufe und nur der proportionalen Kosten in den Weiterverarbeitungsstufen. Eine solche Diskussion der Verrechnungspreise für Zwischenprodukte wäre jedoch sehr formalistisch und für das Vorgehen in der Praxis nicht repräsentativ. Es würde zu einem systematischen Bruch führen, wollte man bei Verwendung von Vollkostenverrechnungspreisen auf die Verrechnung der fixen Weiterverarbeitungs-, Verwaltungs- und Vertriebskosten verzichten oder umgekehrt diese Kosten bei Verwendung von Teilkostenverrechnungspreisen verrechnen. Außerdem ist zu beachten, daß die Verrechnungspreise von H und L stets die den Endprodukten zugerechneten Verwaltungs- und Vertriebsgemeinkosten mitbestimmen, da diese - wie allgemein üblich - nach den Herstellkosten geschlüsselt werden. Auch sind innerhalb der einzelnen Gruppen der Vollkosten- und Teilkostenverfahren die jeweils angesetzten Weiterverarbeitungskosten in völlig gleicher Weise und Höhe auf die Endprodukte verrechnet. Die Unterschiede in den Rechengrößen können daher durchaus auf die systemkonform verwendeten Verrechnungspreise zurückgeführt werden.

Die Zusammenstellung in den Tabellen 8 und 9 deutet unmittelbar auf eine unterschiedliche Brauchbarkeit der einzelnen Verfahren und Verfahrensgruppen für die Beurteilung der absoluten und vergleichsweisen Erfolgswirksamkeit der im Ausgangsprogramm enthaltenen Produkte hin, da die Höhe der Erfolgs- bzw. Ergebnisgrössen und die Rangzahlen der einzelnen Produkte stark voneinander abweichen. So enthält etwa das Programm der Vorperiode nach einigen Verfahren der Vollkostenrechnung ohne Engpaßbezug der Stückerfolge (Gewichtsrechnung auf Basis voller Beschäftigung, Verteilung nach technischen Schlüsseln) nur gewinnbringende Erzeugnisse, während nach den anderen Verfahren dieser Gruppe ein jeweils unterschiedlicher Teil der Erzeugnisse als verlustbringend anzusehen ist.

Aufgrund dieser verschiedenartigen Ergebnisse wären je nach Art des verwendeten Verfahrens unterschiedliche Maßnahmen zur Verbesserung der Programmstruktur zu empfehlen. Ähnliches gilt für die Teilkostenrechnungen, bei denen zwar in allen Fällen positive Überschüsse der Erlöse über die den Produkten zugerechneten proportionalen Kosten ausgewiesen werden, jedoch über die vergleichsweise Erfolgswirksamkeit der Erzeugnisse sehr unterschiedliche Vorstellungen bestehen.

Die voneinander abweichenden Einschätzungen der Bedeutung der einzelnen Produkte für den Gesamterfolg führen zu einer unterschiedlichen Programmwahl für die nächste Periode (s. Tabellen 10 und 11). Es zeigt sich, daß bei 12 verschiedenen Verrechnungspreisen für das Hauptprodukt H 14 verschiedene Programme als optimal empfohlen werden müßten, die zwischen 4 und 6 Produkte umfassen. Die Vorstellungen über die relative Erfolgswirksamkeit der einzelnen in die Programme aufgenommenen Produkte sind teilweise selbst dann nicht einheitlich, wenn jeweils die gleichen Produkte in das Programm aufgenommen werden. Außerdem ist - insbesondere bei den Teilkostenrechnungen - zu erkennen, daß die Beurteilung der absoluten und vergleichsweisen Erfolgswirksamkeit der Produkte und damit die Programmwahl in starkem Maße davon beeinflußt wird, ob die Engpaßsituation berücksichtigt wird oder nicht.

Wenn sich somit die Ergebnisse der Programmbeurteilung und Programmwahl nach den einzelnen Kalkulationsverfahren widersprechen, ja sich z. T. gegenseitig ausschließen, so kann hieraus schon gefolgert werden, daß zumindest ein Teil der behandelten Verfahren der Verrechnungspreisbildung und -verwendung keine zutreffende Beurteilung des analysierten Programms und keine optimale Programmwahl erlaubt.

B. Vorkalkulierte Periodenerfolge der geplanten Programme

Die Gewinnprognosen für die nach den verschiedenen Kalkulationsverfahren und Verrechnungspreisen als "optimal" erscheinenden Programme klaffen ebenfalls beachtlich auseinander, wie der linke Teil der Tabellen 12 und 13 zeigt. In zwei Fällen (Gewichtsrechnung und Verteilung nach technischen Schlüsseln auf Basis der Proportionalkostenrechnung unter Verwendung von Bruttoergebnissen je Erzeugniseinheit) werden sogar Verluste vorausberechnet, während mit den anderen Verfahren Gewinne bis zu 518.537 DM prognostiziert werden. Schon die Prognose von Verlusten müßte zu dem Verdacht führen, daß die betreffenden Verfahren mit systematischen Fehlern behaftet sind. Es ist nämlich offenkundig ein Widerspruch, daß nach einer Programmanalyse mit dem Ziel, unrentable Produkte zu eliminieren und nach der darauf basierenden Programmwahl anstelle eines höheren Gewinnes als im Ausgangsprogramm (21.487 DM) nunmehr ein Verlust vorausberechnet wird.

In Tabelle 12 fällt ferner auf, daß die Prognosegewinne der einzelnen Rechnungen ohne Engpaßbezug der Stückerfolge nahezu völlig mit denen der entsprechenden Rechnungen mit Engpaßbezug der Stückerfolge übereinstimmen. Der Grund hierfür ist leicht zu erkennen. Außer bei der Verteilung nach technischen Schlüsseln auf Basis voller Beschäftigung stimmen die Programme der korrespondierenden Rechnungen völlig überein. Zwar ist die Reihenfolge der Produkte bei den Rechnungen ohne Engpaßbezug der Stückerfolge teilweise eine andere als bei denen mit Engpaßbezug, doch wirkt sich dies hier nicht aus, da die Mengen der einzelnen im Programm enthaltenen Produkte jeweils gleich groß sind.

Weiterhin fällt die im Vergleich zu den entsprechenden Vollkostenrechnungen geringe Höhe der Prognosegewinne bei den Teilkostenrechnungen auf. Die Ursache hierfür ist weniger offensichtlich. Weiter unten, nämlich bei der kritischen Analyse der einzelnen Verrechnungspreisverfahren, wird darauf näher eingegangen. Zunächst müssen jedoch erst die Voraussetzungen für eine solche kritische Analyse geschaffen werden. Dies soll im folgenden Abschnitt versucht werden.

II. Methodische Grundlagen der Beurteilung

A. Ableitung der verkürzten Totalrechnung

Das Ziel, den Gesamterfolg der kommenden Periode durch entsprechende Wahl des Produktions- und Absatzprogramms zu maximieren, erfordert zu seiner Verwirklichung offenbar eine Analyse der Zusammenhänge zwischen der Programmgestaltung und dem Periodenerfolg. Da sich der Gesamterfolg als Differenz zwischen dem Gesamterlös und den gesamten Periodenkosten errechnet, muß man dabei den Einfluß der beiden variierbaren Programmkomponenten, nämlich der Produktarten und -mengen (84), auf die Gesamterlöse und Gesamtkosten verfolgen.

Der Gesamterlös ergibt sich als Summe der Absatzerlöse der einzelnen Produkte und ist somit bei konstanten Preisen von der Art und Menge der Produkte abhängig.

Demgegenüber bestehen zwischen dem Erzeugungsprogramm und der Höhe der Gesamtkosten keine ebenso einfachen und direkten Beziehungen. Nur ein Teil der Kosten wird unmittelbar von der Zusammensetzung des Programms, d. h. von Art und Menge der hergestellten Erzeugnisse bestimmt, nämlich nur die variablen Kosten. Sie verändern sich unter den Bedingungen unseres Modells durchwegs proportional mit den erzeugten und abgesetzten Mengen der einzelnen Produkte. Die übrigen Kosten sind dagegen von Art und Menge der Produkte unabhängig (85). Sie rühren aus der Bereitstellung und Aufrechterhaltung der Kapazität und der Betriebsbereitschaft her. Art und Umfang der vorgehaltenen Kapazität und Betriebsbereitschaft brauchen dabei aus mancherlei

84) Die Preise sind hier ja als konstant angenommen.

85) Kosten, die innerhalb bestimmter Intervalle von der Beschäftigung unabhängig sind, sich aber beim Übergang zu einer neuen Stufe der Betriebsbereitschaft oder bei einer Kapazitätsveränderung sprunghaft verändern ("sprungfixe", "intervall-fixe" oder "stufenfixe" Kosten), treten gemäß den Prämissen des Modells nicht auf.

Gründen nicht voll dem Programm der jeweils betrachteten Periode zu entsprechen (86), z. B. weil sie sich von Dispositionen ableiten, die auf Grund von Erwartungen getroffen wurden und sich auf längerfristige Zeiträume erstrecken. Sofern die gegebene Kapazität und Betriebsbereitschaft beibehalten werden sollen, fallen die dafür entstehenden Kosten mithin unabhängig von der art- und mengenmäßigen Zusammensetzung des Produktionsprogramms an.

Die Ausnutzung der Kapazität und Betriebsbereitschaft wird dagegen durch die Gestaltung des Produktionsprogramms maßgeblich beeinflußt. Dieser Einfluß wirkt sich auf das Entstehen und die Lage von Engpässen sowie auf die Inanspruchnahme des jeweiligen Engpasses durch die einzelnen Produkte aus. Da die betriebliche Aktivität durch Engpässe begrenzt wird, ist der Gesamterfolg der Unternehmung davon abhängig, mit welcher Ergiebigkeit sie genutzt werden. Dieser Zusammenhang zwischen der Programmwahl und der Entstehung sowie Nutzung von Engpässen darf bei der Optimierung des Produktionsprogramms keinesfalls übersehen, sondern muß als wesentlicher Einflußfaktor berücksichtigt werden.

Um genauere Aussagen über den Einfluß des Produktionsprogramms auf die proportionalen Kosten machen zu können, empfiehlt es sich, die Teilbereiche unseres Modells getrennt zu untersuchen.

Die proportionalen Kosten der Weiterverarbeitung des Hauptzwischenprodukts H und des Vertriebs der Hauptendprodukte A_{101} - A_{611} hängen von dem Programm der Weiterverarbeitungsstufen V und W ab, das durch die Art und Menge der Hauptendprodukte bestimmt wird. Da für die Weiterverarbeitung eine rein alternative oder wechselnde Produktion unterstellt ist, sind die Kosten der verschiedenen Hauptendprodukte völlig unabhängig voneinander. Die gesamten proportionalen Kosten in diesem Weiterverar-

86) Die Bestimmungsgründe für das Entstehen von Kosten ungenutzter Kapazität ("Leerkosten") sind von Gümbel systematisiert worden, vgl. Gümbel, Rudolf, Die Bedeutung der Leerkosten für die Kostentheorie, in: ZfbF, NF, 16. Jg. 1964, S.65-81, hier S. 80 f.

beitungsbereich ergeben sich daher als Summe der proportionalen Weiterverarbeitungs- und Vertriebskosten für jedes der Hauptendprodukte. Sie lassen sich sowohl für die einzelnen Produktarten als auch für die Erzeugniseinheiten direkt erfassen und können ihnen eindeutig zugerechnet werden.

Die Ermittlung der proportionalen Kosten in der Kuppelproduktionsstufe U ist ebenfalls unproblematisch, solange diese Stufe für sich betrachtet wird. Da das Hauptprodukt H und das Nebenprodukt L in festem Mengenverhältnis anfallen, können wir die proportionalen Kosten direkt der Gesamtheit der ausgebrachten Kuppelprodukte zurechnen und hierfür auch direkt erfassen. Wegen des festen Mengenverhältnisses verhalten sich die variablen Kosten jedoch nicht nur proportional zum Rohstoffeinsatz und zum Gesamtausstoß an Kuppelprodukten, sondern jeweils auch zum Ausstoß des Hauptprodukts sowie des Nebenprodukts.

Die proportionalen Kosten in der Stelle X für die Veredelung des Neben-Zwischenprodukts L und den Verkauf von B hängen dagegen primär von der verarbeiteten Menge L bzw. von der Menge und dem Wert des Nebenendprodukts B ab.

Je nach Wahl der Hauptendprodukte und ihrer Mengen werden jedoch bestimmte Mengen an H benötigt, bei deren Herstellung in U proportionale Kosten in entsprechender Höhe anfallen. Zugleich fallen damit wegen des fixen Mengenverhältnisses eindeutig bestimmbare Mengen des Nebenprodukts L und - wegen der Prämisse, daß L weiterverarbeitet werden muß - eindeutig bestimmbare proportionale Weiterverarbeitungs- und Vertriebskosten in X an. Da die insgesamt hergestellte und verarbeitete Menge der Zwischenprodukte H und L von der Programmwahl im Weiterverarbeitungsbereich V-W bestimmt wird, hängen auch die gesamten proportionalen Kosten der Kuppelproduktionsstufe U und der Weiterverarbeitungsstufe X indirekt vom Erzeugungsprogramm der Hauptendprodukte ab.

Für die Gesamt- und Teilmengen sowie die Einheiten der einzelnen Hauptendprodukte besteht ebenfalls eine solche mittelbare Kopplung der Kosten und Mengen. Jeder Menge eines bestimmten

Hauptendproduktes ist eine bestimmte Menge des Nebenendproduktes zugeordnet. Die dem Anteil des Hauptkuppelproduktes H an der Hauptendproduktmenge entsprechenden proportionalen Kosten in U, die jeweiligen proportionalen Kosten der Weiterverarbeitung des Nebenprodukts L sowie die jeweiligen proportionalen Kosten des Vertriebs von B können daher mit den jeweiligen proportionalen Kosten der Weiterverarbeitung von H und des Vertriebs der Hauptendprodukte zusammengefaßt und als Kosten der gekoppelten Mengen des Hauptend- und des Nebenendproduktes angesehen werden. Man kann also darauf verzichten, die einzelnen Kostenelemente in einer umfassenden Totalrechnung - unter Berücksichtigung der unveränderlichen (fixen) Kosten - auszuweisen; es genügt, die für die gekoppelten Mengen anfallenden Kosten zusammengefaßt in einer verkürzten Totalrechnung zu berücksichtigen.

Entsprechende Verknüpfungen gelten auch für die Erlöse. Bei der Entscheidung über das Produktionsprogramm muß berücksichtigt werden, daß zugleich mit der Herstellung der benötigten Menge des Hauptkuppelprodukts H gemäß den Modellbedingungen die Hälfte dieser Menge als Nebenprodukt L anfällt, das weiterverarbeitet und (als B) mit einem festen Erlös pro Einheit verkauft wird. Die Erlöse der Hauptendprodukte A_{101} - A_{611} können daher mit den mittelbar gekoppelt anfallenden Erlösen des Nebenendprodukts B zusammengefaßt werden. Diese Rechnung kann dabei wiederum für beliebig große gekoppelte Teil- und Gesamtmengen der Hauptendprodukte und des Nebenendproduktes durchgeführt werden.

Die von Art und Umfang des Produktionsprogramms unabhängigen Kosten der Kapazität und Betriebsbereitschaft lassen sich dagegen nicht den gekoppelten Mengen, sondern nur als Globalgröße der betrachteten Periode zuordnen.

B. Ermittlung des optimalen Programms mit Hilfe der verkürzten Totalrechnung

Ausgehend von diesen Überlegungen kann nunmehr das tatsächlich optimale Produktionsprogramm für die kommende Periode bestimmt werden. Als Kalkulationseinheit wählen wir hierfür das jeweilige "Päckchen" Endproduktbündel, bestehend aus 1 t Hauptendprodukt und der Menge des Nebenendprodukts B, die der im Hauptendprodukt enthaltenen Menge H entspricht.

Zunächst fassen wir die Größen zusammen, die von der Programmwahl unmittelbar verändert werden, d. h. wir gehen von der Differenz der Erlöse und der proportionalen Kosten der Päckchen aus. Das Rechnen mit dieser Differenz, die als "Bruttoergebnis" je Päckchen bezeichnet werden soll, gestattet es, die weitere Rechnung erheblich zu vereinfachen, weil darin der gesamte Einfluß, den eine Einheit Endproduktkombinat auf den Periodenerfolg hat, "verdichtet" zum Ausdruck kommt (87).

Der Produktionsengpaß in V wird in der Weise berücksichtigt, daß die Bruttoergebnisse je "Päckchen" mit der jeweiligen Produktionsmenge je Engpaßeinheit multipliziert werden. Aus der vergleichsweisen Höhe der so auf die Engpaßeinheit bezogenen Bruttoergebnisse ergibt sich dann die Rangfolge für die Förderungswürdigkeit der zur Wahl stehenden Produkte, da hierin die jeweilige Ergiebigkeit der Engpaßnutzung zum Ausdruck kommt.

1. Ermittlung der Bruttoergebnisse je "Päckchen"

Um auch hier das bereits früher (vgl. S. 94) benutzte Kalkulationsschema verwenden zu können, müssen zunächst die proportionalen Kosten der Kuppelproduktionsstufe U pro Einheit eines Zwischenproduktkombinats bestimmt werden, das sich aus 1 t H und 1/2 t L zusammensetzt:

Proportionale Kosten der Kuppelproduktion in der abgelaufenen Periode	856.320 DM
Zahl der hergestellten "Päckchen" Zwischenprodukt (1t H + 0,5t L)	1.784
Proportionale Kuppelprozeßkosten je "Päckchen" = $\frac{856.320}{1.784}$ DM	480 DM

Wenn man diese proportionalen Kosten je "Päckchen" Kuppelprodukt als Stoffkosten für den Kuppelprodukt-Einsatz verwendet, ergibt sich folgendes Bild:

87) Die Differenz zwischen dem Erlös und den proportionalen Kosten der Endproduktkombinate ist theoretisch - bei linearem Kostenverlauf - als "Grenzerfolg" zu interpretieren.

Endproduktpäckchen in t	1 A_{101} + 0,25 B	1 A_{111} + 0,25 B	1 A_{112} + 0,25 B	1 A_{211} + 0,6 B	1 A_{311} + 0,5 B	1 A_{411} + 0,6 B	1 A_{511} + 0,5 B	1 A_{611} + 0,4 B
Stoffkosten H + L	240	240	240	576	480	576	480	384
+ Stoffkosten Z	1.170	1.170	1.170	75	64	930	255	65
+ Energiekosten in V	30	30	30	140	233	35	42	60
+ Energiekosten in X	16.25	16,25	16,25	39	32,5	39	32,5	26
+ Energiekosten in W	-	49	58	8	8	25	31	18
erzeugungsabhängige Kosten	1.456,25	1.505,25	1.514,25	838	817,5	1.605	840,5	553
+ preisabhängige Kosten	206,25	217,25	228,25	302	407,5	225	144,5	137
Proportionale Gesamtkosten	1.662,5	1.722,5	1.742,5	1.140	1.225	1.830	985	690
Erlös	2.062,5	2.172,5	2.282,5	3.020	4.075	2.250	1.445	1.370
- proportionale Gesamtkosten	1.662,5	1.722,5	1.742,5	1.140	1.225	1.830	985	690
Bruttoergebnis je Päckchen	400	450	540	1.880	2.850	420	460	680
Rang	8	6	4	2	1	7	5	3

2. Ermittlung der engpaßbezogenen Bruttoergebnisse je Päckchen und des optimalen Produktionsprogramms

Da alle oben errechneten Bruttoergebnisse (Grenzerfolge) positiv sind und da die Realisierung der vorhandenen Absatzmöglichkeiten eine höhere Anzahl von Maschinen- und Apparatestunden in V erfordern würde als verfügbar sind, nämlich 700 statt 500, liegt in dieser Stelle ein Engpaß vor. Der Gesamtgewinn wird deswegen dann maximiert, wenn jede Maschinen- und Apparatestunde in V mit dem höchstmöglichen Nutzen eingesetzt wird. Um dafür ein Kriterium zu gewinnen, werden die jeweiligen Bruttoergebnisse auf die Engpaßeinheit bezogen. Man wird dann versuchen, die knappe Kapazität ausschließlich mit demjenigen Produkt zu belegen, das unter Berücksichtigung der zugehörigen Menge B das höchste Bruttoergebnis je Maschinenstunde in V erbringt. Da aber der Markt nicht so viel von diesem Produkt aufnimmt, wie produziert werden könnte, muß auch das Produkt mit dem zweithöchsten Bruttoergebnis je Engpaßeinheit in das Programm aufgenommen werden usw., bis die Engpaßkapazität voll ausgelastet ist. Auf diese Weise ergibt sich im vorliegenden Beispiel folgendes optimale Produktionsprogramm:

Endprodukt-päckchen	Bruttoergebnis je Päckchen	x	Erzeugungsmenge je Engpaßeinheit (Masch.-Std. V)	=	Engpaßbezogenes Bruttoergebnis	Rang	Zahl der Päckchen
	DM/ME		ME/Std.V		DM/Std.V		
1t A_{112}+0,25t B	540	x	7,0	=	3.780	1	441
1t A_{111}+0,25t B	450	x	7,0	=	3.150	2	539
1t A_{211}+0,6 t B	1.880	x	1,5	=	2.820	3	168
1t A_{101}+0,25t B	400	x	7,0	=	2.800	4	686
1t A_{311}+0,5 t B	2.850	x	0,9	=	2.565	5	63
1t A_{411}+0,6 t B	420	x	6,0	=	2.520	6	480

3. Ermittlung des Prognose- und Effektivgewinns des optimalen Programms

Zur Vorkalkulation des Gewinnes werden die Bruttoergebnisse je Päckchen mit der Zahl der Päckchen multipliziert. Von der Summe der einzelnen Perioden-Bruttoergebnisse wird die Summe sämtlicher Fixkosten abgezogen.

Endprodukt-päckchen	Zahl der Päckchen	x	Bruttoergebnis (Grenzerfolg) je Päckchen	=	Bruttoergebnis der Periode
	ME		DM/ME		DM
1t A_{112}+0,25t B	441	x	540	=	238.140
1t A_{111}+0,25t B	539	x	450	=	242.550
1t A_{211}+0,6 t B	168	x	1.880	=	315.840
1t A_{101}+0,25t B	686	x	400	=	274.400
1t A_{311}+0,5 t B	63	x	2.850	=	179.550
1t A_{411}+0,6 t B	480	x	420	=	201.600
Summe der Bruttoergebnisse der Periode					1.452.080 DM
- Fixkosten					- 1.350.000 DM
Prognosegewinn des optimalen Programms					102.080 DM

Dieser Gewinn ist mit dem Effektivgewinn identisch, da bei seiner Ermittlung sämtliche Kosten- und Erlöselemente in sachlogisch richtiger Weise angesetzt sind. Eine mathematische Optimierung mit Hilfe des linearen Programmierens müßte zwangsläufig zum gleichen Programm und Gewinn führen. Im übrigen wird weiter unten im Rahmen der mathematischen Kontrollrechnung auch auf algebraischem Wege bewiesen, daß das Vorgehen bei der verkürzten Totalrechnung korrekt ist (88).

C. Ermittlung der effektiven Periodengewinne der geplanten Programme

Zur Kontrolle der Richtigkeit der Erfolgsprognosen sollen nunmehr die Erfolge ermittelt werden, die tatsächlich aus den jeweiligen Programmen resultieren. Hierbei können die in dem vorangehenden Abschnitt bestimmten Bruttoergebnisse der verkürzten Totalrechnung verwendet werden, die den Überschuß der Erlöse über sämtliche proportionalen Kosten für die einzelnen Endproduktpäckchen bezeichnen. Da in jedem Päckchen eine Einheit der Hauptendprodukte enthalten ist, brauchen die betreffenden Bruttoergebnisse je Päckchen lediglich mit der Zahl der Päckchen in den jeweiligen Programmen, d. h. mit den einzelnen Hauptendproduktmengen multipliziert zu werden. Von der Summe dieser Perioden-Bruttoergebnisse müssen dann nur noch sämtliche Fixkosten abgezogen werden.

88) Vgl. S. 182 ff.

Für das nach der Restwertrechnung auf Basis der Ist-Beschäftigung ermittelte Programm ergibt sich z. B. folgende Rechnung:

Produkte	Bruttoergebnisse je Päckchen	x	Zahl der Päckchen	=	Bruttoergebnisse der Periode
	DM/Päckchen		Päckchen		DM
A_{311}	2.850	x	63	=	179.550
A_{211}	1.880	x	168	=	315.840
A_{611}	680	x	294	=	199.920
A_{101}	400	x	686	=	274.400
	Summe der Perioden-Bruttoergebnisse				969.710
	- Summe der Fixkosten				1.350.000
	Effektiver Erfolg des gewählten Programms				- 380.290

Daß mit dieser Rechnung tatsächlich der Effektivgewinn des gewählten Programms ermittelt wird, kann leicht durch eine unverkürzte Totalrechnung, nämlich durch eine Gegenüberstellung der Gesamterlöse und Gesamtkosten, kontrolliert werden.

Die Gesamterlöse errechnen sich dabei als Summe der Produkte aus den jeweiligen Herstellmengen und den Preisen der in die Programme aufgenommenen Erzeugnisse einschließlich des Nebenendproduktes. Die Gesamtkosten setzen sich aus den proportionalen Kosten der Weiterverarbeitung und des Vertriebs für die einzelnen Produkte, den proportionalen Kosten des Kuppelprozesses und den gesamten fixen Kosten der Unternehmung zusammen. Dabei ergeben sich die proportionalen Kosten der Weiterverarbeitung und des Vertriebs, indem man die entsprechenden Werte je Produkteinheit (89) mit den jeweiligen Herstellmengen multipliziert und anschließend die Ergebnisse addiert.

Die proportionalen Kosten des Kuppelprozesses ergeben sich als Summe aus den Kosten der Menge des Rohstoffes R, die für das

89) Vgl. Tabellen 4 und 5. Im folgenden soll davon abgesehen werden, daß diese Werte wegen der Rundung einiger Proportionalkostengrößen je LE (vgl. Tabelle 5) geringfügig von den exakten Werten abweichen.

jeweilige Programm benötigt wird, und den proportionalen Energiekosten in U für die Erstellung dieses Programms. Wie sich aus den angegebenen kostenrechnerischen Daten entnehmen läßt, sind 480 DM erforderlich, um 1 t H zu erstellen ((749.280 DM + 107.040 DM) : 1.784 t). Die proportionalen Kosten des Kuppelprozesses können daher auch ermittelt werden, indem die für das jeweilige Programm benötigte Menge H mit diesem Wert multipliziert wird.

Für das nach der Restwertmethode auf Basis der Ist-Beschäftigung ermittelte Programm hat die Totalrechnung z. B. folgende Gestalt:

Ermittlung des Gesamterlöses

Produkte	Preis DM/t	x	Menge t	=	Erlöse DM
A_{311}	3.950	x	63	=	248.850
A_{211}	2.870	x	168	=	482.160
A_{611}	1.270	x	294	=	373.380
A_{101}	2.000	x	686	=	1.372.000
B	250	x	421,4	=	105.350
Gesamterlös					2.581.740

Ermittlung der proportionalen Kosten der Weiterverarbeitung und des Vertriebs

Produkte	proportionale Kosten der Weiterverarbeitung und des Vertriebs DM/t	x	Menge t	=	proportionale Produktgesamtkosten der Weiterverarbeitung und des Vertriebs DM
A_{311}	700	x	63	=	44.100
A_{211}	510	x	168	=	85.680
A_{611}	270	x	294	=	79.380
A_{101}	1.400	x	686	=	960.400
B	90	x	421,4	=	37.926
Proportionale Gesamtkosten der Weiterverarbeitung und des Vertriebs					1.207.486

Ermittlung der proportionalen Kosten des Kuppelprozesses

proportionale Kosten des Kuppelprozesses je t H	x	benötigte Menge an H	=	proportionale Gesamtkosten des Kuppelprozesses
DM/t		t		DM
480	x	842,8	=	404.544 DM

Mittels Totalrechnung bestimmter Periodenerfolg

Gesamterlös		2.581.740
- Summe der proportionalen Kosten der Weiterverarbeitung und des Vertriebs	1.207.486	
- Summe der proportionalen Kosten des Kuppelprozesses	404.544	
- Summe der Bereitschaftskosten	1.350.000	
Gesamtkosten		- 2.962.030
Effektiver Erfolg des gewählten Programms		- 380.290 DM

Die Ergebnisse der Rechnungen für die übrigen Voll- und Teilkostenrechnungen sind im rechten Teil der Tabellen 12 und 13 zusammengefaßt. Schon bei einer oberflächlichen Betrachtung dieser Tabellen fällt die starke Streubreite der Effektivgewinne auf. Daneben sind besonders die schlechten Ergebnisse der Vollkostenrechnungen bemerkenswert. Nur in zwei Fällen, nämlich bei der Restwertrechnung auf Basis voller Beschäftigung ohne und mit Engpaßbezug der Stückerfolge führt die Programmwahl überhaupt zu einem Periodengewinn, während demgegenüber bei den Teilkostenrechnungen die positiven Ergebnisse überwiegen.

Ein Vergleich des linken und des rechten Teils der Tabellen 12 und 13 zeigt, daß die Gewinnprognose für das als optimal erscheinende Programm bei allen Vollkostenrechnungen falsch ist, während bei allen Teilkostenrechnungen die Gewinne richtig prognostiziert werden (90).

90) Die geringfügigen Abweichungen bei der Marktpreisverhältnisrechnung beruhen darauf, daß bei der Ermittlung der Bruttoergebnisse abgerundete, ganzzahlige Werte verwendet wurden.

Aus dem Auftreten von solchen Differenzen zwischen den Prognosegewinnen und den tatsächlichen Ergebnissen der jeweiligen Programme, die weit über mögliche Abrundungsfehler hinausgehen, muß gefolgert werden, daß die Vorkalkulation systematische Fehler enthält.

Bei der Vorkalkulation der Periodenerfolge für das gewählte Programm sind die jeweiligen Erzeugnismengen mit den Mengen bei der verkürzten Totalrechnung identisch. Daher muß die Ursache für das Versagen der fraglichen Prognosen auf einer mangelnden Eignung der für die Erzeugniseinheit ermittelten Erfolgswerte beruhen, die letztlich auf das jeweilige Verfahren der Verrechnungspreisbildung und -verwendung zurückgehen. Das Ausmaß der Differenz zwischen dem vorkalkulierten und dem effektiven Periodenerfolg ist jedoch kein Maß für die Genauigkeit der jeweiligen Verfahren der Verrechnungspreisbildung und für die Ermittlung der Erfolgsgrößen je Erzeugniseinheit oder Engpaßeinheit, da hierbei die zufällig gewählten Zahlenverhältnisse des Modells eine Rolle spielen können.

Die Unterschiede der effektiven Periodenerfolge weisen ebenfalls darauf hin, daß bei zahlreichen Verfahren der Verrechnungspreisbildung und -verwendung die errechneten Netto- bzw. Bruttoerfolge je Erzeugnis- oder Engpaßeinheit nicht für die Beurteilung der alternativen Produkte oder Verwendungsmöglichkeiten und die Wahl des Produktionsprogramms geeignet sind.

Den Anspruch, zum optimalen Produktions- und Verkaufsprogramm zu führen, können unter den Zahlenverhältnissen des hier benutzten Modells zumindest alle jene Verfahren nicht erheben, die zu einem Programm mit einem effektiven Periodengewinn unter 102.080 DM führen, also 23 der insgesamt erörterten 25 Verfahren bzw. Verfahrensvarianten. Unter den speziellen Bedingungen des zugrundeliegenden Modells und bei Verwendung der angenommenen Ausgangszahlen haben damit 16 Verfahren bzw. Verfahrensvarianten bei der Gewinnprognose und mindestens 23 bei der Programmwahl und bei der Beurteilung des Programms der vergangenen Periode versagt.

Wie bereits im Rahmen der Ausführungen zur Methodik der vorliegenden Untersuchung dargelegt wurde (91), ist es nicht zulässig, von den richtigen numerischen Ergebnissen auf die allgemeine Brauchbarkeit der betreffenden Verrechnungspreise unter den Bedingungen des dargestellten Modelltyps zu schließen. Die obigen Ergebnisse können somit höchstens Arbeitshypothesen liefern. So kann man vermuten, daß die geeigneten Verfahren diejenigen sind, bei deren Verwendung sich das Programm mit dem höchsten Gewinn ergab und bei denen auch die Gewinnprognose zutraf. Ob diese Verfahren auch bei anderen Zahlenverhältnissen zu dem besten Programm und zu richtigen Gewinnprognosen führen, muß noch untersucht werden.

Es gilt deswegen, nunmehr mit Hilfe des allgemeinen Maßstabs der verkürzten Totalrechnung eine grundsätzliche Beurteilung des systematischen Aufbaus der einzelnen Verfahren der Verrechnungspreisbildung und -verwendung vorzunehmen.

III. Beurteilung der untersuchten Verrechnungspreisarten für die Zwecke der Programmwahl und Gewinnprognose

Für eine Kritik der untersuchten Verrechnungspreisarten stehen mehrere Vorgehensweisen zur Wahl. Die Analyse könnte sich etwa darauf beschränken, von den jeweiligen Ergebnissen der Programmanalyse und der Programmwahl auszugehen und zu erklären, wie die Abweichungen der effektiven Gewinne von dem maximal erzielbaren zustande kommen; sie könnte aber auch darüber hinausgreifen und den Einflüssen nachspüren, den die für das jeweilige Verfahren der Verrechnungspreisbildung und -verwendung kennzeichnenden Elemente auf Programmbeurteilung, Programmwahl, Gewinnprognose und auf den Effektivgewinn haben. Dabei könnte man die Kritik primär nach den hier unterschiedenen Zwecken, nach den Hauptkostenrechnungssystemen, d. h. der Voll- und Teilkostenrechnung sowie nach den Verfahren der Kuppelproduktkalkulation gliedern. Andere Einteilungen, z. B. nach den einzelnen Produktionsstufen, wären ebenfalls möglich.

91) Vgl. S. 59.

Grundsätzlich soll die Technik der Analyse in diesem Kapitel auf den einzelnen Fall abgestellt werden, wobei die Ursachen für folgende Erscheinungen hervorgehoben werden:

1. die Abweichungen der jeweiligen Erfolgsgrößen pro Leistungseinheit oder Engpaßeinheit von den Bruttoergebnissen je "Päckchen", deren Anwendung in der verkürzten Totalrechnung zum optimalen Programm und zum höchsten Gewinn führte;

2. die Unterschiede in der Beurteilung des gegebenen Programms nach den jeweils erörterten Verfahren;

3. die Unterschiede der jeweils geplanten Programme gegenüber dem optimalen Programm;

4. die Differenz zwischen den Prognose- und Effektivgewinnen einerseits und zwischen den Effektivgewinnen und dem maximal erreichbaren Gewinn andererseits.

Die Untersuchung dieser Fragen legt es nahe, zur Vermeidung von Wiederholungen primär nicht nach den Zwecken der Verrechnungspreisbildung und -verwendung zu gliedern, sondern nach den Hauptkostenrechnungssystemen, also der Voll- und Teilkostenrechnung. Dabei soll zunächst jeweils eine generelle Analyse erfolgen, in der die charakteristischen Merkmale der Voll- und Proportionalkostenrechnungen bei der Verrechnungspreisbildung und -verwendung im Vergleich zur verkürzten Totalrechnung auf ihre Auswirkungen für die Programmwahl und Gewinnprognose überprüft werden. Anschließend wird in einer speziellen Kritik auf die Brauchbarkeit der einzelnen Verfahren für die Programmwahl und Gewinnprognose eingegangen, wobei jedoch die Optimalkostenvarianten zusammengefaßt sind. Obwohl die Rechnungszwecke somit äußerlich nicht hervortreten, bleibt die Analyse dennoch durch sie bestimmt.

A. Durch Vollkostenrechnung bestimmte Verrechnungspreise

1. Generelle Kritik der Vollkostenverfahren

a) Analyse der Fehlerquellen

Beim Vergleich der Vollkostenrechnungsverfahren mit der verkürzten Totalrechnung fallen vier grundsätzliche Unterschiede auf:

Erstens bringen die Vollkostenverfahren in den Verrechnungspreisen und bei der Verrechnung der Weiterverarbeitungs-, Verwaltungs- und Vertriebskosten auch fixe Kosten als leistungsabhängige, proportionalisierte Produktkosten in Ansatz, die bei der Beurteilung der Erfolgswirksamkeit der einzelnen Produkte nicht berücksichtigt werden dürfen,

zweitens schlüsseln sie - mit Ausnahme der Restwertmethode - proportionale Kosten, die für mehrere Produkte gemeinsam anfallen, auf die verbundenen Produkte auf,

drittens verzichten sie - ebenfalls mit Ausnahme der Restwertrechnung - darauf, die indirekt mit der Produktion der Hauptendprodukte gekoppelten Weiterverarbeitungs- und Vertriebskosten sowie die Erlöse im Nebenproduktbereich zu berücksichtigen und

viertens verzichten sie zum Teil - dem herrschenden Brauch der Praxis entsprechend - auf einen Bezug der Stückerfolge auf die Engpaßeinheit (Maschinen- und Apparatestunden in V) auch dann, wenn die Stufe V auf Grund der gewählten Programme voll ausgelastet wird.

Im folgenden soll nun untersucht werden, welche Konsequenzen sich aus diesen Abweichungen von dem als richtig erkannten Verfahren ergeben.

(1) Die Auswirkungen der Proportionalisierung fixer Kosten

Die Verrechnung der leistungsunabhängigen (Gemein-)Kosten in den Vollkostenrechnungen läßt sich bei einem Mehrproduktbetrieb, wie dem hier vorliegenden, formal in zwei Vorgänge aufspalten: in die Proportionalisierung von Kosten, die sich nicht proportional mit der Leistungsmenge verändern, und in die Aufteilung gemeinsam anfallender Fixkosten auf die einzelnen Produktarten nach bestimmten Schlüsseln. Materiell ist es gleichgültig, in welcher Reihenfolge man vorgeht.

Um die Einflüsse einer bloßen Proportionalisierung und die Einflüsse der Schlüsselung auf die gekoppelt oder alternativ erzeugten Produktarten getrennt sichtbar zu machen, gehen wir hier von der "reinen Proportionalisierung" aus. Bei ihr wird ohne Rücksicht auf die Unterschiede der Produkte in jeder Stufe die einfache Divisionskalkulation angewandt. Die "reine Proportionalisierung" führt somit in jeder Produktionsstufe zu einer gleich hohen Belastung aller Erzeugniseinheiten, welcher Produktart sie auch angehören. Durch die Verwendung von Verteilungsschlüsseln oder von Äquivalenzziffern werden dagegen die verschiedenen Produktarten in jeder Stufe je nach dem verwendeten Schlüssel in unterschiedlichem Ausmaß belastet. Die Erzeugniseinheiten der Endprodukte werden allerdings wegen des ungleichen Anteils an Zwischenprodukten auch bei einer "reinen Proportionalisierung" der Bereitschaftskosten unterschiedlich hoch belastet; diese Belastung weicht jedoch von der durch die Verteilungsschlüssel entstehenden mehr oder minder ab. Werden die stufenweisen Belastungen bei "reiner Proportionalisierung" entsprechend den in eine Endprodukteinheit eingehenden Mengen an Zwischenprodukten durchgewälzt, dann können die Differenzen zu den tatsächlich auftretenden stufenweisen Einzel- und Gesamtbelastungen der Endprodukteinheiten mit Fixkosten als "schlüsselbedingte Differenzen" bezeichnet werden.

Die unmittelbare Folge der Verrechnung fixer Kosten durch Proportionalisierung und Schlüsselung ist, daß die für die Programmwahl und die Gewinnprognose als maßgeblich angesehenen Stückerfolge (92) um den Betrag der anteiligen Fixkostenbelastung niedriger sind als die Bruttoergebnisse je Leistungseinheit nach den entsprechenden Proportionalkostenrechnungen. Dies kann dazu führen, daß für Produkte, deren Herstellung und Vertrieb objektiv vorteilhaft ist, negative Stückerfolge ausgewiesen werden, so daß auf ihre Aufnahme in das Programm von vornherein verzichtet wird. Die Fixkostenbelastung kann auf diese Weise sogar bewirken, daß knappe Kapazitäten nicht voll genutzt werden. Allein dadurch kann der effektive Gewinn des geplanten

92) Von den engpaßbezogenen Vollkostenrechnungsverfahren sei hier zunächst abgesehen, zumal sie, wie bereits erwähnt, in Theorie und Praxis keine Bedeutung haben.

Programms erheblich hinter dem höchstmöglichen zurückbleiben.

Werden fixe Kosten der Kuppelproduktionsstufe U in die Verrechnungspreise für H einbezogen, so hat dies weiter zur Folge, daß diejenigen Endprodukte, die pro Einheit relativ viel Zwischenprodukt H benötigen, gegenüber denjenigen, deren Zwischenproduktbedarf vergleichsweise niedrig ist, ungerechtfertigterweise benachteiligt werden. Diese Tendenz wird noch dadurch verstärkt, daß die Verwaltungs- und Vertriebsgemeinkosten den einzelnen Produkten auf Basis der Herstellkosten zugeschlagen werden. Hieraus ergibt sich nämlich eine zusätzliche Mehrbelastung der Endprodukte, die relativ viel Zwischenprodukt H enthalten und damit höhere Herstellkosten aufweisen. Ob dies zu einer Rangfolgeänderung gegenüber der engpaßbezogenen Bruttoergebnisrechnung führt, die nur die proportionalen Kosten berücksichtigt, kann jedoch nicht generell gesagt werden, da hierfür die Zahlenverhältnisse des konkreten Falles maßgeblich sind.

Für die Auswirkung der Belastung der Erzeugnisse mit fixen Kosten der Stufen V und W ist entscheidend, wie lange die einzelnen Hauptendprodukte bzw. ihre Vorprodukte diese Stufen durchlaufen, da in unserem Modell die fixen Kosten dieser Stufen nach der zeitlichen Inanspruchnahme der Maschinen und Apparate geschlüsselt werden. Die Endprodukte, deren Herstellung einen vergleichsweise hohen Einsatz an Maschinenstunden je Leistungseinheit erfordert, werden dadurch stärker belastet als solche, die die Maschinen nur kurz in Anspruch nehmen. Diese Tendenz wird ebenfalls noch dadurch verstärkt, daß die Verwaltungs- und Vertriebsgemeinkosten auf Basis der Herstellkosten verteilt werden, in denen die zugeschlüsselten Fixkosten von V und W enthalten sind.

Insgesamt gesehen kann man mithin feststellen, daß die Verrechnung fixer Gemeinkosten durch Schlüsselung und Proportionalisierung zu Stückerfolgen führt, die von den Größen, die als objektiver Maßstab für die Erfolgswirksamkeit der Endprodukte erkannt wurden, beträchtlich abweichen können. Die durch die einzelnen Verfahren vermittelten Vorstellungen über die

Erfolgswirksamkeit der alternativen Produkte sind damit nicht geeignet, fundierte betriebspolitische Entscheidungen zu ermöglichen.

Bei der Gewinnprognose für das neue Programm werden durch die Fixkostenverrechnung zwei gegenläufige Tendenzen hervorgerufen. Auf der einen Seite wird für die Produkte, die in größeren Mengen als bisher hergestellt werden sollen, eine größere Fixkostensumme als vorher verrechnet, weil der Fixkostenanteil je Leistungseinheit unverändert bleibt. Auf der anderen Seite werden für die Produkte, die nur noch in geringeren Mengen oder überhaupt nicht mehr gefertigt werden sollen - sei es auf Grund der Vorstellungen über ihre Erfolgswirksamkeit, sei es wegen der Vollauslastung der Kapazität in V - weniger bzw. gar keine Fixkosten mehr verrechnet. Für die Zahlenverhältnisse des Modells überwiegt bei allen Verfahren der zweite Einflußfaktor. Daraus ergibt sich, daß die Prognosen ein zu günstiges Bild der zu erwartenden Gewinnsituation zeigen. In besonderem Maße ist dies bei den Optimalkostenrechnungen der Fall, da hier bei der Ermittlung der Stückerfolge ohnehin nur ein Teil der Fixkosten berücksichtigt wird.

Allgemein ausgedrückt, ist die regelmäßig eintretende Unter- oder Überdeckung der tatsächlich angefallenen fixen Kosten bei der Erfolgsprognose der Vollkostenrechnungen eine Folge von Beschäftigungsänderungen. Ist die Beschäftigung gestiegen, werden bei unveränderten Fixkostenbelastungen je Erzeugniseinheit zu viele fixe Kosten verrechnet, ist sie gesunken, zu wenig. Bei den Optimalkostenrechnungen können allerdings auch im Falle gestiegener Beschäftigung zu wenig Fixkosten verrechnet werden, wenn nämlich die Leerkosten durch die zusätzlich verrechneten Kosten nicht ausgeglichen werden. Nur wenn alle Stellen voll ausgelastet wären, würden die verrechneten Fixkosten mit den tatsächlich anfallenden übereinstimmen.

(2) Die Auswirkungen der Zurechnung proprotionaler Gemeinkosten auf die einzelnen Kuppelprodukte

Zu den bisher besprochenen Fehlerquellen der Vollkostenrechnungen kommt hinzu, daß auch die proportionalen Gemeinkosten der Stufe U bei der Bildung von Verrechnungspreisen - abgesehen von der Restwertrechnung - auf die einzelnen Kuppelprodukte aufgeschlüsselt werden.

Diese Aufteilung der proportionalen Gemeinkosten der Kuppelprodukte stellt eine eindeutige Abweichung von den Grundsätzen der verkürzten Totalrechnung dar. Auf die Programmwahl wirkt sie sich, ebenso wie schon die Fixkostenverrechnung, verzerrend aus. Die in den Verrechnungspreis für H eingehenden proportionalen Kostenelemente der Kuppelproduktionsstufe U liegen wegen der Schlüsselung stets niedriger als die den Endproduktkombinaten bei der verkürzten Totalrechnung angelasteten gemeinsamen Stoffkosten für H und L. Nur der Teil der proportionalen Kuppelprozeßkosten wird bei den Programmentscheidungen berücksichtigt, der auf das Hauptkuppelprodukt H entfällt. Der dem Nebenkuppelprodukt L zugeschlüsselte Teil wird zwar ebenfalls verrechnet, übt jedoch keinen Einfluß auf die Programmentscheidungen aus, da diese allein aufgrund der Stückerfolge der Hauptendprodukte getroffen werden. Tendenziell resultiert daraus ein zu günstiger Ausweis der Stückerfolge der Hauptendprodukte. Für sich allein genommen kann die zu geringe Belastung des Hauptproduktes H dazu führen, daß solche Endprodukte als gewinnbringend angesehen werden, deren Aufnahme in das Programm tatsächlich den Gewinn vermindert. Hinzu kommt, daß die Produkte mit hohem H-Anteil tendenziell bevorzugt werden, was außerdem noch durch die Verrechnung der Verwaltungs- und Vertriebsgemeinkosten auf Basis der vermeintlichen Herstellkosten verstärkt wird. Dadurch wiederum kann die Rangfolge der Hauptendprodukte verfälscht und der Engpaß in V falsch belegt werden.

Diese Ausführungen gelten natürlich nur dann, wenn die Schlüsselung der proportionalen Gemeinkosten isoliert betrachtet wird. Es ist nämlich durchaus möglich, daß die hier dargestellten Fehlerwirkungen der Vollkostenrechnung durch andere verfälschende Faktoren verstärkt oder kompensiert werden.

Auf die Gewinnprognose hat die Aufteilung der proportionalen Gemeinkosten der Kuppelprodukte keinen unmittelbar nachteiligen Einfluß, weil diese Kosten stets in voller Höhe verrechnet werden. Mittelbar kann sie sich jedoch dadurch auswirken, daß sie zu einer Verzerrung der Stückerfolge führt und damit die Programmentscheidungen und die hierdurch bestimmten Mehr- oder Minderverrechnungen an Fixkosten beeinflußt.

Für die Vollkosten-Restwertrechnung trifft die obige Kritik nicht zu. Bei ihr liegt der "variable Bestandteil" des Verrechnungspreises nur deswegen niedriger als die gemeinsamen Stoffkosten für H und L bei der Totalrechnung, weil die proportionalen Kosten der Weiterverarbeitung und des Vertriebs von L bzw. B sowie der Erlös aus dem Verkauf von B nicht den Kosten bzw. dem Erlös der Hauptendprodukte zugeschlagen, sondern bereits bei der Errechnung des Verrechnungspreises berücksichtigt werden (vgl. hierzu die Ausführungen bei der speziellen Kritik des Restwertverfahrens, S. 144 f.).

(3) Die Auswirkungen der Nichtbeachtung des Nebenendproduktes

Dadurch, daß die proportionalen Kosten der Weiterverarbeitung und des Vertriebs in der Stelle X sowie der Erlös des Nebenendproduktes bei der Programmwahl nach den Schlüsselungsverfahren entgegen dem Vorgehen in der verkürzten Totalrechnung nicht berücksichtigt werden, sind ebenfalls Fehler möglich. Da in unserem Modell diese Erlöse höher als die proportionalen Kosten in X sind, werden tendenziell alle Stückerfolge zu ungünstig ausgewiesen, besonders bei den Produkten mit hohem H-Anteil. Die Nichtbeachtung indirekt gekoppelt anfallender Erlösüberschüsse kann dazu führen, daß trotz ausreichender Kapazitäten darauf verzichtet wird, Produkte in das Programm aufzunehmen, die in Wirklichkeit den Gesamterfolg noch erhöhen würden. Außerdem kann wiederum die Rangfolge der Produkte verfälscht und der Engpaß in V falsch belegt werden. Nur bei der Restwertrechnung sind diese Konsequenzen nicht möglich, weil hier der Erlösüberschuß aus der Verwertung des Nebenendproduktes B im Verrechnungspreis des Hauptproduktes H berücksichtigt ist.

Für die Gewinnprognose ergeben sich keine unmittelbaren Auswirkungen, da die proportionalen Kosten der Weiterverarbeitung und des Vertriebs in X sowie die Erlöse von B sowohl bei den

Schlüsselungsverfahren als auch bei der Restwertrechnung berücksichtigt werden. Mittelbare Wirkungen können sich jedoch über den Einfluß der Stückerfolge auf die Programmwahl und die hierdurch bestimmten Mehr- oder Minderverrechnungen fixer Kosten ergeben.

(4) Die Auswirkungen der Nichtbeachtung von Engpässen

In allen üblichen Vollkostenverfahren (93) werden tatsächliche oder potentielle Engpässe nicht oder nicht in der richtigen Art und Weise berücksichtigt. Die Verteilung der Fixkosten in V nach den in Anspruch genommenen Maschinenstunden führt zwar zu einer höheren Belastung und damit zu einer Erfolgsminderung derjenigen Produkte, die den Engpaß besonders stark in Anspruch nehmen, doch ist diese Belastung in aller Regel völlig unangemessen. Höchstens durch Zufall wäre es möglich, daß die Ergebnisrelationen mit denen nach der verkürzten Totalrechnung übereinstimmen, wobei aber selbst dann noch die absoluten Stückerfolge unzutreffend wären.

Die den Engpaß stark beanspruchenden Produkte werden auf Grund des fehlenden Engpaßbezuges in den Vollkostenverfahren meist zu positiv bewertet, während umgekehrt die Produkte, die den Engpaß sparsam nutzen und einen hohen engpaßbezogenen Überschuß der Erlöse über die proportionalen Kosten aufweisen, meist benachteiligt sind. Für die konkreten Auswirkungen im Einzelfall sind u. a. die Höhe des Fixkosten-Verrechnungssatzes und die tatsächliche Engpaßbeanspruchung wichtig.

Das fehlerhafte Vorgehen der Vollkostenverfahren beim Vorliegen von Engpässen wird sich mithin regelmäßig in einer falschen Beurteilung der Endprodukte auswirken und häufig zu falschen Rangvorstellungen hinsichtlich ihrer Erfolgswirksamkeit führen. Das neue Programm wird dann zwar mit dem Ziel entworfen, den Gewinn zu maximieren, doch wird dieses Ziel infolge des systematischen Fehlers in den Beurteilungsgrößen - von Zufällen abgesehen - nicht erreicht. Hinzu kommt, daß oft eine Engpaßsi-

93) Zu den engpaßbezogenen Vollkostenrechnungen vgl. die spezielle Kritik auf S. 150 ff.

tuation nicht als solche erkannt wird, weil es wegen der Stückverluste eines Teiles der Produkte nicht ratsam erscheint, die Produktionskapazität voll zu belegen.

b) Entwicklung eines Schemas für die Analyse der Verfälschungen

Wir wollen nunmehr versuchen, das Zusammenspiel der Faktoren, die die Abweichungen der Stückerfolge von den als richtig erkannten Entscheidungsgrößen bewirken, übersichtlich darzustellen. Dazu überführen wir die nach der verkürzten Totalrechnung maßgeblichen Werte in einer systematischen Folge von Rechenschritten in die von den üblichen Vollkostenrechnungen (94) als maßgeblich angesehenen Stückerfolge der einzelnen Produkte. Hierdurch können die Einzel- und Gesamtabweichungen zwischen den richtigen und den falschen Maßgrößen der Programmpolitik in ihrem Zustandekommen quantitativ analysiert werden. In den betreffenden Tabellen, die weiter unten für einige der besprochenen Verfahren beispielhaft dargestellt sind (95), brauchen natürlich nur solche Rechengrößen berücksichtigt zu werden, bei denen die als richtig erkannte Rechnung von den Stückerfolgsrechnungen abweicht.

Das Schema zu einer solchen Analyse der Verfälschungen (s. S. 131) geht von den auf den Engpaß bezogenen Bruttoergebnissen der verkürzten Totalrechnung aus, d. h. von den Größen, die sich unter den vorliegenden Modellbedingungen für die Programmwahl als maßgeblich erwiesen haben. Da sämtliche üblichen Vollkostenrechnungen in ihren Ergebnis-Analysen von einem Engpaßbezug absehen, soll zunächst von Bruttoergebnissen je Engpaßeinheit auf Bruttoergebnisse je "Päckchen" übergegangen werden. Hierfür müssen die Bruttoergebnisse je Engpaßeinheit lediglich mit der Zahl der je Endprodukt-"Päckchen" benötigten Maschinenstunden in V multipliziert werden.

Da die verkürzte Totalrechnung auf eine Schlüsselung der fixen Kosten verzichtet, werden anschließend die anteiligen Fixkosten

94) Auch hier soll zunächst noch von den engpaßbezogenen Vollkostenrechnungen abgesehen werden.
95) Vgl. Tabellen 14 und 16.

der einzelnen Fertigungsstufen und die anteiligen Verwaltungs- und Vertriebsgemeinkosten stufenweise von den Bruttoergebnissen je "Päckchen" abgesetzt. Sie können in die ungewichtet (nicht nach Erzeugnisarten differenzierten) proportionalisierten Fixkosten und die "schlüsselbedingten" Differenzen zwischen den verrechneten und den ungewichtet proportionalisierten Fixkosten aufgespalten werden. Die verbleibende Differenz zum Nettoergebnis je Erzeugniseinheit (Zeile 22) erklärt sich aus dem unterschiedlichen Ansatz der proportionalen Kosten in U und X sowie daraus, daß die Vollkostenrechnungen den Nettoerlös für die Mengen an B nicht berücksichtigen, die bei der verkürzten Totalrechnung in den Endprodukt-"Päckchen" enthalten sind. Werden auch diese Unterschiede durch entsprechende Additionen bzw. Subtraktionen eliminiert (Zeilen 17 bis 21), so erhält man die Nettoergebnisse je Erzeugniseinheit (Stückerfolge) der einzelnen Produkte.

Die Zeilen 24 und 25 sind für die Ergebnisse je Erzeugniseinheit und die Produktrangfolge vorgesehen, die sich ergeben würden, wenn man nur die Verrechnungspreise, d. h. die Stoffkosten für H bzw. L nach dem jeweils erörterten Verfahren ermitteln, in den Weiterverarbeitungsstufen aber nur proportionale Kosten verrechnen würde (96). In den Zeilen 26 bis 28 des Schemas werden außerdem noch die Summen der allein durch "reine Proportionalisierung" auf die Leistungseinheit entfallenden Fixkosten, der "schlüsselbedingten" Differenzen und der tatsächlich verrechneten fixen Kosten pro Leistungseinheit aufgeführt.

Wenn man in dieses Schema die numerischen Werte der einzelnen Verfahren einsetzt, so können die Fehlerquellen detailliert analysiert und die einzelnen Abweichungen gegenüber dem als richtig erkannten Vorgehen nicht nur verbal dargelegt, sondern auch numerisch festgestellt und aufgegliedert werden. Wir beschränken uns allerdings aus Raumgründen darauf, die numerische Analyse weiter unten lediglich an zwei Beispielen darzustellen (97).

96) Vgl. S. 105.
97) Vgl. Tabellen 14 und 15 sowie S. 144 und 146 f.

Schema zur Analyse der Verfälschungen

Nr.	Rechengrößen		Endprodukte A_{101} - B
1		Bruttoergebnis der verkürzten Totalrechnung je Engpaßeinheit	
2		Rang	
3	x $\frac{\text{Masch.-Std. V}}{\text{"Päckchen"}}$ =	Bruttoergebnis je "Päckchen"	
4		Rang	
5	- anteilige Fixkosten in U	Ungewichtet proportionalisierte Fixkosten in U	
6		"Schlüsselbedingte" Differenz	
7	→		
8	- anteilige Fixkosten in V, X	Ungewichtet proportionalisierte Fixkosten in V, X	
9		"Schlüsselbedingte" Differenz	
10	→		
11	- anteilige Fixkosten in W	Ungewichtet proportionalisierte Fixkosten in W	
12		"Schlüsselbedingte" Differenz	
13	→		
14	- anteilige Verwaltungs- und Vertriebsgemeinkosten	Ungewichtet proportionalisierte Fixkosten der Verwaltung und des Vertriebs	
15		"Schlüsselbedingte" Differenz	
16	→		
17	+ Differenz der proportionalen Kosten in U gegenüber der verkürzten Totalrechnung	Proportionale Kosten der für ein "Päckchen" benötigten Menge Kuppelproduktkombinat	
18		H bzw. L zugerechnete proportionale Kosten	
19	→		
20	+ Proportionale Kosten (des Zwischenproduktkombinat-Anteils) in X		
21	- Nettoerlös (der zugehörigen Menge) B		
22	Nettoergebnis je Erzeugniseinheit (Stückerfolg)		
23	Rang		
24	Erlösüberschuß über die für H bzw. L angesetzten Stoffkosten und die proportionalen Kosten der Weiterverarbeitung und des Vertriebs		
25	Rang		
26	Summe der ungewichtet proportionalsierten Fixkosten		
27	Summe der "schlüsselbedingten" Differenzen		
28	Summe der verrechneten (anteiligen) Fixkosten		

2. Spezielle Kritik der Vollkostenverfahren

a) Ohne Engpaßbezug der Stückerfolge

(1) Auf Basis der Ist-Beschäftigung

(a) Vollkostenrechnung mit Schlüsselung der Kuppelproduktionskosten

(aa) Bewertung der Kuppelprodukte nach der Marktpreisverhältnisrechnung

Dieses Rechnungsverfahren basiert auf der Idee, die einzelnen Produkte in Anpassung an die jeweiligen Marktverhältnisse zu belasten. Man könnte daher erwarten, daß es in besonderer Weise dazu geeignet ist, die Erfolgswirksamkeit der einzelnen Produkte aufzuzeigen sowie zutreffende Programmdispositionen und Erfolgsprognosen zu ermöglichen. Bei der Marktpreisverhältnisrechnung auf Vollkostenbasis werden jedoch in allen Produktions-, Verwaltungs- und Vertriebsstellen fixe Kosten verrechnet. Die Auswirkungen der Fixkostenverrechnung können für sich allein bereits zu Dispositionen führen, die nicht nur quantitativ, sondern auch qualitativ falsch sind.

Darüber hinaus sind bei der Marktpreisverhältnisrechnung noch die weiteren generellen Fehlerquellen der Vollkostenrechnungen zu beachten. Die Verteilung der Kuppelproduktionskosten gemäß den aus dem Zwischenproduktmarkt übernommenen oder durch Rückrechnung aus dem Absatzmarkt der Endprodukte abgeleiteten Schlüsselungsgrößen, die Nichtbeachtung des Nebenendprodukt-Erlösüberschusses und die fehlende Berücksichtigung der hier vorliegenden Engpaßsituation bedeuten, daß die kosten- und erlösmäßige Verbundenhiet der Kuppelprodukte und ihrer Weiterverarbeitungsformen sowie die Knappheit des Engpaßfaktors bei den zu treffenden Entscheidungen nicht berücksichtigt werden.

Versucht man, die aus der Höhe des Verrechnungspreises für H herrührenden Fehler bei der Ermittlung der Entscheidungsgrößen für die Programmwahl zu bestimmen, so muß man die Auswirkungen der im weiteren Verlauf der Rechnung gemachten Fehler ausschalten. Diese Fehler sind einmal die Fixkostenverrechnung in V und W sowie die Verrechnung der fixen Verwaltungs- und Vertriebsgemeinkosten, zum anderen die Nichtbeachtung der Weiterverarbeitungs- und Vertriebskosten in X sowie der Erlöse für B und drittens die Nichtberücksichtigung des Engpasses in V. Sehen wir von der letztgenannten Fehlerquelle ab und unterstellen wir, daß auf die erwähnten Fixkostenverrechnungen verzichtet wird, dann würde man bis auf die Nichtberücksichtigung der proportionalen Kosten in X und der Erlöse für B in der weiteren Rechnung ebenso vorgehen wie die verkürzte Totalrechnung. Wenn man die proportionalen Kosten in X und die Erlöse für B, die mit der Herstellung einer Einheit H indirekt gekoppelt anfallen, zum Verrechnungspreis addieren bzw. von ihm subtrahieren würde, könnte man die Ergebnisse mit den für das Zwischenproduktkombinat in der verkürzten Totalrechnung angesetzten Stoffkosten vergleichen und alle Unterschiede zur verkürzten Totalrechnung auf die Unterschiede dieser Vergleichswerte zurückführen. Ebenso könnte man natürlich die Unterschiede zur verkürzten Totalrechnung auf den Unterschied zwischen dem Verrechnungspreis und den Kosten des Zwischenproduktkombinats abzüglich der entsprechenden Erlöse für B und zuzüglich der entsprechenden Kosten in X zurückführen. Dieser Unterschied besteht dann nur noch in der im Verrechnungspreis enthaltenen Mehrbelastung durch die Fixkostenverrechnung in U und der Minderbelastung infolge der Schlüsselung der proportionalen Kuppelprozeßkosten.

Ist die Schlüsselgröße, die für die Kostenbelastung des Nebenprodukts L angewendet wird, wesentlich höher als die für das Hauptprodukt H, kann ein so geringer Teil der Kuppelproduktionskosten auf H verrechnet werden, daß die Mehrbelastung von H aufgrund der Fixkostenverrechnung in U nicht nur reduziert, sondern ausgeglichen oder sogar überkompensiert wird. Je nach dem Verhältnis der Schlüsselgrößen und der Höhe der danach anteilig verrechneten Fixkosten in U lassen sich folgende drei Fälle unterscheiden:

1. Der Verrechnungspreis für H ist niedriger als die erwähnten modifizierten Kosten des Zwischenproduktkombinats. Selbst wenn in den weiteren Stufen nur noch proportionale Kosten berücksichtigt würden, würden sämtliche Stückerfolge zu günstig erscheinen und außerdem die Produkte mit hohem H-Anteil besonders begünstigt, was zu Rangfolgeänderungen führen könnte. Würden

dagegen auch in den Weiterverarbeitungsstufen fixe Kosten verrechnet, so würde der vom Verrechnungspreis ausgehende Einfluß auf die Stückerfolge je nach der Höhe der zusätzlich verrechneten anteiligen Fixkosten reduziert oder überkompensiert. Nur rein zufällig, nämlich wenn sich beide Einflüsse genau aufheben, würden die Stückerfolge und die Rangfolge zutreffend ausgewiesen werden (98). In aller Regel würden jedoch sowohl die Rangfolge als auch die Höhe der Stückerfolge verfälscht. Außerdem würde selbst bei zufälliger Übereinstimmung mit den richtigen Werten bei jedem gegenüber dem Ausgangsprogramm veränderten Programm die Gewinnprognose falsch sein, weil dann entweder zuviel oder zuwenig Fixkosten verrechnet werden (99).

2. Der Verrechnungspreis ist gleich den modifizierten Kosten des Zwischenproduktkombinats. Dieses äußerst unwahrscheinliche Ergebnis würde nur dann zu richtigen Entscheidungsgrößen führen, wenn man im weiteren Gang der Rechnung lediglich proportionale Kosten berücksichtigte. Selbst dann aber würde die Gewinnprognose bei jedem Programm, für das mehr bzw. weniger H als beim Ausgangsprogramm benötigt würde, wegen der dann auftretenden Mehr- bzw. Minderverrechnung fixer Kosten in U falsch sein.

3. Der Verrechnungspreis liegt über den modifizierten Kosten des Zwischenproduktkombinats. Die Stückerfolge werden sämtlich zu niedrig ausgewiesen, wobei besonders die Erzeugnisse mit einem hohen H-Anteil benachteiligt sind. Auch durch die Verteilung der Verwaltungs- und Vertriebsgemeinkosten nach den Herstellkosten werden diese Produkte unter sonst gleichen Bedingungen stärker als die anderen belastet. Dadurch können sich negative Stückerfolge bei eventuell durchaus noch lohnenden Produkten, falsche Vorstellungen über den Erfolgsbeitrag und die Rangfolge der Produkte sowie dementsprechend fehlerhafte Programmdispositionen und Erfolgsprognosen ergeben.

98) Von den Fehlermöglichkeiten beim Auftreten von Engpässen wird hier abgesehen.

99) Von dem Grenzfall abgesehen, daß zufällig auch noch die bei der Gewinnprognose verrechneten fixen Kosten mit den tatsächlichen übereinstimmen.

Zu diesen Fehlerquellen, die sich je nach den gegebenen Daten unterschiedlich auswirken, treten noch die von dem fehlenden Engpaßbezug ausgehenden Einflüsse hinzu. Die für die einzelnen Produkte aufgrund der bisher behandelten Fehlerquellen entstehenden Verzerrungen werden dadurch, je nach Inanspruchnahme des Engpasses, weiter verstärkt oder auch abgeschwächt. Bei den angenommenen Ausgangszahlen des Modells wird allerdings der Engpaß in V gar nicht erkannt, da es wegen der negativen Stückerfolge für 4 Produkte nicht zweckmäßig erscheint, die Kapazität von V voll auszunutzen.

Diese negativen Stückerfolge für A_{111}, A_{112}, A_{411} und A_{511} erklären sich daraus, daß der Verrechnungspreis für H im Vergleich zu den modifizierten Kosten des Zwischenproduktkombinats nach der verkürzten Totalrechnung zu hoch ist und daß die fixen Kosten der Weiterverarbeitung, der Verwaltung und des Vertriebs auf die Endprodukteinheiten verrechnet werden.

Von den Produkten A_{101}, A_{211}, A_{311} und A_{611} werden die absetzbaren Mengen hergestellt, ohne daß irgendwelche Engpaßüberlegungen angestellt werden. Die Folge ist, daß 136 Maschinenstunden oder 27,2 % der Engpaßkapazität unausgenutzt bleiben.

Hinsichtlich der Gewinnprognose zeigt sich ebenfalls ein völlig falsches Bild. Statt eines vorausberechneten Gewinnes von DM 386.536 wird in Wirklichkeit ein Verlust von DM 380.290 erzielt.

Vielleicht noch erstaunlicher als das hohe Ausmaß des Prognosefehlers mutet es an, daß eine Unternehmung, die in der vergangenen Periode mit geringem Gewinn abschloß, bei einer wesentlich verbesserten Absatzsituation und sonst unveränderten Bedingungen als Folge der Streichung der als verlustbringend erscheinenden Produkte und der Absatzerhöhung der als gewinnbringend angesehenen Produkte zu einem solch hohen Verlust gelangt. Dieses Ergebnis sagt eigentlich alles über die Brauchbarkeit der angewendeten Rechenmethoden aus. Sein Zustandekommen soll aber noch kurz analysiert werden.

Daß ein geringerer als der maximal mögliche Gewinn erwirtschaftet wird - die Erfolgsminderung beträgt im betrachteten Fall 102.080 DM + 380.290 DM = 482.370 DM - folgt keineswegs zwangsläufig daraus, daß man sich bei der Programmplanung an der Höhe der absoluten Stückerfolge orientiert. Selbst wenn die Rangfolge der Produkte nach der Höhe der Stückerfolge kein zutreffendes Bild von der relativen Erfolgswirksamkeit vermittelt, braucht daraus noch nicht unbedingt eine falsche Programmdisposition zu resultieren. So wäre es zum Beispiel möglich, daß anstelle der richtigen Rangfolge A_{112} - A_{111} - A_{211} - A_{101} - A_{311} - A_{411} - A_{611} - A_{511} etwa die Rangfolge A_{311} - A_{211} - A_{112} - A_{111} - A_{101} - A_{411} - A_{611} - A_{511} der Programmplanung zugrunde gelegt würde. Aus einer solchen Verfälschung der Rangfolge würde sich hier kein negativer Einfluß auf den Gesamtgewinn ergeben, weil der Rangtausch auf solche Produkte beschränkt bleibt, die ohnehin alle in vollem Umfang hergestellt werden. Erst wenn eine Rangfolgeverschiebung im Bereich der Kapazitätsgrenze erfolgt, d. h. bei den "zuletzt" aufzunehmenden Produkten, ändert sich die Programmzusammensetzung nach Art und Menge. Dabei ist vorausgesetzt, daß die Stückerfolge aller für die Programme infrage kommenden Produkte positiv sind. Wenn negative Stückerfolge ausgewiesen werden, während die nach der verkürzten Totalrechnung für die betreffenden Produkte ermittelten Bruttoergebnisse positiv sind, so kann es - selbst bei gleicher Rangfolge - ebenfalls zu einer Programmveränderung kommen. Es werden dann nämlich eventuell Produkte gestrichen, die wegen ihrer positiven Bruttoergebnisse Bestandteile des gewinnmaximalen Programms sein können.

Wenn im vorliegenden Fall ein um 482.370 DM geringerer als der maximal mögliche Erfolg erzielt wird, so müssen also Rangverfälschungen in der "kritischen Zone" oder/und fehlerhafte Vorstellungen über die absolute Erfolgswirksamkeit der Produkte eine Rolle gespielt haben. Dies geht auch aus der tabellarischen Analyse des erzielten und des maximalen Periodengewinns hervor:

Endprodukt-Kombinate ("Päckchen")	1t A_{101} +0,25t B	1t A_{111} + 0,25t B	1t A_{112} +0,25t B	1t A_{211} +0,6t B	1t A_{311} +0,5t B	1t A_{411} +0,6t B	1t A_{511} +0,5t B	1t A_{611} +0,4t B	Summe DM
Zahl der "Päckchen" im betrachteten Programm	686	-	-	168	63	-	-	294	
Überschuß der Erlöse über die proportionalen Kosten a) je "Päckchen" (in DM)	400	450	540	1.880	2.850	420	460	680	
b) der Gesamtausbringung (in DM)	274.400	-	-	315.840	179.550	-	-	199.920	969.710
Zahl der "Päckchen" im optimalen Programm	686	539	441	168	63	480	-	-	
Überschuß der Erlöse über die proportionalen Kosten a) je "Päckchen" (in DM)	400	450	540	1.880	2.850	420	460	680	
b) der Gesamtausbringung (in DM)	274.400	242.550	238.140	315.840	179.550	201.600	-	-	1.452.080
Differenz der Überschüsse der Erlöse über die proportionalen Kosten									482.370

Bei Produkt A_{611} ergibt sich für das betrachtete Programm ein Erlösüberschuß von 199.920 DM, während im Falle des besten Programms kein Erlösüberschuß auftritt. Dies liegt daran, daß A_{611} bei Anwendung der Marktpreisverhältnisrechnung rangmäßig an dritter Stelle, nach der verkürzten Totalrechnung jedoch erst an siebter Stelle steht, so daß es wegen der Engpaßverhältnisse in V nicht mehr hergestellt werden kann. Andererseits werden im betrachteten Programm die für A_{111}, A_{112} und A_{411} möglichen Gewinne nicht realisiert, weil die Stückerfolge negativ erscheinen. Hier entgeht somit ein Erlösüberschuß in Höhe von insgesamt 682.290 DM. Aus dem Zusammenspiel dieser Gewinnmehrungen und -minderungen erklärt sich die Gesamtdifferenz von 482.370 DM.

Der erwartete Erfolg des hier gewählten Programms von 386.536 DM ist um 766.826 DM größer als der tatsächliche Erfolg von -380.290 DM. Die unterschiedlich verrechneten Erfolgselemente sind im vorliegenden Fall per Saldo jedoch nur die Fixkosten. Sie werden in der Gewinnprognose bei der Marktpreisverhältnisrechnung im Vergleich zur Totalrechnung wie folgt berücksichtigt:

im Programm enthaltene Produkte	A_{311}	A_{211}	A_{611}	A_{101}	B	Summe
anteilige Fixkosten im Verrechnungspreis (100) x Zwischenproduktanteil DM/Einheit	174	209	139	87	12	
anteilige Fixkosten in V bzw. X und in W DM/Einheit	478	301	188	57	100	
anteilige Verwaltungs- und Vertriebsgemeinkosten DM/Einheit	176	160	104	196	26	
Summe der anteiligen Fixkosten pro Einheit DM	828	670	431	340	138	
x Zahl der Einheiten	63	168	294	686	421,4	
= verrechnete Fixkosten DM	52.164	112.560	126.714	233.240	58.153	582.831
tatsächlich anfallende Fixkosten DM						1.350.000
Prognosefehler DM						767.169 (101)

100) Die anteiligen Fixkosten im Verrechnungspreis ergeben sich dadurch, daß das für die Marktpreisverhältnisrechnung bestimmte Schlüsselungsverhältnis auf die Fixkostensumme in U angewendet und die Ergebnisse auf die Einheit H bzw. L bezogen werden.

101) Die Abweichung vom oben erwähnten Prognosefehler beruht auf Rundungsdifferenzen.

Es zeigt sich, daß nach der hier diskutierten Vollkostenvariante fixe Kosten in Höhe von rd. 583.000 DM verrechnet werden, obwohl ihre tatsächliche Höhe 1.350.000 DM beträgt. Die Gewinnprognose muß deshalb um die fälschlicherweise unberücksichtigt gebliebene Differenz zu günstig ausfallen.

Hier bestätigen sich die allgemeinen Aussagen über die Wirkung der Fixkostenverrechnung auf die Gewinnprognose. Auf der Grundlage einer bestimmten Beschäftigung verteilt, ergibt sich die Gesamt-Fixkostensumme als Summe der Produkte aus den hergestellten Mengen der einzelnen Erzeugnisarten und ihren anteiligen Fixkosten je Leistungseinheit. Wenn die tatsächliche Fixkostensumme höher ist als die Summe der im neuen Programm verrechneten fixen Kosten, so liegt dies daran, daß einige Produkte wegen ihres vermeintlich negativen Stückerfolgs nicht mehr in das Programm aufgenommen werden, die Erzeugung anderer hingegen im Rahmen der möglichen Absatzexpansion erhöht wird. Die durch den Wegfall der verlustbringenden Erzeugnisse bedingte Minderverrechnung fixer Kosten wird dabei durch die Mehrverrechnung bei den in größerem Umfang hergestellten Produkten jedoch nicht ausgeglichen.

Für alle Varianten der Schlüsselungsmethoden, die das gleiche Programm realisieren, muß sich bei genauer Rechnung der gleiche Prognoseerfolg ergeben. Da die Zwischenprodukte H und L in starrem Mengenverhältnis hergestellt und abgesetzt werden, müssen sich nämlich bei einem gleichen Programm die Produkte aus den anteiligen Mengen von H und L und den jeweiligen Verrechnungspreisen zu einer konstanten Größe addieren. Der Prognoseerfolg ist also bei gleichen Programmen verfahrensunabhängig und wird nicht von der Höhe des Verrechnungspreises beeinflußt.

Zusammenfassend kann gesagt werden, daß die Marktpreisverhältnisrechnung vom systematischen Ansatz her für die Bildung von Zwischenprodukt-Verrechnungspreisen, die zur Gewinnung von Entscheidungsgrößen für die Programmpolitik und für die Erfolgsprognose herangezogen werden sollen, ungeeignet ist. Die Fehler bei der Programmbeurteilung und Programmwahl sowie bei der Vorausberechnung des Erfolgs lassen sich indessen weder in ihrer

Richtung noch in ihrem Ausmaß generell bestimmen, sondern sind von den Verhältnissen des Einzelfalles abhängig.

(ab) Bewertung der Kuppelprodukte nach der Gewichtsrechnung.

Im Gegensatz zur Marktpreisverhältnisrechnung wird bei der Gewichtsrechnung eine technologisch bestimmte Relation als Maßstab für die Aufteilung der Kuppelprozeßkosten verwendet. Wie die allgemeine Kritik der Vollkostenrechnung ergab, ist dies aber - gleichgültig, in welcher Weise die Kuppelproduktionskosten aufgespalten werden - in jedem Falle falsch, da die starre Koppelung des Haupt- und Nebenprodukts nicht berücksichtigt wird. Weil die Gewinnung des Aufteilungsverhältnisses für die Kuppelprozeßkosten die einzige Änderung gegenüber der Marktpreisverhältnisrechnung darstellt, brauchen die grundsätzlichen Einwände gegen den systematischen Ansatz der Gewichtsrechnung nicht neu abgeleitet zu werden. Die Stückerfolgsermittlung zeigt auch hier wieder die allgemeinen Schwächen der Vollkostenrechnung: die Zurechnung von leistungsmengenunabhängigen Kosten auf die einzelnen Leistungseinheiten, die Schlüsselung von proportionalen Kosten, die gemeinsam für mehrere Produktarten anfallen, die Nichtbeachtung des Nebenendprodukts und die mangelnde Berücksichtigung von Engpässen. Im folgenden wollen wir uns daher auf eine kurze Analyse der Ergebnisse im numerischen Beispiel beschränken.

Hier liegt der Verrechnungspreis für das Hauptprodukt H mit 440 DM/t wesentlich niedriger als der Verrechnungspreis der Marktpreisverhältnis-Vollkostenrechnung auf Basis der Ist-Beschäftigung der Ausgangsperiode. Dadurch sind die von der Stufe U auf die Hauptendprodukte überwälzten Kosten niedriger als bei der Marktpreisverhältnisrechnung. Dies führt dazu, daß die Stückerfolge der Hauptendprodukte höher sind und daß das Produkt A_{511}, welches dort einen Stückverlust erbrachte, hier als gewinnbringend erscheint und in das Programm aufgenommen wird. Dadurch verbleibt in der Stelle V nur noch eine Leerkapazität von 24 Maschinen-(Apparate-)stunden. Daß in der Stufe V ein Engpaß vorliegt, wird jedoch ebenfalls nicht erkannt.

Weil die Produktion höher und die Kapazität aller Stufen besser ausgenutzt ist, werden mehr Fixkosten verrechnet und der Prognoseerfolg im Vergleich zur Marktpreisverhältnisrechnung verringert. Obwohl sich immer noch ein hoher effektiver Periodenverlust ergibt, erreicht er doch bei weitem nicht mehr das gleiche Ausmaß. Durch die Aufnahme des Produktes A_{511} in das Programm wird die Erfolgssituation vielmehr um 257.600 DM verbessert, nämlich um das Bruttoergebnis je "Päckchen" (1t A_{511} + 0,5t B) multipliziert mit der Zahl der hergestellten "Päckchen" (460 DM x 560 = 257.600 DM).

Infolge des hohen Verrechnungspreises für das Nebenprodukt L von ebenfalls 440 DM/t ergibt sich nach der Weiterverarbeitung zu B ein Stückverlust von 455 DM, der also um 15 DM über den dem Nebenprodukt im Verrechnungspreis für L angelasteten Kosten des Kuppelproduktionsprozesses liegt. Das bedeutet, daß nach diesem Verfahren die in den Modellprämissen angenommene zwangsweise Weiterverarbeitung von L zu B verlustbringend zu sein scheint.

Wenn man entgegen den bisherigen Prämissen annimmt, daß kein Zwang zur Weiterverarbeitung besteht, daß die Bereitschaftskosten der Stelle X sofort und vollkommen abgebaut werden können und daß für die Vernichtung von L keine Kosten anfallen, müßte man prüfen, ob L unter diesen Umständen noch zu B weiterverarbeitet werden soll. Bei einem Verzicht auf die Weiterverarbeitung würde sich folgender Prognosegewinn errechnen:

Prognoseerfolg der Hauptendprodukte	629.230 DM
- Kostenanteil des anfallenden Nebenprodukts (701,4 t x 440 DM/t)	- 308.616 DM
Prognoseerfolg	320.614 DM

Dieser Prognoseerfolg wäre um 10.521 DM höher als der im numerischen Beispiel errechnete bei der Weiterverarbeitung von L und dem Verkauf von B. Es erschiene also lohnender, auf die Weiterverarbeitung zu verzichten. Bei der verkürzten Totalrechnung zeigt sich jedoch, daß der Verzicht auf die Weiterverarbeitung falsch ist. Hier ergibt sich nämlich folgende Vergleichsrechnung:

wegfallende Erlöse	pro t B	250 DM
wegfallende Vertriebskosten	pro t B	25 DM
wegfallende proportionale Weiterverarbeitungskosten	pro t B	65 DM
wegfallender Erlösüberschuß	pro t B	160 DM
wegfallender Erlösüberschuß der Gesamtmenge an B im Optimalprogramm (160 DM/t x 836,8 t)		133.888 DM
- wegfallende Bereitschaftskosten in X		89.200 DM
Minderung des Periodengewinnes		44.688 DM

Dieses Beispiel und die bereits vorher betrachteten Ergebnisse zeigen, zu welch falschen Dispositionen die Bewertung der Kuppelprodukte nach der Gewichtsrechnung führen kann. Ebenso wie schon die Marktpreisverhältnisrechnung muß sie daher als unbrauchbar bezeichnet werden.

(ac) Bewertung der Kuppelprodukte nach technischen Schlüsseln

Die Heizwertrechnung als typisches Beispiel für die Aufteilung der Kuppelprozeßkosten nach einem technischen Schlüssel steht hier - wie bereits erwähnt - stellvertretend für alle möglichen Arten solcher Schlüssel. Die folgenden Ausführungen lassen sich daher auf diese sinngemäß übertragen.

Der Heizwertrechnung liegt die Vorstellung zugrunde, die Kosten müßten nach exakt bestimmbaren technischen Eigenschaften verteilt werden, die gleichsam einen inneren Wert der Kuppelprodukte und damit ihre Ertragswirtschaftlichkeit - unabhängig von den Zufälligkeiten des Marktes - bestimmen. Tatsächlich steht jedoch der Heizwert der Kuppelprodukte weder zum Nutzen noch zu den Kosten der Kuppelproduktgewinnung in einem eindeutigen und zwingenden Zusammenhang. Entsprechendes gilt auch für andere produktspezifische Eigenschaften, die als Schlüsselgrößen vorgeschlagen werden, wie Molekulargewicht, Zähigkeit, Dichte u. a. Für betriebspolitische Entscheidungen und Überlegungen kommt es jedoch vor allem auf die betriebswirtschaftlichen Merkmale des Kuppelprozesses an, insbesondere auf den Zwangsanfall mehrerer Produkte in starrem Mengenverhältnis, das Auftreten fixer und proportionaler Gemeinkosten usw. Diesen betriebswirtschaftlich maßgebenden Tatbeständen wird die Aufteilung der Kuppelprozeßkosten nach technischen oder sonstigen Schlüsselgrößen nicht gerecht, weil dadurch für mehrere Produkte gemeinsam anfallende Kosten letzten Endes als Einzelkosten behandelt und erzeugungsmengenunabhängige Kosten als erzeugungsmengenabhängige verrechnet werden. Die betrieblichen Überlegungen und Dispositionen basieren damit auch bei der Heizwertrechnung auf falschen Vorstellungen von den Leistungs- und Erfolgszusammenhängen.

Zu diesen Mängeln kommen die Nichtbeachtung des Nebenendproduktes und der Ansatz der Bereitschaftskosten in den übrigen Stufen hinzu. Schließlich ist auch hier wieder zu beanstanden, daß man auf die Endprodukteinheit bezogene Überschußgrößen auch dann für die Programmbeurteilung und Programmwahl verwendet, wenn eine Engpaßsituation vorliegt.

Im zugrundegelegten Zahlenbeispiel errechnete sich für das Hauptkuppelprodukt H ein Verrechnungspreis von 275 DM/t und für das Nebenprodukt L ein solcher von 770 DM/t. Wegen der niedrigen Stoffkosten für H werden für alle Hauptprodukte Stückgewinne ausgewiesen und solche Erzeugnisse, die einen hohen Anteil des Hauptkuppelprodukts enthalten, begünstigt. Dadurch wird das nach der verkürzten Totalrechnung schlechteste Erzeugnis A_{511} auf den vierten Rang angehoben.

Das Nebenendprodukt B erbringt mit 826 DM/t einen sehr hohen Stückverlust. Da die für L verrechneten Stoffkosten 770 DM/t betragen, lohnt es sich nach dieser Rechnung - unter den von den Modellprämissen abweichenden Annahmen, daß kein Zwang zur Weiterverarbeitung besteht, daß die Bereitschaftskosten von X sofort abbaufähig sind und daß für L keine Vernichtungskosten anfallen - wie bei der Gewichtsrechnung anscheinend nicht, L zu B weiterzuverarbeiten.

Der vorausberechnete Gewinn wäre bei Verzicht auf die Weiterverarbeitung mit 313.284 DM um 44.117 DM höher als in Tabelle 12 [(826 DM/t - 770 DM/t) x 787,8 t]. Der tatsächliche Periodenerfolg würde jedoch mit -99.058 DM noch um 36.848 DM niedriger liegen (160 DM/t x 787,8 t - 89.200 DM).

Die Verfälschungen, die bei der Ermittlung der für die Programmwahl maßgeblichen Stückerfolge auftreten, sind im einzelnen in der Tabelle 14 ausgewiesen, die deutlich die Unterschiede gegenüber der verkürzten Totalrechnung aufzeigt. Die beiden nach der Heizwertrechnung besten Produkte A_{311} und A_{211} stehen tatsächlich an 3. und 5. Stelle, während die nach der Totalrechnung besten Produkte A_{112} und A_{111} bei der Heizwertrechnung an 7. und 8., also an vorletzter und letzter Stelle ausgewiesen werden.

Wie aus dem Vergleich der Zeilen 2 und 4 hervorgeht, sind diese Unterschiede zu einem wesentlichen Teil auf den fehlenden Engpaßbezug der Stückerfolge zurückzuführen. Inwieweit darüber hinaus die Proportionalisierung der fixen Kosten und die Schlüsselung der proportionalen echten Gemeinkosten der Kuppelprodukte wirksam sind, geht ebenfalls anschaulich aus der Tabelle hervor. Die in Zeile 24 zusammengestellten Erlösüberschüsse über die der Erzeugniseinheit zugerechneten Stoffkosten und proportionalen Weiterverarbeitungs- und Vertriebskosten unterscheiden sich von den Bruttoergebnissen je "Päckchen" (Zeile 3) dadurch, daß der Verrechnungspreis für H bzw. L auch Fixkostenanteile enthält. Die Rangfolge der Produkte in Zeile 25 im Vergleich zu der in Zeile 2 zeigt, wie stark sich die Schlüsselung echter (fixer und proportionaler) Gemeinkosten bei der Bildung des Verrechnungspreises selbst dann auswirkt, wenn im weiteren Verlauf der Rechnung keinerlei Fixkosten mehr verrechnet werden.

(b) Vollkostenrechnung mit Bewertung der Kuppelprodukte nach der Restwertmethode

Für die Restwertrechnung auf Ist-Vollkostenbasis ohne Engpaßbezug der Stückerfolge gilt die allgemein an den Vollkostenrechnungen geübte Kritik hinsichtlich der Schlüsselung und Proportionalisierung der fixen Gemeinkosten und der unzureichenden Berücksichtigung etwaiger Engpässe. Sie weist damit Fehler im systematischen Ansatz auf, die ein falsches Bild über die Erfolgszusammenhänge vermitteln und zu falschen Entscheidungen führen können. Zwischen der Restwertrechnung und den anderen

Vollkostenverfahren besteht jedoch ein wesentlicher Unterschied. Alle anderen Verfahren teilen die Kuppelprozeßkosten im Verhältnis bestimmter Schlüsselgrößen auf, während die Restwertrechnung auf die gesonderte Abrechnung des Nebenkuppelprodukts als selbständiges Kalkulationsobjekt verzichtet. Durch dieses Vorgehen werden die Herstellung der Kuppelprodukte und die Verwertung des Nebenprodukts, soweit die proportionalen Kostenbestandteile davon betroffen sind, im Verrechnungspreis von H zutreffend berücksichtigt. Zwar unterscheidet sich das Vorgehen auch bezüglich der proportionalen Kosten formal von dem der verkürzten Totalrechnung, weil hier nur das Hauptkuppelprodukt H bewertet wird, dort dagegen ein Kuppelproduktkombinat, das aus einer Tonne H und 0,5 Tonnen L besteht. Wegen der starren Verbundenheit der beiden Fertigungszweige ist es materiell aber gleichgültig, ob die Rechnung auf ein Kuppelproduktkombinat und entsprechend im weiteren Verlauf auf ein Endproduktkombinat abstellt oder ob sie sich formal auf das Hauptkuppelprodukt bzw. die einzelnen Hauptendprodukte unter vorheriger Berücksichtigung der Nebenproduktherstellung und -verwertung bezieht.

Auch der Unterschied in der Behandlung der variablen Erlösbestandteile gegenüber der verkürzten Totalrechnung - die Nebenendprodukterlöse werden als Abzugsposten bei den Kuppelprozeßkosten angesetzt, statt mit den betreffenden Hauptendprodukterlösen zusammengefaßt zu werden - ist nur formal und nicht materiell. Da sich die Entscheidungsgrößen aus der Differenz zwischen den Erlösen und Kosten ergeben, ist es unerheblich, ob man die Erlöse wie bei der verkürzten Totalrechnung um einen bestimmten Betrag (im vorliegenden Fall die Nebenendprodukterlöse) erhöht oder die Kosten, wie es die Restwertrechnung tut, um den gleichen Betrag vermindert.

Die Restwertrechnung gelangt also zu einem systematisch richtigen Ansatz der proportionalen Kosten- und Erlösbestandteile. Es wäre jedoch falsch, daraus den Schluß zu ziehen, die Programmbeurteilung, Programmwahl und Gewinnprognose müßten zu Ergebnissen führen, die zwangsläufig den richtigen Ergebnissen näherkämen als die der Schlüsselungsverfahren. Zwar entfallen zwei Fehlerquellen dieser Verfahren, die übrigen, nämlich die Art der Fixkostenverrechnung und die mangelnde Berücksichtigung des Engpasses, bleiben jedoch bestehen. Über die vergleichsweise Höhe der Abweichungen von den richtigen Ergebnissen entscheidet aber nicht die Zahl der Fehlerquellen, sondern ihr Zusammenspiel unter den Zahlenverhältnissen des konkreten Falles.

In den Tabellen 15 und 16 sind die Fehlerquellen bei der Restwert-Vollkostenrechnung auf Basis der Ist-Beschäftigung ohne Engpaßbezug der Stückerfolge und ihre numerischen Auswirkungen auf die Programmanalyse detailliert festgehalten. Tabelle 15, deren formaler Aufbau bereits auf Seite 129 f. erläutert wurde, zeigt deutlich die Abweichungen von den Vergleichswerten der verkürzten Totalrechnung bei den einzelnen Produkten. Besonders stark fallen die Differenzen zwischen den engpaßbezogenen und den stückbezogenen Bruttoergebnissen auf. Das Produkt A_{112} beispielsweise, das nach der engpaßbezogenen Rechnung am erfolgswirksamsten ist, wird durch die Nichtbeachtung des Engpasses auf den vierten Platz gedrängt. Andererseits wird ein verhältnismäßig ertragsschwaches Erzeugnis wie A_{611} auf den dritten Platz vorgezogen.

Bei den anteiligen Fixkosten in U fällt auf, daß die Hauptendprodukte stärker belastet sind als dies bei der "reinen Proportionalisierung" der Fall wäre. Der Grund dafür ist, daß die fixen Kosten tatsächlich nur auf die Hauptendprodukte verrechnet werden, während die Proportionalisierung sich auf alle Produkte bezieht.

Vergleicht man in Tabelle 15 die Nettoergebnis-(Stückerfolgs-)zeile mit den Zeilen der Bruttoergebnisse je Engpaßeinheit bzw. je Erzeugniseinheit, so zeigt sich, wie stark sich der fehlende Engpaßbezug und die Fixkostenverrechnung auf die Rangfolge auswirken. Das beste Produkt (A_{112}) weist einen Stückverlust auf, während das fünftbeste Produkt(A_{311})) als das erfolgswirksamste ausgewiesen wird.

Wegen der Stückverluste bei 4 Produkten wird der Engpaß bei weitem nicht ausgenutzt. Der eklatante Gegensatz zwischen den verwendeten und den "richtigen" Rechen- und Entscheidungsgrössen wird hieran besonders deutlich erkennbar.

Tabelle 16 verfolgt einerseits für die verkürzte Totalrechnung und andererseits für die Restwertmethode den Gang der Kalkulation durch die einzelnen Produktionsstufen. In ihr werden die jeweiligen Stufenkostenwerte einzeln ausgewiesen, die Differenzen zwischen den Stufenbelastungen nach beiden Verfahren aufgezeigt und die Werte in den einzelnen Stufen sowie die Differenzen von Stufe zu Stufe kumuliert. Da die proportionalen Kosten bei der Restwertrechnung systematisch richtig angesetzt werden, sind die Stückerfolge der Hauptendprodukte genau um den Betrag der anteiligen Fixkostenbelastung niedriger als die Ergebnisse der verkürzten Totalrechnung. Wenn man die kumulierten Gesamtabweichungen zu den Stückerfolgen hinzuaddiert, ergeben sich deswegen die nach der verkürzten Totalrechnung errechneten Bruttoergebnisse je "Päckchen". Tabelle 16 zeigt, daß die verrechneten proportionalen Kosten der Kuppelproduktionsstufe bei allen Produkten im Vergleich zur Totalrechnung zu niedrig angesetzt wurden, daß aber durch die Verrechnung von Fixkosten dieser Stufe insgesamt doch zuviel Kosten überwälzt wurden. Schon durch die Verrechnung der fixen Kosten der Stufe V ergeben sich zuviel verrechnete Kosten in Höhe von 107 DM/t Endprodukt (bei A_{101}) bis 544 DM/t (bei A_{311}). Die Gesamtabweichung von den entsprechenden Endproduktkombinat-Werten der verkürzten Totalrechnung erhöht sich z. B. für A_{101} auf insgesamt 367 DM/t und für A_{311} auf 883 DM/t.

Der vorausberechnete Erfolg des gewählten Programms in Höhe von 398.727 DM weicht um 779.017 DM vom tatsächlichen in Höhe von -380.290 DM ab. Dies ist darauf zurückzuführen, daß die fixen Kosten, die den aus dem Programm ausgeschiedenen vier Produkten zugeschlüsselt waren, nicht verrechnet werden. Die Mehrverrechnungen infolge der Absatzausweitung der übrigen Produkte können dafür keinen Ausgleich herbeiführen.

Obgleich das Programm wegen der geringen Unterschiede in der Höhe des Verrechnungspreises für H (630 DM gegenüber 639 DM) das gleiche ist wie bei der Marktpreisverhältnisrechnung, liegt die Erfolgsprognose um 12.191 DM über der der Marktpreisverhältnisrechnung. Bei genauer Rechnung, also beim Verzicht auf Abrundungen, würden sich 11.767 DM ergeben, d. h. gerade 12,41 % vom reduzierten Erlös des Nebenendprodukts B (12,41 % von 94.815 DM (102) = 11.767 DM). Dies beruht darauf, daß die bei der Restwertmethode ermittelten Herstellkosten jedes Programms um den reduzierten Erlös des Nebenprodukts geringer erscheinen als die des gleichen Programms bei Anwendung der Marktpreisverhältnisrechnung. Insgesamt werden daher bei der Restwertrechnung in dem Zuschlag für die Verrechnung der Verwaltungs- und Vertriebsgemeinkosten 12,41 % dieser Differenz weniger verrechnet, so daß der vermeintliche Gewinn der Restwertrechnung entsprechend höher ausfallen muß.

Zusammenfassend sind als Mängel der Restwert-Vollkostenrechnung die Verrechnung der fixen Kosten bei der Ermittlung der Stückerfolge und die Nicht-Berücksichtigung eventueller Engpässe zu erkennen. Auf die Gewinnprognose wirkt sich die Einbeziehung der fixen Kosten gleichfalls verfälschend aus. Hier können bereits geringe Absatz- bzw. Programmverschiebungen zu erheblichen Fehleinschätzungen des zu erwartenden Periodenerfolgs führen.

(2) Auf Basis voller (optimaler) Beschäftigung

Im Vergleich zu den Vollkostenrechnungen auf Basis der Ist-Beschäftigung werden die Endprodukte bei den Rechnungen auf Basis voller (optimaler) Beschäftigung in geringerem Maße mit anteiligen fixen Kosten der Stellen U, X und W belastet (103). Außerdem ist auch die Belastung mit anteiligen fixen Kosten der Verwaltung und des Vertriebs geringer, da einmal der für die Verrechnung dieser Kosten angewandte Zuschlagssatz niedriger ist als bei den Istkostenrechnungen (104) und zum anderen auch die Zuschlagsbasis, nämlich die Herstellkosten, wegen der geringeren anteiligen fixen Kosten von U, X und W kleiner ist. Diese Einflüsse schlagen sich in durchwegs höheren Stückerfolgen als bei den Rechnungen auf Basis der Ist-Beschäftigung nieder. Die vermeintliche Erfolgswirksamkeit der einzelnen Endprodukte wird da-

102) 421,4 t x 225 DM/t.

103) Für die Stelle V ist die anteilige Belastung in beiden Fällen gleich hoch, da die Ist-Beschäftigung der Ausgangsperiode mit der vollen (optimalen) Beschäftigung übereinstimmt.

104) Siehe S. 87

durch teilweise erheblich erhöht, so daß in mehreren Fällen solche Produkte, die bei den Istkostenrechnungen als verlustbringend erscheinen, bei den entsprechenden Optimalkostenrechnungen als gewinnbringend angesehen werden. Gegenüber der Programmwahl auf Basis der Istkostenrechnungen können deswegen zusätzliche Produkte in das Programm aufgenommen werden. Die verringerte Belastung der Endprodukte mit Fixkosten kann auf diese Weise sogar dazu führen, daß nunmehr der Engpaß in V vollständig ausgelastet wird.

Auf die Vorausberechnung des Gewinns wirken sich die im Vergleich zu den Istkostenrechnungen erhöhten Stückerfolge so aus, daß in allen Fällen wesentlich höhere Gewinne prognostiziert werden. Das effektive Ergebnis liegt - mit Ausnahme der Verteilung nach technischen Schlüsseln - ebenfalls wesentlich höher als bei den entsprechenden Vollkostenrechnungen auf Basis der Ist-Beschäftigung. Dies beruht darauf, daß bei den Optimalkostenrechnungen mehr Endprodukte als gewinnbringend angesehen und dementsprechend in das Programm aufgenommen werden. Im Falle der Restwertrechnung ergibt sich hierdurch sogar ein Gewinn, der höher ist als der Gewinn der Ausgangsperiode.

Bei der Verteilung nach technischen Schlüsseln wird ein höherer Verlust realisiert als bei Anwendung der Istkostenrechnung. Der Grund dafür ist, daß die veränderte Fixkostenbelastung hier eine Änderung der Rangfolge zwischen den beiden Produkten A_{101} und A_{411} bewirkt. Da wegen der Engpaßsituation in V das als ertragsschwächer erscheinende Produkt A_{101}, das in Wirklichkeit aber erfolgswirksamer ist als A_{411}, nicht mehr in vollem Umfang gefertigt werden kann, wird bei der Optimalkostenvariante der Effektivverlust noch erhöht. Daß auch bei den Programmen, die den Engpaß voll auslasten, der Gewinn des optimalen Programms nach der verkürzten Totalrechnung bei weitem nicht erreicht wird und sich sogar - von der Restwertrechnung abgesehen - recht hohe Verluste ergeben, beruht darauf, daß die Engpaßkapazität teilweise mit verhältnismäßig ertragsschwachen Produkten belegt wird.

Im übrigen gelten die gegen die üblichen Vollkostenrechnungen vorgebrachten generellen Einwände - Proportionalisierung fixer Kosten, Zurechnung proportionaler Gemeinkosten auf die einzelnen Kuppelprodukte, Nichtbeachtung der indirekt gekoppelten Kosten und Erlöse sowie Nichtberücksichtigung von Engpässen - natürlich auch für die Optimalkostenrechnungen. Trotz des geringeren absoluten Fehlers bei der Verrechnung der fixen Kosten, dessen Ausmaß weitgehend von dem Verhältnis der tatsächlichen Beschäftigung der Ausgangsperiode zu der vollen (optimalen) Beschäftigung abhängt, sind diese Rechnungen in keiner Weise dafür geeignet, zutreffende Beurteilungs- und Entscheidungsgrössen für die Programmanalyse, Programmwahl und Gewinn-Vorkalkulation zu liefern.

b) Mit Engpaßbezug der Stückerfolge

Für die kritische Beurteilung dieser Verfahrensgruppe sollen die bisherigen Ergebnisse vorausgesetzt werden. Dementsprechend werden die einzelnen Fehlerquellen, soweit sie auch bei den hier zu prüfenden Verfahren vorliegen, nicht nochmals analysiert. Dabei handelt es sich um die Verrechnung der fixen Kosten, die Nichtbeachtung der indirekten Kopplung der Hauptendprodukte mit dem Nebenendprodukt und um die Aufteilung der proportionalen Kuppelprodukt-Gemeinkosten auf die beiden Kuppelprodukte H und L (105).

Nur vier von den insgesamt acht Programmen der Vollkostenrechnungen mit Engpaßbezug der Stückerfolge nutzen die Kapazität der Engpaßstelle V voll aus. Wie aus Tabelle 12 hervorgeht, führt kein Programm zu dem bei optimaler Engpaßnutzung möglichen Effektivgewinn von 102.080 DM. Ebenso sind in keinem Fall die Effektiv- und Prognosegewinne gleich. Dagegen stimmen sie - außer bei der Heizwertrechnung auf Basis der Vollbeschäftigung - mit den entsprechenden Werten für die betreffenden Vollkostenrechnungen ohne Engpaßbezug der Stückerfolge überein. Dies beruht darauf, daß - abgesehen von der Heizwertrechnung auf Vollbeschäftigungsbasis - die gleichen Programme gewählt werden. Diejenigen Verfahren, die bei der Rechnung ohne Engpaßbezug der

105) Bei der Restwertrechnung liegen die beiden letztgenannten Fehlerquellen nicht vor.

Stückerfolge ein Programm ergeben, bei dem der Engpaß nicht voll genutzt wird, führen auch bei einem Bezug der Stückerfolge auf die Engpaßeinheit zwangsläufig zum gleichen Programm, da auch in diesem Fall nur die Produkte mit positiven Stückerfolgen produziert werden. Man zieht diese Produkte möglicherweise jedoch in einer anderen Reihenfolge in Betracht, weil sich beim Bezug der Stückerfolge auf den Engpaß die Rangfolge verschieben kann.

Bei den Programmen, die den Engpaß voll nutzen, können dagegen Abweichungen zu den Effektiv- und Prognosegewinnen der Rechnungen ohne Engpaßbezug auftreten, wenn es nämlich zu solchen Rangfolgeänderungen kommt, daß ein anderes Produkt als bei der betreffenden Rechnung ohne Engpaßbezug zum "Grenzprodukt" wird, d. h. nur noch zum Teil hergestellt werden kann. Das Programm setzt sich dann zwar noch aus den gleichen Produkten zusammen, doch werden bei zwei Produkten unterschiedliche Mengen hergestellt (wie hier z. B. bei der Heizwertrechnung). Außerdem wird durch die veränderte Programmzusammensetzung auch der Anfall des Nebenproduktes beeinflußt.

Man könnte vermuten, daß man sich beim Bezug der Stückerfolge auf den Engpaß zwangsläufig der objektiv richtigen Rangfolge annähert, da hierdurch eine der Fehlerquellen der Vollkostenrechnung ausgeschaltet wird. Diese Annahme trifft aber nicht allgemein zu. Es sind Zahlenkonstellationen denkbar, bei denen der Engpaßbezug der Stückerfolge zu einer solchen Veränderung der Rangfolge führt, daß dadurch ein objektiv schlechteres Programm als das bessere erscheint. Hierfür sei ein Beispiel gebracht, dem die Restwertrechnung zugrundeliegt:

		Produkt 1	Produkt 2
1	Bruttoergebnis der verkürzten Totalrechnung ohne Engpaßbezug	6.000	3.000
2	- anteilige Fixkostenbelastung pro Leistungseinheit	5.000	2.200
3	Stückerfolg bei Vollkostenrechnung ohne Engpaßbezug	1.000	800
4	Rang	(1)	(2)
5	Ausbringung pro Engpaßeinheit	2	3
6	Erfolg der Vollkostenrechnung pro Engpaßeinheit (Zeile 3 x Zeile 5)	2.000	2.400
7	Rang	(2)	(1)
8	Bruttoergebnis der verkürzten Totalrechnung pro Engpaßeinheit (Zeile 1 x Zeile 5)	12.000	9.000
9	Rang	1	2

Die richtige Rangfolge der Produkte wäre also Produkt 1 - Produkt 2. Sie wäre bei der Vollkostenrechnung ohne Engpaßbezug gegeben, bei der mit Engpaßbezug dagegen nicht. Im konkreten Fall, d. h. bei einer entsprechend geringen Kapazität des Engpasses, kann hieraus ein Programm resultieren, das zu einem niedrigeren Effektivgewinn als bei der Vollkostenrechnung ohne Engpaßbezug der Stückerfolge führt.

Eine theoretische Analyse zeigt allerdings, daß eine solche Rangfolgeverschlechterung nur unter bestimmten Bedingungen möglich ist (106). Zumeist dürfte der Engpaßbezug der Stückerfolge keine Verschlechterung der Programme bewirken, sondern entweder eine latente, d. h. eine bei der gegebenen Engpaßkapazität unwirksam bleibende, oder eine gewinnwirksame Programmverbesserung hervorrufen. Letzteres ist im untersuchten Modell nur bei der Heizwertrechnung auf Basis voller Beschäftigung der Fall.

Der Engpaßbezug der Stückerfolge kann so verstanden werden, daß die einzelnen Erlös- und Kostenwerte der Hauptendprodukte mit der jeweiligen Ausbringung pro Engpaßeinheit multipliziert und die Ergebnisse anschließend zusammengefaßt werden. Da nun aber

106) Im hier gegebenen Beispiel müssen das Bruttoergebnis der verkürzten Totalrechnung ohne Engpaßbezug und die anteilige Fixkostenbelastung von Produkt 1 größer als die entsprechenden Werte für Produkt 2 sein. Außerdem muß die Ausbringung pro Engpaßeinheit für Produkt 1 kleiner als die für Produkt 2 sein.

die anteiligen Fixkosten der Stelle V in unserem Modell auf Basis der Inanspruchnahme der Kapazität von V ermittelt werden und V den Engpaß darstellt, heben sich die Schlüsselung und der Engpaßbezug in Bezug auf die Fixkostenverrechnung in V auf (107). Für alle Produkte ergibt sich infolgedessen eine gleich hohe Belastung, die lediglich auf der Proportionalisierung der Fixkosten von V beruht und bei den hier angenommenen Zahlenkonstellationen 400 DM/Engpaßstunde beträgt (DM 200.000 : 500 Std.).

Formelmäßig lassen sich diese Überlegungen leicht nachweisen

$$\text{anteilige Fixkosten in V (z.B. für } A_{211}) = \frac{\text{Fixkosten in V}}{\Sigma \text{ M.-Std. in V}} \times \frac{\text{M.-Std. in V für } A_{211}}{\text{Ausbringung an } A_{211}}$$

Durch Bezug auf die Engpaßeinheit ergibt sich:

$$\text{Belastung der Engpaßstunde für } A_{211} \text{ mit anteiligen Fixkosten in V} = \frac{\text{Fixkosten in V}}{\Sigma \text{ M.-Std. in V}} \times \frac{\text{M.-Std. in V für } A_{211}}{\text{Ausbringung an } A_{211}} \times \frac{\text{Ausbringung an } A_{211}}{\text{M.-Std. in V für } A_{211}}$$

Das zweite und dritte Glied ergeben zusammen 1, während das erste Glied für alle Produkte stets gleich hoch ist.

Da die Belastung mit engpaßbezogenen anteiligen Fixkosten in V für alle Produkte gleich groß ist, wird die Rangfolge hiervon nicht beeinflußt. Die Belastung kann jedoch - für sich genommen - dazu führen, daß der Engpaß unvollständig ausgenutzt wird, wenn nämlich für erfolgbringende Produkte negative Erfolge je Engpaßeinheit ausgewiesen werden.

Bei den übrigen in die Ermittlung der Stückerfolge einbezogenen Fixkosten sind die engpaßbezogenen Werte für die einzelnen Endprodukte natürlich verschieden, da hier andere Schlüsselgrößen

107) Dies gilt sowohl für die Verfahren auf Basis der Istbeschäftigung als auch für die auf Basis der Vollbeschäftigung, da Ist- und Vollbeschäftigung in V zusammenfallen.

verwendet werden. Selbst bei der Restwertrechnung, bei der ja die Fehler der Schlüsselung der proportionalen Kuppelproduktgemeinkosten und der Nichtbeachtung des Nebenendproduktes vermieden werden, wird dadurch die Rangfolge erheblich verfälscht. Das zeigt nachstehende Tabelle, die analog Tabelle 15 aufgebaut ist und der die Istkostenvariante zugrundeliegt (die anteiligen Fixkostenbelastungen in V sind der Übersicht halber als letzte Abzugsposten aufgeführt):

Rechengrößen \ Endprodukte	A_{101}	A_{111}	A_{112}	A_{211}	A_{311}	A_{411}	A_{511}	A_{611}
Bruttoergebnis der verkürzten Totalrechnung je Engpaßeinheit	2.800	3.150	3.780	2.820	2.565	2.520	2.300	2.380
Rang	(4)	(2)	(1)	(3)	(5)	(6)	(8)	(7)
- anteilige FK in U+X } x Ausbringung / M.-Std.in V	805	805	805	414	207	1.656	1.150	644
- anteilige FK in W } x Ausbringung / M.-Std.in V		1.442	1.715	51	31	618	645	259
- anteilige VVGK } x Ausbringung / M.-Std.in V	1.365	1.589	1.631	238	157	1.428	725	364
- FK in V / M.-Std. in V	400	400	400	400	400	400	400	400
= Erfolg je Maschinenstunde in V (108)	230	-1.086	-771	1.717	1.770	-1.582	-620	713
Rang	(4)	(7)	(6)	(2)	(1)	(8)	(5)	(3)

Die Gründe dafür, daß die Rangfolge der engpaßbezogenen Stückerfolge so stark von der Rangfolge der Bruttoergebnisse der verkürzten Totalrechnung je Engpaßeinheit abweicht, liegen, wie aus der Tabelle zu ersehen ist, in der unterschiedlich starken Belastung der Produkte mit anteiligen Fixkosten je Engpaßeinheit, vor allem für die Stelle W und die Verwaltungs- und Vertriebsgemeinkosten. Diese Unterschiede resultieren einmal aus den verschieden hohen anteiligen Fixkosten pro Erzeugniseinheit, vor allem aber aus den beträchtlichen Unterschieden in der Engpaßnutzung. So wird das Produkt A_{311}, bei dem die Ausbringung pro Engpaßstunde am geringsten ist, beim Engpaßbezug der Stückerfolge nur mit vergleichsweise geringen Beträgen für die anteiligen Fixkosten in U, X und W sowie für die anteiligen Verwaltungs- und Vertriebsgemeinkosten belastet und dadurch er-

108) Die geringfügigen Abweichungen zu den Werten in Tabelle 8 beruhen auf Rundungsdifferenzen.

heblich bevorzugt. Überhaupt führt der Engpaßbezug der Stückerfolge - für sich genommen - zu einer Bevorzugung der Produkte, die den Engpaß, gemessen an der Ausbringung pro Engpaßeinheit, am schlechtesten ausnutzen, weil bei ihnen die anteilig verrechneten Fixkosten mit niedrigen Ausbringungswerten pro Engpaßstunde multipliziert werden. Nur bei den anteiligen Fixkosten des Engpasses ist die Belastung der Produkte, wie oben gezeigt wurde, gleich groß. Voraussetzung dafür ist allerdings, daß die Fixkosten der Engpaßstelle nach der Inanspruchnahme des Engpasses verteilt werden.

Dieses Ergebnis wirft die Frage auf, ob es nicht sinnvoll sein könnte, sämtliche Fixkosten den einzelnen Produkten gemäß der Beanspruchung des Engpasses zuzuschlüsseln, um hierdurch die gegebene Engpaßsituation sachentsprechend zu berücksichtigen (109). Die Stückerfolge würden dabei nur zum Teil so wie bisher ermittelt. Bei der Verrechnungspreisbildung dürfte man nämlich nur die proportionalen Kosten berücksichtigen, weil sich bei Einbeziehung der Fixkosten von U kein einheitlicher Verrechnungspreis für H ermitteln läßt. Man erhielte je nach dem Endprodukt, für das H verwendet wird, zum Teil ganz unterschiedliche Werte und könnte daher höchstens verwendungsfixierte Verrechnungspreise für bestimmte Teilmengen von H bilden. Am einfachsten wäre es daher, wie bei den Proportionalkostenrechnungen vorzugehen und zu der Summe der jeweiligen proportionalen Kosten pro Einheit der einzelnen Hauptendprodukte die Beträge zu addieren, die sich bei Schlüsselung sämtlicher Fixkosten nach der Engpaßinanspruchnahme ergeben. Um diese Beträge zu erhalten, müßten lediglich die Summe sämtlicher Fixkosten der Periode durch die Zahl der Maschinenstunden in V dividiert und das Ergebnis mit der jeweils pro Endprodukteinheit benötigten Zahl von Maschinenstunden in V multipliziert werden.

Auf eine Bestimmung der Programme und Gewinngrößen, die man bei dieser Art der Fixkostenverrechnung unter den Bedingungen un-

109) Die Unterscheidung nach Ist- und Optimalkostenverrechnungen fiele hierbei weg, da die Ist- und Optimalbeschäftigung in V identisch sind.

seres Modells erhält, soll hier verzichtet werden. Schon die Tatsache, daß auch bei diesem Vorgehen Fixkosten proportionalisiert und geschlüsselt werden, schließt eine systematisch richtige Programmwahl und Gewinnprognose aus. So können infolge der Fixkostenverrechnung durchaus erfolgbringende Produkte mit negativen Stückerfolgen ausgewiesen werden, so daß auf ihre Herstellung verzichtet wird. Auch kann die Gewinnprognose nur für solche Programme zutreffen, bei denen der Engpaß voll ausgenutzt wird. Nur unter dieser Bedingung werden nämlich sämtliche Fixkosten berücksichtigt, weil bei diesem Verfahren auf jede Maschinenstunde der Engpaßstelle V unabhängig von ihrer Verwendung ein gleich hoher Betrag entfällt (1.350.000 DM : 500 Std. = 2.700 DM/Std.). In allen anderen Fällen muß der prognostizierte Gewinn höher liegen als der Effektivgewinn.

Auch wenn man die nach diesem Verfahren ermittelten Stückerfolge auf den Engpaß bezieht, gilt die gleiche Kritik. Allerdings ist dabei zu beachten, daß nunmehr die Rangfolge durch die Fixkostenverrechnung nicht mehr verfälscht wird. Dies beruht darauf, daß sich die Wirkungen der Schlüsselung sämtlicher Fixkosten nach der Engpaßinanspruchnahme und der Engpaßbezug der Stückerfolge - ebenso wie oben (vgl. S. 152 f.) für die anteiligen Fixkosten in der Engpaßstelle V - gegenseitig aufheben und alle Produktarten mit einem gleich hohen Betrag (hier 2.700 DM) belastet werden. Hieraus folgt, daß bei der Restwertrechnung, die bis auf die Fixkostenverrechnung alle Fehler der Vollkostenrechnungen vermeidet, die Rangfolge mit der der verkürzten Totalrechnung übereinstimmt. Die richtige Programmwahl ist jedoch nur dann gewährleistet, wenn sich keine negativen Erfolge je Engpaßeinheit ergeben, da andernfalls die Gefahr besteht, daß der Engpaß zu unrecht nicht voll genutzt wird. Hinter einem negativen Erfolg je Engpaßeinheit kann sich ja wegen der Fixkostenbelastung der Produkte auch durchaus ein positives Bruttoergebnis je Engpaßeinheit verbergen.

B. Durch Teilkostenrechnung bestimmte Verrechnungspreise

1. Proportionalkostenrechnungen

An den Anfang dieses Abschnitts soll eine generelle Kritik aller

Proportionalkostenrechnungen gestellt werden, in der ihre Unterschiede gegenüber der verkürzten Totalrechnung herausgearbeitet werden. In der nachfolgenden speziellen Kritik werden dann die Eigenarten der einzelnen Verfahren dargestellt.

a) Generelle Kritik der Proportionalkostenverfahren

Den hier unter dem Begriff "Proportionalkostenrechnungen" zusammengefaßten Rechenverfahren liegt der Verzicht auf die anteilige Zurechnung fixer, d. h. mengenunabhängiger Kosten zugrunde. Sie ermitteln daher auch nicht die Differenz zwischen dem Erlös und den vollen Selbstkosten, sondern den Erlösüberschuß über die proportionalen Kosten. Dieses Brutto- oder "Grenz"ergebnis dient - auf die Erzeugniseinheit oder die Engpaßeinheit bezogen - als Kriterium für die Programmanalyse und Programmwahl sowie als Ausgangsgröße für Erfolgsprognosen. Der Bezug der Bruttoergebnisse auf die beanspruchten Engpaßeinheiten ist dabei jedoch keineswegs bei allen diesen Verfahren üblich.

Den Proportionalkostenrechnungen ist gemeinsam, daß die Fixkosten auf die Produktbeurteilung und die Programmwahl keinen Einfluß ausüben. Die insgesamt anfallenden oder geplanten fixen Kosten werden bei der Ermittlung des Periodenerfolgs, sei es für einen abgeschlossenen oder künftigen Zeitraum, nur global angesetzt. In diesem Punkt besteht also völlige Übereinstimmung mit der verkürzten Totalrechnung. Die aus der Fixkostenverrechnung resultierenden Fehler bei den Vollkostenrechnungen werden hier demnach vermieden.

Bei der Verrechnung der proportionalen Weiterverarbeitungs- und Vertriebskosten, die für die einzelnen Hauptendprodukte direkt erfaßbar sind, gehen sämtliche Proportionalkostenverfahren gleich vor, weil sie alle diese Kosten den Erzeugniseinheiten direkt zurechnen. Dies entspricht ebenfalls der verkürzten Totalrechnung.

Hinsichtlich der Verrechnung der proportionalen Kuppelprozeßkosten und der proportionalen Kosten im Nebenproduktzweig können formal folgende zwei Verfahrensgruppen unterschieden werden:

1) Verfahren, die die gekoppelten Produkte im Gegensatz zur verkürzten Totalrechnung als voneinander unabhängige Kalkulationsobjekte behandeln. Sie teilen die erzeugungsmengenabhängigen Kosten der Kuppelproduktionsstelle U nach bestimmten Schlüsselwerten auf und rechnen die proportionalen Kosten im Nebenproduktzweig dem Nebenendprodukt zu. Dazu gehören die Marktpreisverhältnisrechnung, die Gewichtsrechnung und die Aufteilung nach technischen Schlüsseln, wie z. B. die Heizwertrechnung.

2) Verfahren, die der zwangsläufigen Verbundenheit der Kuppelprodukte dadurch Rechnung tragen, daß nur das eigentlich beabsichtigte, sogenannte Hauptprodukt als Kalkulationsobjekt angesehen wird, dem man sämtliche proportionalen Kosten und sämtliche Erlöse zurechnet. Dabei werden die Erlöse sowie die proportionalen Kosten der Weiterverarbeitung und des Vertriebs im Nebenproduktzweig zunächst saldiert und dann mit den proportionalen Kosten des Kuppelprozesses in einem "Restwert" zusammengefaßt.

Der dritte nach den bisherigen Erfahrungen wesentliche Aspekt bei der Programmbeurteilung und Programmwahl ist die Berücksichtigung des Engpasses. Dabei liegt in unserem Modell insofern eine besondere Situation vor, als bei allen Proportionalkostenverfahren ausschließlich positive Bruttoergebnisse errechnet werden. Infolgedessen erscheint es in jedem Fall als zweckmäßig, die Teilkapazität in V voll zu belegen. Die Stelle V ist damit im numerischen Beispiel bei allen Proportionalkostenverfahren ein Engpaß.

Wie sich bei der Ableitung der verkürzten Totalrechnung ergab, muß sich eine derartige Situation in der Programmplanung so auswirken, daß die den Kalkulationseinheiten zugeordneten Überschüsse der Erlöse über die proportionalen Kosten (Brutto- oder Grenzergebnisse) auf die Einheit des Engpaßfaktors - hier auf die Maschinen- und Apparatestunde in V - bezogen werden. Die zur Wahl stehenden Produkte sind dann in der Reihenfolge in das Programm aufzunehmen, die sich auf Grund der engpaßbezogenen Bruttoergebnisse ergibt.

Hieraus folgt unmittelbar, daß diejenigen Verfahren systematische Mängel aufweisen, welche die Programmbeurteilung und Programmwahl auf Grund von Bruttoergebnissen je Erzeugniseinheit vornehmen. Diese Kennzahl läßt nämlich die Förderungswürdigkeit der Erzeugnisse beim Vorliegen von Engpässen nicht erkennen. Für andere Rechenzwecke, wie die Vorkalkulation des Erfolgs des geplanten Programms, werden dagegen die Bruttoergebnisse je Engpaßeinheit nicht benötigt, da hierfür keine Rangfolgeüberlegungen anzustellen sind. Der Periodenerfolg läßt sich ermitteln, indem die Bruttoergebnisse je Erzeugniseinheit mit der Zahl der jeweils herzustellenden Erzeugniseinheiten multipliziert, die Ergebnisse addiert und von der Summe die gesamten Fixkosten abgezogen werden. Er muß zwangsläufig mit dem effektiven Erfolg übereinstimmen, da die Kosten insgesamt in richtiger Höhe verrechnet werden.

b) Spezielle Kritik der Proportionalkostenverfahren

(1) Proportionalkostenrechnung mit Schlüsselung der proportionalen Kuppelproduktionskosten

Die hier zu erörternde Gruppe von Rechenverfahren unterscheidet sich von der verkürzten Totalrechnung in der Behandlung der proportionalen Kuppelprozeßkosten sowie der Kosten und Erlöse, die bei der Verwertung des Nebenprodukts anfallen.

Das Nebenendprodukt B tritt als völlig selbständiges Kalkulationsobjekt auf, dem nach bestimmten Schlüsseln ein Teil der proportionalen Kuppelprozeßkosten zugerechnet wird. Damit wird der Erzeugungszusammenhang, der das Wesen der Kuppelproduktion ausmacht, rechnerisch aufgelöst und die Produktkoppelung negiert. Da die Programmbeurteilung und Programmwahl allein auf der Grundlage der Bruttoergebnisse je Erzeugniseinheit der Hauptendprodukte erfolgen, geben die programmpolitischen Entscheidungen ein unzutreffendes Bild von den tatsächlichen Erfolgszusammenhängen. Der Verrechnungspreis für das Hauptkuppelprodukt ist nur dann für Programmdispositionen geeignet, wenn er gerade so hoch ist wie die Differenz zwischen den gesamten auf die Einheit H bezogenen proportionalen Kuppelprozeßkosten und dem gleichfalls auf die Einheit H bezogenen Überschuß des Nebenendproduktes B über seine direkten proportionalen Kosten. Ein solches

Ergebnis kann bei den üblichen Schlüsseln jedoch nur rein zufällig zustandekommen.

Die in der vorliegenden Untersuchung als typische Beispiele gewählten Schlüsselgrößen, nämlich das Marktpreis-(Erlös-)verhältnis, das Gewichtsverhältnis und das Heizwertverhältnis führen hier denn auch zu einer falschen Programmwahl, obwohl die tatsächlichen Erfolge über denen der Vollkostenrechnungen liegen, weil nunmehr die Engpaßkapazität voll ausgelastet wird. In alle drei Schlüssel geht das Gewicht der ausgebrachten Kuppelprodukte als maßgeblicher Faktor ein, in die Gewichtsrechnung sogar als alleiniger. Inwieweit und mit welchen Konsequenzen das Schlüsselungsverhältnis gegenüber dem der Gewichtsrechnung durch die jeweils anderen Faktoren - das Verhältnis der "Marktpreise" und das Verhältnis der Heizwerte - modifiziert wird, hängt vom konkreten Fall ab.

Der Vollständigkeit halber sei erneut darauf hingewiesen, daß auch bei den hier behandelten Verfahren die Programmdispositionen dadurch verfälscht werden, daß man die Bruttoergebnisse teilweise nicht auf den Engpaß bezieht. Daraus brauchen aber nicht notwendigerweise schlechtere Periodenerfolge als bei den Rechnungen mit Berücksichtigung des Engpasses zu resultieren, weil es auf das Zusammenwirken der Fehlerquellen ankommt. Generell gesehen sind jedoch die Verfahren, die von einem Bezug der Bruttoergebnisse auf die Engpaßeinheit absehen, den anderen unterlegen.

(2) Proportionalkostenrechnung mit Bewertung der Kuppelprodukte nach der Restwertmethode

Ergänzend zu der für alle Proportionalkostenverfahren geltenden Kritik ist nunmehr auf die Besonderheiten der Restwertrechnung einzugehen. Hierbei kann teilweise auf die Überlegungen zurückgegriffen werden, die im Rahmen der Analyse der Vollkostenrechnung angestellt wurden. Dort wurde nämlich der für das Hauptkuppelprodukt H errechnete Verrechnungspreis in einen proportionalen und einen fixen Bestandteil aufgespalten und auch der proportionale Bestandteil einer Kritik unterzogen (s. Seite 144 f.). Dabei wurde gezeigt, daß die Ermittlung der proportionalen Bestandteile des Verrechnungspreises für H der Vorgehensweise der verkürzten Totalrechnung nicht zuwiderläuft. Im folgenden soll nun noch einmal kurz erörtert werden, wie die Rest-Proportionalkostenrechnung in die verkürzte Totalrechnung übergeleitet werden kann.

Bei der auf die proportionalen Kosten beschränkten Restwertmethode haben die Erlöse des Nebenproduktes bzw. der aus ihm hergestellten Nebenendprodukte die proportionalen Kosten des Vertriebs und der Weiterverarbeitung zu tragen. Ein Überschuß mindert, eine Unterdeckung erhöht die dem Hauptprodukt bzw. seinen Weiterverarbeitungsformen belasteten proportionalen Kosten des Kuppelprozesses. Der Verrechnungspreis für das Hauptprodukt wird dadurch gebildet, daß diese proportionalen "Restkosten" durch die Zahl der Leistungseinheiten des Hauptproduktes dividiert werden. In ihm sind also die proportionalen Kosten und Erlöse des indirekt gekoppelten Nebenendproduktes enthalten. Sofern der Anteil des Hauptkuppelproduktes in den verschiedenen Weiterverarbeitungsformen beachtet wird, werden sie damit auch bei der Abrechnung und Beurteilung der Hauptendprodukte berücksichtigt. Ein solches Vorgehen ist aber nur eine formale Modifikation des Vorgehens in der verkürzten Totalrechnung. Diese weicht nur insofern von der Restwertrechnung ab, als sie die indirekt gekoppelten Kosten und Erlöse des Nebenendprodukts nicht in die Kosten des jeweiligen Hauptprodukts einbezieht, sondern sie einem Endproduktkombinat zurechnet, das unter Beachtung der Kosten- und Erlösverknüpfung gebildet wird.

Die Restwertrechnung auf Proportionalkostenbasis läuft damit materiell auf die verkürzte Totalrechnung hinaus, soweit diese auf die Ermittlung von Bruttoergebnissen je Endproduktkombinat abzielt (110). Sie erweist sich damit im vorliegenden Fall als ein Ausweg aus den Schwierigkeiten der Kuppelproduktkalkulation. Wenn ein Engpaß vorliegt, ist demnach analog zur verkürzten To-

110) Die Restwertrechnung auf Proportionalkostenbasis ("Restproportionalkostenrechnung") kann auch als rechnungstechnische Variante der Dekkungsbeitragsrechnung auf Grundlage relativer Einzelkosten angesehen werden. Vgl. hierzu <u>Paul Riebel:</u> Kuppelproduktion, Kalkulation der, a.a.O., Sp.1003; <u>Ders.:</u> Kuppelproduktion und -kalkulation, a.a.O., S.1261 f.; <u>Ders.:</u> Zur Programmplanung bei Kuppelproduktion, a.a.O., S.755-766, 770 f. und 774; <u>Ders.:</u> Einzelkosten- und Deckungsbeitragsrechnung, a.a.O., S.301-319,323 f., 327, 333 und 338-341.

talrechnung dasjenige Produkt am günstigsten, bei dem die auf die Engpaßeinheit bezogene Differenz zwischen dem Erlös und den proportionalen Kosten einschließlich der proportionalen Restkosten am größten ist.

Wie Tabelle 11 zeigt, ergibt sich auf Grund von Bruttoergebnissen je Engpaßeinheit eine andere Rangfolge der Produkte und ein anderes Programm als auf Grund von Bruttoergebnissen je Erzeugniseinheit. Die Produktionsplanung auf Grund der Rangfolge der Bruttoergebnisse je Engpaßeinheit - der Maschinenstunde in V - führt dabei zu dem Produktionsprogramm, das nach der verkürzten Totalrechnung als das gewinnmaximale bestimmt wurde.

Der nach der Proportionalkosten-Restwertmethode gebildete Verrechnungspreis führt also nur dann zum richtigen Produktionsprogramm, wenn für die Programmwahl die Bruttoergebnisse je Engpaßeinheit verwendet werden. Die Erfolgsprognose ist dagegen sowohl bei Verwendung von Bruttoergebnissen je Erzeugniseinheit als auch von Bruttoergebnissen je Engpaßeinheit richtig.

c) Analyse der Verfälschungen

Auch für die Proportionalkostenrechnungen kann das zur Analyse der Verfälschungen bei den Vollkostenrechnungen eingeführte Schema (vgl. S. 131) in abgeänderter Form verwendet werden:

Schema zur Analyse der Verfälschungen

Rechengrößen		Endprodukte	A_{101} - B
1		Bruttoergebnisse der verkürzten Totalrechnung je Engpaßeinheit	
2		Rang	
3	x	$\frac{\text{Masch.-Std. V}}{\text{"Päckchen"}}$ = Bruttoergebnis je "Päckchen"	
4		Rang	
5	+	Differenz der proportionalen Kosten in U: Proportionale Kosten der für ein "Päckchen" benötigten Menge Zwischenproduktkombinat	
6		H bzw. L zugerechnete proportionale Kosten	
7		→	
8	+	Proportionale Kosten (des Zwischenproduktkombinat-Anteils) in X	
9	-	Nettoerlös (der zugehörigen Menge) B	
10		Bruttoergebnis je Erzeugniseinheit	
11		Rang	
12	x	$\frac{\text{Erzeugniseinheiten}}{\text{Masch.-Std. V}}$ = Bruttoergebnis je Engpaßeinheit	
13		Rang	

Es verkürzt sich um alle Zeilen, welche die Verrechnung fixer Kosten betreffen (Zeilen 5 bis 16 und 26 bis 28). Der in Zeile 24 ermittelte Erlösüberschuß ist für die Proportionalkostenrechnung mit dem Bruttoergebnis je Erzeugniseinheit identisch und entfällt daher ebenfalls.

Das in Tabelle 17 für die Verteilung nach technischen Schlüsseln dargestellte Beispiel zeigt deutlich die Auswirkungen der einzelnen Fehlerquellen dieses Verfahrens auf die Rangfolge der Produkte. Während sich die Zeilen 7, 8 und 9 bei der Restwertrechnung durch Addition ausgleichen würden, ist dies hier nicht der Fall, weil in Zeile 6 proportionale echte Gemeinkosten auf die Kuppelprodukte H und L aufgespalten wurden. Daher stimmen weder die Bruttoergebnisse je Erzeugniseinheit bzw. Päckchen (Zeilen 10 bzw. 3) noch die Rangfolgen (Zeilen 11 bzw. 4) überein. Die falschen numerischen Ergebnisse führen auch dann nicht mehr zu richtigen Ausgangsgrößen für die Programmwahl, wenn man den Engpaß berücksichtigt (vgl. Zeilen 2 und 13).

Ein Vergleich der Tabelle 17 mit der entsprechenden Vollkosten-Tabelle 14 zeigt, welch weitgehenden Einfluß die Verrechnung der Fixkosten auf die absolute Höhe und Rangfolge der Stückerfolge hat. Die in Zeile 10 der Tabelle 17 ausgewiesenen Bruttoergebnisse sind um die Summe der Zeilen 7, 10, 13 und 16 der Tabelle 14 höher als die Nettoergebnisse der Zeile 22. Diese Differenz ist bei den einzelnen Hauptendprodukten unterschiedlich hoch und läßt deutlich die verfälschende Wirkung der Fixkostenverrechnung auf die Produktrangfolge erkennen.

2. Rechnen mit relativen Einzelkosten und Deckungsbeiträgen

Von den Teilkostenrechnungen ist nun noch die Einzelkosten- und Deckungsbeitragsrechnung darzustellen. Sie führt - wie an dem numerischen Beispiel zu sehen ist - zur richtigen Programmwahl, zum optimalen Periodenerfolg und - ebenso wie die Proportionalkostenrechnungen - zum richtigen Prognosegewinn.

Bei diesem Rechenverfahren ergibt sich eine völlige Übereinstimmung mit den Forderungen, die aus den Modellbedingungen heraus an die Erfolgsanalyse zu stellen sind. Wie die verkürzte Totalrechnung verzichtet auch das Rechnen mit relativen Einzelkosten und Deckungsbeiträgen darauf, die fixen Kosten zu verrechnen, weil diese von Entscheidungen im Rahmen gegebener Betriebsbereitschaft nicht betroffen werden. Ebenso vermeidet es dieses Verfahren, die proportionalen Kosten des Kuppelprozesses in der Stufe U, die gemeinsam für die Kuppelprodukte anfallen, aufzuschlüsseln. Stattdessen wird für sie als Kalkulationseinheit ein gedachtes Produktkombinat, das Kuppelprodukt-"Päckchen" gewählt. Es enthält die beiden Kuppelprodukte H und L im Verhältnis ihres Gewichtsanfalls von 2 : 1, also eine Tonne Hauptprodukt H und eine halbe Tonne Nebenprodukt L. Für die einzelnen Kuppelprodukte H und L wird somit kein separater Verrechnungspreis ermittelt, da die proportionalen Kuppelprozeßkosten nur den fiktiven Zwischenproduktkombinaten direkt zurechenbar sind.

Entsprechend dem Vorgehen bei der verkürzten Totalrechnung werden die Erlöse einer Erzeugniseinheit des jeweiligen Hauptendprodukts und der bei ihrer Herstellung angefallenen und weiterverarbeiteten Menge des Nebenprodukts zusammengefaßt und einem Endprodukt-"Päckchen" zugerechnet. Auch die Erlösüberschüsse über die proportionalen Kosten dieser Päckchen werden entsprechend ermittelt. Diese "Päckchenbeiträge" sind im numerischen Beispiel alle positiv, d. h. alle Hauptendprodukte tragen unter Berücksichtigung der jeweils gekoppelten Mengen des Nebenendprodukts B dazu bei, die fixen Periodenkosten abzudecken. Die Programmwahl erfolgt jedoch nicht auf Grund der Deckungsbeiträge je "Päckchen", sondern unter Beachtung des Engpasses in V aufgrund von "engpaßbezogenen Deckungsbeiträgen", d. h. von Deckungsbeiträgen je beanspruchter Maschinen- bzw. Apparatestunde des Kapazitätsengpasses in V.

Die Einzelkosten- und Deckungsbeitragsrechnung ist daher nichts anderes als eine verkürzte Totalrechnung. Sie ist deswegen geeignet, die zutreffende Beurteilung eines gegebenen Programms, die Ermittlung des optimalen Programms und die richtige Berechnung des mit diesem verbundenen Gesamtgewinns zu ermöglichen. Da sie in ihrem Aufbau darauf abzielt, die jeweiligen Leistungs- und Erfolgszusammenhänge unverfälscht wiederzugeben, kann man darüber hinaus vermuten, daß sie auch in anderen Situationen, unter anderen Bedingungen sowie bei anderen Fragestellungen die Grundlage für richtige Entscheidungen schafft.

Fünftes Kapitel:

Algebraische Kontrollrechnung

I. Vorbemerkungen

In den vorhergehenden Kapiteln dieser Untersuchung wurde eine Reihe kostengebundener Verrechnungspreise auf ihre Brauchbarkeit für die Zwecke der Programmanalyse, Programmwahl und Gewinnplanung anhand eines numerischen Betriebsmodells untersucht. Dabei erwies es sich als notwendig, immer wieder davor zu warnen, voreilige Schlüsse aus den numerischen Ergebnissen zu ziehen, da diese von den zufällig gewählten Zahlenrelationen abhängig sind. Außerdem ließ sich erkennen, daß die bisher verwandte, verbale und numerische Analyse des Modells zwar durchaus geeignet ist, die meisten Sachverhalte zu veranschaulichen und zu begründen, daß sie jedoch nicht die Präzision und generelle Aussagekraft einer mathematischen Beweisführung aufweist.

Um die auf verbal-numerischem Wege gewonnenen Ergebnisse abzusichern, erscheint daher eine Überprüfung durch mathematische Methoden in Form einer algebraischen Kontrollrechnung zweckmäßig. Hierdurch soll einmal ein allgemeingültiger Beweis für die bisherigen, auf numerischem und verbal-sachlogischem Wege abgeleiteten Ergebnisse erbracht werden. Zum anderen kann damit auch formelmäßig dargestellt und verglichen werden, welche strukturellen Eigenarten die behandelten Verfahren der Verrechnungspreisbildung und -verwendung aufweisen und wie sich diese Eigenarten auf die Ermittlung der Entscheidungsgrößen für die Programmwahl und Gewinnprognose sowie auf die vorauskalkulierten und effektiven Gewinne auswirken. Ferner wird es möglich, eine Reihe von Problemen zu untersuchen, die aufgrund ihrer komplizierten Form für eine verbal-numerische Behandlung nur schwer zugänglich sind.

Da die algebraischen Ableitungen zusammen mit der bisherigen, verbal-numerischen Analyse betrachtet werden können, kann auf sonst notwendige Erläuterungen, soweit sie nicht die Analyse selbst oder ihre Ergebnisse betreffen, weitgehend verzichtet werden. Aus diesem Grunde soll der folgende Abschnitt auch nach algebraischen Zweckmäßigkeitsgesichtspunkten gegliedert werden. Daher folgt auf die Ermittlung der Verrechnungspreise und der Entscheidungsgrößen für die Programmwahl und Gewinnplanung zunächst die Kontrolle der Programmwahl; erst danach wird die Kontrolle der Gewinnplanung behandelt. Auch erscheint es sinnvoller, innerhalb der einzelnen Unterabschnitte die Teilkostenverfahren vor den Vollkostenverfahren zu erörtern, da die Formeln für die Vollkostenrechnungen auf denen für die Teilkostenrechnungen aufbauen. Bei den Teilkostenverfahren soll außerdem ergänzend zu den bisherigen Verfahren noch die Bewertung des Nebenkuppelproduktes mit Null untersucht werden. Ferner werden die verschiedenen Schlüsselungsverfahren (Marktpreisverhältnisrechnung, Gewichtsrechnung und Verteilung nach technischen Schlüsseln, z.B. nach dem Heizwert) fast durchwegs gemeinsam erörtert, da sie sich nur durch die Wahl der Schlüsselgröße voneinander unterscheiden.

II. Die Ermittlung der Verrechnungspreise

A. Durch Teilkostenrechnung bestimmte Verrechnungspreise (111)

1. Proportionalkostenrechnungen

a) Proportionalkostenrechnung mit Schlüsselung der proportionalen Kuppelproduktionskosten

Die proportionalen Kosten des Kuppelprozesses werden nach verschiedenen Schlüsseln aufgeteilt. Das Aufteilungsverhältnis für die Kostenanteile von H und L wird mit

$$q = \frac{(M_R + D_U)_H}{(M_R + D_U)_L}$$

bezeichnet. Die gesamten proportionalen Kuppelprozeßkosten betragen

$$M_R + D_U = (M_R + D_U)_H + (M_R + D_U)_L \quad .$$

111) Vgl. Tabelle 18.

Aus diesen beiden Gleichungen werden die zwei Unbekannten $(M_R + D_U)_H$ und $(M_R + D_U)_L$ bestimmt:

$$(M_R + D_U)_H + \frac{(M_R + D_U)_H}{q} = M_R + D_U \quad ;$$

$$(M_R + D_U)_H = \frac{(M_R + D_U)}{1 + \frac{1}{q}} \quad ;$$

$$(M_R + D_U)_L = \frac{(M_R + D_U)_H}{q} = \frac{(M_R + D_U)}{1 + q}$$

Damit ergeben sich die Verrechnungspreise für H und L wie folgt:

$$VP_H = \frac{M_R + D_U}{h} \cdot \frac{1}{1 + \frac{1}{q}} \qquad (1.1)$$

und

$$VP_L = \frac{M_R + D_U}{l(1 + q)} = \frac{M_R + D_U}{h} \cdot \frac{p}{1 + q} \qquad (\text{wegen } l = \frac{h}{p}) \; .$$

Bei allen Schlüsselungsverfahren handelt es sich formal um modifizierte Gewichtsrechnungen, da im Schlüssel stets das Gewichtsverhältnis p enthalten ist, das man durch einen weiteren Faktor q' zu "verbessern" sucht. Der Gesamtschlüssel ergibt sich dann jeweils als

$$q = p \cdot q' \; .$$

Bei der Schlüsselung nach Maßgabe der in der abgelaufenen Periode für alle Hauptendprodukte einerseits sowie für das Nebenendprodukt andererseits erzielten Erlösüberschüsse (Marktpreisverhältnisrechnung) wird das Gewichtsverhältnis dadurch berücksichtigt, daß die Erlösüberschüsse je LE mit den ausgebrachten Mengen multipliziert werden; p ist hier also bereits in ΔE_T enthalten (vgl. Tabelle 18).

b) Proportionalkostenrechnung mit Bewertung der Kuppelprodukte nach der Restwertmethode

Für das Nebenkuppelprodukt L wird eine Gutschrift errechnet, die auf eine LE des Hauptkuppelproduktes H bezogen wird:

Gutschrift je LE L: $\frac{1}{l}(E_B - D_X) = e_B - d_X$

Gutschrift je LE H: $\frac{1}{h}(E_B - D_X) = \frac{e_B - d_X}{p}$ (da $\frac{h}{l} = p$) (112)

Die proportionalen Kosten des Kuppelprozesses je LE H betragen

$$\frac{M_R + D_U}{h} \quad (\text{mit } h = \sum_{\lambda}(h_E \cdot a)_{\lambda} \mathrel{\hat{=}} \sum_i \sum_j \sum_k (h_E \cdot a)_{ijk}) \quad .$$

Subtrahiert man hiervon die Gutschrift je LE H, so ergibt sich der Verrechnungspreis

$$VP_H = \frac{M_R + D_U}{h} - \frac{e_B - d_X}{p}$$

oder (mit $p = \frac{h}{l}$ und $l \cdot (e_B - d_X) = E_B - D_X$)

$$VP_H = \frac{M_R + D_U + D_X - E_B}{h} \quad . \qquad (1.2)$$

c) Proportionalkostenrechnung unter Bewertung des Nebenkuppelproduktes mit Null

Bei diesem Verfahren werden sowohl die Kosten der Weiterverarbeitung in X als auch der reduzierte Nettoerlös pro LE des Nebenendproduktes B (e_B) nicht berücksichtigt. Der Verrechnungspreis ergibt sich also durch Division der proportionalen Kosten des Kuppelprozesses durch die Ausbringung des Hauptkuppelproduktes:

$$VP_H = \frac{M_R + D_U}{h} \qquad (1.3)$$

2. Rechnen mit relativen Einzelkosten und Deckungsbeiträgen

Bei diesem Verfahren werden die proportionalen Kuppelprozeßkosten nicht geschlüsselt, sondern einem Kombinat ("Päckchen") Φ angelastet, das aus je einer LE H und der zwangsläufig damit

112) Da in X keine Gewichtsänderung eintritt, gilt auch $\frac{h}{b} = p$.

anfallenden Menge L gebildet wird. Es ergibt sich demnach als "Verrechnungspreis" einer Kombinateinheit

$$VP_{\Phi} = \frac{M_R + D_U}{\phi} \quad .$$

Da ebenso viele Einheiten ($(1 + \frac{1}{p})$ Tonnen) des Kuppelproduktkombinats Φ wie Einheiten (Tonnen) des Hauptkuppelproduktes H hergestellt werden, gilt auch

$$VP_{\Phi} = \frac{M_R + D_U}{h} \quad . \qquad (1.4)$$

B. Durch Vollkostenrechnung (Gemeinkostenverteilung) bestimmte Verrechnungspreise

1. Auf Basis der Ist-Beschäftigung (113)

a) Vollkostenrechnung mit Schlüsselung der Kuppelproduktionskosten

Die verwendeten Schlüssel sind die gleichen wie bei den Proportionalkostenverfahren. Nur bei der Marktpreisverhältnisrechnung weist der Schlüsselfaktor q' und damit der Schlüssel q eine andere Höhe auf, da bei der Ermittlung der Erlösüberschüsse Fixkosten verrechnet werden. Generell ergibt sich, wenn man die fixen Kuppelprozeßkosten einbezieht:

$$VP_H = \frac{M_R + D_U + F_U}{h} \cdot \frac{1}{1 + \frac{1}{q}} \qquad (1.5)$$

sowie

$$VP_L = \frac{M_R + D_U + F_U}{h} \cdot \frac{p}{1 + q} \quad .$$

b) Vollkostenrechnung mit Bewertung der Kuppelprodukte nach der Restwertmethode

Der Verrechnungspreis wird analog zur Restwertrechnung auf Teilkostenbasis bestimmt. In der Gutschrift für B sind jedoch zusätzlich die Fixkosten der Stelle X enthalten.

113) Vgl. Tabelle 19.

Gutschrift je LE H: $\frac{E_B - (D_X + F_X)}{h}$

Da auch die Fixkosten der Kuppelprozeßstufe U erfaßt werden, ergibt sich

$$VP_H = \frac{M_R + D_U + F_U + (D_X + F_X - E_B)}{h} \qquad (1.6)$$

2. Auf Basis voller (optimaler) Beschäftigung (114)

Im Gegensatz zu den Istkostenverfahren werden die Fixkosten hier nicht aufgrund der tatsächlichen Beschäftigung (der vergangenen Periode) geschlüsselt, sondern aufgrund einer als optimal angesehenen.

a) Vollkostenrechnung mit Schlüsselung der Kuppelproduktionskosten

Da die Fixkosten der Stellen W und X eine andere Bezugsgröße als bei den Istkostenverfahren aufweisen, ändert sich die Höhe des Schlüssels q der Marktpreisverhältnisrechnung. Bei den anderen Verfahren (Gewichtsrechnung und Verteilung nach technischen Schlüsseln) bleibt der Schlüssel dagegen unverändert.

Als Verrechnungspreise ergeben sich analog zur Rechnung auf Basis der Ist-Beschäftigung

$$VP_H = \left(\frac{M_R + D_U}{h} + \frac{F_U}{h_o}\right) \cdot \frac{1}{1 + \frac{1}{q}} \qquad (1.7)$$

und

$$VP_L = \left(\frac{M_R + D_U}{h} + \frac{F_U}{h_o}\right) \cdot \frac{p}{1 + q} \quad .$$

114) Vgl. Tabelle 19.

b) Vollkostenrechnung mit Bewertung der Kuppelprodukte nach der Restwertmethode

Die Fixkosten der Stellen U und X (F_U und F_X) werden nicht auf die Istausbringung h, sondern auf die Optimalausbringung h_o bezogen.

Die Formel für den Verrechnungspreis wird analog zum entsprechenden Istkostenverfahren (vgl. Gl. 1.6) gebildet:

$$VP_H = \frac{M_R + D_U + D_X - E_B}{h} + \frac{F_U + F_X}{h_o} \qquad (1.8)$$

C. Zusammenfassung und Empfindlichkeitsanalyse

Alle untersuchten Verrechnungspreise sind in den Tabellen 18 und 19 zusammengefaßt. Es zeigt sich, daß die Verrechnungspreise für das Hauptkuppelprodukt (VP_H) bei sämtlichen Teilkosten-Schlüsselungsverfahren ähnlich aufgebaut sind. Sie bestehen jeweils aus einer konstanten Größe, nämlich den auf eine LE H bezogenen proportionalen Kuppelprozeßkosten $\frac{M_R + D_U}{h}$ und einem variablen, das Schlüsselungsverhältnis q enthaltenden Faktor

$$\eta_H = \frac{1}{1 + \frac{1}{q}} \; .$$

Dieser Faktor hat bei Bewertung des Nebenkuppelproduktes mit Null sowie in der Einzelkosten- und Deckungsbeitragsrechnung den Wert 1 (d.h. $q = \infty$; sämtliche proportionalen Kuppelprozeßkosten werden dem Hauptkuppelprodukt bzw. einem Kuppelproduktkombinat angelastet). Bei den anderen Verfahren weicht der Wert von η_H - je nach der Größe von q - von 1 ab. Da q stets positiv ist, nimmt η_H mit sinkendem q ab, erreicht bei $q = 1$ den Wert 0,5 (d.h. die proportionalen Kuppelprozeßkosten werden gleichmäßig auf die Kuppelprodukte verteilt) und schließlich bei $q = 0$ ebenfalls den Wert 0 (d.h. sämtliche proportionalen Kuppelprozeßkosten werden dem Nebenkuppelprodukt angelastet). Alle durch Schlüsselung ermittelten Teilkosten-Verrechnungspreise VP_H liegen also zwischen Null und dem Wert, der sich aufgrund der Deckungsbeitragsrechnung oder bei Bewertung des Nebenkuppelproduktes mit Null errechnet.

In der Praxis verändern sich häufig die für die Schlüsselung maßgeblichen Größen und damit auch das Schlüsselungsverhältnis. Durch eine Empfindlichkeitsanalyse kann der Einfluß von Änderungen des Schlüsselungsverhältnisses q um einen Faktor α auf die Größe von η_H und damit auf die Höhe des Verrechnungspreises VP_H bestimmt werden: Ändert man q durch Multiplikation mit α , ergibt sich

$$\eta_H' = \frac{1}{1 + \frac{1}{\alpha \cdot q}} \quad .$$

Diese Gleichung läßt sich, da

$$\eta_H \cdot (1 + \frac{1}{q}) = 1,$$

folgendermaßen umformen:

$$\eta_H' = \eta_H \frac{1 + \frac{1}{q}}{1 + \frac{1}{\alpha \cdot q}} = \eta_H \frac{\alpha \cdot q + \alpha}{\alpha \cdot q + 1} = \eta_H (1 + \frac{\alpha - 1}{\alpha \cdot q + 1})$$

Es zeigt sich also, daß bei einem hohen Wert von q der Einfluß einer Änderung des Schlüsselungsverhältnisses auf die Größe des Verrechnungspreises gering ist; wird z.B. ein gegebenes Schlüsselungsverhältnis q = 4 (d.h. $\eta_H = 0{,}8$) verdoppelt ($\alpha = 2$), so wird

$$\eta_H' = \eta_H (1 + \frac{\alpha - 1}{\alpha \cdot q + 1}) = 0{,}8 \ (1 + \frac{1}{9}) = 0{,}89,$$

d.h. der Verrechnungspreis ändert sich nur um etwa 10 %. Je niedriger der Wert von q ist, desto stärker wirken sich dagegen solche Änderungen aus: Für q = 0,25 z.B. ergibt sich $\eta_H = 0{,}2$ und $\eta_H' = 0{,}33$, also eine Steigerung um 65 %.

Für den Nebenkuppelprodukt- Verrechnungspreis VP_L lassen sich ähnliche Überlegungen anstellen. Der variable Faktor hat jedoch hier die Größe

$$\eta_L = \frac{p}{1 + q} \quad .$$

Eine Verdoppelung von $q = 4$ (d.h. $\eta_L = 0{,}2 \cdot p$) ergibt

$$\eta_L' = \frac{p}{1 + 8} = 0{,}11 \cdot p \quad ,$$

also eine Verminderung des Verrechnungspreises um fast die Hälfte, und zwar unabhängig von der Größe des Gewichtsverhältnisses p (115). Im Gegensatz zu VP_H ändert sich VP_L um so weniger, je niedriger der Wert von q ist. Der Grund für diese Wechselbeziehung zwischen VP_H und VP_L liegt darin, daß die Summe der Produkte aus den Mengen der Kuppelprodukte und den entsprechenden Verrechnungspreisen wieder die proportionalen Kuppelprozeßkosten ergibt:

$$h \cdot VP_H + 1 \cdot VP_L = h \cdot \frac{M_R + D_U}{h} \cdot \frac{1}{1 + \frac{1}{q}} + 1 \cdot \frac{M_R + D_U}{h} \cdot \frac{p}{1 + q}$$

$$= (M_R + D_U) \cdot \left(\frac{1}{1 + \frac{1}{q}} + \frac{1}{1 + q}\right) \quad \text{(wegen } 1 \cdot p = h\text{)}$$

$$= (M_R + D_U) \cdot \left(\frac{q}{q + 1} + \frac{1}{q + 1}\right)$$

$$= M_R + D_U$$

Änderungen von VP_H durch Variationen von q müssen also durch entsprechende Änderungen von VP_L kompensiert werden. Bei hohen Werten von q wird ein großer Teil der Kuppelprozeßkosten dem Hauptkuppelprodukt H angelastet und ein entsprechend geringer Teil dem Nebenkuppelprodukt L. Da die Kostensumme $(M_R + D_U)$ konstant ist, haben dann geringe Änderungen von VP_H beträchtlichen Einfluß auf die Kostenverteilung und müssen durch entsprechend stärkere Änderungen von VP_L ausgeglichen werden.

115) Beweis: $\eta_L = \frac{p}{1 + q}$, d.h. $p = \eta_L \cdot (1 + q)$; damit wird

$$\eta_L' = \frac{p}{1 + \alpha \cdot q} = \frac{\eta_L \cdot (1 + q)}{1 + \alpha \cdot q} = \eta_L \cdot \frac{1 + q}{1 + \alpha \cdot q} \quad ;$$

das Verhältnis η_L'/η_L ist also unabhängig von p.

Auch in dem nach der Teilkosten-Restwertrechnung ermittelten Verrechnungspreis ist die konstante Größe $(M_R + D_U)/h$ enthalten. Sie wird jedoch nicht wie bei den Schlüsselungsverfahren mit einem variablen Faktor multipliziert, sondern um die Differenz aus dem reduzierten Nettoerlös für B und den proportionalen Kosten in X, jeweils auf eine LE H bezogen, vermindert, d.h.

$$VP_H = \frac{M_R + D_U}{h} - \frac{E_B - D_X}{h} \quad .$$

Da diese Differenz sowohl positiv als auch negativ sein kann, kann der Verrechnungspreis theoretisch auch negative Werte annehmen. Er kann aber auch über dem Verrechnungspreis liegen, der mit dem Schlüsselungsverhältnis $q = \infty$ ermittelt wird (wenn $E_B < D_X$).

Für die Vollkostenverfahren auf Basis der Ist-Beschäftigung gilt sinngemäß das für die Teilkostenverfahren Gesagte. Auch hier lassen sich bei den Schlüsselungsverfahren ein konstanter (schlüsselungsunabhängiger) und ein variabler, das Schlüsselungsverhältnis enthaltender Faktor unterscheiden. Der konstante Faktor ist dabei lediglich um den Fixkostenanteil F_U/h größer als bei den entsprechenden Teilkostenrechnungen. Außerdem ergibt sich für die Marktpreisverhältnisrechnung ein anderes Schlüsselungsverhältnis, da man bei der Ermittlung der Erlösüberschüsse die Fixkosten berücksichtigt. Ferner wird bei der Restwertmethode eine um den Fixkostenanteil F_X/h kleinere Differenz von der Konstanten $(M_R + D_U + F_U)/h$ subtrahiert. Je größer der Schlüssel q ist, desto mehr nähert sich die Differenz von VP_H und dem Verrechnungspreis der entsprechenden Teilkostenrechnung dem Wert F_U/h an; je kleiner der Schlüssel q ist, umso geringer ist die Differenz beider Verrechnungspreise.

Hinsichtlich des Einflusses, den Änderungen des Schlüsselungsverhältnisses auf die Höhe von VP_H und VP_L ausüben, gelten ebenfalls die Ausführungen zu den Teilkostenverfahren. Bei hohen Werten für q ist die Veränderung von VP_H gering, bei niedrigen dagegen umso stärker. Für VP_L gilt wieder die umgekehrte Beziehung.

Entsprechendes gilt für die Optimalkostenverfahren. Hier vermindert sich lediglich der konstante Faktor $(M_R + D_U + F_U)/h$ der Istkostenverfahren, da die Fixkosten F_U nicht auf die Istbeschäftigung h, sondern auf die Optimalbeschäftigung h_o bezogen werden. Außerdem ändert sich das Schlüsselungsverhältnis der Marktpreisverhältnisrechnung, da sich durch die abweichende Verrechnung der Fixkosten unterschiedliche Erlösüberschüsse ergeben.

III. Die Ermittlung der Entscheidungsgrößen für die Programmwahl und Gewinnplanung aufgrund der Verrechnungspreise

Die Größen, die für die Programmentscheidungen für die kommende Periode und für die Vorausberechnung des Gewinnes maßgebend sind, werden durch eine Analyse des Programms der abgelaufenen Periode bestimmt. Sie sollen die Erfolgswirksamkeit der einzelnen Endprodukte kennzeichnen und damit den Maßstab für eine Umstrukturierung des bisherigen Programms ergeben. Je nach dem angewandten Verfahren der Verrechnungspreisbildung und -verwendung werden sie in unterschiedlicher Weise bestimmt.

A. Teilkostenrechnungen

1. Proportionalkostenrechnungen

a) Verwendung von Bruttoergebnissen je Erzeugniseinheit

Von den Marktpreisen der Endprodukte werden sämtliche für die einzelnen Produkte direkt erfaßbaren proportionalen Kosten abgesetzt, d.h. die preisabhängigen Kosten des Vertriebes und die erzeugungsmengen-proportionalen Kosten in den Weiterverarbeitungsstufen V, X und W. Außerdem wird bei den Hauptendprodukten der Teil des Verrechnungspreises VP_H abgesetzt, der auf die zur Herstellung einer LE des jeweiligen Endprodukts benötigte Menge H entfällt ($h_{E\lambda} \cdot VP_H = VP_\lambda$), und bei dem

Nebenendprodukt der Verrechnungspreis VP_L.

Werden die preisabhängigen Kosten vorweg vom Marktpreis abgezogen, geht man also von dem reduzierten Nettoerlös (e) aus, so ergibt sich für die einzelnen Produkte und Verfahren das in Tabelle 20 im oberen und im linken Teil dargestellte Bild. Aus rechentechnischen Gründen sind dabei die Materialkosten der Zusatzstoffe (m_Z) und die proportionalen Energiekosten in V, X und W (d_V, d_X und d_W) zu einer von dem Verrechnungspreisverfahren unabhängigen Größe C_1 zusammengefaßt. Zieht man diese von dem jeweiligen Wert für e ab, so erhält man eine Zwischensumme ZS_1, die lediglich noch um den obenerwähnten Teil des Verrechnungspreises ($VP_\lambda = h_{E\lambda} \cdot VP_H$) vermindert werden muß, um zu den Bruttoergebnissen je LE zu kommen.

Die Formel für die Ermittlung der Bruttoergebnisse je LE für die Hauptendprodukte lautet also (vgl. Tabelle 20):

$$\varepsilon_{ijk} = \varepsilon_\lambda = (e_A - C_1 - VP)_\lambda \; ;$$

für das Nebenendprodukt B

$$\varepsilon_B = (e - C_1)_B - VP_L \quad .$$

b) Verwendung engpaßbezogener Bruttoergebnisse

Die Bruttoergebnisse je Engpaßeinheit für die Hauptendprodukte lassen sich errechnen, indem die Bruttoergebnisse je LE mit der Ausbringung der Endprodukte je Maschinenstunde in V multipliziert werden:

$$\varepsilon_{e\lambda} = \varepsilon_\lambda \cdot t_{V\lambda}^{-1}$$

Die Ergebnisse sind im rechten Teil der Tabelle 20 zusammengefaßt.

2. Rechnen mit relativen Einzelkosten und Deckungsbeiträgen

Hier werden als Bezugsobjekt der Kosten- und Erlösanalyse Endproduktkombinate ("Päckchen") gebildet, die jeweils eine LE der Hauptendprodukte und die mittelbar damit gekoppelte Menge des Nebenendprodukts enthalten. Der reduzierte Nettoerlös dieser Päckchen beträgt

$$e_{\Theta\lambda} = e_{A\lambda} + \frac{h_{E\lambda} \cdot e_B}{p} \quad .$$

Hiervon werden die proportionalen Weiterverarbeitungskosten der einzelnen Päckchen und der Teil des "Verrechnungspreises" für das Kuppelproduktpäckchen Φ abgesetzt, der der jeweils benötigten Menge Kuppelproduktpäckchen entspricht. Seine Höhe beträgt

$$VP_{\Theta\lambda} = h_{E\lambda} \cdot VP_{\Phi} \quad .$$

Die Formel für die Ermittlung der Bruttoergebnisse oder Dekkungsbeiträge je LE lautet also

$$\varepsilon_{\Theta\lambda} = db_{\Theta\lambda} = (e - m_Z - d_V - d_X - d_W - VP)_{\Theta\lambda} \quad .$$

Durch Multiplikation mit der Ausbringung an Endproduktpäckchen je Maschinenstunde in V erhält man die engpaßbezogenen Dekkungsbeiträge

$$\varepsilon_{e\Theta\lambda} = db_{e\Theta\lambda} = db_{\Theta\lambda} \cdot t_{V\lambda}^{-1} \quad .$$

Der Rechengang für die Ermittlung der absoluten und engpaßbezogenen Deckungsbeiträge ist in Tabelle 20 im unteren Teil zusammengefaßt.

B. Vollkostenrechnungen

1. Ohne Engpaßbezug der Stückerfolge

Um die Stückerfolge zu berechnen, werden von den reduzierten Nettoerlösen der einzelnen Endprodukte (e) die proportionalen

Kosten je LE in den Weiterverarbeitungsstufen V, X und W (m_Z, d_V, d_X, d_W) abgezogen, die ebenso wie bei den Teilkostenrechnungen in einer vom Verrechnungspreisverfahren unabhängigen Größe C_1 zusammengefaßt sind (vgl. Tabelle 21). Bei den Verfahren auf Basis der Ist-Beschäftigung und bei den Verfahren auf Basis voller (optimaler) Beschäftigung wird ferner jeweils eine weitere verfahrensunabhängige Größe C_2 bzw. C_3 abgesetzt, welche die anteiligen Fixkosten in den Weiterverarbeitungsstufen umfaßt (f_V, f_X und f_W bzw. f_V, f_{XO} und f_{WO}). C_2 und C_3 unterscheiden sich dabei hinsichtlich der Höhe der anteiligen Fixkosten in X und W, da bei den Optimalkostenverfahren die volle (optimale) Beschäftigung dieser Stellen zugrundegelegt wird (116). Von den jeweiligen Zwischensummen ZS_2 bzw. ZS_3 werden dann noch die Verrechnungspreise für H, gewichtet mit dem Anteil von H in den einzelnen Hauptendprodukten, bzw. der Verrechnungspreis für L sowie die jeweiligen anteiligen Verwaltungs- und Vertriebsgemeinkosten (k_f bzw. k_{fO}) abgesetzt.

Für k_f gilt

$$k_f = \frac{F}{K_{HK}} \cdot k_{HK} = (Q - 1) \cdot k_{HK} \, ,$$

für k_{fO}

$$k_{fO} = \frac{F}{K_{HKO}} \cdot k_{HKO} = (Q_O - 1) \cdot k_{HKO} \, .$$

Hierbei ist

$$\frac{F}{K_{HK}} \approx 0{,}1241, \text{ d.h. } Q = 1{,}1241,$$

$$\frac{F}{K_{HKO}} = 0{,}0994, \text{ d.h. } Q_O = 1{,}0994$$

und

$$k_{HK} = C_1 + C_2 + VP \quad \text{sowie } k_{HKO} = C_1 + C_3 + VP \, .$$

116) In V entspricht die Ist-Beschäftigung der Ausgangsperiode der vollen (optimalen) Beschäftigung.

Die beiden Größen k_f und k_{fO} sind in ihrer Höhe von dem angewandten Verfahren zur Ermittlung der Verrechnungspreise abhängig und können daher als verfahrensabhängiger Kostenbestandteil ρ bezeichnet werden. Die Formeln für die Ermittlung der Stückerfolge g lauten also

für die Verfahren auf Basis der Ist-Beschäftigung:

$$g_\lambda = (e_A - c_1 - c_2 - \rho)_\lambda \quad ,$$

$$g_B = (e - c_1 - c_2 - \rho)_B \quad ;$$

für die Verfahren auf Basis voller (optimaler) Beschäftigung:

$$g_{O\lambda} = (e_A - c_1 - c_3 - \rho_O)_\lambda \quad ,$$

$$g_{OB} = (e - c_1 - c_3 - \rho_O)_B$$

2. Mit Engpaßbezug der Stückerfolge

Zur Bestimmung der engpaßbezogenen Stückerfolge werden die Stückerfolge der Hauptendprodukte, die sich nach den einzelnen Verfahren ergeben, mit der jeweiligen Ausbringung an Hauptendprodukten pro Engpaßeinheit multipliziert. Die Formeln für die Ermittlung der Nettoergebnisse je Engpaßeinheit lauten also

für die Verfahren auf Basis der Ist-Beschäftigung:

$$g_{e\lambda} = g_\lambda \cdot t_{V\lambda}^{-1} = (e_A - c_1 - c_2 - \rho)_\lambda \cdot t_{V\lambda}^{-1} \quad ,$$

für die Verfahren auf Basis voller (optimaler) Beschäftigung:

$$g_{eO\lambda} = g_{O\lambda} \cdot t_{V\lambda}^{-1} = (e_A - c_1 - c_3 - \rho_O)_\lambda \cdot t_{V\lambda}^{-1} \; .$$

IV. Die Kontrolle der Programmwahl

A. Die verkürzte Totalrechnung als Vergleichsverfahren

1. Darstellung des Verfahrens

Die verkürzte Totalrechnung faßt die proportionalen Kosten der Weiterverarbeitung von H und L als "mittelbar gekoppelt" zusammen. Als Kalkulationseinheit wird ein "Päckchen" Endproduktkombination gewählt, das aus je einer LE eines Endproduktes $A_{ijk} = A_\lambda$ sowie der bei ihrer Herstellung zwangsläufig anfallenden Menge des Nebenendproduktes B besteht. Zunächst werden die von der Programmwahl unmittelbar veränderten Größen zusammengefaßt; man geht also von der Differenz der reduzierten Nettoerlöse und der proportionalen Kosten der Päckchen aus. Für das Päckchen Θ_λ gilt demnach

$$1\ \Theta_\lambda = 1\ A_\lambda + \frac{h_{E\lambda}}{p} B\ .$$

Der reduzierte Nettoerlös eines Endproduktpäckchens beträgt

$$e_{\Theta\lambda} = e_{A\lambda} + \frac{h_{E\lambda}}{p} \cdot e_B \ ;$$

die proportionalen Kosten der Kuppelproduktion sind für ein Päckchen

$$k_{K\Theta\lambda} = h_{E\lambda} \cdot \frac{M_R + D_U}{\phi} = h_{E\lambda} \cdot \frac{M_R + D_U}{h} \quad \text{(wegen } \phi = h\text{, vgl. S. 170)}\ ,$$

die der Weiterverarbeitung der gekoppelten Mengen H und L

$$(m_Z + d_V + d_W)_\lambda + \frac{h_{E\lambda}}{p} \cdot d_X \ .$$

Damit ergibt sich als Bruttoergebnis eines Päckchens

$$\varepsilon_{\Theta\lambda} = \{e_\Theta - k_{K\Theta} - (m_Z + d_V + d_W) - \frac{h_E}{p} \cdot d_X\} \ .$$

Durch das unmittelbare Rechnen mit diesem Bruttoergebnis je Päckchen wird die Rechnung erheblich vereinfacht, weil darin der gesamte Einfluß, den eine Einheit des jeweiligen Endproduktbündels auf den Periodenerfolg ausübt, zum Ausdruck kommt.

Der Produktionsengpaß in V wird dadurch berücksichtigt, daß die Bruttoergebnisse je Päckchen mit der jeweiligen Produktionsmenge je Engpaßeinheit multipliziert und so auf Bruttoergebnisse je Engpaßeinheit umgerechnet werden:

$$\varepsilon_{e\Theta\lambda} = t_{V\lambda}^{-1} \{e_{\Theta} - (m_Z + d_V + d_W) - \frac{h_E}{p} d_X - k_{K\Theta}\}_{\lambda} \quad ,$$

$$\varepsilon_{e\Theta\lambda} = t_{V\lambda}^{-1} \{(e_A + \frac{h_E}{p} e_B) - (m_Z + d_V + d_W) - \frac{h_E}{p} d_X - h_E \frac{M_R + D_U}{h}\}_{\lambda} \qquad (2.1)$$

Die vergleichsweise Höhe dieser auf die Engpaßeinheit bezogenen Bruttoergebnisse bestimmt die Rangfolge der zur Wahl stehenden Produkte A_{ijk}.

2. Verwendung für die Programmwahl und Beweis der Optimalität

Die engpaßbezogenen Bruttoergebnisse der Päckchen $\varepsilon_{e\Theta\lambda}$ (und damit die zugehörigen Endprodukte A_{ijk}) werden der Größe nach geordnet, was durch den Index ω zum Ausdruck gebracht wird:

$$\varepsilon_{e\Theta 1} \geqq \varepsilon_{e\Theta 2} \geqq \ldots \geqq \varepsilon_{e\Theta\omega} \geqq \ldots \geqq \varepsilon_{e\Theta n} \qquad (\omega = 1,2,3,\ldots,n)$$

In dieser Reihenfolge werden die ersten $\bar{n}$ Produkte in das geplante Programm aufgenommen, und zwar bis zu der durch die Nebenbedingungen gezogenen Grenze:

a) $$\sum_{\omega=1}^{\bar{n}} \bar{T}_{V\omega} \leqq \bar{T}_{Vmax} = T_{Vmax} \quad ,$$

d.h. die Summe der Bearbeitungszeiten der in das Programm aufgenommenen Produkte in V (genauer: der Bearbeitungszeiten ihrer Vorstufen A_i) muß kleiner oder gleich der Kapazität von V sein;

b) $$\bar{T}_{V\omega} = \bar{a}_{\omega} \cdot t_{V\omega} \leqq \bar{T}_{V\omega max} = \bar{a}_{\omega max} \cdot t_{V\omega} = s \cdot a_{\omega max} \cdot t_{V\omega} \quad ,$$

d.h. die durch die maximale Absatzmenge gegebene Bearbeitungszeit der einzelnen Produkte in V darf nicht überschritten werden. Ferner gilt

c) α) $\varepsilon_{e\Theta\omega} \geqq 0$

oder

β) $\varepsilon_{e\Theta\omega} > 0$ (mit $\omega = 1,2,3,\ldots,\bar{n}$) ,

d.h. die engpaßbezogenen Bruttoergebnisse je Kombinateinheit müssen größer als bzw. gleich Null sein oder über Null liegen. Beide Bedingungen sind theoretisch gleichwertig, da es auf die Höhe des Periodengewinns ohne Einfluß ist, ob ein Produkt mit

$$\varepsilon_{e\Theta} = 0$$

gefertigt wird oder nicht.

Der vorausberechnete Gewinn des so gewählten Programms ergibt sich aus der Formel

$$\bar{G} = \sum_{\omega=1}^{\bar{n}} \varepsilon_{e\Theta\omega} \cdot \bar{T}_{V\omega} - F_g \quad . \qquad (2.2)$$

Zum Beweis, daß mit dieser Formel auch der Effektivgewinn des gewählten Programms errechnet wird, wird Gl. 2.1 in Gl. 2.2 eingesetzt (wobei für Gl. 2.1 der Index ω statt λ verwendet wird):

$$\bar{G} = \sum_{\omega=1}^{\bar{n}} \{(e_A + \frac{h_E}{p} e_B) - (m_Z + d_V + d_W) - \frac{h_E}{p} d_X - h_E \frac{M_R + D_U}{h}\}_\omega \cdot \frac{\bar{T}_{V\omega}}{t_{V\omega}} - F_g \quad ;$$

mit

$$\bar{T}_{V\omega} = \bar{a}_\omega \cdot t_{V\omega}$$

wird daraus

$$\bar{G} = \sum_{\omega=1}^{\bar{n}} \bar{a}_\omega \{e_A - (m_Z + d_V + d_W)\}_\omega + \sum_{\omega=1}^{\bar{n}} \bar{a}_\omega (\frac{h_E}{p} e_B - \frac{h_E}{p} d_X)_\omega - \sum_{\omega=1}^{\bar{n}} \bar{a}_\omega (h_E \frac{M_R + D_U}{h})_\omega - F_g \quad ;$$

$$\bar{G} = \bar{E}_A - (\bar{M}_Z + \bar{D}_V + \bar{D}_W) + \sum_{\omega=1}^{\bar{n}} \bar{a}_\omega \frac{h_{E\omega}}{p} (e_B - d_X) - \sum_{\omega=1}^{\bar{n}} \bar{a}_\omega (h_E \frac{M_R + D_U}{h})_\omega - F_g \quad ;$$

mit

$$p = \frac{\overline{h}}{\overline{l}} = \frac{\overline{h}}{\overline{b}} \quad \text{und} \quad \sum_{\omega=1}^{\overline{n}} \overline{a}_{\omega} \cdot h_{E\omega} = \overline{h}$$

ergibt sich

$$\overline{G} = \overline{E}_A - (\overline{M}_Z + \overline{D}_V + \overline{D}_W) + (\overline{E}_B - \overline{D}_X) - (\overline{M}_R + \overline{D}_U) - F_g \quad ;$$

$$\overline{G} = \overline{E} - (\overline{M}_Z + \overline{D}_V + \overline{D}_W + \overline{D}_X + \overline{M}_R + \overline{D}_U) - F_g \quad ;$$

$$\overline{G} = \overline{E} - \overline{K}_{HKp} - F_g = \overline{G}_{eff} \quad .$$

Es gilt also

$$\overline{G} = \sum_{\omega=1}^{\overline{n}} \varepsilon_{e\Theta\omega} \cdot \overline{T}_{V\omega} - F_g = \sum_{\omega=1}^{\overline{n}} \overline{G}_{\omega} - F_g = \overline{G}_{eff} \, , \tag{2.3}$$

wobei

$$\overline{G}_{\omega} = \varepsilon_{e\Theta\omega} \cdot \overline{T}_{V\omega} \, . \tag{2.4}$$

Es ist nun zu beweisen, daß der Gewinn des Programms, das nach der verkürzten Totalrechnung ermittelt wird, dem optimalen, d.h. dem unter den gegebenen Bedingungen höchstmöglichen Periodengewinn $\overline{G}_{max}$ entspricht:

$$\overline{G}_{max} \overset{!}{=} (\overline{G}_1 + \overline{G}_2 + \overline{G}_3 + \ldots + \overline{G}_{\overline{n}}) - F_g = \sum_{\omega=1}^{\overline{n}} \overline{G}_{\omega} - F_g \tag{2.5}$$

Dies trifft dann zu, wenn sich beweisen läßt, daß die rechte Seite von Gl. 2.5 nicht vergrößert werden kann. Da F_g= const., ist eine Veränderung nur bei den $\overline{G}_{\omega}$ möglich. Hierbei sind zwei Fälle zu unterscheiden:

a) Die Kapazität in V ist durch das nach der verkürzten Totalrechnung bestimmte Programm ausgelastet, d.h.

$$\sum_{\omega=1}^{\overline{n}} \overline{T}_{V\omega} = \overline{T}_{Vmax} \quad .$$

Die Vergrößerung eines oder mehrerer Glieder $\overline{G}_{\omega}$ (mit $\omega < \overline{n}$), d.h. die Vergrößerung der Periodenerlösüberschüsse aller in das Programm aufgenommenen Produkte mit Ausnahme des letzten ist nicht möglich, da für sie wegen der Absatzbeschränkungen

$$\overline{T}_{V\omega} = \overline{T}_{V\omega max} \qquad \text{(Nebenbedingung b)}$$

gilt.

Für das zuletzt in das Programm aufgenommene Produkt ($\omega = \overline{n}$) ist

$$\overline{T}_{V\overline{n}} = \overline{T}_{Vmax} - \sum_{\omega=1}^{\overline{n}-1} \overline{T}_{V\omega} ,$$

so daß eine Vergrößerung von $\overline{T}_{V\overline{n}}$, d.h. eine Erhöhung der Zahl der Engpaßstunden, die für dieses Produkt noch zur Verfügung stehen, eine Verkleinerung eines oder mehrerer $\overline{T}_{V\omega}$ (mit $\omega < \overline{n}$) nach sich ziehen würde. Das kann aber auf keinen Fall den Periodengewinn erhöhen, wie folgende Überlegung zeigt: Bezeichnet man die auf Kosten des Produktes A_ω ($\omega < \overline{n}$) erfolgende Vergrößerung von $\overline{T}_{V\overline{n}}$ mit $\Delta_\omega \overline{T}_{V\overline{n}}$, so gilt

$$\Delta\overline{T}_{V\omega} = \Delta_\omega \overline{T}_{V\overline{n}} \quad .$$

Wegen der Rangfolge der Bruttoergebnisse je Engpaßeinheit ($\varepsilon_{e\Theta\omega} \geqq \varepsilon_{e\Theta\overline{n}}$) ist

$$\Delta\overline{T}_{V\omega} \cdot \varepsilon_{e\Theta\omega} \geqq \Delta_\omega \overline{T}_{V\overline{n}} \cdot \varepsilon_{e\Theta\overline{n}} \quad .$$

Die Verminderung des Gewinns durch Einschränkung der Produktion von A_ω ist also für alle $\omega < \overline{n}$ größer als der Zusatzgewinn durch Ausweitung der Produktion von $A_{\overline{n}}$.

Ein bisher nicht im Programm enthaltenes Produkt $A\mu$ (mit $\overline{n} < \mu \leqq n$) mit positivem Bruttoergebnis je Engpaßeinheit ($\varepsilon_{e\Theta\mu} > 0$) kann nur dann in das Programm eingeführt werden, wenn die $\overline{T}_{V\omega}$ ($\omega \leqq \overline{n}$), d.h. die Engpaßstundenzahlen der anderen Produkte vermindert werden. Der auf das Produkt A_ω ($\omega \leqq \overline{n}$) entfallende Teil der Engpaßzeit $\overline{T}_{V\mu}$ des neuen Produktes A_μ werde mit $\Delta_\omega \overline{T}_{V\mu}$ bezeichnet.

Es gilt also

$$\Delta\bar{T}_{V\omega} = \Delta_{\omega}\bar{T}_{V\mu}$$

Wegen der Rangfolge der Bruttoergebnisse je Engpaßeinheit gilt wiederum

$$\Delta\bar{T}_{V\omega} \cdot \varepsilon_{e\Theta\omega} \geqq \Delta_{\omega}\bar{T}_{V\mu} \cdot \varepsilon_{e\Theta\mu} \,,$$

die Verminderung des Gewinns durch Einschränkung der Produktion von A_{ω} ist also für alle $\omega \leqq \bar{n}$ größer als der zusätzliche Gewinn durch Produktion des neuen Produktes A_{μ}.

b) Die Kapazität in V ist noch nicht ausgelastet, d.h.

$$\sum_{\omega=1}^{\bar{n}} \bar{T}_{V\omega} < \bar{T}_{Vmax} \quad .$$

Dieser Fall kann eintreten, wenn von einem Index ν an die Produkte A_{ω} negative (bzw. nicht-positive, vgl. Nebenbedingung c) Bruttoergebnisse je Engpaßeinheit aufweisen.

Für $\omega < \nu$ gilt wieder $\bar{T}_{V\omega} = \bar{T}_{V\omega max}$, so daß keine Produktionsausweitung möglich ist. Für $\omega \geqq \nu$ ist das Bruttoergebnis je Engpaßeinheit entweder Null oder negativ. Auch hier kann der Gewinn nicht erhöht werden, wenn man die Produktion ausweitet.

Damit ist bewiesen, daß das mit Hilfe der verkürzten Totalrechnung ermittelte Programm optimal ist, d.h. unter den gegebenen Bedingungen den höchstmöglichen Periodengewinn bzw. den niedrigsten Periodenverlust ergibt.

B. Der Vergleich der einzelnen Verrechnungspreisverfahren mit der verkürzten Totalrechnung

Die Programmwahl erfolgt anhand der Brutto- bzw. Nettoergebnisse je LE oder je Einheit des beanspruchten Engpasses. Diese werden der Größe nach geordnet und ergeben so die Rangfolge der zu fertigenden Produkte.

Um die verschiedenen Verfahren der Verrechnungspreisbildung und -verwendung auf ihre Zweckmäßigkeit für die Programmwahl zu untersuchen, ist es erforderlich zu prüfen, ob die für die Programmwahl maßgeblichen Entscheidungsgrößen mit denen der verkürzten Totalrechnung übereinstimmen, ob sie wenigstens stets die gleiche Rangfolge wie bei der verkürzten Totalrechnung aufweisen (117) oder ob sie so differieren, daß eine Rangverschiebung eintreten kann.

Lassen sich die Brutto- bzw. Nettoergebnisse in die Form

$$\varepsilon_{e\Theta\lambda} = t_{V\lambda}^{-1}\{(e_A + \frac{h_E}{p} e_B) - (m_Z + d_V + d_W) - \frac{h_E}{p} d_X - h_E \frac{M_R + D_U}{h}\}_\lambda \qquad (2.1)$$

überführen, so wird zwangsläufig dasselbe Programm wie mit Hilfe der verkürzten Totalrechnung gewählt; das betreffende Verfahren führt also zum Maximalgewinn.

Lassen sie sich in die Form

$$\varepsilon'_{e\Theta\lambda} = \{t_{V\lambda}^{-1}\Big((e_A + \frac{h_E}{p} e_B) - (m_Z + d_V + d_W) - \frac{h_E}{p} d_X - h_E \frac{M_R + D_U}{h}\Big)_\lambda + c_a\} \cdot c_m \qquad (2.6)$$

überführen, so ergibt sich das gleiche, vorausgesetzt, daß für alle die Produkte, die nach Gleichung 2.1 in das Programm aufgenommen werden, positive Ergebnisse ausgewiesen werden. Gelingen diese Überführungen nicht, so wird nicht in jedem Fall ein anderes Programm gewählt, da es sein kann, daß sich die auftretenden Unterschiede in der Höhe der einzelnen Ergebnisse nicht auf die Rangfolge auswirken. Tendenziell werden sich zwar um so weniger Programmänderungen ergeben, je geringer die Abweichungen von den Ergebnissen der verkürzten Totalrechnung sind, doch können in Einzelfällen auch minimale Unterschiede bereits Verschiebungen in der Produktrangfolge und damit eventuell im Programm hervorrufen. Im algebraischen Modell gibt es demnach allein geeignete oder ungeeignete Verfahren für die Programmwahl, dagegen keine Rangfolge der Verfah-

117) Dies ist der Fall, wenn sie sich von den Entscheidungsgrößen der verkürzten Totalrechnung nur um eine additive oder/und multiplikative Konstante (c_a bzw. c_m) unterscheiden.

ren je nach dem Grad der Annäherung an die Ergebnisse der richtigen Rechnung.

1. Teilkostenverfahren

a) Proportionalkostenrechnungen

(1) Verwendung von Bruttoergebnissen je Erzeugniseinheit

(a) Proportionalkostenrechnung mit Schlüsselung der proportionalen Kuppelproduktionskosten

Mit

$$VP_{\lambda} = h_{E\lambda} \cdot VP_{H}$$

und

$$VP_{H} = \frac{M_{R} + D_{U}}{h} \cdot \frac{1}{1 + \frac{1}{q}} \tag{1.1}$$

ergibt sich als Formel zur Ermittlung der Bruttoergebnisse je LE (vgl. S. 177):

$$\varepsilon_{\lambda} = \{e_{A} - C_{1} - h_{E} \frac{M_{R} + D_{U}}{h} \cdot \frac{1}{1 + \frac{1}{q}}\}_{\lambda} \quad ;$$

$$\varepsilon_{\lambda} = \{e_{A} - (m_{Z} + d_{V} + d_{W}) - h_{E} \frac{M_{R}+D_{U}}{h} \cdot \frac{1}{1 + \frac{1}{q}}\}_{\lambda} \quad ;$$

durch Addition und Subtraktion von

$$(h_{E\lambda} \frac{E_{B} - D_{X}}{h}) \qquad \text{sowie von} \qquad (h_{E\lambda} \frac{M_{R} + D_{U}}{h}) \quad ,$$

d.h. durch zweimalige Addition von Null ergibt sich

$$\varepsilon_{\lambda} = \{e_{A} - (m_{Z}+d_{V}+d_{W}) - h_{E} \frac{M_{R}+D_{U}}{h} + h_{E} \frac{E_{B}-D_{X}}{h} + (h_{E} \frac{M_{R}+D_{U}}{h} - h_{E} \frac{E_{B}-D_{X}}{h} - h_{E} \frac{M_{R}+D_{U}}{h} \cdot \frac{1}{1+\frac{1}{q}})\}_{\lambda};$$

daraus wird, mit

$$D_{X} = b \cdot d_{X},\ E_{B} = b \cdot e_{B} \text{ sowie } h = b \cdot p,$$

$$\varepsilon_\lambda = \{(e_A+\frac{h_E}{p} e_B)-(m_Z+d_V+d_W)- \frac{h_E}{p} d_X-h_E \frac{M_R+D_U}{h}\}_\lambda+\{h_E \frac{M_R+D_U}{h}(1- \frac{1}{1+\frac{1}{q}})-h_E \frac{E_B-D_X}{h}\}_\lambda ,$$

schließlich, mit

$$1 - \frac{1}{1 + \frac{1}{q}} = \frac{1 + \frac{1}{q} - 1}{1 + \frac{1}{q}} = \frac{\frac{1}{q}}{1 + \frac{1}{q}} = \frac{1}{1 + q} ,$$

$$\varepsilon_\lambda = \{(e_A+ \frac{h_E}{p} e_B)-(m_Z+d_V+d_W)- \frac{h_E}{p} d_X-h_E \frac{M_R+D_U}{h} +(h_E \frac{M_R+D_U}{h}\cdot \frac{1}{1+q} -h_E \frac{E_B-D_X}{h})\}_\lambda . \quad (2.7)$$

Gl. 2.7 unterscheidet sich von Gl. 2.1 dadurch, daß der produktabhängige Faktor $t_{V\lambda}^{-1}$ fehlt, d.h. der Engpaß nicht berücksichtigt wird. Daher werden die Produkte mit niedrigen Werten von $t_{V\lambda}^{-1}$ (im numerischen Modell z.B. A_{311}) tendenziell zu günstig eingestuft.

Darüber hinaus unterscheidet sich Gl. 2.7 von Gl. 2.1 um die Differenz

$$h_{E\lambda} \frac{M_R + D_U}{h} \cdot \frac{1}{1 + q} - h_{E\lambda} \cdot \frac{E_B - D_X}{h}$$

Diese Differenz läßt sich wie folgt umformen:

$$h_{E\lambda}\{ \frac{M_R + D_U}{h} (1 - \frac{1}{1 + \frac{1}{q}}) - \frac{E_B - D_X}{h}\} =$$

$$= h_{E\lambda} \{\frac{(M_R + D_U) + (D_X - E_B)}{h} - \frac{M_R + D_U}{h} \cdot \frac{1}{1 + \frac{1}{q}}\} =$$

$$= h_{E\lambda} \cdot (VP_{HR} - VP_{HS})$$

Die Bruttoergebnisse liegen also um die Differenz der Verrechnungspreise der Restwertmethode und des jeweiligen Schlüsselungsverfahrens für H, multipliziert mit dem jeweiligen H-Anteil in den Hauptendprodukten, über den Bruttoergebnissen je Leistungseinheit nach der verkürzten Totalrechnung. Unter sonst gleichen Umständen erscheinen also die Produkte mit hohem H-Anteil als besonders erfolgsgünstig. Nur für den Fall, daß $VP_{HR} < VP_{HS}$, wie bei der Marktpreisverhältnisrechnung, wird die Differenz negativ, so daß Produkte mit hohem H-Anteil unter sonst gleichen Umständen vergleichsweise als besonders ertragsschwach angesehen werden.

Aus der ursprünglichen Form der Differenz ergibt sich, daß die den Hauptendprodukten A_λ angelasteten Kuppelprozeßkosten

$$h_{E\lambda} \frac{M_R + D_U}{h} \quad \text{um} \quad \frac{1}{1 + \frac{1}{q}} \cdot h_{E\lambda} \frac{M_R + D_U}{h}$$

verringert werden, da dieser Teil der proportionalen Kuppelprozeßkosten dem Nebenendprodukt B zugerechnet wird. Außerdem wird der Erlösüberschuß des Nebenendprodukts nicht berücksichtigt.

Diese beiden Einflüsse heben sich allerdings bei einer bestimmten, rein formal möglichen "optimalen" Schlüsselgröße (q_o) auf, und zwar unter der Bedingung, daß

$$h_{E\lambda} \frac{M_R + D_U}{h} \cdot \frac{1}{1 + q_o} - h_{E\lambda} \cdot \frac{E_B - D_X}{h} = 0,$$

d.h.

$$(M_R + D_U) \cdot \frac{1}{1 + q_o} = E_B - D_X \quad ;$$

$$1 + q_o = \frac{M_R + D_U}{E_B - D_X} \quad ;$$

$$q_o = \frac{M_R + D_U}{E_B - D_X} - 1 = p \frac{m_H + d_U}{e_B - d_X} - 1 \quad .$$

Für diesen Wert des Schlüssels q ist die einzige Abweichung von der verkürzten Totalrechnung das Fehlen von $t_{V\lambda}^{-1}$. Die Bruttoergebnisse der Hauptendprodukte je LE stimmen daher mit denen der verkürzten Totalrechnung überein. Für das Nebenkuppelprodukt L ergibt sich nach dem "optimalen Kostenschlüssel" ein Verrechnungspreis von

$$VP_L = \frac{M_R + D_U}{h} \cdot \frac{p}{1 + q_o} = \frac{M_R + D_U}{h} \cdot \frac{p}{1 + \frac{M_R + D_U}{E_B - D_X} - 1} =$$

$$= \frac{M_R + D_U}{h} \cdot \frac{\frac{h}{1}}{\frac{M_R + D_U}{E_B - D_X}} = \frac{E_B - D_X}{1} \quad .$$

Dem Nebenprodukt werden also proportionale Kuppelproduktionskosten in Höhe des Überschusses der reduzierten Nebenendprodukterlöse über die proportionalen Weiterverarbeitungskosten zugeschlüsselt. Dies entspricht materiell dem Vorgehen der Restwertrechnung auf Proportionalkostenbasis, bei der der entsprechende Überschuß von den proportionalen Kuppelproduktionskosten abgesetzt wird, ohne daß ein Verrechnungspreis für das Nebenprodukt gebildet wird. Der "optimale Kostenschlüssel" stellt demnach nichts anderes als eine formal verkleidete Restwertrechnung auf Proportionalkostenbasis (Restproportionalkostenrechnung) dar.

b) Proportionalkostenrechnung mit Bewertung der Kuppelprodukte nach der Restwertmethode

Die Formel zur Ermittlung der Bruttoergebnisse je LE der Hauptendprodukte lautet (vgl. Tabelle 2o)

$$\varepsilon_\lambda = (e_A - C_1 - VP)_\lambda \quad .$$

Mit

$$VP_\lambda = h_{E\lambda} \cdot VP_H$$

und

$$VP_H = \frac{M_R + D_U + D_X - E_B}{h} \tag{1.2}$$

ergibt sich

$$\varepsilon_\lambda = \{e_A - C_1 - h_E \frac{M_R + D_U + D_X - E_B}{h}\}_\lambda \; ,$$

$$\varepsilon_\lambda = \{e_A-(m_Z+d_V+d_W)- h_E \frac{M_R+D_U}{h} - h_E \frac{D_X}{h} + h_E \frac{E_B}{h}\}_\lambda \;;$$

wegen

$$D_X = b \cdot d_X, \; E_B = b \cdot e_B \text{ und } h = b \cdot p$$

wird daraus

$$\varepsilon_\lambda = \{e_A-(m_Z+d_V+d_W)-h_E \frac{M_R+D_U}{h} -h_E \frac{b\cdot d_X}{b\cdot p} +h_E \frac{b\cdot e_B}{b\cdot p}\}_\lambda \;;$$

$$\varepsilon_\lambda = \{(e_A+ \frac{h_E}{p} e_B)-(m_Z+d_V+d_W)- \frac{h_E}{p} d_X-h_E \frac{M_R+D_U}{h}\}_\lambda \quad . \tag{2.8}$$

Gl. 2.8 unterscheidet sich von Gl. 2.1 nur durch das Fehlen des produktabhängigen Faktors $t_{V\lambda}^{-1}$, d.h. durch das Fehlen des Engpaßbezugs. Die ε_λ stimmen also zwar mit den Bruttoergebnissen der verkürzten Totalrechnung je Päckchen überein, nicht jedoch mit den Bruttoergebnissen je Engpaßeinheit. Da die Bruttoergebnisse nicht auf die Engpaßeinheit bezogen werden, haben die Produkte, die den Engpaß stark beanspruchen, d.h. niedrige Werte von $t_{V\lambda}^{-1}$ aufweisen, wie bei den Schlüsselungsverfahren eine tendenziell bessere Position als im Optimalprogramm. Im numerischen Modell liegt z.B. das Produkt mit dem niedrigsten Wert für $t_{V\lambda}^{-1}$ (A_{311}) an erster Stelle, während es im Optimalprogramm erst den fünften Rang einnimmt.

c) Proportionalkostenrechnung unter Bewertung des Nebenkuppelproduktes mit Null

Mit

$$VP_\lambda = h_{E\lambda} \cdot VP_H$$

und

$$VP_H = \frac{M_R + D_U}{h} \tag{1.3}$$

ergibt sich als Formel zur Ermittlung der Bruttoergebnisse

je LE (vgl. Seite 177)

$$\varepsilon_\lambda = (e_A - C_1 - h_E \frac{M_R + D_U}{h})_\lambda \quad ,$$

$$\varepsilon_\lambda = \{e_A - (m_Z + d_V + d_W) - h_E \frac{M_R + D_U}{h}\}_\lambda \quad ;$$

durch Addition und Subtraktion von

$$h_{E\lambda} \frac{E_B - D_X}{h}$$

erhält man

$$\varepsilon_\lambda = \{e_A-(m_Z+d_V+d_W)-h_E \frac{M_R+D_U}{h} +h_E \frac{E_B-D_X}{h}\}_\lambda-h_{E\lambda} \frac{E_B-D_X}{h} \; ;$$

daraus ergibt sich, mit

$$D_X = b \cdot d_X, \; E_B = b \cdot e_B \text{ sowie } h = b \cdot p \; ,$$

$$\varepsilon_\lambda = \{(e_A+ \frac{h_E}{p} e_B)-(m_Z+d_V+d_W)- \frac{h_E}{p} d_X-h_E \frac{M_R+D_U}{h} -h_E \frac{E_B-D_X}{h}\}_\lambda \quad . \qquad (2.9)$$

Im Vergleich zur verkürzten Totalrechnung fehlt einmal der Bezug auf den Engpaß durch den Faktor $t_{V\lambda}^{-1}$. Außerdem tritt hier eine weitere Abweichung von Gl. 2.1 auf, da der Erlösüberschuß des Nebenendproduktes nicht berücksichtigt wird. Im Vergleich zu den Bruttoergebnissen der verkürzten Totalrechnung je Endproduktpäckchen liegen also alle Bruttoergebnisse niedriger.

(2) Verwendung engpaßbezogener Bruttoergebnisse

(a) Proportionalkostenrechnung mit Schlüsselung der proportionalen Kuppelproduktionskosten

Die Rechnung erfolgt analog Abschnitt (a) (S. 188 f.) und ergibt

$$\varepsilon_{e\lambda} = t_{V\lambda}^{-1}\{((e_A+ \frac{h_E}{p} e_B)-(m_Z+d_V+d_W)- \frac{h_E}{p} d_X-h_E \frac{M_R+D_U}{h})_\lambda+h_{E\lambda} (\frac{M_R+D_U}{h}\cdot\frac{1}{1+q} - \frac{E_B-D_X}{h})\}. (2.$$

Gl. 2.10 unterscheidet sich um

$$t_{V\lambda}^{-1}\cdot \frac{h_{E\lambda}}{h} \{(M_R+D_U)\cdot \frac{1}{1+q} -(E_B-D_X)\} = t_{V\lambda}^{-1} \cdot h_{E\lambda} \cdot (VP_{HR} - VP_{HS})$$

von Gl.2.1. Die Bruttoergebnisse je Engpaßeinheit liegen also in allen Fällen, in denen $VP_{HR} > VP_{HS}$ ist, über den engpaßbezogenen Bruttoergebnissen der verkürzten Totalrechnung, und zwar absolut um so mehr, je größer der jeweilige H-Anteil im Endprodukt und je höher die Ausbringung pro Engpaßeinheit ist. Nur in dem weiter oben erwähnten rein theoretischen Grenzfall (vgl. S. 19o) ergeben die Schlüsselungsverfahren mit Engpaßbezug der Bruttoergebnisse das Optimalprogramm, nämlich für

$$q_o = \frac{M_R + D_U}{E_B - D_X} - 1 \qquad \text{(im numerischen Modell ist } q_o{=}5\text{)}.$$

(b) Proportionalkostenrechnung mit Bewertung der Kuppelprodukte nach der Restwertmethode

Die Formel zur Ermittlung der Bruttoergebnisse je Einheit des Engpasses lautet (vgl. S. 177)

$$\varepsilon_{e\lambda} = t_{V\lambda}^{-1} \cdot (e_A - C_1 - VP)_\lambda \quad .$$

Analog Abschnitt (b) (S. 191 f.) ergibt sich schließlich

$$\varepsilon_{e\lambda} = t_{V\lambda}^{-1}\{(e_A + \frac{h_E}{p} e_B) - (m_Z + d_V + d_W) - \frac{h_E}{p} d_X - h_E \frac{M_R + D_U}{h}\}_\lambda . \qquad (2.11)$$

Gl. 2.11 entspricht Gl. 2.1; das aufgrund der Restwertrechnung mit Engpaßbezug der Bruttoergebnisse ermittelte Programm entspricht also dem Optimalprogramm, da die engpaßbezogenen Bruttoergebnisse mit denen der verkürzten Totalrechnung übereinstimmen.

(c) Proportionalkostenrechnung unter Bewertung des Nebenkuppelproduktes mit Null

Analog Abschnitt (c) (S. 192 f.) ergibt sich

$$\varepsilon_{e\lambda} = t_{V\lambda}^{-1}\{\left((e_A + \frac{h_E}{p} e_B) - (m_Z + d_V + d_W) - \frac{h_E}{p} d_X - h_E \frac{M_R + D_U}{h}\right)_\lambda - h_{E\lambda} \frac{E_B - D_X}{h}\} . \qquad (2.12)$$

Gl. 2.12 unterscheidet sich von Gl. 2.1 um die Größe

$$t_{V\lambda}^{-1} \cdot h_{E\lambda} \cdot \frac{E_B - D_X}{h} \quad ,$$

die darauf beruht, daß die Erlösüberschüsse des Nebenendprodukts nicht berücksichtigt werden. Auch mit diesem Verfahren wird daher das Optimalprogramm nicht erreicht, es sei denn, daß $E_B - D_X = 0$.

b) Rechnen mit relativen Einzelkosten und Deckungsbeiträgen

Mit

$$VP_{\Theta\lambda} = h_{E\lambda} \cdot VP_{\Phi} \quad ,$$

$$VP_{\Phi} = \frac{M_R + D_U}{\phi} = \frac{M_R + D_U}{h} \quad , \tag{1.4}$$

und

$$(m_Z,\, d_V,\, d_W)_{\Theta\lambda} = (m_Z,\, d_V,\, d_W)_{\lambda}$$

ergibt sich (vgl. S.178)

$$\varepsilon_{e\Theta\lambda} = t_{V\lambda}^{-1}\{e_{\Theta} - (m_Z + d_V + d_W) - d_{X\Theta} - h_E \frac{M_R + D_U}{h}\}_{\lambda}$$

und, da

$$e_{\Theta\lambda} = e_{A\lambda} + \frac{h_{E\lambda}}{p} e_B \quad \text{und} \quad d_{X\Theta\lambda} = \frac{h_{E\lambda}}{p} d_X \quad ,$$

$$\varepsilon_{e\Theta\lambda} = t_{V\lambda}^{-1}\{(e_A + \frac{h_E}{p} e_B) - (m_Z + d_V + d_W) - \frac{h_E}{p} d_X - h_E \frac{M_R + D_U}{h}\}_{\lambda} \quad . \tag{2.13}$$

Gl. 2.13 ist mit Gl. 2.1 identisch; das aufgrund des Rechnens mit relativen Einzelkosten und Deckungsbeiträgen ermittelte Programm entspricht also dem Optimalprogramm.

2. Vollkostenverfahren

a) Ohne Engpaßbezug der Stückerfolge

(1) Auf Basis der Ist-Beschäftigung

(a) Vollkostenrechnung mit Schlüsselung der Kuppelproduktionskosten

Die Formel zur Ermittlung der Stückerfolge lautet (vgl. S.180)

$$g_\lambda = (e_A - C_1 - C_2 - \rho)_\lambda$$

$$= (e_A - C_1 - C_2 - VP - k_f)_\lambda \quad .$$

Die anteiligen Verwaltungs- und Vertriebsgemeinkosten je LE (k_f) lassen sich wie folgt darstellen:

$$k_{f\lambda} = \frac{F}{K_{HK}} \cdot k_{HK\lambda} = \frac{F}{K_{HK}} \cdot (C_1 + C_2 + VP)_\lambda \quad ;$$

hieraus wird, mit

$$\frac{F}{K_{HK}} + 1 = Q \; ,$$

$$k_{f\lambda} = (Q - 1) \cdot (C_1 + C_2 + VP)_\lambda \quad .$$

Dann gilt

$$g_\lambda = \{e_A - C_1 - C_2 - VP - (Q - 1) \cdot (C_1 + C_2 + VP)\}_\lambda$$

oder

$$g_\lambda = \{e_A - Q \cdot (C_1 + C_2) - Q \cdot VP\}_\lambda \quad .$$

Mit

$$VP_\lambda = h_{E\lambda} \cdot VP_H$$

und

$$VP_H = \frac{M_R + D_U + F_U}{h} \cdot \frac{1}{1 + \frac{1}{q}} \tag{1.5}$$

ergibt sich

$$g_\lambda = \{e_A - Q(m_Z + d_V + d_W) - Q(f_V + f_W) - Q \cdot h_E \frac{M_R + D_U + F_U}{h} \cdot \frac{1}{1 + \frac{1}{q}}\}_\lambda \quad ;$$

durch Addition und Subtraktion von

$$Q \cdot h_{E\lambda} \frac{E_B - D_X}{h}$$

wird daraus $g_\lambda=\{e_A-Q(m_Z+d_V+d_W)-Q(f_V+f_W)-Q\cdot h_E\,\frac{F_U}{h}\cdot\frac{1}{1+\frac{1}{q}}-$

$$-Q\cdot h_E\,\frac{M_R+D_U}{h}\cdot\frac{1}{1+\frac{1}{q}}+Q\cdot h_E\,\frac{E_B-D_X}{h}-Q\cdot h_E\,\frac{E_B-D_X}{h}\}_\lambda .$$

Das vorletzte Glied wird umgeformt in

$$Q\cdot\frac{h_{E\lambda}}{p}\cdot e_B-Q\cdot\frac{h_{E\lambda}}{p}\cdot d_X\ ,$$

das drittletzte in

$$-Q\cdot h_{E\lambda}\,\frac{M_R+D_U}{h}\cdot\left(1-\frac{1}{1+q}\right)\ .$$

Dann ist

$$g_\lambda=\{(e_A+Q\cdot\frac{h_E}{p}\cdot e_B)-Q(m_Z+d_V+d_W)-Q\cdot\frac{h_E}{p}\cdot d_X-Q\cdot h_E\cdot\frac{M_R+D_U}{h}-Q(f_V+f_W)-Q\cdot h_E\cdot\frac{F_U}{h}\cdot\frac{1}{1+\frac{1}{q}}+$$

$$+Q\cdot h_E\cdot\frac{M_R+D_U}{h}\cdot\frac{1}{1+q}-Q\cdot h_E\cdot\frac{E_B-D_X}{h}\}_\lambda\ . \qquad (2.14)$$

Gl. 2.14 enthält gegenüber Gl. 2.1 eine Reihe von Abweichungen:

a) Es fehlt der Bezug auf den Engpaß, also die Multiplikation mit $t_{V\lambda}^{-1}$. Dadurch werden die Produkte mit niedrigen Werten von $t_{V\lambda}^{-1}$ tendenziell besser beurteilt als im Optimalprogramm. Im numerischen Modell ist dieser Einfluß dominierend; die drei Produkte mit den niedrigsten Werten von $t_{V\lambda}^{-1}$ - A_{311}, A_{211} und A_{611} - nehmen bei allen Vollkostenverfahren ohne Engpaßbezug in derselben Reihenfolge die ersten drei Ränge ein (vgl. Tabelle 10).

b) Die der verkürzten Totalrechnung entsprechenden Größen

$$\frac{h_E}{p}\,e_B\ ,\ (m_Z+d_V+d_W)\ ,\ \frac{h_E}{p}\,d_X\ \text{und}\ h_E\,\frac{M_R+D_U}{h}\ ,$$

also die proportionalen Herstellkosten und der jeweils gekoppelte Erlösüberschuß der einzelnen Produkte werden mit dem Faktor Q multipliziert, der auf der Verrechnung der Verwaltungs- und Vertriebsgemeinkosten basiert. Er beträgt im numerischen Beispiel 1,1241 und hat deshalb nur eine geringe verfälschende Wirkung.

c) Außerdem sind die Stückerfolge um

$$Q\cdot\left((f_V+f_W)+h_E\cdot\frac{F_U}{h}\cdot\frac{1}{1+\frac{1}{q}}-h_E\cdot\frac{M_R+D_U}{h}\cdot\frac{1}{1+q}+h_E\cdot\frac{E_B-D_X}{h}\right)_\lambda$$

niedriger als die Bruttoergebnisse der verkürzten Totalrechnung. In den beiden ersten Gliedern der eckigen Klammer kommt die Belastung mit anteiligen Fixkosten der einzelnen Produktionsstufen zum Ausdruck. Das dritte Glied erklärt sich daraus, daß die proportionalen Gemeinkosten der Kuppelprodukte aufgeschlüsselt werden, und das vierte beruht darauf, daß man die Nebenprodukt-Erlösüberschüsse nicht berücksichtigt.

Die Multiplikation dieser Werte und der unter b) genannten mit Q ist gleichbedeutend mit einer zusätzlichen Belastung der Hauptendprodukte in Höhe von

$$(Q-1)\cdot\{-\frac{h_E}{p}e_B+(m_Z+d_V+d_W)+\frac{h_E}{p}d_X+h_E\cdot\frac{M_R+D_U}{h}+(f_V+f_W)+h_E\cdot\frac{F_U}{h}\cdot\frac{1}{1+\frac{1}{q}}+$$
$$+h_E\cdot\frac{E_B-D_X}{h}-h_E\cdot\frac{M_R+D_U}{h}\cdot\frac{1}{1+q}\}_\lambda\ ;$$

$$(Q-1)\cdot\{C_1+C_2-\frac{h_E}{p}e_B+\frac{h_E}{p}d_X+h_E\cdot\frac{E_B-D_X}{h}+h_E\cdot(\frac{M_R+D_U}{h}+\frac{F_U}{h}\cdot\frac{1}{1+\frac{1}{q}}-\frac{M_R+D_U}{h}\cdot\frac{1}{1+q})\}_\lambda\ ;$$

$$(Q-1)\cdot\{C_1+C_2+h_E\cdot(\frac{M_R+D_U}{h}\cdot\frac{1}{1+\frac{1}{q}}+\frac{F_U}{h}\cdot\frac{1}{1+\frac{1}{q}})\}_\lambda\ .$$

Hieraus wird

$$(Q-1)\cdot\{C_1+C_2+h_E\cdot VP_H\}_\lambda = (Q-1)\cdot\{C_1+C_2+VP\}_\lambda$$

und, da

$$Q-1 = \frac{F}{K_{HK}}\ ,$$

$$\frac{F}{K_{HK}}\cdot k_{HK\lambda} = k_{f\lambda}\ .$$

Im Faktor Q schlägt sich also die Belastung mit den anteiligen Verwaltungs- und Vertriebsgemeinkosten nieder.

Der Versuch, Gl. 2.14 durch Wahl eines bestimmten Schlüssels in Gl. 2.1 bzw. in Gl. 2.6 zu überführen (vgl. S. 190 f.), ergibt, daß die Berechnung zwar möglich ist, jedoch nur mittels eines komplizierten, endproduktabhängigen Schlüsselungsverhältnisses, das nur formale, aber keine sachlogische Bedeutung besitzt. Im Gegensatz zu dem optimalen Teilkostenschlüssel, der nur von Globalgrößen (M_R, D_U, E_B und D_X) abhängig ist, ist der "optimale Vollkostenschlüssel" nämlich auch von produktbezogenen Größen ($h_{E\lambda}$, $m_{Z\lambda}$, $d_{V\lambda}$, $d_{W\lambda}$, $f_{V\lambda}$ und $f_{W\lambda}$) abhängig. Für jedes Produkt ergeben sich unterschiedliche - auch negative - Werte für q_o. Als Schlüssel zur Aufteilung der Kuppelprozeßkosten sind sie nicht zu verwenden. Auf eine Darstellung der entsprechenden Berechnungen soll daher hier verzichtet werden.

(b) Vollkostenrechnung mit Bewertung der Kuppelprodukte nach der Restwertmethode

Die Formel zur Ermittlung der Stückerfolge lautet (vgl. S. 180)

$$g_\lambda = (e_A - c_1 - c_2 - \rho)_\lambda \quad ,$$

$$= (e_A - c_1 - c_2 - VP - k_f)_\lambda \quad .$$

Wird diese Formel analog zu Abschnitt (a) umgeformt, so ergibt sich

$$g_\lambda = \{e_A - Q(m_Z + d_V + d_W) - Q(f_V + f_W) - Q \cdot h_E \cdot \frac{M_R + D_U + F_U + (D_X + F_X - E_B)}{h}\}_\lambda$$

$$= \{e_A - Q(m_Z + d_V + d_W) - Q(f_V + f_W) - Q \cdot h_E \cdot \frac{M_R + D_U}{h} - Q \cdot h_E \cdot \frac{D_X - E_B}{h} - Q \cdot h_E \cdot \frac{F_U + F_X}{h}\}_\lambda \quad ;$$

mit

$$D_X = b \cdot d_X, \; E_B = b \cdot e_B \;\text{ und } h = b \cdot p$$

wird daraus

$$g_\lambda = \{(e_A + Q\cdot\frac{h_E}{p}\,e_B) - Q(m_Z + d_V + d_W) - Q\cdot\frac{h_E}{p}\,d_X - Q\cdot h_E\cdot\frac{M_R + D_U}{h} - Q(f_V + f_W) - Q\cdot h_E\cdot\frac{F_U + F_X}{h}\}_\lambda . \quad (2.15$$

Auch hier liegen die bei den Schlüsselungsverfahren genannten Fehlerquellen a) und b) (vgl. S. 197 f.) vor; dagegen ist die restliche Abweichung eine andere als die dort unter c) aufgeführte. Die Stückerfolge sind nämlich - abgesehen von der unter b) genannten Verfälschung - nur mehr um

$$Q\cdot(f_V + f_W + h_E\cdot\frac{F_U + F_X}{h})_\lambda \quad ,$$

d.h. um die mit Q multiplizierten anteiligen Fixkosten der einzelnen Produktionsstufen niedriger als die Bruttoergebnisse der verkürzten Totalrechnung je LE. Die Rangfolge wird dadurch umso weniger verfälscht, je weniger die anteiligen Fixkosten der einzelnen Produkte voneinander abweichen.

Die Stückerfolge liegen also einmal um die anteiligen Fixkosten der einzelnen Produktionsstufen und zum anderen um den Wert

$$(Q-1)\{(-\frac{h_E}{p}\,e_B + (m_Z + d_V + d_W) + \frac{h_E}{p}\,d_X + h_E\cdot\frac{M_R + D_U}{h}) + ((f_V + f_W) + h_E\cdot\frac{F_U + F_X}{h})\}_\lambda$$

niedriger als die Bruttoergebnisse der verkürzten Totalrechnung bzw. die damit identischen Bruttoergebnisse der Teilkostenrechnung. Dieser Wert stellt jedoch nichts anderes dar als die anteiligen Verwaltungs- und Vertriebsgemeinkosten $k_{f\lambda}$. Mit

$$\frac{h_E}{p}\,(d_X - e_B) = \frac{h_E\cdot b\cdot(d_X - e_B)}{h} = \frac{h_E\cdot(D_X - E_B)}{h}$$

und

$$VP_H = \frac{M_R + D_U + F_U + D_X + F_X - E_B}{h} \quad \text{sowie} \quad VP_\lambda = h_{E\lambda}\cdot VP_H$$

wird hieraus nämlich

$$(Q-1)\cdot\{(C_1 + VP - h_E\cdot\frac{F_U + F_X}{h}) + (C_2 + h_E\cdot\frac{F_U + F_X}{h})\}_\lambda$$

und, da

$$Q-1 = \frac{F}{K_{HK}} \quad ,$$

$$\frac{F}{K_{HK}} (C_1+C_2+VP)_\lambda = \frac{F}{K_{HK}} \cdot k_{HK\lambda} = k_{f\lambda} \quad .$$

Damit weichen die Stückerfolge um die Summe der anteilig verrechneten Fixkosten von den Teilkosten-Bruttoergebnissen ab.

(2) Auf Basis voller (optimaler) Beschäftigung

Die Formeln für die Ermittlung der Stückerfolge werden jeweils analog zu denen des betreffenden Istkostenverfahrens umgeformt (statt der Größen Q, f_V, f_W und h sind lediglich Q_o, f_{Vo}, f_{Wo} und h_o - außer in $(M_R+D_U)/h$ und $(E_B-D_X)/h$ - einzusetzen).

Für die Schlüsselungsverfahren ergibt sich

$$g_{o\lambda}=\{(e_A+Q_o\frac{h_E}{p}e_B)-Q_o(m_Z+d_V+d_W)-Q_o\frac{h_E}{p}d_X-Q_o\cdot h_E\frac{M_R+D_U}{h}-Q_o(f_V+f_W)_o-Q_o\cdot h_E\frac{F_U}{h_o}\cdot\frac{1}{1+\frac{1}{q}}+$$
$$+Q_o\cdot h_E\frac{M_R+D_U}{h}\cdot\frac{1}{1+q}-Q_o\cdot h_E\frac{E_B-D_X}{h}\}_\lambda \quad , \qquad (2.16)$$

für die Restwertrechnung

$$g_{o\lambda}=\{(e_A+Q_o\frac{h_E}{p}e_B)-Q_o(m_Z+d_V+d_W)-Q_o\frac{h_E}{p}d_X-Q_o\cdot h_E\frac{M_R+D_U}{h}-Q_o(f_V+f_W)_o-Q_o\cdot h_E\frac{F_U+F_X}{h_o}\}_\lambda . \qquad (2.17)$$

Diese Formeln bestätigen, daß die Optimalkostenverfahren für die Programmwahl ebenfalls ungeeignet sind, und zwar im wesentlichen aus denselben Gründen wie die Istkostenrechnungen. Allerdings sind die Stückerfolge durchwegs höher als die der Istkostenrechnungen, da $Q_o < Q$ ist. Hieraus können erfolgswirksamere Programme als bei den Istkostenrechnungen resultieren, wenn nunmehr mehr Produkte positive Stückerfolge aufweisen und die Kapazität des Engpasses noch nicht voll genutzt ist.

b) Mit Engpaßbezug der Stückerfolge

Bezieht man die Stückerfolge der Hauptendprodukte A_λ auf je eine Einheit des Engpasses in V, indem man sie mit $t_{V\lambda}^{-1}$ multipliziert, so wird dadurch eine der bei den Vollkostenrechnungen erkannten Fehlerquellen ausgeschaltet. Die übrigen Fehlerquellen der Gleichungen 2.14 bis 2.17 werden hiervon jedoch nicht berührt, so daß auch diese Verfahren für die Programmwahl nicht geeignet sind.

Anders als bei den Rechnungen ohne Engpaßbezug sind nunmehr die Fixkosten des Engpasses in V ohne Einfluß auf die Produktrangfolge. Es gilt nämlich

$$f_{V\lambda} = \frac{F_V}{T_V} \cdot t_{V\lambda}$$

sowie, wegen $T_{Vmax} = T_V$,

$$f_{Vo\lambda} = \frac{F_V}{T_{Vmax}} \cdot t_{V\lambda} = \frac{F_V}{T_V} \cdot t_{V\lambda} = f_{V\lambda}$$

(im numerischen Modell ist $f_{V\lambda} = \frac{200.000 \text{ DM}}{500 \text{ Std.}} \cdot t_{V\lambda} = 400 \frac{\text{DM}}{\text{Std.}} \cdot t_{V\lambda}$).

Aus den in allen vier Stückerfolgs-Gleichungen enthaltenen Werten $Q \cdot f_V$ bzw. $Q_o \cdot f_{Vo}$ werden damit beim Bezug auf den Engpaß die Konstanten

$$c_a = t_{V\lambda}^{-1} \cdot Q \cdot f_{V\lambda} = t_{V\lambda}^{-1} \cdot Q \cdot \frac{F_V}{T_V} \cdot t_{V\lambda} = Q \cdot \frac{F_V}{T_V}$$

bzw. für die Optimalkostenrechnungen

$$c_{ao} = t_{V\lambda}^{-1} \cdot Q_o \cdot f_{Vo\lambda} = t_{V\lambda}^{-1} \cdot Q_o \cdot \frac{F_V}{T_V} \cdot t_{V\lambda} = Q_o \cdot \frac{F_V}{T_V} \quad ,$$

welche die Produktrangfolge nicht beeinflussen (vgl. Gl. 2.6).

Werden den einzelnen Hauptendprodukten sämtliche Fixkosten gemäß der Inanspruchnahme des Engpasses nach der Formel

$$\frac{F_g \cdot t_{V\lambda}}{T_V}$$

zugeschlüsselt, während die proportionalen Kosten wie bei den Teilkostenverfahren behandelt werden, so ergibt sich für die Restwertmethode in Zusammenhang mit Gl. 2.8 als Formel für die Stückerfolge

$$g_\lambda=\{(e_A+\frac{h_E}{p}e_B)-(m_Z+d_V+d_W)-\frac{h_E}{p}d_X-h_E\cdot\frac{M_R+D_U}{h}-\frac{F_g}{T_V}\cdot t_V\}_\lambda \quad . \qquad (2.18)$$

Hierin sind also noch zwei systematische Fehler enthalten: Einmal fehlt der Engpaßbezug, d.h. die Multiplikation mit $t_{V\lambda}^{-1}$, und zum anderen sind die Stückerfolge wegen der Schlüsselung der Fixkosten um die produktabhängige Größe

$$\frac{F_g}{T_V}\cdot t_{V\lambda}$$

zu niedrig.

Die Produkte, die den Engpaß stärker beanspruchen, erscheinen daher zwar als weniger erfolgswirksam, doch führt dies nicht zwingend zum optimalen Programm.

Für die Schlüsselungsverfahren ergibt sich in Zusammenhang mit Gl. 2.7

$$g_\lambda=\{(e_A+\frac{h_E}{p}e_B)-(m_Z+d_V+d_W)-\frac{h_E}{p}d_X-h_E\cdot\frac{M_R+D_U}{h}+(h_E\cdot\frac{M_R+D_U}{h}\cdot\frac{1}{1+q}-h_E\cdot\frac{E_B-D_X}{h})-\frac{F_g}{T_V}\cdot t_V\}_\lambda . \qquad (2.19)$$

Zu den für die Restwertrechnung erwähnten Fehlerquellen kommen hier noch die Verzerrungen der Rangfolge und der absoluten Höhe der Stückerfolge hinzu, die durch den Schlüssel q hervorgerufen werden. Auch hier kann sich daher nur zufällig das optimale Programm ergeben.

Bezieht man die Stückerfolge auf den Engpaß, so ergibt sich für die Restwertmethode:

$$g_{e\lambda}=t_{V\lambda}^{-1}\cdot g_\lambda \quad ,$$

$$g_{e\lambda}=t_{V\lambda}^{-1}\{(e_A+\frac{h_E}{p}e_B)-(m_Z+d_V+d_W)-\frac{h_E}{p}d_X-h_E\cdot\frac{M_R+D_U}{h}-\frac{F_g}{T_V}\cdot t_V\}_\lambda\ ,$$

$$g_{e\lambda}=t_{V\lambda}^{-1}\{(e_A+\frac{h_E}{p}e_B)-(m_Z+d_V+d_W)-\frac{h_E}{p}d_X-h_E\cdot\frac{M_R+D_U}{h}\}_\lambda-\frac{F_g}{T_V}\ ,$$

$$g_{e\lambda}=\varepsilon_{eR\lambda}+c_a \quad (\text{mit } c_a=-\frac{F_g}{T_V}) \tag{2.20}$$

Gl. 2.20 entspricht Gl. 2.6, so daß mit diesem Verfahren die richtige Produktrangfolge ermittelt wird. Allerdings ist damit keineswegs auch gewährleistet, daß das optimale Programm gewählt wird, da durch die Addition der Konstanten

$$c_a=-\frac{F_g}{T_V}$$

auch solche Produkte negative engpaßbezogene Stückerfolge aufweisen können - und damit nicht ins Programm aufgenommen werden -, die noch eine Erhöhung des Periodengewinns bewirken. Dieses Verfahren ist also nur unter der Bedingung anwendbar, daß der Engpaß durch Produkte mit nicht-negativen Erfolgen je Engpaßeinheit voll ausgelastet wird.

Bei den Schlüsselungsverfahren läßt sich folgende Formel ermitteln:

$$g_{e\lambda}=t_{V\lambda}^{-1}\{(e_A+\frac{h_E}{p}e_B)-(m_Z+d_V+d_W)-\frac{h_E}{p}d_X-h_E\cdot\frac{M_R+D_U}{h}+$$
$$+(h_E\cdot\frac{M_R+D_U}{h}\cdot\frac{1}{1+q}-h_E\cdot\frac{E_B-D_X}{h})-\frac{F_g}{T_V}\cdot t_V\}_\lambda\ ,$$

$$g_{e\lambda}=\varepsilon_{eS\lambda}+c_a \quad (\text{mit } c_a=-\frac{F_g}{T_V}) \tag{2.21}$$

Anders als bei der Restwertmethode wird hier die optimale Produktrangfolge nicht erreicht, weil die $\varepsilon_{eS\lambda}$ wegen der Schlüsselung der proportionalen Kuppelprozeßkosten nicht den engpaßbezogenen Bruttoergebnissen der verkürzten Totalrechnung entsprechen. Für die Programmwahl ist diese Variante der Schlüsselungsverfahren daher nicht geeignet.

V. Die Kontrolle der Gewinnprognose

Im folgenden ist zu prüfen, ob die einzelnen Verfahren dazu führen, daß die prognostizierten Gewinne mit den tatsächlichen übereinstimmen. Hierbei wird angenommen, daß die Fixkosten in der kommenden Periode in derselben Höhe anfallen wie in der vergangenen. Der Effektivgewinn der gewählten Programme nach der Totalrechnung beträgt dann

$$\bar{G}_{eff} = \bar{E} - \bar{K}_{HK} - F \tag{3.1}$$

mit

$$\bar{K}_{HK} = (\bar{M}_R + \bar{D}_U) + (\bar{M}_Z + \bar{D}_V + \bar{D}_W) + \bar{D}_X + F_g - F \quad . \tag{3.2}$$

Die in den Herstellkosten $\bar{K}_{HK}$ enthaltenen proportionalen Material- und Energiekosten entsprechen jeweils der Summe der Produkte aus der Herstellmenge und den betreffenden Kosten je LE für sämtliche im Programm enthaltenen Zwischen- bzw. Endprodukte (unter Berücksichtigung von

$$\sum_{\lambda=1}^{n} \bar{a}_\lambda \cdot h_{E\lambda} = \bar{h} \;):$$

$$\bar{M}_R + \bar{D}_U = \bar{h}\,(m_H + d_U) = \bar{h}\,(\frac{M_R + D_U}{h}) \quad ; \tag{3.3}$$

$$\bar{M}_Z + \bar{D}_V + \bar{D}_W = \sum_{\lambda=1}^{n} \bar{a}_\lambda\,(m_Z + d_V + d_W)_\lambda \quad ; \tag{3.4}$$

$$\bar{D}_X = \bar{b} \cdot d_X = \frac{\bar{h}}{h} \cdot b \cdot d_X = \frac{\bar{h}}{h} \cdot D_X \quad (\text{wegen } \frac{\bar{b}}{\bar{h}} = \frac{b}{h} = \frac{1}{p}) \tag{3.5}$$

Weiterhin ist

$$\bar{E} = \bar{E}_A + \bar{E}_B = \sum_{\lambda=1}^{n} \bar{a}_\lambda \cdot e_{A\lambda} + \bar{b} \cdot e_B \tag{3.6}$$

sowie

$$\bar{E}_B = \bar{b} \cdot e_B = \frac{b}{h} \cdot \bar{h} \cdot e_B = \frac{\bar{h}}{h} \cdot E_B \quad (\text{wegen } \frac{\bar{b}}{\bar{h}} = \frac{b}{h} = \frac{1}{p}) \; . \tag{3.7}$$

Auf eine Differenzierung nach den Varianten ohne und mit Engpaßbezug der Bruttoergebnisse bzw. Stückerfolge kann hier verzichtet werden, da der Prognosegewinn in beiden Fällen aufgrund der Bruttoergebnisse bzw. Stückerfolge je LE berechnet wird. Auch wenn man von den engpaßbezogenen Größen ausgeht, ist lediglich eine einfache Umformung erforderlich, um zu den im folgenden dargestellten Formeln zu gelangen (118).

A. Teilkostenverfahren

1. Proportionalkostenrechnungen

a) Proportionalkostenrechnung mit Schlüsselung der proportionalen Kuppelproduktionskosten

Die Formel für die Gewinnprognose lautet:

$$\overline{G} = \sum_{\lambda=1}^{n} \overline{a}_\lambda (e_A - C_1 - VP)_\lambda + \overline{b}(e - C_1 - VP)_B - F_g \quad ,$$

$$\overline{G} = \sum_{\lambda=1}^{n} \overline{a}_\lambda (e_A - C_1)_\lambda + \overline{b}(e - C_1)_B - F_g - \left(\sum_{\lambda=1}^{n} \overline{a}_\lambda \cdot VP_\lambda + \overline{b} \cdot VP_B\right) \quad ;$$

nach Einsetzen von Gl. 1.1 ergibt sich

$$\overline{G} = \sum_{\lambda=1}^{n} \overline{a}_\lambda (e_A - C_1)_\lambda + \overline{b}(e - C_1)_B - F_g - \frac{M_R + D_U}{h} \left(\sum_{\lambda=1}^{n} \overline{a}_\lambda \cdot h_{E\lambda} \cdot \frac{1}{1+\frac{1}{q}} + \overline{b} \cdot \frac{p}{1+q}\right) \quad ;$$

mit

$$\sum_{\lambda=1}^{n} \overline{a}_\lambda \cdot h_{E\lambda} = \overline{h} \quad \text{und} \quad \frac{\overline{h}}{\overline{b}} = p$$

wird daraus

$$\overline{G} = \sum_{\lambda=1}^{n} \overline{a}_\lambda (e_A - C_1)_\lambda + \overline{b}(e - C_1)_B - F_g - \frac{M_R + D_U}{h} \cdot \overline{h}\left(\frac{1}{1+\frac{1}{q}} + \frac{1}{1+q}\right) \quad ;$$

mit Gl. 3.3 bis 3.7 ergibt sich

$$\overline{G} = \overline{E}_A - (\overline{M}_Z + \overline{D}_V + \overline{D}_W) + \overline{E}_B - \overline{D}_X - F_g - (\overline{M}_R + \overline{D}_U)$$

und schließlich mit Hilfe von Gl. 3.2

$$\overline{G} = \overline{E} - \overline{K}_{HK} - F = G_{eff} \quad . \qquad (3.8)$$

118) So ist z.B. $\varepsilon_{e\lambda} \cdot \overline{T}_{V\lambda} = \varepsilon_\lambda \cdot t_{V\lambda}^{-1} \cdot \overline{T}_{V\lambda} = \varepsilon_\lambda \cdot \overline{a}_\lambda$.

Bei sämtlichen Schlüsselungsverfahren auf Basis der Proportionalkostenrechnung wird also der Effektivgewinn des Programms der kommenden Periode richtig vorausberechnet.

b) Proportionalkostenrechnung mit Bewertung der Kuppelprodukte nach der Restwertmethode

Die Formel für die Gewinnprognose lautet:

$$\overline{G} = \sum_{\lambda=1}^{n} \overline{a}_\lambda \, (e_A - c_1 - VP)_\lambda - F_g \quad ,$$

$$\overline{G} = \sum_{\lambda=1}^{n} \overline{a}_\lambda \, (e_A - c_1)_\lambda - F_g - \sum_{\lambda=1}^{n} \overline{a}_\lambda \cdot VP_\lambda \quad . \tag{3.9}$$

Mit

$$VP_\lambda = h_{E\lambda} \cdot VP_H \quad \text{und} \quad VP_H = \frac{M_R + D_U + D_X - E_B}{h}$$

ergibt sich

$$\overline{G} = \sum_{\lambda=1}^{n} \overline{a}_\lambda (e_A - c_1)_\lambda - F_g - \frac{M_R + D_U + D_X - E_B}{h} \cdot \sum_{\lambda=1}^{n} \overline{a}_\lambda \cdot h_{E\lambda} \quad ;$$

daraus wird, wegen

$$\sum_{\lambda=1}^{n} \overline{a}_\lambda \cdot h_{E\lambda} = \overline{h} \quad ,$$

$$\overline{G} = \sum_{\lambda=1}^{n} \overline{a}_\lambda \{e_A - (m_Z + d_V + d_W)\}_\lambda - F_g - \frac{\overline{h}}{h}(M_R + D_U + D_X - E_B) \quad .$$

Unter Berücksichtigung von Gl. 3.3 bis Gl. 3.7 ergibt sich

$$\overline{G} = \overline{E}_A - (\overline{M}_Z + \overline{D}_V + \overline{D}_W) - F_g - (\overline{M}_R + \overline{D}_U + \overline{D}_X - \overline{E}_B)$$

und daraus mit Gl. 3.2

$$\overline{G} = \overline{E} - \overline{K}_{HK} - F = \overline{G}_{eff} \quad . \tag{3.8}$$

Der vorausberechnete Gewinn des für die kommende Periode gewählten Programms entspricht also ebenfalls dem Effektivgewinn.

c) Proportionalkostenrechnung unter Bewertung des Nebenkuppelproduktes mit Null

Die Rechnung erfolgt in Analogie zum vorigen Abschnitt, wobei in der Formel für die Gewinnprognose der Perioden-Erlösüberschuß des Nebenendproduktes B ($\overline{E}_B - \overline{D}_X$) enthalten sein muß:

$$\overline{G} = \sum_{\lambda=1}^{n} \overline{a}_\lambda (e_A - C_1 - VP)_\lambda - F_g + (\overline{E}_B - \overline{D}_X)$$

$$\left(\text{mit } \overline{E}_B - \overline{D}_X = \sum_{\lambda=1}^{n} \overline{a}_\lambda \cdot \frac{h_{E\lambda}}{p}(e_B - d_X)\right) \quad ;$$

$$\overline{G} = \sum_{\lambda=1}^{n} \overline{a}_\lambda (e_A - C_1)_\lambda - F_g + (\overline{E}_B - \overline{D}_X) - \sum_{\lambda=1}^{n} \overline{a}_\lambda \cdot VP_\lambda \quad ;$$

nach Einsetzen von Gl. 1.3 ergibt sich

$$\overline{G} = \sum_{\lambda=1}^{n} \overline{a}_\lambda (e_A - C_1)_\lambda - F_g + (\overline{E}_B - \overline{D}_X) - \sum_{\lambda=1}^{n} \overline{a}_\lambda \cdot h_{E\lambda} \frac{M_R + D_U}{h} \quad ;$$

mit

$$\sum_{\lambda=1}^{n} \overline{a}_\lambda \cdot h_{E\lambda} = \overline{h}$$

wird daraus

$$\overline{G} = \sum_{\lambda=1}^{n} \overline{a}_\lambda \{e_A - (m_Z + d_V + d_W)\}_\lambda - F_g + (\overline{E}_B - \overline{D}_X) - \overline{h} \frac{M_R + D_U}{h} \quad ;$$

schließlich ergibt sich mit Gl. 3.3 bis 3.7

$$\overline{G} = \overline{E}_A - (\overline{M}_Z + \overline{D}_V + \overline{D}_W) - F_g + (\overline{E}_B - \overline{D}_X) - (\overline{M}_R + \overline{D}_U)$$

und unter Verwendung von Gl. 3.2

$$\overline{G} = \overline{E} - \overline{K}_{HK} - F = \overline{G}_{eff} \quad . \tag{3.8}$$

Auch bei Bewertung des Nebenkuppelproduktes mit Null auf Basis der Proportionalkostenrechnung wird demnach der Effektivgewinn des Programms der kommenden Periode richtig prognostiziert. Im übrigen ergibt sich dies auch daraus, daß das Verfahren als Schlüsselungsverfahren (mit $q = \infty$) interpretiert werden kann.

2. Rechnen mit relativen Einzelkosten und Deckungsbeiträgen

Die Formel für die Gewinnprognose lautet

$$\bar{G} = \sum_{\lambda=1}^{n} \varepsilon_{\Theta\lambda} \cdot \bar{a}_\lambda - F_g \quad .$$

Mit

$$\varepsilon_{\Theta\lambda} = \varepsilon_{e\Theta\lambda} \cdot t_{V\,\lambda} \quad \text{und mit Gl. 2.13 (vgl. S. 195)}$$

wird hieraus

$$\bar{G} = \sum_{\lambda=1}^{n} \{ (e_A + \frac{h_E}{p} e_B) - (m_Z + d_V + d_W) - \frac{h_E}{p} d_X - h_E \frac{M_R + D_U}{h} \}_\lambda \cdot \bar{a}_\lambda - F_g \quad ;$$

mit Gl. 3.3 bis 3.7 sowie mit

$$\sum_{\lambda=1}^{n} h_{E\lambda} \cdot \bar{a}_\lambda = \bar{h}$$

ergibt sich

$$\bar{G} = \bar{E} - (\bar{M}_Z + \bar{D}_V + \bar{D}_W) - \bar{D}_X - (\bar{M}_R + \bar{D}_U) - F_g$$

und schließlich unter Verwendung von Gl. 3.2

$$\bar{G} = \bar{E} - \bar{K}_{HK} - F = \bar{G}_{eff} \quad . \qquad (3.8)$$

Wenn man das Rechnen mit relativen Einzelkosten und Deckungsbeiträgen anwendet, wird also - ebenso wie bei den anderen Teilkostenverfahren - der Gewinn des gewählten Programms richtig vorausberechnet.

B. Vollkostenverfahren

1. Auf Basis der Ist-Beschäftigung

a) Vollkostenrechnung mit Schlüsselung der Kuppelproduktionskosten

Der Gewinnprognose liegt folgende Formel zugrunde:

$$\bar{G} = \sum_{\lambda=1}^{n} \bar{a}_\lambda \cdot g_\lambda + \bar{b} \cdot g_B \quad ;$$

mit

$$\overline{b}\cdot g_B = \overline{b}\,\{e - Q(C_1+C_2) - Q\cdot VP\}_B$$

und mit

$$\overline{a}_\lambda\cdot g_\lambda = \overline{a}_\lambda\{e_A - Q(C_1+C_2) - Q\cdot h_E\cdot VP_H\}_\lambda \quad \text{(vgl. S. 196)}$$

wird daraus

$$\overline{G} = \sum_{\lambda=1}^{n} \overline{a}_\lambda\left(e_A-Q(C_1+C_2)\right)_\lambda + \overline{b}\cdot\left(e-Q(C_1+C_2)\right)_B - \{\sum_{\lambda=1}^{n}\overline{a}_\lambda\cdot(Q\cdot h_E\cdot VP_H)_\lambda+\overline{b}\cdot Q\cdot VP_B\} \quad .$$

Die geschweifte Klammer sei gleich $\overline{Y}$ gesetzt. Dann wird

$$\overline{Y} = Q\cdot\frac{M_R+D_U+F_U}{h}\{\sum_{\lambda=1}^{n}\overline{a}_\lambda\cdot h_{E\lambda}\cdot\frac{1}{1+\frac{1}{q}} + \overline{b}\cdot\frac{p}{1+q}\} \quad ,$$

$$\overline{Y} = Q\cdot\frac{\overline{h}}{h}\cdot(M_R+D_U+F_U)$$

$$\text{(wegen } \sum_{\lambda=1}^{n}\overline{a}_\lambda\cdot h_{E\lambda}\cdot\frac{1}{1+\frac{1}{q}} + \overline{b}\cdot\frac{p}{1+q} = \overline{h}\cdot\left(\frac{1}{1+\frac{1}{q}} + \frac{1}{1+q}\right) = \overline{h}\text{) ;}$$

damit gilt

$$\overline{G} = \sum_{\lambda=1}^{n}\overline{a}_\lambda\{e_A-Q(m_Z+d_V+d_W)-Q(f_V+f_W)\}_\lambda+\overline{b}\{e-Q(d_X+f_X)\}_B-Q\cdot\frac{\overline{h}}{h}(M_R+D_U+F_U) \quad ;$$

unter Berücksichtigung von Gl. 3.3 bis 3.7 und den Beziehungen

$$\overline{F}_V = \sum_{\lambda=1}^{n}\overline{a}_\lambda\cdot f_{V\lambda} \;,\; \overline{F}_W = \sum_{\lambda=1}^{n}\overline{a}_\lambda\cdot f_{W\lambda} \quad \text{und } \overline{F}_X = \overline{b}\cdot f_X$$

ergibt sich

$$\overline{G} = \overline{E}_A-Q(\overline{M}_Z+\overline{D}_V+\overline{D}_W+\overline{F}_V+\overline{F}_W)+\overline{E}_B-Q(\overline{D}_X+\overline{F}_X)-Q(\overline{M}_R+\overline{D}_U)-Q\cdot\frac{\overline{h}}{h}\cdot F_U \quad ,$$

$$\overline{G} = \overline{E}-Q(\overline{M}_Z+\overline{D}_V+\overline{D}_W+\overline{F}_V+\overline{F}_W+\overline{D}_X+\overline{F}_X+\overline{M}_R+\overline{D}_U+\frac{\overline{h}}{h}\cdot F_U) \quad ,$$

$$\overline{G} = \overline{E}-Q\cdot\overline{K}_{HK}-Q\{-\overline{K}_{HK}+(\overline{M}_Z+\overline{D}_V+\overline{D}_W)+\overline{F}_V+\overline{F}_W+\overline{D}_X+\overline{F}_X+(\overline{M}_R+\overline{D}_U)+\frac{\overline{h}}{h}\cdot F_U\} \quad ,$$

$$\overline{G} = \overline{E}-Q\cdot\overline{K}_{HK}-Q\{-(F_g-F)+\overline{F}_V+\overline{F}_W+\overline{F}_X+\frac{\overline{h}}{h}\cdot F_U\} \quad ,$$

$$\overline{G} = \overline{E}-Q\cdot\overline{K}_{HK}+Q\{(F_V-\overline{F}_V)+(F_W-\overline{F}_W)+(F_X-\overline{F}_X)+F_U(1-\frac{\overline{h}}{h})\} \quad ,$$

$$\overline{G} = \overline{E}-\overline{K}_{HK}-F+F(1-\frac{\overline{K}_{HK}}{K_{HK}})+Q\{(F_V-\overline{F}_V)+(F_W-\overline{F}_W)+(F_X-\overline{F}_X)+F_U(1-\frac{\overline{h}}{h})\} \quad ,$$

$$\overline{G} = \overline{G}_{eff} + \Delta\overline{G}_s$$

mit

$$\Delta\overline{G}_s = F(1-\frac{\overline{K}_{HK}}{K_{HK}})+Q\{(F_V-\overline{F}_V)+(F_W-\overline{F}_W)+(F_X-\overline{F}_X)+F_U(1-\frac{\overline{h}}{h})\} \quad . \qquad (3.10)$$

Der Prognosegewinn unterscheidet sich also um $\Delta\overline{G}_s$ vom Effektivgewinn des gewählten Programms. Diese Abweichung soll jedoch erst nach Erörterung der Restwertrechnung analysiert werden.

b) Vollkostenrechnung mit Bewertung der Kuppelprodukte nach der Restwertmethode

Die Formel für die Gewinnprognose lautet

$$\overline{G} = \sum_{\lambda=1}^{n} \overline{a}_\lambda \cdot g_\lambda$$

oder (vgl. S. 196)

$$\overline{G} = \sum_{\lambda=1}^{n} \overline{a}_\lambda\{e_A-Q(C_1+C_2)\}_\lambda - \sum_{\lambda=1}^{n} \overline{a}_\lambda(Q\cdot h_E\cdot VP_H)_\lambda \quad .$$

Setzen wir

$$\sum_{\lambda=1}^{n} \overline{a}_\lambda(Q\cdot h_E\cdot VP_H)_\lambda = \overline{Y} \quad ,$$

dann gilt

$$\overline{G} = \sum_{\lambda=1}^{n} a_\lambda\{e_A-Q(C_1+C_2)\}_\lambda - \overline{Y} \quad ,$$

mit

$$\overline{Y} = Q\cdot\frac{M_R+D_U+F_U+D_X+F_X-E_B}{h} \cdot \sum_{\lambda=1}^{n} \overline{a}_\lambda \cdot h_{E\lambda} \qquad \text{bzw.}$$

$$\overline{Y} = Q\cdot\frac{\overline{h}}{h}(M_R+D_U+F_U+D_X+F_X-E_B) \quad ;$$

damit wird

$$\bar{G} = \sum_{\lambda=1}^{n} \bar{a}_{\lambda}\{e_A - Q(C_1+C_2)\}_{\lambda} - Q\cdot\frac{\bar{h}}{h}(M_R+D_U+F_U+D_X+F_X-E_B) \quad ,$$

$$\bar{G} = \sum_{\lambda=1}^{n} \bar{a}_{\lambda}\{e_A - Q(m_Z+d_V+d_W+f_V+f_W)\}_{\lambda} - Q\cdot\frac{\bar{h}}{h}(M_R+D_U+F_U+D_X+F_X-E_B) \quad ;$$

unter Berücksichtigung von Gl. 3.3 bis 3.7 und mit

$$\bar{F}_V = \sum_{\lambda=1}^{n} \bar{a}_{\lambda}\cdot f_{V\lambda} \quad \text{und} \quad \bar{F}_W = \sum_{\lambda=1}^{n} \bar{a}_{\lambda}\cdot f_{W\lambda}$$

ergibt sich

$$\bar{G} = \bar{E}_A - Q(\bar{M}_Z+\bar{D}_V+\bar{D}_W+\bar{F}_V+\bar{F}_W) - Q(\bar{M}_R+\bar{D}_U+\bar{D}_X-\bar{E}_B) - Q\cdot\frac{\bar{h}}{h}(F_U+F_X) \quad ,$$

$$\bar{G} = \bar{E}_A + Q\cdot\bar{E}_B - Q\{\bar{M}_Z+\bar{D}_V+\bar{D}_W+\bar{F}_V+\bar{F}_W+\bar{M}_R+\bar{D}_U+\bar{D}_X+\frac{\bar{h}}{h}(F_U+F_X)\} \quad ,$$

$$\bar{G} = \bar{E} + \frac{F}{K_{HK}}\cdot\bar{E}_B - (1+\frac{F}{K_{HK}})\cdot\{(\bar{K}_{HK}-\bar{K}_{HK})+\bar{M}_Z+\bar{D}_V+\bar{D}_W+\bar{F}_V+\bar{F}_W+\bar{M}_R+\bar{D}_U+\bar{D}_X+\frac{\bar{h}}{h}(F_U+F_X)\} \quad ;$$

unter Verwendung von Gl. 3.2 wird daraus

$$\bar{G} = \bar{E} + \frac{F}{K_{HK}}\cdot\bar{E}_B - (1+\frac{F}{K_{HK}})\cdot\{\bar{K}_{HK} - (F_g - F) + \bar{F}_V + \bar{F}_W + \frac{\bar{h}}{h}(F_U+F_X)\} \quad ,$$

$$\bar{G} = \bar{E} + \frac{F}{K_{HK}}\cdot\bar{E}_B - (1+\frac{F}{K_{HK}})\cdot\{\bar{K}_{HK} - (F_V+F_W+F_U+F_X) + \bar{F}_V + \bar{F}_W + \frac{\bar{h}}{h}(F_U+F_X)\} \quad ,$$

$$\bar{G} = \bar{E} - \bar{K}_{HK} + \frac{F}{K_{HK}}\cdot\bar{E}_B - F\cdot\frac{\bar{K}_{HK}}{K_{HK}} - (1+\frac{F}{K_{HK}})\cdot\{-(F_V-\bar{F}_V)-(F_W-\bar{F}_W)-(F_U+F_X)+\frac{\bar{h}}{h}(F_U+F_X)\} \quad ,$$

$$\bar{G} = \bar{E} - \bar{K}_{HK} - F + F(1-\frac{\bar{K}_{HK}}{K_{HK}}) + \frac{F}{K_{HK}}\cdot\bar{E}_B + (1+\frac{F}{K_{HK}})\cdot\{(F_V-\bar{F}_V)+(F_W-\bar{F}_W)+(1-\frac{\bar{h}}{h})\cdot(F_U+F_X)\} \quad ,$$

$$\bar{G} = \bar{G}_{eff} + F(1-\frac{\bar{K}_{HK}}{K_{HK}}) + Q\{(F_V-\bar{F}_V)+(F_W-\bar{F}_W)+(1-\frac{\bar{h}}{h})\cdot(F_U+F_X)\} + \frac{F}{K_{HK}}\cdot\bar{E}_B \quad ,$$

$$\bar{G} = \bar{G}_{eff} + \Delta\bar{G}_R$$

mit

$$\Delta\bar{G}_R = F(1-\frac{\bar{K}_{HK}}{K_{HK}}) + Q\{(F_V-\bar{F}_V)+(F_W-\bar{F}_W)+(1-\frac{\bar{h}}{h})\cdot(F_U+F_X)\} + \frac{F}{K_{HK}}\cdot\bar{E}_B. \qquad (3.11)$$

Der Prognosegewinn des gewählten Programms weicht also bei der

Restwertrechnung auf Vollkostenbasis um $\Delta\bar{G}_R$ vom Effektivgewinn ab. Die Analyse von $\Delta\bar{G}_R$ wird im nächsten Abschnitt durchgeführt.

Falls sämtliche Fixkosten den einzelnen Produkten gemäß der Inanspruchnahme des Engpasses zugeschlüsselt würden, hätte die Gleichung für den Prognosegewinn folgende Gestalt:

$$\bar{G} = \sum_{\lambda=1}^{n} \{(e_A + \frac{h_E}{p} e_B) - (m_Z + d_V + d_W) - \frac{h_E}{p} d_X - h_E \cdot \frac{M_R + D_U}{h} - \frac{F_g}{T_V} \cdot t_V\}_\lambda \cdot \bar{a}_\lambda$$

Hieraus wird

$$\bar{G} = \sum_{\lambda=1}^{n} \{(e_A + \frac{h_E}{p} e_B) - (m_Z + d_V + d_W) - \frac{h_E}{p} d_X - h_E \cdot \frac{M_R + D_U}{h}\}_\lambda \cdot \bar{a}_\lambda - \sum_{\lambda=1}^{n} \frac{F_g}{T_V} \cdot t_{V\lambda} \cdot \bar{a}_\lambda \,.$$

Wegen

$$\frac{h_E \cdot e_B}{p} = h_E \cdot \frac{e_B \cdot b}{h} = h_E \cdot \frac{E_B}{h} \quad \text{und} \quad \frac{h_E}{p} d_X = \frac{h_E \cdot d_X \cdot b}{h} = \frac{h_E \cdot D_X}{h}$$

gilt

$$\bar{G} = \sum_{\lambda=1}^{n} \bar{a}_\lambda \cdot (e_A - C_1 - VP)_\lambda - \sum_{\lambda=1}^{n} \frac{F_g}{T_V} \cdot t_{V\lambda} \cdot \bar{a}_\lambda + (F_g - F_g) \,.$$

Da

$$\sum_{\lambda=1}^{n} \bar{a}_\lambda \cdot (e_A - C_1 - VP)_\lambda - F_g = \bar{G}_{eff} \qquad \text{(vgl. S. 207), ist}$$

$$\bar{G} = \bar{G}_{eff} + F_g - \sum_{\lambda=1}^{n} \frac{F_g}{T_V} \cdot t_{V\lambda} \cdot \bar{a}_\lambda \qquad \text{bzw.}$$

$$\bar{G} = \bar{G}_{eff} + F_g - \frac{F_g}{T_V} \cdot \sum_{\lambda=1}^{n} \bar{T}_{V\lambda} \,.$$

Für alle Programme, die den Engpaß voll ausnutzen, ist

$$\frac{F_g}{T_V} \cdot \sum_{\lambda=1}^{n} \bar{T}_{V\lambda} = F_g, \text{ d.h. } \bar{G} = \bar{G}_{eff} \,,$$

so daß der vorausberechnete und der tatsächliche Gewinn übereinstimmen. Bei Programmen mit freier Engpaßkapazität liegt der vorausberechnete Gewinn dagegen um

$$\frac{F_g}{T_V} \cdot (T_V - \sum_{\lambda=1}^{n} \overline{T}_{V\lambda})$$

über dem tatsächlichen.

Bei den Schlüsselungsverfahren ergibt sich

$$\overline{G} = \sum_{\lambda=1}^{n} \overline{a}_{\lambda} \cdot (e_A - C_1 - VP - \frac{F_g}{T_V} \cdot t_V)_{\lambda} + \overline{b} \cdot (e - C_1 - VP)_B$$

bzw.

$$\overline{G} = \sum_{\lambda=1}^{n} \overline{a}_{\lambda} \cdot (e_A - C_1 - VP)_{\lambda} + \overline{b} \cdot (e - C_1 - VP)_B - \sum_{\lambda=1}^{n} \frac{F_g}{T_V} \cdot t_{V\lambda} \cdot \overline{a}_{\lambda} + (F_g - F_g)$$

oder (vgl. S. 206)

$$\overline{G} = \overline{G}_{eff} + F_g - \frac{F_g}{T_V} \cdot \sum_{\lambda=1}^{n} \overline{T}_{V\lambda} \quad ,$$

d.h. das gleiche Ergebnis wie bei der Restwertrechnung.

c) Abweichungsanalyse

Die systembedingte Abweichung vom Effektivgewinn der kommenden Periode beträgt bei den Schlüsselungsverfahren

$$\Delta\overline{G}_S = F(1 - \frac{\overline{K}_{HK}}{K_{HK}}) + Q\{(F_V - \overline{F}_V) + (F_W - \overline{F}_W) + (F_X - \overline{F}_X) + F_U(1 - \frac{\overline{h}}{h})\}; \qquad (3.10)$$

bei der Restwertrechnung

$$\Delta\overline{G}_R = F(1 - \frac{\overline{K}_{HK}}{K_{HK}}) + Q\{(F_V - \overline{F}_V) + (F_W - \overline{F}_W) + (1 - \frac{\overline{h}}{h}) \cdot (F_U + F_X)\} + \frac{F}{K_{HK}} \cdot \overline{E}_B \quad . \qquad (3.11)$$

$\Delta\overline{G}_S$ läßt sich wie folgt umformen: Mit

$$F(1 - \frac{\overline{K}_{HK}}{K_{HK}}) = \frac{F}{K_{HK}} \cdot (K_{HK} - \overline{K}_{HK}) = (Q-1) \cdot (K_{HK} - \overline{K}_{HK})$$

und

$$F_U(1 - \frac{\overline{h}}{h}) = F_U - \frac{\overline{h}}{h} \cdot F_U = F_U - \overline{F}_U$$

wird

$$\Delta\overline{G}_S = (Q-1)(K_{HK}-\overline{K}_{HK}) + Q\{(F_V-\overline{F}_V)+(F_W-\overline{F}_W)+(F_X-\overline{F}_X)+(F_U-\overline{F}_U)\} \quad .$$

Da die fixen Kosten in K_{HK} und $\overline{K}_{HK}$ gleich hoch sind, gilt

$$\Delta\overline{G}_S = (Q-1)(K_{HKp}-\overline{K}_{HKp}) + Q\{(F_V-\overline{F}_V)+(F_W-\overline{F}_W)+(F_X-\overline{F}_X)+(F_U-\overline{F}_U)\} \quad ;$$

$$\Delta\overline{G}_S = (Q-1)(K_{HKp}-\overline{K}_{HKp}) + (Q-1)\{(F_V-\overline{F}_V)+(F_W-\overline{F}_W)+(F_X-\overline{F}_X)+(F_U-\overline{F}_U)\} +$$
$$+ \{(F_V-\overline{F}_V)+(F_W-\overline{F}_W)+(F_X-\overline{F}_X)+(F_U-\overline{F}_U)\} \quad ;$$

$$\Delta\overline{G}_S = (Q-1)\cdot\{(K_{HKp}+F_V+F_W+F_X+F_U)-(\overline{K}_{HKp}+\overline{F}_V+\overline{F}_W+\overline{F}_X+\overline{F}_U)\} +$$
$$+ \{(F_V-\overline{F}_V)+(F_W-\overline{F}_W)+(F_X-\overline{F}_X)+(F_U-\overline{F}_U)\} \quad ;$$

$$\Delta\overline{G}_S = \frac{F}{K_{HK}}\cdot\{K_{HK}-(\overline{K}_{HKp}+\overline{F}_V+\overline{F}_W+\overline{F}_X+\overline{F}_U)\}+\{(F_V-\overline{F}_V)+(F_W-\overline{F}_W)+(F_X-\overline{F}_X)+(F_U-\overline{F}_U)\} \quad .$$

Da

$$\frac{F}{K_{HK}}\cdot(\overline{K}_{HKp}+\overline{F}_V+\overline{F}_W+\overline{F}_X+\overline{F}_U) = \overline{F} \quad ,$$

ergibt sich

$$\Delta\overline{G}_S = (F-\overline{F})+(F_V-\overline{F}_V)+(F_W-\overline{F}_W)+(F_X-\overline{F}_X)+(F_U-\overline{F}_U) = F_g - \overline{F}_g \quad .$$

Die Abweichung $\Delta\overline{G}_S$ setzt sich also aus den Differenzen zwischen den tatsächlichen und den im neuen Programm verrechneten Fixkosten der Verwaltung und des Vertriebs sowie der einzelnen Fertigungsstellen zusammen. Die verrechneten Fixkosten können dabei je nach der Programmgestaltung kleiner oder größer als die tatsächlich anfallenden sein. Die Abweichungen haben im einzelnen folgende Ursachen:

1) $\overline{F}_V$, $\overline{F}_W$ und $\overline{F}_X$ entsprechen in aller Regel nicht den in der kommenden Periode in unveränderter Höhe anfallenden Fixkosten F_V, F_W und F_X, da die anteiligen Kosten je LE mit veränderten Ausbringungsmengen multipliziert werden:

$$\sum_{\lambda=1}^{n} \overline{a}_\lambda \cdot f_{V\lambda} = \overline{F}_V \lesseqgtr \sum_{\lambda=1}^{n} a_\lambda \cdot f_{V\lambda} = F_V$$

(da beim Programm der vergangenen Periode in V bereits Vollbeschäftigung vorlag),

$$\sum_{\lambda=1}^{n} \bar{a}_\lambda \cdot f_{W\lambda} = \bar{F}_W \gtrless \sum_{\lambda=1}^{n} a_\lambda \cdot f_{W\lambda} = F_W \quad ;$$

$$\bar{b} \cdot f_X = \bar{F}_X \gtrless b \cdot f_X = F_X$$

2) F_U wird im Verrechnungspreis auf eine Ausbringung h bezogen, die von derjenigen der kommenden Periode ($\bar{h}$) in aller Regel abweicht:

$$F_U = \frac{F_U}{h} \cdot h \gtrless \bar{F}_U = \frac{F_U}{h} \cdot \bar{h}$$

mit der Differenz

$$F_U - \bar{F}_U = F_U \cdot (1 - \frac{\bar{h}}{h})$$

3) $\bar{F}$ stimmt - von Zufällen abgesehen - nicht mit F überein, weil die verrechneten Herstellkosten des gewählten Programms in aller Regel von den Herstellkosten des Ausgangsprogramms abweichen:

$$(\bar{K}_{HKp} + \bar{F}_V + \bar{F}_W + \bar{F}_X + \bar{F}_U) \gtrless K_{HK} \quad ;$$

$$\frac{F}{K_{HK}} \cdot (\bar{K}_{HKp} + \bar{F}_V + \bar{F}_W + \bar{F}_X + \bar{F}_U) = \bar{F} \gtrless \frac{F}{K_{HK}} \cdot K_{HK}$$

Bei der Restwertrechnung betrug die systembedingte Abweichung:

$$\Delta\bar{G}_R = F(1 - \frac{\bar{K}_{HK}}{K_{HK}}) + Q\{(F_V - \bar{F}_V) + (F_W - \bar{F}_W) + (1 - \frac{\bar{h}}{h}) \cdot (F_U + \bar{F}_X)\} + \frac{F}{K_{HK}} \cdot \bar{E}_B \qquad (3.11)$$

Hieraus wird, wegen

$$\frac{\bar{h}}{h} = \frac{\bar{b}}{b}, \quad \frac{F_X}{b} = f_X \quad \text{und} \quad \bar{b} \cdot f_X = \bar{F}_X \quad ,$$

$$\Delta\bar{G}_R = F(1 - \frac{\bar{K}_{HK}}{K_{HK}}) + Q\{(F_V - \bar{F}_V) + (F_W - \bar{F}_W) + (F_X - \bar{F}_X) + F_U(1 - \frac{\bar{h}}{h})\} + \frac{F}{K_{HK}} \cdot \bar{E}_B \quad .$$

Diese Gleichung stimmt bis auf das letzte Glied mit Gl. 3.10 überein. Es gilt also

$$\Delta\overline{G}_R = \Delta\overline{G}_S + \frac{F}{K_{HK}} \cdot \overline{E}_B \quad .$$

Der Prognosefehler $\Delta\overline{G}_R$ der Restwertrechnung kann mithin ebenso erklärt werden wie der Prognosefehler der Schlüsselungsverfahren mit dem Zusatz, daß außerdem noch eine Fehlergröße

$$\frac{F}{K_{HK}} \cdot \overline{E}_B$$

auftritt. Da

$$\frac{F}{K_{HK}} \cdot \overline{E}_B$$

positiv ist, liegt der Prognosegewinn der Restwertrechnung um

$$\frac{F}{K_{HK}} \cdot \overline{E}_B$$

höher als der Prognosegewinn der Schlüsselungsverfahren.

2. Auf Basis voller (optimaler) Beschäftigung

a) Ermittlung der Abweichungen

Für die Schlüsselungsverfahren lautet die Formel zur Gewinnprognose

$$\overline{G} = \sum_{\lambda=1}^{n} \overline{a}_\lambda \cdot g_{o\lambda} + \overline{b} \cdot g_{oB} \quad ,$$

$$\overline{G} = \sum_{\lambda=1}^{n} \overline{a}_\lambda\{e_A - Q_o(C_1+C_3)\}_\lambda + \overline{b}\{e - Q_o(C_1+C_3)\}_B - \{\sum_{\lambda=1}^{n} \overline{a}_\lambda (Q_o \cdot h_E \cdot VP_H)_\lambda + \overline{b} \cdot Q_o \cdot VP_B\}$$

mit

$$VP_H = \left(\frac{M_R+D_U}{h} + \frac{F_U}{h_o}\right) \cdot \frac{1}{1+\frac{1}{q}} \quad \text{und } VP_L = \left(\frac{M_R+D_U}{h} + \frac{F_U}{h_o}\right) \cdot \frac{p}{1+q} \quad . \qquad (1.7)$$

Daraus ergibt sich (der Rechengang verläuft in Analogie zu Abschnitt a), S. 210 f.)

$$\overline{G} = \overline{G}_{eff} + \Delta\overline{G}_{oS}$$

mit

$$\Delta\overline{G}_{oS} = F\left(1 - \frac{\overline{K}_{HK}}{K_{HKo}}\right) + Q_o \cdot \{(F_V - \overline{F}_{Vo}) + (F_W - \overline{F}_{Wo}) + (F_X - \overline{F}_{Xo}) + \left(1 - \frac{\overline{h}}{h}\right) \cdot F_U\} \quad . \qquad (3.12)$$

Bei der Restwertrechnung wird der Gewinn nach folgender Formel vorausberechnet:

$$\overline{G} = \sum_{\lambda=1}^{n} \overline{a}_{\lambda} \cdot g_{o\lambda} \quad ,$$

$$\overline{G} = \sum_{\lambda=1}^{n} \overline{a}_{\lambda} \cdot \{e_A - Q_o(C_1+C_3)\}_{\lambda} - \sum_{\lambda=1}^{n} \overline{a}_{\lambda} \cdot (Q_o \cdot h_E \cdot VP_H)_{\lambda}$$

mit

$$VP_H = \frac{M_R+D_U+D_X-E_B}{h} + \frac{F_U+F_X}{h_o} \qquad (1.8)$$

Daraus ergibt sich (der Rechengang verläuft analog zu Abschnitt b), S. 211 ff.)

$$\overline{G} = \overline{G}_{eff} + \Delta\overline{G}_{oR}$$

mit

$$\Delta\overline{G}_{oR} = F(1-\frac{\overline{K}_{HK}}{K_{HKo}}) + Q_o\{(F_V-\overline{F}_{Vo})+(F_W-\overline{F}_{Wo})+(1-\frac{\overline{h}}{h})(F_U+F_X)\}+\frac{F}{K_{HKo}}\cdot\overline{E}_B \cdot \qquad (3.13)$$

b) Abweichungsanalyse

Die Gleichungen für die Prognosefehler der Optimalkostenrechnungen weisen die gleiche Struktur auf wie die für die Istkostenrechnungen. Für die Schlüsselungsverfahren erhält man mit

$$F(1-\frac{\overline{K}_{HK}}{K_{HKo}}) = (Q_o-1)\cdot(K_{HKo} - \overline{K}_{HK})$$

und

$$F_U \cdot \frac{\overline{h}}{h} = \overline{F}_{Uo}$$

$$\Delta\overline{G}_{oS} = (Q_o-1)(K_{HKo}-\overline{K}_{HK})+(Q_o-1)\{(F_V-\overline{F}_{Vo})+(F_W-\overline{F}_{Wo})+(F_X-\overline{F}_{Xo})+(F_U-\overline{F}_{Uo})\} +$$
$$+ \{(F_V-\overline{F}_{Vo})+(F_W-\overline{F}_{Wo})+(F_X-\overline{F}_{Xo})+(F_U-\overline{F}_{Uo})\} \quad ,$$

$$\Delta\overline{G}_{oS} = (Q_o-1)(K_{HKo}-\overline{K}_{HKp}-\overline{F}_{Vo}-\overline{F}_{Wo}-\overline{F}_{Xo}-\overline{F}_{Uo}) + (F_V-\overline{F}_{Vo})+(F_W-\overline{F}_{Wo})+(F_X-\overline{F}_{Xo})+$$
$$+(F_U-\overline{F}_{Uo}) .$$

Da

$$(Q_o-1) = \frac{F}{K_{HKo}} \text{ und } \frac{F}{K_{HKo}} \cdot (\overline{K}_{HKp}+\overline{F}_{Vo}+\overline{F}_{Wo}+\overline{F}_{Xo}+\overline{F}_{Uo}) = \overline{F}_o \quad ,$$

gilt

$$\Delta\overline{G}_{oS} = (F-\overline{F}_o)+(F_V-\overline{F}_{Vo})+(F_W-\overline{F}_{Wo})+(F_X-\overline{F}_{Xo})+(F_U-\overline{F}_{Uo}) = F_g-\overline{F}_{go} \quad .$$

Der Prognosefehler setzt sich also aus den Differenzen zwischen den tatsächlichen und den im neuen Programm verrechneten Fixkosten zusammen. Anders als bei den Istkostenrechnungen kann die Abweichung nur positiv sein, d.h. der vorausberechnete Gewinn ist immer größer als der tatsächliche (119). Die einzelnen Differenzen können nämlich keine negativen Werte annehmen, weil die Optimalbeschäftigung gleich der maximalen ist und auch für den Zuschlag der Verwaltungs- und Vertriebsgemeinkosten eine entsprechende Annahme gemacht wurde ($K_{HKo} = K_{HKmax}$).

Für $F_W - \overline{F}_{Wo}$ gilt z.B.

$$F_W-\overline{F}_{Wo} = F_W- \sum_{\lambda=1}^{n} \overline{a}_\lambda \cdot f_{Wo\lambda} = F_W- \sum_{\lambda=1}^{n} \overline{a}_\lambda \cdot \frac{F_W}{T_{Wmax}} \cdot \frac{\overline{T}_{W\lambda}}{\overline{a}_\lambda} =$$

$$= F_W- \frac{F_W}{T_{Wmax}} \cdot \sum_{\lambda=1}^{n} \overline{T}_{W\lambda} \quad .$$

Da

$$\sum_{\lambda=1}^{n} \overline{T}_{W\lambda} \leqq \overline{T}_{Wmax} \text{ , ist } F_W - \overline{F}_{Wo} \geqq 0 \quad .$$

Bei der Restwertrechnung ist eine Umformung der Gleichung für den Prognosefehler nur bedingt sinnvoll. Der Unterschied zwischen den Gleichungen bei der Restwertrechnung und den Schlüsselungsverfahren beschränkt sich nämlich nicht wie bei den Istkostenverfahren auf eine vom Erlös des Nebenendproduktes abhängige Größe

$$\frac{F}{K_{HK}} \cdot \overline{E}_B \text{ bzw. } \frac{F}{K_{HKo}} \cdot \overline{E}_B \quad .$$

119) Im Grenzfall könnten beide übereinstimmen. Ob dies jedoch auch unter den Bedingungen unseres Modells möglich ist, sei dahingestellt.

Vielmehr ergibt sich eine weitere Abweichung dadurch, daß die fixen Kosten der Stelle X unterschiedlich verrechnet werden. Bei der Restwertrechnung werden sie im Verrechnungspreis auf die Kapazität der Stelle U bezogen, bei den Schlüsselungsverfahren dagegen gesondert verrechnet, und zwar bezogen auf die Kapazität der Stelle X (vgl. S. 171 f.):

Die Abweichungen

$$F_X - \bar{F}_{Xo} \qquad \text{(Schlüsselungsverfahren)}$$

bzw.

$$F_X - \frac{\bar{h}}{h_o} \cdot F_X \qquad \text{(Restwertrechnung)}$$

unterscheiden sich um

$$\bar{F}_{Xo} - \frac{\bar{h}}{h_o} \cdot F_X = \bar{b} \cdot f_{Xo} - \frac{\bar{h}}{h_o} \cdot b \cdot f_X$$

voneinander. Wegen

$$\frac{\bar{h}}{h} = \frac{\bar{b}}{b} \text{ , d.h. } \bar{h} \cdot b = \bar{b} \cdot h \text{ ,}$$

wird daraus

$$\bar{F}_{Xo} - \frac{\bar{h}}{h_o} \cdot F_X = \bar{b} \cdot (f_{Xo} - \frac{h}{h_o} \cdot f_X) \text{ .}$$

Da die Stellen U und X in der Ausgangsperiode in verschiedenem Verhältnis ausgenutzt werden, gilt

$$F_{Xo} = b \cdot f_{Xo} \neq \frac{h}{h_o} \cdot F_X = \frac{h}{h_o} \cdot b \cdot f_X \text{ ,}$$

d.h.

$$f_{Xo} \neq \frac{h}{h_o} \cdot f_X \text{ .}$$

Im numerischen Modell ist

$$f_{Xo} = 81 > \frac{h}{h_o} \cdot f_X = \frac{1.784}{2.350} \cdot 100 = 76 \text{ [DM/t] ,}$$

d.h.

$$\bar{F}_{Xo} - \frac{\bar{h}}{h_o} \cdot F_X = 5 \cdot \bar{b} \text{ (DM)} \quad .$$

Für $\Delta\bar{G}_{OR}$ gilt also

$$\Delta\bar{G}_{OR} = \Delta\bar{G}_{OS} + \frac{F}{K_{HKo}} \cdot \bar{E}_B - Q_o \cdot \bar{b} \cdot (f_{Xo} - \frac{h}{h_o} \cdot f_X)$$

bzw.

$$\Delta\bar{G}_{OR} = \Delta\bar{G}_{OS} + \frac{F}{K_{HKo}} \cdot \bar{E}_B + Q_o \cdot (\frac{\bar{h}}{h_o} \cdot F_X - \bar{F}_{Xo}) \quad .$$

Wie sich die in diesem Abschnitt beschriebenen Unterschiede zwischen dem effektiven und dem prognostizierten Gewinn zahlenmäßig auswirken, ist aus Tabelle 12 zu entnehmen. Hier sollen jedoch keine numerischen Werte in die für die Gewinnabweichungen entwickelten Gleichungen eingesetzt werden. Die Unterschiede zwischen den Schlüsselungsverfahren und der Restwertrechnung lassen sich ohnehin nicht am numerischen Modell verifizieren, weil mit keinem Schlüsselungsverfahren dasselbe Programm ermittelt wird wie mit Hilfe der Restwertrechnung.

Sechstes Kapitel:

Programmanalyse, Programmwahl und Gewinnprognose bei Änderung der Engpaßverhältnisse

Während die Programmanalyse, die Programmwahl und Gewinnprognose in den vorhergehenden Abschnitten stets unter der Voraussetzung erörtert wurden, daß ein Engpaß in der Fertigungsstufe V besteht, sollen sie nunmehr unter anderen Engpaßverhältnissen untersucht werden. Hierbei wird zunächst die Frage behandelt, welche Modifikationen der bisherigen Ergebnisse bei einer Verschiebung des Fertigungsengpasses erforderlich werden. Anschließend wird die Annahme eingeführt, daß überhaupt kein Fertigungsengpaß besteht. In einem dritten Abschnitt sollen dann die Probleme diskutiert werden, die das Vorliegen mehrerer Engpässe für die Programmanalyse, Programmwahl und Gewinnprognose aufwirft.

Von diesen Änderungen abgesehen, bleiben die Daten und Prämissen des Betriebsmodells bestehen. Im übrigen werden die bisherigen Ergebnisse der Analyse, soweit sie direkt oder analog auch für die zu behandelnden Situationen gelten, übernommen.

I. Verschiebung des Fertigungsengpasses

Im folgenden wird angenommen, daß ein Fertigungsengpaß nicht wie bisher in der Stelle V, sondern in einer der anderen Stellen vorliegt. Nach der Struktur des hier verwendeten Modells kann es sich dabei

um die Stelle W,
um die Stelle U und
um die Stelle X

handeln. Analog zu dem bisherigen Vorgehen ist wieder zu prüfen, inwieweit die untersuchten Verfahren der Verrechnungspreisbildung und -verwendung auch bei diesen Engpaßverhältnissen für die Beurteilung eines gegebenen Programms, die Wahl eines neuen Programms und die Vorausberechnung des Gewinnes geeignet oder ungeeignet sind. Da viele der bisherigen Ergebnisse auch für die drei nunmehr zu untersuchenden Modellsituationen gelten bzw. auf sie analog übertragen werden können, genügt es zu überprüfen, ob und gegebenenfalls inwieweit die bisher gewonnenen Erkenntnisse durch eine solche Engpaßverschiebung verändert werden.

A. Fertigungsengpaß in der Endverarbeitung (W)

Liegt der Fertigungsengpaß in der Stelle W, so werden die Aussagen über die Brauchbarkeit der einzelnen Verrechnungspreisverfahren für die Programmanalyse, Programmwahl und Gewinnprognose nicht verändert. Als Maßstab für die Programmbeurteilung und Programmwahl gelten hier jedoch nicht mehr die auf die Engpaßeinheit in V bezogenen, sondern die auf die Engpaßeinheit in der Stelle W bezogenen Bruttoergebnisse der verkürzten Totalrechnung. Für die Einzelkosten- und Deckungsbeitragsrechnung und für die Restwertrechnung auf Basis proportionaler Kosten mit Engpaßbezug der Bruttoergebnisse erhält man wieder die gleichen Ergebnisse wie bei der verkürzten Totalrechnung. Diese beiden Verfahren führen daher hier ebenfalls zum optimalen Programm und damit zum maximal möglichen Gesamtgewinn.

Bei den übrigen Verfahren und Verfahrensvarianten bleiben die im vorangehenden Teil der Untersuchung erkannten und ausführlich besprochenen systematischen Fehler bestehen.

Würde man die einzelnen Programme ermitteln, hätten sie allerdings großenteils eine andere Gestalt als bisher. So würde beispielsweise das Produkt A_{101}, falls sich hierfür positive Bruttoergebnisse oder Stückerfolge ergeben, stets in der maximal möglichen Menge produziert, weil es den Engpaß in W nicht durchläuft. Auf die grundsätzliche Beurteilung der einzelnen Verfahren hat dies jedoch keinen Einfluß.

Für die Beurteilung der Gewinnprognose ergeben sich ebenfalls keine Änderungen. Wiederum stimmen bei allen Teilkostenverfahren der Prognose- und Effektivgewinn überein, während bei den Vollkostenverfahren auf Basis der Ist- und Optimalbeschäftigung der Prognosegewinn je nach dem Verhältnis der verrechneten und tatsächlich anfallenden Fixkosten über oder unter dem Effektivgewinn liegt.

B. Fertigungsengpaß in der Kuppelproduktionsstufe (U)

Wenn der Fertigungsengpaß in der Stelle U liegt, so bedeutet dies, daß das Kuppelprodukt H nicht in ausreichender Menge hergestellt werden kann. Es darf daher nur für solche Verwendungszwecke (Weiterverarbeitungsmöglichkeiten) eingesetzt werden, die möglichst hohe engpaßbezogene Erlösüberschüsse über sämtliche proportionale Kosten erbringen. Maßgebend dafür, wie die begrenzte Menge an H weiterverarbeitet werden soll, ist also die Höhe der auf die Einheit H bezogenen Bruttoergebnisse der verkürzten Totalrechnung. Man kann die Bruttoergebnisse jedoch auch auf die Maschinenstunde in U beziehen. Dies ist das gleiche, wie wenn die auf die Einheit H bezogenen Bruttoergebnisse mit einem konstanten, produktunabhängigen Faktor

$$t_{U\lambda}^{-1} = \varepsilon_{\lambda} \cdot h_{E\lambda}^{-1} \cdot c_{m}$$

multipliziert werden, da für die Herstellung eines Kuppelproduktkombinats mit einer LE H stets die gleiche Zahl von Maschinenstunden in U benötigt wird.

Da sich bei der Restwertrechnung auf Basis proportionaler Kosten mit Engpaßbezug der Bruttoergebnisse (hier mit Bezug auf die Einheit H oder Maschinenstunde in U) und bei der Einzelkosten- und Deckungsbeitragsrechnung systemnotwendig die gleichen Werte wie bei der verkürzten Totalrechnung ergeben, werden mit diesen Rechnungen wieder das Optimalprogramm und der Optimalgewinn ermittelt. Bei den Schlüsselungsverfahren auf Basis proportionaler Kosten mit Engpaßbezug der Bruttoergebnisse ergibt sich eine interessante Variation der bisherigen Ergebnisse. Bisher hatten diese Verfahren lediglich zu einer richtigen Gewinnprognose geführt, während sie bei der Programmbeurteilung und Programmplanung regelmäßig versagten, weil bei ihnen die proportionalen Gemeinkosten der Kuppelprodukte geschlüsselt und die Erlösüberschüsse aus der Nebenproduktverwertung nicht berücksichtigt werden. Falls U der Engpaß des Betriebes ist, wird jedoch unabhängig von der Wahl des Schlüssels stets die richtige Rangfolge der engpaßbezogenen Bruttoergebnisse ermittelt. Der Grund hierfür liegt darin, daß jede Produktart bei dem Bezug auf die Einheit von H - ähnlich wie bei der Fixkostenschlüsselung nach der Engpaßinanspruchnahme (120) - mit gleich hohen Kuppelprozeßkosten pro t H belastet wird. Bei der Errechnung der Bruttoergebnisse je LE werden die Verrechnungspreise zwar mit dem H-Anteil je LE multipliziert, doch wird diese Multiplikation durch den Engpaßbezug - also durch die Division durch den H-Anteil je LE bzw. die gleichbedeutende Multiplikation mit der Zahl der Leistungseinheiten je t H - wieder aufgehoben. Dies gilt sowohl für die Restwertrechnung als auch für die Schlüsselungsverfahren; allerdings weichen die absoluten Werte der Bruttoergebnisse je Engpaßeinheit wegen der unterschiedlichen Höhe der Verrechnungspreise voneinander ab.

Formelmäßig läßt es sich leicht nachweisen, daß die Rangfolge übereinstimmt. Die auf die Einheit H bezogenen Bruttoergebnisse der Proportionalkosten-Restwertrechnung, die mit den auf die Einheit H bezogenen Bruttoergebnissen der verkürzten Totalrechnung identisch sind, haben folgende Höhe:

$$\varepsilon_{e\lambda R} = \{e_A - (m_Z + d_V + d_W) - VP\}_\lambda \cdot h_{E\lambda}^{-1} \quad ;$$

$$\varepsilon_{e\lambda R} = \{e_A - (m_Z + d_V + d_W) - h_E \cdot \frac{M_R + D_U + D_X - E_B}{h}\}_\lambda \cdot h_{E\lambda}^{-1} \quad ;$$

$$\varepsilon_{e\lambda R} = \{e_A - (m_Z + d_V + d_W)\}_\lambda \cdot h_{E\lambda}^{-1} - \frac{M_R + D_U + D_X - E_B}{h}$$

Für die Schlüsselungsverfahren gilt dagegen:

$$\varepsilon_{e\lambda S} = \{e_A - (m_Z + d_V + d_W) - h_E \cdot \frac{M_R + D_U}{h} \cdot \frac{1}{1 + \frac{1}{q}}\}_\lambda \cdot h_{E\lambda}^{-1}$$

120) Vgl. S. 152 f. und 156.

daraus wird

$$\varepsilon_{e\lambda S} = \{e_A-(m_Z+d_V+d_W)\}_\lambda \cdot h_{E\lambda}^{-1} - \frac{M_R+D_U}{h} \cdot \frac{1}{1+\frac{1}{q}} \quad ;$$

$$\varepsilon_{e\lambda S} = \{e_A-(m_Z+d_V+d_W)\}_\lambda \cdot h_{E\lambda}^{-1} - \frac{M_R+D_U}{h} \cdot \frac{1}{1+\frac{1}{q}} + \frac{M_R+D_U+D_X-E_B}{h} - \frac{M_R+D_U+D_X-E_B}{h}$$

$$\varepsilon_{e\lambda S} = \varepsilon_{e\lambda R} + c_{a1}$$

mit

$$c_{a1} = \frac{M_R+D_U}{h} \cdot \left(1 - \frac{1}{1+\frac{1}{q}}\right) + \frac{D_X-E_B}{h} = VP_R - VP_S$$

Die engpaßbezogenen Bruttoergebnisse der Schlüsselungsverfahren unterscheiden sich also nur um eine produktunabhängige Konstante c_{a1} von den engpaßbezogenen Bruttoergebnissen der verkürzten Totalrechnung bzw. der beiden anderen als richtig erkannten Verfahren. Diese Konstante entspricht der Differenz zwischen dem Verrechnungspreis für das Hauptkuppelprodukt H nach der Restwertrechnung und dem nach dem betreffenden Schlüsselungsverfahren. Falls c_{a1} positiv ist, besteht damit die Gefahr, daß verlustbringende Produkte in das Programm aufgenommen werden; falls c_{a1} negativ ist, kann es dagegen sein, daß erfolgbringende Produkte aus dem Programm gestrichen werden.

Für die Bewertung des Nebenkuppelproduktes mit Null läßt sich analog ableiten, daß gleichfalls die Rangfolge richtig ermittelt wird. Die engpaßbezogenen Bruttoergebnisse weichen hier um $(D_X-E_B)/h$ von den Werten für die verkürzte Totalrechnung ab (121).

Bei den Vollkostenverfahren ist die Rangfolge nur dann systemnotwendig richtig, wenn sämtliche Fixkosten nach der Inan-

121) Da die Bewertung des Nebenkuppelproduktes mit Null als Schlüsselungsverfahren mit $q = \infty$ angesehen werden kann, geht dies auch unmittelbar aus der Formel für c_{a1} hervor.

spruchnahme des Engpasses geschlüsselt und die Stückerfolge anschließend auf den Engpaß bezogen werden. Die betreffende Formel für die engpaßbezogenen Erfolgsgrößen läßt sich nämlich wie folgt umformen:

$$g_{e\lambda} = (\varepsilon - \frac{F_g}{h} \cdot h_E)_\lambda \cdot h_{E\lambda}^{-1} \quad ,$$

$$g_{e\lambda} = \varepsilon_\lambda \cdot h_{E\lambda}^{-1} - \frac{F_g}{h}$$

da für die Schlüsselungsverfahren

$$\varepsilon_\lambda \cdot h_{E\lambda}^{-1} = \varepsilon_{e\lambda} = \varepsilon_{e\lambda R} + c_{a1}$$

gilt (für die Restwertmethode ist $c_{a1} = 0$), wird

$$g_{e\lambda} = \varepsilon_{e\lambda R} + c_{a1} - c_{a2} \quad , \text{d.h.}$$

$$g_{e\lambda} = \varepsilon_{e\lambda R} + c_{a3}$$

Wiederum ist es jedoch möglich, daß erfolgbringende Produkte aus dem Programm eliminiert bzw. daß verlustbringende Produkte in das Programm aufgenommen werden. Die letztere Gefahr ist hier jedoch im Vergleich zu den entsprechenden Teilkostenrechnungen geringer, weil $c_{a3} < c_{a1}$ ist.

Auf die Beurteilung der Gewinnprognose bei den einzelnen Verfahren hat die Verlagerung des Fertigungsengpasses in die Stelle U keinen Einfluß. Der Prognose- und der Effektivgewinn stimmen bei den Teilkostenverfahren überein, während sie bei den Vollkostenverfahren je nach der Differenz zwischen den verrechneten und den angefallenen Fixkosten mehr oder weniger weit auseinanderklaffen.

C. Fertigungsengpaß in der Nebenproduktverarbeitung (X)

Diese Variation der Lage des Fertigungsengpasses führt zu den gleichen Ergebnissen wie im vorigen Fall. Da es nämlich gemäß unseren Prämissen nicht möglich ist, das Nebenprodukt anders als durch Weiterverarbeitung zu B zu verwerten, zugleich jedoch die Kapazität der Weiterverarbeitungsstelle begrenzt ist, kann auch nicht mehr als eine bestimmte Menge des Hauptkuppelprodukts produziert werden (122).

II. Fehlen eines Fertigungsengpasses

Im folgenden sei abweichend von den bisherigen Annahmen unterstellt, daß die Kapazitäten der einzelnen Fertigungsstellen so dimensioniert sind, daß jedes im Rahmen der Absatzbeschränkungen mögliche Programm in vollem Umfang realisiert werden kann, also keine Fertigungsengpässe auftreten.

Wieder gilt es dann zu prüfen, inwieweit die behandelten Verrechnungspreis-Verfahren für die Programmanalyse, die Programmwahl und die Gewinnplanung geeignet sind. Die Verfahrensvarianten mit Engpaßbezug der Bruttoergebnisse bzw. Stückerfolge können dabei ebenso außer acht bleiben wie der Sonderfall, daß sämtliche Fixkosten nach der Inanspruchnahme des Engpasses geschlüsselt werden.

Braucht man bei der Programmwahl keine Kapazitätsbegrenzungen zu berücksichtigen, so werden nach den Grundsätzen der als richtig erkannten verkürzten Totalrechnung sämtliche Produktarten in das Programm aufgenommen, die ein positives Bruttoergebnis (je Päckchen) aufweisen. Daher muß jedes Kalkulationsverfahren zwangsläufig zum optimalen Programm führen, bei dem die Vorzeichen der Entscheidungsgrößen für die einzelnen Produktarten, also der Bruttoergebnisse oder Stückerfolge, mit denen der entsprechenden Bruttoergebnisse nach der verkürzten Totalrechnung übereinstimmen.

Ist dies der Fall, dann mag zwar die relative und absolute Erfolgswirksamkeit der einzelnen Produkte falsch beurteilt werden, doch wird stets das Optimalprogramm gewählt.

122) Die Möglichkeit, das Nebenprodukt mit oder ohne zusätzliche Kosten zu vernichten, soll hier nicht untersucht werden, weil sie zusätzliche Annahmen erforderlich macht, die erst später in die Untersuchung eingeführt werden sollen. Sie würde formal gleichbedeutend sein mit der Einführung eines Marktes für das unmittelbare Nebenprodukt.

A. Teilkostenverfahren

Hier können wir uns auf die Schlüsselungsverfahren und auf die Bewertung des Nebenproduktes mit Null beschränken, weil für die Restwertrechnung und für das Rechnen mit relativen Einzelkosten und Deckungsbeiträgen bereits nachgewiesen wurde, daß sie zu den gleichen Entscheidungsgrößen wie die verkürzte Totalrechnung führen (123) und daher für die Programmwahl uneingeschränkt brauchbar sind. Auf die Gewinnprognose brauchen wir ebenfalls nicht näher einzugehen, weil für alle Teilkostenverfahren Prognose- und Effektivgewinn übereinstimmen (124).

Bei den Schlüsselungsverfahren stimmen die Bruttoergebnisse der Hauptendprodukte mit den Bruttoergebnissen der Restwertrechnung und damit mit denen der verkürzten Totalrechnung nur dann überein, wenn man den rein formal möglichen "optimalen Kostenschlüssel" q_o verwendet, der nichts anderes als eine verkleidete Restwertrechnung darstellt (125). Für

$$q = q_o = \frac{M_R + D_U}{E_B - D_X} - 1$$

wird hier also das optimale Programm gewählt. Für $q < q_o$ wird das Kuppelprodukt H geringer als bei der Restwertrechnung belastet, was zu generell höheren Bruttoergebnissen führt. Daraus ergibt sich, daß im Programm zwar alle Produkte mit positiven Bruttoergebnissen je Päckchen enthalten sind, möglicherweise jedoch auch solche, deren Bruttoergebnisse je Päckchen negativ sind und die daher nicht zum Optimalprogramm gehören. Das Ausmaß dieser Gefahr hängt offenbar davon ab, ob die Differenz zum richtigen Wert von H, multipliziert mit dem H-Anteil der Hauptendprodukte, so groß ist, daß dadurch Produkte, die nach der verkürzten Totalrechnung negative Bruttoergebnisse aufweisen, nunmehr positive Bruttoergebnisse zeigen.

123) Vgl. S. 191 f. und 195
124) Vgl. S. 206 ff.
125) Vgl. S. 190 f.

Für $q > q_o$ gelten die umgekehrten Beziehungen. Hier sind im Programm zwar keine Produkte mit negativen Bruttoergebnissen nach der verkürzten Totalrechnung enthalten, dafür aber möglicherweise auch nicht alle Produkte mit positiven Bruttoergebnissen.

Bei allen von q_o abweichenden Schlüsselgrößen besteht also die Gefahr, daß das Optimalprogramm entweder um verlustbringende Produkte erweitert oder um erfolgbringende Produkte verkürzt wird, so daß der bestmögliche Erfolg verfehlt wird. Ob dieser Fall eintritt, hängt dabei von den konkreten Datenkonstellationen ab.

Bei der Bewertung des Nebenkuppelproduktes mit Null liegt der Verrechnungspreis für H immer dann höher als bei der Restwertrechnung, wenn $D_X < E_B$ ist (vgl. Tabelle 19).Da dies normalerweise zutreffen dürfte, gilt, daß die Bruttoergebnisse in der Regel unter denen der Restwertrechnung bzw. der verkürzten Totalrechnung liegen werden. Hier kann es also sein, daß der optimale Gewinn verfehlt wird, weil nicht alle erfolgbringenden Produkte in das Programm aufgenommen werden.

B. Vollkostenverfahren

Auch bei den Vollkostenverfahren gilt als Bedingung für eine optimale Programmwahl, daß die Vorzeichen der Entscheidungsgrößen mit denen der entsprechenden Endproduktkombinate bei der verkürzten Totalrechnung übereinstimmen müssen. Ist dies der Fall, wird das optimale Programm und damit der maximal mögliche Gewinn realisiert, auch wenn die relative und absolute Erfolgswirksamkeit der einzelnen Produkte falsch beurteilt werden.

Bei der Vollkosten-Restwertrechnung liegen die Stückerfolge generell unter den Ergebnissen der Restwertrechnung auf Proportionalkostenbasis bzw. der verkürzten Totalrechnung, weil die Produkte auch mit anteiligen fixen Kosten belastet werden. Infolgedessen besteht, wenn kein Engpaß vorliegt, nur die Gefahr, daß erfolgbringende Produkte aus dem Programm eliminiert werden. Dies wird immer dann geschehen, wenn die anteiligen Fixkosten größer sind als die positiven Bruttoergebnisse eines oder mehrerer Produkte, d.h. wenn bei der Rechnung auf Basis der Ist-Beschäftigung

$$\frac{F_U + F_X}{h} \cdot h_{E\lambda} + (f_V + f_W + k_f)_\lambda > \varepsilon_\lambda$$

bzw. bei der Rechnung auf Basis voller Beschäftigung

$$\frac{F_U + F_X}{h_o} \cdot h_{E\lambda} + (f_{Vo} + f_{Wo} + k_{fo})_\lambda > \varepsilon_\lambda$$

ist. Da

$$h \leqq h_o,\ f_{V\lambda} \geqq f_{Vo\lambda},\ f_{W\lambda} \geqq f_{Wo\lambda} \text{ und } k_{f\lambda} \geqq k_{fo\lambda}$$

sind, ist die Gefahr, daß erfolgbringende Produkte aus dem Programm gestrichen werden, für die Optimalkostenvariante niedriger als für die Istkostenvariante.

Bei den Schlüsselungsverfahren treffen die Wirkungen der Fixkostenverrechnung mit den Einflüssen zusammen, die davon ausgehen, daß man die proportionalen Kuppelprozeßkosten schlüsselt und die Nebenendprodukt-Erlösüberschüsse nicht berücksichtigt. Das Zusammenspiel dieser Fehler kann je nach den angenommenen Datenkonstellationen und Schlüsselgrößen dazu führen, daß die Stückerfolge

a) generell über oder unter den Bruttoergebnissen der verkürzten Totalrechnung oder
b) teils über, teils unter den Bruttoergebnissen der verkürzten Totalrechnung liegen.

Liegt der Verrechnungspreis für H über dem Verrechnungspreis der Restwertrechnung auf Basis proportionaler Kosten oder ist er ihm zufälligerweise gleich, so müssen die Stückerfolge wegen der Verrechnung fixer Kosten in den folgenden Stufen und der Belastung der anteiligen Verwaltungs- und Vertriebsgemeinkosten unter den Bruttoergebnissen der Restwertrechnung bzw. den gleich hohen Bruttoergebnissen der verkürzten Totalrechnung liegen. Ist diese Bedingung erfüllt, besteht also nur die Gefahr, daß erfolgbringende Produkte nicht in das Programm aufgenommen werden.

Bei den Istkostenrechnungen ist dies der Fall für

$$\frac{M_R + D_U + F_U}{h} \cdot \frac{1}{1 + \frac{1}{q}} \geqq \frac{M_R + D_U + D_X - E_B}{h} ,$$

$$F_U \cdot \frac{1}{1 + \frac{1}{q}} - D_X + E_B \geqq (M_R + D_U)(1 - \frac{1}{1 + \frac{1}{q}}) = (M_R + D_U) \cdot \frac{1}{q + 1} ,$$

$$F_U \cdot q - (D_X - E_B)(q + 1) \geqq (M_R + D_U) ,$$

$$q \cdot (F_U - D_X + E_B) \geqq (M_R + D_U) + (D_X - E_B) ,$$

$$q \geqq \frac{M_R + D_U + D_X - E_B}{F_U - D_X + E_B} \quad (126).$$

Für

$$q < \frac{M_R + D_U + D_X - E_B}{F_U - D_X + E_B}$$

ist es dagegen auch möglich, daß im gewählten Programm Verlustprodukte enthalten sind. Bei den Optimalkostenverfahren erhält man entsprechend, daß

$$q \geqq \text{ bzw. } < \frac{M_R + D_U + D_X - E_B}{\frac{h}{h_o} \cdot F_U - D_X + E_B}$$

sein muß.

Da $h_o \geqq h$, ist bei den Optimalkostenverfahren die Gefahr, daß erfolgbringende Produkte weggelassen werden, geringer als bei den entsprechenden Istkostenrechnungen. Umgekehrt ist es dafür eher möglich, daß verlustbringende Produkte in das Programm aufgenommen werden. Diese Ergebnisse beruhen letzten Endes darauf, daß die Fixkostenbelastung jedes Produktes bei der Optimalkostenrechnung niedriger als bei der Istkostenrechnung ist.

126) Hierbei ist der Normalfall $(F_U - D_X + E_B) > O$ angenommen.

Die Gewinnprognose ist bei allen Vollkostenverfahren dann richtig, wenn die verrechneten Fixkosten mit den tatsächlichen übereinstimmen. Das kann jedoch - abgesehen von Zufällen - nur dann zutreffen, wenn bei Istkostenrechnung das gewählte Programm nach Produktarten und -mengen mit dem Ausgangsprogramm identisch ist. Bei der Optimalkostenrechnung würde nur dann eine Übereinstimmung vorliegen, wenn durch das gewählte Programm alle Stellen voll ausgelastet wären. In aller Regel wird daher die Gewinnprognose sowohl bei der Ist- als auch bei der Optimalkostenrechnung falsch sein.

III. Vorliegen mehrerer Engpässe

A. Die Problematik der Bestimmung von Entscheidungskriterien

In unserer bisherigen Analyse haben wir - abgesehen vom letzten Abschnitt - die Programmanalyse, die Programmwahl und die Gewinnprognose stets unter der Voraussetzung untersucht, daß der Umfang des betrieblichen Fertigungsprozesses durch die verfügbare Menge eines Produktionsfaktors begrenzt wird. Dabei haben wir zunächst angenommen, daß es sich um die verfügbare Zahl an Maschinenstunden in der Fertigungsstelle V handelt; später wurden dann alternativ auch die übrigen Fertigungsstellen als Engpaß betrachtet. Bei der Erörterung der Zusammenhänge zwischen der Programmstruktur und der Kosten- und Erlösgestaltung war zu erkennen, daß das Bestehen eines Engpasses die Bildung der Entscheidungsgrößen für die Programmwahl und die Höhe des Gewinnes entscheidend beeinflußt. Die sachgerechte Berücksichtigung dieses Einflusses war nur dadurch möglich, daß wir die Bruttoergebnisse der verkürzten Totalrechnung bzw. der beiden anderen als richtig erkannten Verfahren auf die jeweils in Anspruch genommene Zahl der Engpaßeinheiten bezogen. In den so gebildeten Bruttoergebnissen je Engpaßeinheit hatten wir dann das Maß gefunden, welches die Erfolgswirksamkeit der zur Wahl stehenden Produktarten zum Ausdruck bringt.

In der betrieblichen Praxis sind häufig jedoch mehrere Begrenzungen wirksam. Solange sie in zeitlichem Wechsel auftreten, ändern sich unsere Ergebnisse nicht grundsätzlich, da man die Programmentscheidungen auf die jeweils maßgebliche Begrenzung abstellen kann. Offenbar kann jedoch auch der Fall eintreten, daß mehrere Begrenzungen gleichzeitig wirksam sind. Angesichts der Zahl der im Produktionsprozeß zusammenwirkenden Faktoren ist dies keineswegs als Ausnahme anzusehen. So können die betrieblichen Teilkapazitäten so bemessen sein, daß schon beim bisherigen Programm nicht nur eine, sondern mehrere Teilkapazitäten voll ausgelastet sind. Bedenkt man, daß die Produktionskapazitäten, um Leerkosten zu vermeiden, möglichst weitgehend aufeinander abgestimmt sein sollen, so wird deutlich, daß der Produktionsumfang bei einer Tendenz zur Überbeschäftigung vielfach nicht nur durch einen kapazitativen Faktor, sondern gleichzeitig durch zwei oder mehrere begrenzt sein kann (127).

In einer solchen Situation muß die Unternehmung versuchen, die verfügbaren knappen Faktoren so auf die möglichen Produktionsalternativen aufzuteilen, daß der Gesamtgewinn maximiert wird. Für die Lösung dieses Zuordnungsproblems kann sie nicht - wie beim Vorliegen nur eines Engpasses - auf die engpaßbezogenen Bruttoergebnisse zurückgreifen. Die Höhe und die Rangfolge der engpaßbezogenen Bruttoergebnisse können nämlich je nachdem, welcher Engpaßfaktor als Bezugsobjekt gewählt wird, ganz verschieden sein, so daß jeweils unterschiedliche Programme zu wählen wären. Würde man sich bei zwei Engpässen beispielsweise nach der Rangfolge richten, die sich beim Bezug auf den ersten Engpaß ergäbe, so könnten die gewählten Produkte zwar pro Einheit dieses Engpasses sehr erfolgswirksam sein, dafür aber den anderen Engpaß weniger ergiebig nutzen als die nicht berücksichtigten Produkte. Außerdem wäre sofort zu fragen, wieso man gerade nach dieser Rangfolge vorginge und weswegen nicht nach der anderen. Logisch zwingende Gründe könnten hierfür nicht vorgebracht werden.

127) Außer bei den Anlagen-Kapazitäten können aber auch noch Begrenzungen bei den anderen Produktionsfaktoren liegen, z.B. den Arbeitskräften, bestimmten Rohstoffen oder beim verfügbaren Kapital.

Die erste Frage, die beim Vorliegen mehrerer gleichzeitig wirksamer Engpässe beantwortet werden muß, ist offenbar, ob sich noch eine Größe errechnen läßt, die eine eindeutige Rangfolgebestimmung der einzelnen Produktionsalternativen und damit die unmittelbare Bestimmung des Optimalprogramms gestattet. In der früheren betriebswirtschaftlichen Literatur ist dies, sofern man sich überhaupt mit der Programmplanung bei mehreren Engpässen beschäftigte, verneint worden. So hat Schmalenbach zwar nachdrücklich die Bedeutung des Grenznutzenprinzips bei der Bewertung knapper Faktoren hervorgehoben, jedoch beim Vorliegen mehrerer Engpässe nur ein probeweises "Auswiegen" für möglich gehalten (128).

Tatsächlich zeigt eine genauere Untersuchung der Struktur dieses Problems, daß sich eine solche Größe nicht errechnen läßt. Wenn man die Erfolgswirksamkeit einer Engpaßeinheit in einer bestimmten Verwendung ermitteln will, muß man ja berücksichtigen, daß auch die Kapazität der übrigen Engpässe beansprucht wird, ohne daß man einen eindeutigen Wert für die hierdurch entgehenden Nutzungsmöglichkeiten hat. Auch der Versuch, irgendwelche Durchschnittsgrößen aus den verschiedenen engpaßbezogenen Bruttoergebnissen zu bilden, kann, wie sich anhand entsprechender Zahlenbeispiele nachweisen läßt, keine systematisch korrekte Programmwahl gewährleisten.

Erkennt man an, daß es unmöglich ist, die Erfolgswirksamkeit der einzelnen zur Wahl stehenden Produktarten in einem einzigen Wert auszudrücken, so stellt sich als nächstes die Frage, ob es nicht ein Verfahren zur schrittweisen Programmverbesserung bis zum endgültigen Optimalprogramm gibt und welche Grössen hierbei zu verwenden sind. Wenn zwei Engpässe bestehen, könnte man etwa für alle zur Wahl stehenden Produktarten den Durchschnitt der beiden engpaßbezogenen Bruttoergebnisse bilden und gemäß der Rangfolge, die sich hierbei ergibt, ein vorläufiges Programm bestimmen. Dieses Programm könnte dann eventuell noch dadurch verbessert werden, daß man die zuletzt auf-

128) Vgl. Eugen Schmalenbach: Pretiale Wirtschaftslenkung, Band 1: Die optimale Geltungszahl, a.a.O., S. 69; Ders.: Kostenrechnung und Preispolitik, 8. Aufl., a.a.O. 1963, S. 179-182.

genommenen Produkte mit den noch nicht berücksichtigten vergleicht. Eine andere Möglichkeit bestünde darin, die Programme zu bestimmen, die sich ergeben, wenn man jeweils einen der beiden Engpässe berücksichtigt. Anschließend könnte man die in beiden Programmen enthaltenen Produktarten in das endgültige Programm übernehmen und über die Belegung der noch verbleibenden Kapazitäten durch probeweise Aufnahme der übrigen Produktarten entscheiden.

Diese und ähnliche Verfahren führen jedoch, wie sich leicht zeigen läßt, nur zu mehr oder weniger unbefriedigenden Näherungslösungen. Vor allem mangelt es ihnen offenbar an einer logisch zwingenden Konzeption, da sie lediglich von allgemeinen Vermutungen über die Interdependenz zwischen der jeweiligen Engpaßbelegung und der Erfolgsgestaltung ausgehen.

Für den Fall zweier Engpässe läßt sich jedoch ein Verfahren entwickeln, das diesen Mangel nicht aufweist und in einer Folge mehrerer Rechenschritte zum Optimalprogramm führt (129). Der Grundgedanke dieser "Verdrängungsrechnung" ist folgender: Man geht von einem Programm aus, das durch ein Näherungsverfahren bestimmt wird und einen der beiden Engpässe voll auslastet. Der Deckungsbeitrag, der bei jeder einzelnen im Programm enthaltenen Produktart entfällt, wenn man eine Einheit des voll ausgenutzten Engpasses freisetzt, wird mit dem Dekkungsbeitrag verglichen, der dadurch zuwächst, daß man diese Engpaßeinheit für ein anderes Produkt einsetzt. Übersteigt der zusätzliche Deckungsbeitrag den entgehenden,so bewirkt diese "Verdrängung" eine Erhöhung des Periodengewinns, also eine Verbesserung des Programms. Das Optimalprogramm ist erreicht, wenn keine gewinnerhöhende Verdrängung mehr möglich ist.

Auf eine Darstellung dieses Verfahrens im Detail unter den Bedingungen unseres Betriebsmodells soll hier verzichtet wer-

129) Die Rechnung läßt sich theoretisch auch noch bei mehr als zwei Engpässen durchführen, wird dann jedoch sehr kompliziert.

den (13o). Stattdessen soll nunmehr auf das Lineare Programmieren als generell gültiges Verfahren zur Lösung des Problems der Programmwahl beim Vorliegen mehrerer Engpässe eingegangen werden.

B. Die Programmbestimmung mit Hilfe des Linearen Programmierens

Die Schwierigkeiten einer optimalen Programmwahl beim Vorliegen mehrerer Engpässe, die in der betriebswirtschaftlichen Theorie lange Zeit als unüberwindbar galten, lassen sich heute durch bestimmte Verfahrenstechniken des Linearen Programmierens verhältnismäßig leicht lösen. Die mathematischen Grundlagen dieser Methoden - die Theorie der Polyeder und n-dimenionalen Räume sowie die Matrizenrechnung -, ihre Entwicklung seit dem Ende der vierziger Jahre und ihre vielfältigen Anwendungsmöglichkeiten können im Rahmen dieser Untersuchung nicht einmal in globaler Form erörtert werden. Im folgenden soll daher nur kurz im Ansatz dargestellt werden, wie sich das Optimalprogramm unter den Prämissen unseres Betriebsmodells ermitteln läßt, wenn zwei bzw. drei Engpässe vorliegen.

1. Vorliegen zweier Engpässe

Es sei angenommen, daß die Kapazität der Stufe W auf 25o Maschinen- und Apparatestunden beschränkt ist. Das im vierten Kapitel ermittelte Optimalprogramm ist dann nicht mehr realisierbar, da es einen Zeitaufwand von $\overline{T}_W = 269$ Stunden erfordert.

Infolge der Absatz- und Produktionsverhältnisse ist die Programmwahl dann durch folgende Nebenbedingungen eingeschränkt:

1. Der Absatz der Hauptendprodukte ist begrenzt.
2. Die Kapazität in V ist auf 5oo Maschinen- und Apparatestunden und

130) Ein Beispiel für die Anwendung der Verdrängungsrechnung (auf ein "Ganzzahligkeitsproblem") findet sich bei Wolfgang Männel: Die Wahl zwischen Eigenfertigung und Fremdbezug, a.a.O., S. 84-96. Ein im Prinzip ähnliches Verfahren für die Zusammenstellung von Investitionsprogrammen bei mehreren Engpässen benutzt Walter Fleig: Investitionsmodelle als Grundlage der Investitionsplanung, Diss. Frankfurt a.M. 1965.

3. die Kapazität in W ist auf 25o Maschinen- und Apparatestunden begrenzt.

Der folgende mathematische Rechengang läßt es zweckmäßig erscheinen, die in der kommenden Periode möglichen Absatzmengen der einzelnen Hauptendprodukte einschließlich der jeweils gekoppelten Menge des Nebenendproduktes als eine Mengeneinheit zu definieren:

κ'_λ (ME) mit $\lambda = 1, 2, 3, \ldots, 8$

Diese "Mengeneinheiten" (ME) haben also folgende Werte:

κ_λ	ME		
κ'_1	686 t A_{101}	+	171,5 t B
κ'_2	539 t A_{111}	+	134,75 t B
κ'_3	441 t A_{112}	+	110,25 t B
κ'_4	168 t A_{211}	+	100,8 t B
κ'_5	63 t A_{311}	+	31,5 t B
κ'_6	504 t A_{411}	+	302,4 t B
κ'_7	560 t A_{511}	+	280,0 t B
κ'_8	294 t A_{611}	+	117,6 t B

Die in der kommenden Periode herzustellenden Mengen der Hauptendprodukte (einschließlich der gekoppelten Mengen des Nebenendproduktes) werden mit

$\kappa_\lambda = \kappa_1 \ldots \kappa_8$

bezeichnet. Da sie nicht größer sein können als die möglichen Absatzmengen κ'_λ, läßt sich die erste Nebenbedingung in Form der Ungleichungen

$\kappa_\lambda \leqq \kappa'_\lambda = 1$ mit $\lambda = 1, 2, 3, \ldots, 8$

darstellen. Die zweite und dritte Nebenbedingung lassen sich durch folgende Ungleichungen darstellen:

$$\sum_{\lambda=1}^{8} \kappa_\lambda \text{ (ME)} \cdot \tau_{V\lambda} \text{ (Std./ME)} = \sum_{\lambda=1}^{8} \overline{T}_{V\lambda} \text{ (Std.)} \leq 500 \text{ (Std.)} \quad ,$$

$$\sum_{\lambda=1}^{8} \kappa_\lambda \text{ (ME)} \cdot \tau_{W\lambda} \text{ (Std./ME)} = \sum_{\lambda=1}^{8} \overline{T}_{W\lambda} \text{ (Std.)} \leq 250 \text{ (Std.)}$$

Die einzelnen Ausbringungsmengen κ_λ (ME) werden mit den für eine ME erforderlichen Herstellzeiten $\tau_{V\lambda}$ bzw. $\tau_{W\lambda}$ (Std./ME) in V bzw. W multipliziert. Hieraus ergeben sich die Perioden-Herstellzeiten $\overline{T}_{V\lambda}$ und $\overline{T}_{W\lambda}$ (Std.), deren Summe nicht größer als die Kapazität der Stelle V bzw. W (500 bzw. 250 Std.) sein darf. Es gilt also

$$\tau_{V1} \cdot \kappa_1 + \tau_{V2} \cdot \kappa_2 + \tau_{V3} \cdot \kappa_3 + \tau_{V4} \cdot \kappa_4 + \tau_{V5} \cdot \kappa_5 + \tau_{V6} \cdot \kappa_6 + \tau_{V7} \cdot \kappa_7 + \tau_{V8} \cdot \kappa_8 \leq 500$$

und

$$\tau_{W1} \cdot \kappa_1 + \tau_{W2} \cdot \kappa_2 + \tau_{W3} \cdot \kappa_3 + \tau_{W4} \cdot \kappa_4 + \tau_{W5} \cdot \kappa_5 + \tau_{W6} \cdot \kappa_6 + \tau_{W7} \cdot \kappa_7 + \tau_{W8} \cdot \kappa_8 \leq 250.$$

Mit den Zahlenwerten des Modells für $\tau_{V\lambda}$ und $\tau_{W\lambda}$ (vgl. Tabelle 1, Sp. 14 und 15)(131) ergeben sich schließlich die endgültigen Ungleichungen

$$98 \cdot \kappa_1 + 77 \cdot \kappa_2 + 63 \cdot \kappa_3 + 112 \cdot \kappa_4 + 70 \cdot \kappa_5 + 84 \cdot \kappa_6 + 112 \cdot \kappa_7 + 84 \cdot \kappa_8 \leq 500,$$

$$0 \cdot \kappa_1 + 107{,}8 \cdot \kappa_2 + 105 \cdot \kappa_3 + 5{,}6 \cdot \kappa_4 + 2{,}1 \cdot \kappa_5 + 50{,}4 \cdot \kappa_6 + 70 \cdot \kappa_7 + 21 \cdot \kappa_8 \leq 250.$$

Das mathematische Lösungsverfahren erfordert es, daß mit Gleichungen statt mit Ungleichungen gerechnet wird. Um die acht Ungleichungen der Absatzbeschränkungen und die Ungleichungen der Produktionsbegrenzungen in Gleichungen umzuformen, müssen sogenannte "Hilfsvariable" addiert werden, die wir mit

$$y_j = y_1, \ldots, y_{10}$$

bezeichnen. Hierbei lassen sich

- $y_1, \ldots, y_8$ als nicht realisierte Absatzmöglichkeiten der einzelnen Hauptendprodukte sowie
- y_9 und y_{10} als nicht ausgenutzte Produktionskapazität der Stellen V und W auffassen.

131) τ ist die Herstellzeit je Mengeneinheit. Da hier die Mengeneinheit der maximal möglichen Absatzmenge entspricht, sind die $\tau_{V,W}$-Werte mit den $\overline{T}_{V,W}$-Werten identisch.

Daraus ergibt sich folgendes Gleichungssystem:

$$
\begin{array}{lllllllllll}
\kappa_1 & & & & & & & & + y_1 & = & 1 \\
 & \kappa_2 & & & & & & & + y_2 & = & 1 \\
 & & \kappa_3 & & & & & & + y_3 & = & 1 \\
 & & & \kappa_4 & & & & & + y_4 & = & 1 \\
 & & & & \kappa_5 & & & & + y_5 & = & 1 \\
 & & & & & \kappa_6 & & & + y_6 & = & 1 \\
 & & & & & & \kappa_7 & & + y_7 & = & 1 \\
 & & & & & & & \kappa_8 & + y_8 & = & 1 \\
98\kappa_1 & + 77\kappa_2 & + 63\kappa_3 & + 112\kappa_4 & + 70\kappa_5 & + 84\kappa_6 & + 112\kappa_7 & + 84\kappa_8 & + y_9 & = & 500 \\
0\kappa_1 & +107{,}8\kappa_2 & +105\kappa_3 & + 5{,}6\kappa_4 & +2{,}1\kappa_5 & +50{,}4\kappa_6 & + 70\kappa_7 & + 21\kappa_8 & + y_{10} & = & 250
\end{array}
$$

Als weitere Bedingung muß die sogenannte "Nicht-Negativitäts-bedingung" hinzugefügt werden, die besagt, daß für die κ_λ und die y_j nur positive Werte aussagefähige Lösungen ergeben. Es gilt also

$$\kappa_\lambda \geqq 0 \quad ,$$

$$y_j \geqq 0 \quad ,$$

wobei der Index λ für die obigen $\kappa_1, \ldots, \kappa_8$ und der Index j für $y_1, \ldots, y_{10}$ steht.

Um zur Zielfunktion zu gelangen, ist es zweckmäßig, für die oben eingeführten Hilfsvariablen fiktive Periodenerlöse E_{gj} und proportionale Periodenkosten K_{pj} anzunehmen, die mit

$$E_{gj} = E_{g1}, \ldots, E_{g10}$$

und

$$K_{pj} = K_{p1}, \ldots, K_{p10}$$

bezeichnet werden. Damit das Ergebnis hierdurch nicht beeinflußt wird, ist die weitere Nebenbedingung notwendig, daß die Erlöse und Kosten dieser Hilfsvariablen gleich Null sind, daß also

$$E_{gj} = 0$$

und

$$K_{pj} = 0$$

gesetzt werden. Nunmehr läßt sich die folgende Zielfunktion (Gewinngleichung) aufstellen:

$$\overline{G} = \sum_{\lambda=1}^{8} \overline{E}_{g\lambda} \cdot \kappa_\lambda - \sum_{\lambda=1}^{8} \overline{K}_{p\lambda} \cdot \kappa_\lambda + \sum_{j=1}^{10} E_{gj} \cdot y_j - \sum_{j=1}^{10} K_{pj} \cdot y_j - F_g$$

Dabei bedeuten:

$\overline{G}$ = Gewinn der kommenden Periode

$\overline{E}_{g\lambda}$ = Mögliche Erlöse der Hauptendprodukte in der kommenden Periode einschließlich der Erlöse der gekoppelten Nebenendproduktmenge

$\overline{K}_{p\lambda}$ = Proportionale Kosten der absetzbaren Menge der Hauptendprodukte in der kommenden Periode einschließlich der proportionalen Kosten der gekoppelten Nebenendproduktmenge

F_g = Fixkosten der Periode

Durch Umformen dieser Gleichung ergibt sich folgende endgültige Zielfunktion:

$$\overline{G} = \sum_{\lambda=1}^{8} (\overline{E}_{g\lambda} - \overline{K}_{p\lambda}) \cdot \kappa_\lambda + \sum_{j=1}^{10} (E_{gj} - K_{pj}) \cdot y_j - F_g$$

Um den Wert der Zielfunktion, d.h. den Periodengewinn zu maximieren, soll die Simplex-Methode angewandt werden (132).

Für den Rechengang der Simplex-Methode werden Rechentableaus oder sogenannte Matrizen verwendet. Die hierfür notwendigen Koeffizienten für den mathematischen Ausdruck

$$\sum_{\lambda=1}^{8} (\overline{E}_{g\lambda} - \overline{K}_{p\lambda}) \cdot \kappa_\lambda$$

können aus der vorletzten Zeile der Tabelle auf S. 113 ermittelt werden, indem man die Bruttoergebnisse je Päckchen mit der jeweils möglichen Menge an Päckchen multipliziert. Sie gehen in die letzte Zeile des Ausgangstableaus ein (vgl. Ma-

132) Eine Beschreibung des Verfahrens sowie weitere Literaturhinweise finden sich z.B. bei Adolf Angermann: Entscheidungsmodelle, Frankfurt/M. 1963, S. 185-216.

trix 1)(133). Nach 10 Rechenschritten, die hier weggelassen sind, ergibt sich das dort dargestellte Endschema.

Aus der Vorspalte und der mit Σ bezeichneten Spalte des Endschemas lassen sich die Produkte (κ_λ) und der zugehörige Teil der möglichen Absatzmengen, d.h. das optimale Programm ablesen (134). Die in der Σ-Spalte enthaltenen y-Werte geben den Teil der möglichen Absatzmengen der Hauptendprodukte an, auf dessen Herstellung man verzichten muß, wenn man das Optimalprogramm realisiert. Dabei muß sich selbstverständlich $\kappa_6 + y_6$ zu 1 addieren, wie dies in der Bedingungsgleichung auf Seite 24o gefordert wurde.

Die Übertragung der mathematischen Ergebnisse in die mengenmäßige Ausbringung der einzelnen Hauptendprodukte, wobei auch geprüft wird, ob die Nebenbedingungen eingehalten werden und ob der ermittelte Gewinn zutrifft, erfolgt durch nachstehende Tabelle:

κ_λ	A_{ijk}	ME	mögliche Absatzmengen	$\bar{a}$	$\bar{T}_V$	$\bar{T}_W$	ε=db	$\overline{DB}=\bar{a}\cdot\varepsilon$
-	-	-	t/ME	t	Std.	Std.	DM/t	DM
κ_1	A_{101}	1	686	686	98,00	-	400	274.400
κ_2	A_{111}	1	539	539	77,00	107,800	450	242.550
κ_3	A_{112}	1	441	441	63,00	105,000	540	238.140
κ_4	A_{211}	1	168	168	112,00	5,600	1.880	315.840
κ_5	A_{311}	1	63	63	70,00	2,100	2.850	179.550
κ_6	A_{411}	0,323128	504	162,8565	27,14	16,286	420	68.400
κ_8	A_{611}	0,629252	294	185	52,86	13,214	680	125.800
Summe		-	-	-	500,00	250,000	-	1.444.680
							- Perioden-Fixkosten	1.350.000
							Periodengewinn	94.680

133) Die Rundungsfehler bei der Ermittlung der Bruttoergebnisse je Päckchen (vgl. Tabelle 5) werden nicht beachtet. Sie wirken sich hier nicht auf die Programmbestimmung aus. Die Höhe des Optimalgewinns würde sich bei genauer Rechnung nur geringfügig verändern.

134) Der Beweis, daß das mit Hilfe der Simplex-Methode ermittelte Programm optimal ist, findet sich z.B. bei A. Charnes, W.W. Cooper und A. Henderson: An Introduction to Linear Programming, 5. Aufl. New York und London (o.Jg.), S. 57 ff.

Die Ausbringung der Hauptendprodukte errechnet sich durch Multiplikation der dritten und vierten Spalte. Das Programm entspricht, wie leicht zu sehen ist, sämtlichen Nebenbedingungen und lastet unter den hier vorliegenden Bedingungen beide Engpässe voll aus. Dabei ist keine Rangfolge der Produkte zu erkennen. Der Effektivgewinn des Optimalprogramms ergibt sich, wenn man von dem letzten Zeilenwert der Σ-Spalte im Schlußtableau die nicht berücksichtigten Fixkosten subtrahiert:

DM 1.444.680 - DM 1.350.000 = DM 94.680

Er stimmt mit dem in der Tabelle aus den einzelnen Mengen und Deckungsbeiträgen errechneten Gewinn überein.

2. Vorliegen dreier Engpässe

Im folgenden wird eine Kapazität der Stufe U von 420 Maschinen- und Apparatestunden je Periode angenommen. Alle übrigen auf die kommende Periode bezogenen Daten des numerischen Modells sowie die zusätzliche Kapazitätsbeschränkung der Stelle W; die im vorhergehenden Abschnitt behandelt wurde, bleiben bestehen. Das für den Fall zweier Engpässe ermittelte Optimalprogramm (vgl. Tabelle S. 242) ist dann nicht mehr zu realisieren, weil in U ein dritter Engpaß auftritt, wie aus folgender Tabelle ersichtlich ist:

Produkte	ME	$\bar{a}$	h_E	$\bar{h}=\bar{a}\cdot h_E$	$0{,}3\cdot\bar{h}$ (135)
	-	t	-	t	Std.
A_{101}	1	686	0,5	343,0	102,90
A_{111}	1	539	0,5	269,5	80,85
A_{112}	1	441	0,5	220,5	66,15
A_{211}	1	168	1,2	201,6	60,48
A_{311}	1	63	1,0	63,0	18,90
A_{411}	0,323128	162,8565	1,2	195,4	58,62
A_{611}	0,629252	185	0,8	148,0	44,40
Summe	-	-	-	1.441,0	432,30

135) Die Beanspruchung der Stelle U ergibt sich, indem der Stoffeinsatz $\bar{h}$ (t) mit der konstanten Maschinenbeanspruchung von 705 Std./2350 t = = 0,3 Std./t multipliziert wird.

Das Optimalprogramm wird wieder mit Hilfe der Simplex-Methode bestimmt. Der Engpaß in U wird durch eine weitere Ungleichung berücksichtigt:

$$\sum_{\lambda=1}^{n} \kappa_\lambda \cdot \tau_{U\lambda} = \sum_{\lambda=1}^{n} \bar{T}_{U\lambda} \leq \bar{T}_{Umax} = 420 \text{ Std.}$$

Sie wird durch Einführung einer weiteren Hilfsvariablen (y_{11}) in eine Gleichung überführt:

$$\sum_{\lambda=1}^{n} \kappa_\lambda \cdot \tau_{U\lambda} + y_{11} = \bar{T}_{Umax} = 420 \text{ Std.}$$

Damit erweitert sich das Simplex-Schema für den Fall zweier Engpässe (Matrix 1) um eine Zeile und eine Spalte und führt nach 11 Rechenschritten zu folgendem Optimalprogramm (vgl. Matrix 2):

κ_λ	A_{ijk}	ME	mögliche Absatzmengen	$\bar{a}$	$\bar{T}_V$	$\bar{T}_W$	$\bar{T}_U$	$\overline{DB}=\bar{a}\cdot db$
-	-	-	t/ME	t	Std.	Std.	Std.	DM
κ_1	A_{101}	1	686	686	98	-	102,90	274.400
κ_2	A_{111}	1	539	539	77	107,8	80,85	242.550
κ_3	A_{112}	1	441	441	63	105,0	66,15	238.140
κ_4	A_{211}	1	168	168	112	5,6	60,48	315.840
κ_5	A_{311}	1	63	63	70	2,1	18,90	179.550
κ_6	A_{411}	0,212129	504	106,913	18	10,7	38,49	44.903
κ_8	A_{611}	0,740259	294	217,636	62	15,5	52,23	147.992
Summe		-	-	-	500	246,7	420,00	1.443.375
					- Perioden-Fixkosten			1.350.000
					Periodengewinn			93.375

Dieses Programm erfüllt sämtliche Nebenbedingungen und lastet zwei der drei Engpässe (V und U) voll aus, während in W eine Leerkapazität von 3,3 Stunden verbleibt.

Eine Rangfolge der Produkte nach der Erfolgswirksamkeit ihrer Engpaßnutzung kann ebenso wie beim Vorliegen von zwei Engpässen nicht mehr aufgestellt werden. Das gleiche gilt, falls mehr als drei Engpässe bestehen. Auf die Darstellung der Programmbestimmung in diesen Fällen soll hier verzichtet werden. Bei jedem weiteren Engpaß muß eine neue Hilfsvariable eingeführt werden, so daß sich das Schema jeweils um eine Zeile und eine Spalte erweitert.

Exkurs: Dualvariable und Grenzpreisrechnung

Da zahlreiche ökonomische Probleme durch die Frage nach den zu wählenden Mengen bestimmt werden, stellt man bei der Formulierung linearer Planungsmodelle meist auf die Gewinnung optimaler Mengengrößen ab. Eines der wichtigsten Kennzeichen der linearen Modelle ist es jedoch, daß sie aufgrund ihrer mathematischen Struktur so umformuliert werden können, daß ihr Wertaspekt im Vordergrund steht. Jedes lineare Programmierungsproblem kann gleichsam von verschiedenen Seiten betrachtet werden: zum einen als mengenorientiertes (Primal-) Problem und zum anderen als wertorientiertes (Dual-) Problem. Die diesen beiden Problemformen zuzuordnenden Zielfunktionen, Variablen, Beschränkungsgleichungen und Lösungen sind durch strenge mathematische Beziehungen und Entsprechungen, die sogenannten Dualsätze, miteinander verbunden. Diese Beziehungen lassen sich nicht nur mathematisch begründen und formulieren, sondern teilweise auch ökonomisch interpretieren. Während durch das im primalen Lösungsweg gewonnene Ergebnis eine Allokation der vorhandenen knappen Ressourcen auf die möglichen Produktionsalternativen vorgenommen wird, die den Gesamtgewinn maximiert, führt das zugehörige Dualproblem zu einer Bewertung der knappen Faktoren, bei der der Optimalgewinn vollständig auf die knappen Faktoren verteilt wird. Die Variablen der Zielfunktion des dualen Problems (Dualvariablen) sind nicht, wie im Primalproblem, Mengen-, sondern Wertgrößen, die als monetäre Grenzproduktivitäten (Schattenpreise) der Begrenzungsfaktoren des Primalproblems angesehen werden können (136).

136) Vgl. hierzu Walter Buhr: Dualvariable, Opportunitätskosten und optimale Geltungszahl, in: ZfB, 37. Jg. 1967, S. 687-708. Der in der Literatur vielfach übliche Begriff "Schattenpreise" wird von Buhr jedoch abgelehnt.

Im Dualproblem werden nur für solche Begrenzungsfaktoren positive Werte ermittelt, die in der optimalen (Primal-) Lösung vollständig in Anspruch genommen werden, während für die Begrenzungsfaktoren, die nicht voll beansprucht werden, ein Wert von Null ausgewiesen wird. Dies läßt sich ebenfalls ökonomisch interpretieren: die voll ausgenutzten Faktoren stellen ökonomisch knappe Güter dar, denen daher ein Wert beizumessen ist, während die unausgenutzten Faktoren als freie Güter betrachtet werden können, da von ihnen ja ein Überschuß verbleibt.

Um den numerischen Wert der Dualvariablen zu bestimmen, ist es jedoch nicht erforderlich, das duale Problem zu formulieren und zu lösen. Diese Werte werden nämlich automatisch in der untersten Zeile der Endmatrix des Primalproblems ausgewiesen, und zwar in den Spalten für die entsprechenden Schlupfvariablen. Die den knappen Faktoren zuzuordnenden Werte können damit unmittelbar aus der Optimallösung entnommen werden. Sie bezeichnen die Veränderung der Zielfunktion, d.h. die Gewinnänderung, die sich ergeben würde, wenn die zur Verfügung stehende Menge des knappen Faktors unter sonst unveränderten Bedingungen um eine Einheit erhöht bzw. vermindert würde.

Die Bedeutung der Dualvariablen möge an folgendem Beispiel illustriert werden: Es seien zwei Produktionsstellen 1 und 2 mit einer Kapazität von 10.000 Stunden bzw. 30.000 Stunden vorhanden; Absatzbeschränkungen liegen nicht vor. Zur Wahl stehen die Produkte A und B, deren Daten in folgender Tabelle enthalten sind:

Produkte	db DM/LE	Beanspruchung der Produktionsstellen Std./LE	
		t_1	t_2
A	20	4	4
B	16	2	8

Das Optimalprogramm bestimmt man durch lineares Programmieren (vgl. Matrix 3); es enthält 833 1/3 LE A und 3.333 1/3 LE B;

die Dualvariablen betragen 4 (Stelle 1) bzw. 1 (Stelle 2) DM/Std. (vgl. Endmatrix, Spalten y_1 und y_2), der Gesamtdeckungsbeitrag 70.000 DM.

Multipliziert man die Dualvariablen mit der jeweiligen Beanspruchung der Produktionsstellen je LE und addiert die Ergebnisse, so erhält man den jeweiligen Deckungsbeitrag der Produkte A und B:

A: 4 (DM/Std.) · 4 (Std./LE) + 1 (DM/Std.) · 4 (Std./LE) = 20 (DM/LE)

B: 4 (DM/Std.) · 2 (Std./LE) + 1 (DM/Std.) · 8 (Std./LE) = 16 (DM/LE)

Multipliziert man die Dualvariablen mit den verfügbaren Mengen der Engpaßfaktoren, so erhält man als Summe der Teilwerte den Gesamtdeckungsbeitrag von 70.000 DM:

10.000 (Std.) · 4 (DM/Std.) + 30.000 (Std.) · 1 (DM/Std.) = 70.000 (DM

Wenn man die verfügbare Kapazität in der Produktionsstelle 1 um eine Stunde erhöht, so erhält man - ausgehend von der entsprechend veränderten Ausgangsmatrix (vgl. Matrix 4) - in der Endmatrix einen Gesamtdeckungsbeitrag von DM 70.004. Die Erhöhung gegenüber dem bisherigen Deckungsbeitrag entspricht also genau dem Wert der Dualvariablen für die Produktionsstelle 1 in der Endmatrix von Matrix 3.

Die Tatsache, daß in den Dualvariablen eine ökonomisch sinnvolle Bewertung der knappen Faktoren zum Ausdruck kommt, scheint auf den ersten Blick große Möglichkeiten für die Bewertung von Engpaßfaktoren und für die Bildung von Verrechnungspreisen zu eröffnen. Würde man die Höhe der Dualvariablen kennen, so könnte man beispielsweise jedes Produkt entsprechend seinem Verbrauch an knappen Faktoren belasten, um hieraus Anhaltspunkte für Programm- und sonstige Dispositionen zu gewinnen. Die Verrechnungspreise für Zwischenprodukte könnte man dann auf der Grundlage der Grenzkosten zuzüglich eines Zuschlags für den Verbrauch der knappen Faktoren bilden. Die unmittelbare Verwendung der Dualvariablen für diese und ähnliche Zwecke scheitert jedoch daran, daß sie erst durch Formulierung und Lösung eines Programmierungsproblems bestimmt werden müssen. Sie nachträglich zur Programmwahl zu verwenden, ist dann überflüssig, da mit der Lösung des Programmierungsproblems bereits die optimalen Mengen vorliegen. Im übrigen würde ihre Verwendung in der betrieblichen Praxis eine ganze Reihe weiterer Probleme aufwerfen, da die mathematischen Abhängigkeiten und Bedingtheiten dieser Wertziffern zu beachten wären.

Ebenso wie bei den Dualvariablen und ihrer ökonomischen Interpretation steht auch bei der Grenzpreisrechnung von Böhm und Wille das Engpaßproblem im Vordergrund (137). Dieses kostenrechnerische System geht von der Überlegung aus, daß eine reine Proportional- bzw. Grenzkostenrechnung immer dann versagt, wenn im Betrieb Engpässe bestehen, weil die unterschiedliche Nutzung des oder der jeweiligen Engpässe nicht berücksichtigt wird. Aus dieser Erkenntnis heraus werden von Böhm und Wille besondere Kriterien entwickelt, die dazu dienen sollen, das Produktions- und Absatzprogramm so zu gestalten, daß die knappen Produktionsfaktoren optimal eingesetzt werden. Maßgebend für die absolute und vergleichsweise Beurteilung eines Produktes, z.B. hinsichtlich der Aufnahme in ein gegebenes Programm, ist bei Böhm und Wille die Differenz zwischen dem "Verkaufs-Grenzerlös" und dem "Standard-Grenzpreis", der sich aus den Standard-Grenzkosten und dem "Standard-Grenzerfolg" zusammensetzt. Dabei wird der Standard-Grenzerfolg definiert als "die Summe der rechnerischen Produkte aus den Leistungserfolgssätzen knapper Kapazitäten und den Standard-Belegzeiten" (138).

Die Leistungserfolgssätze drücken die jeweilige Bewertung der knappen Faktoren aus. Sie sollen den Erfolg darstellen, der durch die letzte Einheit des knappen Faktors erzielt wird. Die Aufnahme eines neuen Produktes in ein bestehendes, durch einen Engpaß gekennzeichnetes Programm ist daher nur sinnvoll, wenn der Grenzerfolg dieses Produktes pro Engpaßeinheit höher ist als der bisherige Leistungserfolgssatz.

137) Vgl. Hans-Hermann Böhm und Friedrich Wille: Deckungsbeitragsrechnung und Programmoptimierung, a.a.O.
138) Vgl. Hans-Hermann Böhm: Dynamische Kostensenkung im Betrieb, München 1960, S. 296.

Während der Leistungserfolgssatz beim Vorliegen eines Engpasses dem engpaßbezogenen Deckungsbeitrag des Grenzproduktes im bisherigen Programm entspricht, werden die Leistungserfolgssätze beim Vorliegen mehrerer Engpässe durch die mathematische Programmplanung in Form der Dualvariablen bestimmt. Damit gelten jedoch auch für die Grenzpreisrechnung von Böhm und Wille die oben erwähnten Vorbehalte hinsichtlich der Verwendung dieser Werte für die Programmplanung. Sie setzen die Lösung eines linearen Programms voraus, so daß es überflüssig ist, das Programm auf dem Umweg über die Leistungserfolgssätze zu bestimmen.

Mit Hilfe der Leistungserfolgssätze (Dualvariablen) kann dagegen überprüft werden, ob es zweckmäßig ist, ein neues Produkt in ein bereits vorliegendes, durch lineares Programmieren ermitteltes Programm aufzunehmen, und zwar durch den Vergleich des Deckungsbeitrags dieses Produktes mit seinem Standard-Grenzerfolg, d.h. dem mit den Leistungserfolgssätzen bewerteten Verbrauch knapper Faktoren. Hat man festgestellt, daß die Aufnahme zweckmäßig ist, müssen jedoch noch die aufzunehmende Menge sowie die ganz oder teilweise aus dem Programm ausscheidenden Produkte bestimmt werden. In den meisten Fällen muß daher wiederum ein lineares Programm durchgerechnet werden, um das neue Optimalprogramm zu ermitteln.

Siebentes Kapitel:

Zusammenfassung der bisherigen Ergebnisse und Überprüfung ihrer Anwendungsmöglichkeiten bei anderen Produktionsstrukturen

Es zeigt sich, daß die hier untersuchten Verfahren der Verrechnungspreisbildung und -verwendung zu erheblichen Unterschieden in

a) der Höhe der Verrechnungspreise für die beiden Kuppelprodukte,
b) der Beurteilung der Erfolgswirksamkeit der im Ausgangsprogramm enthaltenen Produkte,
c) der Zusammensetzung des als gewinnmaximal angesehenen Produktions- und Absatzprogramms der kommenden Periode,
d) der Höhe des mit diesem Programm jeweils zu realisierenden Erfolges und teilweise auch
e) der Höhe des vorausberechneten und des tatsächlichen Erfolges bei dem für die kommende Periode gewählten Programm

führen. Diese Unterschiede beruhen auf der verschiedenartigen Struktur der einzelnen Verfahren sowie auf den für das Betriebsmodell angenommenen Datenkonstellationen.

Die Anwendung der einzelnen Verfahren auf das numerische Modell, ihre sachlogische Analyse und ihre algebraische Überprüfung ergeben übereinstimmend, daß nur zwei der untersuchten Verfahren für beide hier behandelte Zwecke der Verrechnungspreisbildung und -verwendung, nämlich die Programmwahl und die Gewinnprognose,uneingeschränkt geeignet sind. Es sind dies

a) die Proportionalkostenrechnung mit Bewertung der Kuppelprodukte nach der Restwertmethode unter Verwendung engpaßbezogener Bruttoergebnisse ("Rest-Proportionalkostenrechnung mit Engpaßbezug") und
b) das Rechnen mit relativen Einzelkosten und Deckungsbeiträgen.

Die Rest-Proportionalkostenrechnung mit Engpaßbezug der Bruttoergebnisse läßt sich in die als Vergleichsmaßstab benutzte verkürzte Totalrechnung überführen und ergibt daher auch bei anderen Ausgangszahlen unter den sachlichen Bedingungen des Betriebsmodells den richtigen Verrechnungspreis und das gewinnoptimale Programm. Außerdem stimmt bei ihr stets der vorausberechnete mit dem tatsächlichen Erfolg des gewählten Programms überein.

Das Rechnen mit relativen Einzelkosten und Deckungsbeiträgen ist mit der verkürzten Totalrechnung identisch und führt deswegen ebenfalls zum optimalen Programm und zur richtigen Gewinnprognose. Es operiert allerdings nicht mit Verrechnungspreisen für die einzelnen Kuppelprodukte, sondern mit einem zusammengefaßten Wert für die fiktiven Einheiten eines Kuppelproduktkombinates oder Kuppelprodukt-"Päckchens".

Die übrigen untersuchten Teilkostenverfahren - die Proportionalkostenrechnungen mit Schlüsselung der proportionalen Kuppelprozeßkosten und die Bewertung des Nebenkuppelproduktes mit Null - sind lediglich für die Gewinnprognose geeignet. Für die Beurteilung der Erfolgswirksamkeit der Produkte und damit für die Programmwahl versagen sie auch dann, wenn die Bruttoergebnisse auf die jeweils beanspruchten Engpaßeinheiten bezogen werden. Der Grund hierfür liegt darin, daß bei ihnen proportionale Kuppelproduktionskosten geschlüsselt und eventuelle Erlösüberschüsse (bzw. -defizite) aus der Nebenproduktverwertung nicht berücksichtigt werden (139). Zwar läßt sich theoretisch ein "optimaler Kostenschlüssel" bilden, der unter Berücksichtigung der Engpaßsituation zum optimalen Programm führt, doch ist dieses Schlüsselungsverfahren nichts anderes als eine formal verkleidete Rest-Proportionalkostenrechnung mit Engpaßbezug.

Falls ein Engpaß in der Kuppelproduktionsstufe vorliegt, führen die Proportionalkosten-Schlüsselungsverfahren und die Bewertung des Nebenkuppelproduktes mit Null bei Bezug der Brut-

139) Bei der Bewertung des (unmittelbaren) Neben-Kuppelprodukts mit Null liegt, materiell gesehen, keine Schlüsselung vor, so daß für dieses Verfahren nur die Nichtberücksichtigung der eventuellen Erlösüberschüsse (bzw. -defizite) zutrifft.

toergebnisse auf die Engpaßeinheit zur richtigen Rangfolge der Produkte nach ihrer Erfolgswirksamkeit. Die Gefahr, daß das gewählte Programm im Vergleich zum richtigen fälschlicherweise erweitert oder verkürzt wird, bleibt dabei jedoch wegen der falschen absoluten Höhe der Bruttoergebnisse je Engpaßeinheit bestehen. Auch wenn kein Fertigungsengpaß vorliegt, ist diese Gefahr vorhanden. Bestehen mehrere Engpässe nebeneinander, muß das optimale Programm meist mit Hilfe des linearen Programmierens bestimmt werden. Die dabei anzusetzenden Erfolgskoeffizienten lassen sich durch die Einzelkosten- und Deckunsbeitragsrechnung bzw. durch die Rest-Proportionalkostenrechnung ermitteln. In der Lösung des linearen Planungsproblems werden die knappen Faktoren bewertet. Diese Bewertungsfaktoren oder Dualvariablen können zwar ökonomisch interpretiert werden, haben jedoch für die Programmwahl keinen unmittelbaren Nutzen, da sie die optimale Lösung des Wahlproblems voraussetzen.

Die Vollkostenverfahren sind weder für die Programmwahl noch für die Gewinnprognose geeignet, unabhängig davon, ob die Kuppelproduktionskosten aufgeschlüsselt werden oder nicht. Das gilt auch dann, wenn die jeweilige Engpaßsituation berücksichtigt wird. Der Vergleich dieser Verfahren mit der verkürzten Totalrechnung zeigt, daß folgende systematische Fehler auftreten:

a) Die Bereitschaftskosten der Kuppelproduktionsstufe werden auf die Kuppelprodukte geschlüsselt und durch Bezug auf die Leistungseinheit proportionalisiert,
b) die Bereitschaftskosten der übrigen Produktionsstufen sowie der Verwaltung und des Vertriebs werden ebenfalls geschlüsselt und proportionalisiert,
c) die proportionalen echten Gemeinkosten der Kuppelprodukte werden geschlüsselt,
d) die Erlösüberschüsse über die proportionalen Kosten aus der Nebenproduktverwertung werden nicht in Ansatz gebracht und
e) die vorliegende Engpaßsituation wird nicht oder in falscher Weise berücksichtigt.

Die einzelnen Verfahren weisen diese Fehler in unterschiedlicher Kombination auf. So wirken bei den Vollkosten-Schlüsselungsverfahren ohne Engpaßbezug der Stückerfolge alle fünf Fehlerquellen zusammen, während bei der Vollkosten-Restwertrechnung mit Engpaßbezug der Stückerfolge nur die Fehler aus der Fixkostenverrechnung auftreten. Die Verfälschungen in der Beurteilung der Endprodukte nach ihrer Erfolgswirksamkeit sind jedoch nicht von der Zahl der systematischen Fehler der einzelnen Verfahren abhängig, sondern von den jeweils vorliegenden Zahlenkonstellationen, da sich die Wirkungen der Fehler je nach den konkreten Verhältnissen kumulieren oder teilweise kompensieren können.

In einigen wenigen Sonderfällen wird mit bestimmten, ungebräuchlichen Vollkostenrechnungsvarianten die richtige Rangfolge der Produkte ermittelt. Dennoch ist selbst dabei eine fehlerhafte Programmwahl möglich, da das gewählte Programm auch solche Produkte, die keinen positiven Erfolgsbeitrag leisten, oder umgekehrt nur einen Teil der Produkte mit positivem Erfolgsbeitrag enthalten kann.

Die Gewinnprognose wird bei den Vollkostenverfahren immer dann verfälscht, wenn sich die Beschäftigungsverhältnisse des gewählten Programmes von denen unterscheiden, die bei der Fixkostenverrechnung zugrundegelegt wurden. Unter diesen Umständen werden entweder zuwenig oder zuviel Fixkosten verrechnet. Das gilt sowohl, wenn die Bereitschaftskosten auf Basis der tatsächlichen Beschäftigung der Ausgangsperiode verteilt werden als auch, wenn dies auf Basis der Optimal- oder Planbeschäftigung geschieht. Daß der zu erwartende Periodengewinn richtig vorausberechnet wird, ist daher höchstens rein zufällig zu erwarten.

Zusammenfassend läßt sich daher sagen, daß die Vollkostenverfahren weder eine systematisch richtige Programmwahl noch eine zutreffende Gewinnplanung ermöglichen. Bei den Teilkostenverfahren ist die Gewinnprognose zwar immer zutreffend, die Programmwahl dagegen nur bei der Rest-Proportionalkostenrechnung mit Engpaßbezug der Bruttoergebnisse und bei der Einzelkosten- und Deckungsbeitragsrechnung.

Der Geltungsbereich dieser Ergebnisse ist nun jedoch nicht auf das bisher angenommene Betriebsmodell beschränkt, sondern läßt sich ohne größere Änderungen noch wesentlich erweitern.

In erster Linie kommen hierfür die Fälle der einfachen Produktion mit wechselnder und paralleler Weiterverarbeitung in Frage. Der Grund hierfür liegt darin, daß die einfache Produktion, also die Herstellung eines einzigen Produktes, als Grenzfall der Kuppelproduktion angesehen werden kann (140). Stellt man sich vor, daß bei einem zwei Produkte umfassenden Kuppelproduktionsprozeß vom Nebenprodukt nur infinitesimal geringe Mengen anfallen, praktisch also nur das Hauptprodukt erzeugt wird, so läßt sich die Kuppelproduktion gedanklich in die einfache Produktion überführen. Die einfache Produktion kann somit formal als Kuppelproduktion mit einem Ausbringungsverhältnis von $p = \infty$ betrachtet werden. Die für die Kuppelproduktion gültigen Ableitungen sind daher grundsätzlich auch auf die einfache Produktion anwendbar.

Auf das hier verwendete Betriebsmodell bezogen bedeutet dies, daß nunmehr angenommen wird, in der Stufe U werde lediglich das Produkt H erzeugt. Dann entfällt der bisherige Nebenproduktstrang mit dem Kuppelprodukt L, der Weiterverarbeitungsstufe X und dem Nebenendprodukt B. Die proportionalen Kosten der Stufe U sind dann nicht mehr Gemeinkosten der beiden Kuppelprodukte, sondern Einzelkosten des Produktes H, die uneingeschränkt den einzelnen Leistungseinheiten von H oder den Leistungseinheiten der Endprodukte zugerechnet werden können. Proportionale (echte) Gemeinkosten treten nicht mehr auf. Alle Aussagen, die sich auf ihre Schlüsselung und auf den Nebenproduktstrang beziehen, werden damit gegenstandslos. Alle übrigen Aussagen bleiben jedoch bestehen.

Unterstellen wir zunächst den Fall der einfachen Produktion bei wechselnder Weiterverarbeitung, so treten außer dem Wegfall des Nebenproduktzweiges keine weiteren Änderungen der Modellstruktur ein. Die hierfür gültigen Ergebnisse lassen

140) Vgl. Heinrich von Stackelberg, a.a.O., S. 57 und 60.

sich daher leicht aus den bisherigen ableiten. In den mathematischen Formeln der algebraischen Kontrollrechnung (Fünftes Kapitel) fallen alle Größen, die sich auf den Nebenproduktstrang beziehen (mit den Indizes X und B) weg. Voraussetzungsgemäß gilt bei einfacher Produktion für das Mengenverhältnis $p = \infty$. Außerdem wird auch das Schlüsselungsverhältnis $q = \infty$, da die Kosten in U sinnvollerweise nur auf das dort hergestellte Zwischenprodukt H verrechnet werden können. Damit reduziert sich die Zahl der bisherigen Varianten der Verrechnungspreisbildung auf nur noch drei Verfahren, nämlich die Zurechnung

1. der proportionalen Kosten in U,
2. sämtlicher Kosten in U
   a) auf Basis der Ist-Beschäftigung,
   b) auf Basis der vollen (optimalen) Beschäftigung

auf die Leistungseinheit des Zwischenproduktes H (vgl. Tabellen 18 und 19). Die weiteren Ableitungen und Beurteilungskriterien werden ebenfalls entsprechend verkürzt; sie werden dadurch jedoch nicht grundsätzlich verändert, sondern müssen lediglich gemäß den jetzt vorliegenden Verhältnissen interpretiert werden.

Falls ein Engpaß in V vorliegt (Erstes bis Fünftes Kapitel), sind für die Produktbeurteilung, Programmwahl und Gewinnprognose nunmehr die auf die Engpaßeinheit bezogenen Deckungsbeiträge der Endprodukte (statt wie bisher der Endproduktkombinate) maßgebend. Sie sind mit den engpaßbezogenen Bruttoergebnissen der Proportionalkostenrechnung identisch, da die auf die Endprodukteinheiten verrechneten proportionalen Kosten der einzelnen Stufen mit den stufenweisen Einzelkosten der Endprodukteinheiten übereinstimmen. Zwischen der Proportionalkostenrechnung mit Engpaßbezug der Bruttoergebnisse und dem Rechnen mit relativen Einzelkosten und Deckungsbeiträgen bestehen hier also keine materiellen Unterschiede. Beide - faktisch identischen - Verfahren führen zur richtigen Programmwahl und Gewinnprognose. Als Verrechnungspreis für das Zwischenprodukt H müssen somit die proportionalen Kosten in U angesetzt werden, weil nur dann die Erfolgswirksamkeit der Endprodukte richtig ausgewiesen wird. Ferner müssen die Bruttoergebnisse bzw. Deckungsbeiträge auf den Engpaß bezogen werden.

Für die Vollkostenrechnungen gilt, daß von den auf S. 122 dargestellten Fehlerquellen diejenigen wegfallen, die durch den Kuppelprozeß bedingt sind, also die Schlüsselung der proportionalen Gemeinkosten in U und die Nichtbeachtung des Nebenendprodukts. Die übrigen, nämlich die Schlüsselung und Proportionalisierung fixer Kosten und der Verzicht auf den Engpaßbezug der Stückerfolge bleiben jedoch bestehen. Eine systematisch richtige Programmwahl und Gewinnprognose ist daher nicht möglich. Dies gilt auch dann, wenn die Stückerfolge der Vollkostenrechnungen auf den Engpaßfaktor bezogen werden. Falls hierbei sämtliche Fixkosten nach der Inanspruchnahme des Engpasses geschlüsselt werden, stimmt allerdings die Produktrangfolge mit der optimalen überein.

Ein Vergleich dieser Ergebnisse mit den für das Kuppelproduktmodell entwickelten zeigt, daß im hier vorliegenden Fall stets die Aussagen gelten, die früher für die Restwertrechnung abgeleitet wurden. Statt "Rest-Proportionalkostenrechnung" heißt es jetzt lediglich "Proportionalkostenrechnung" und statt "Vollkosten-Restwertrechnung" nur noch "Vollkostenrechnung". Daß diese Übereinstimmung zwangsläufig ist, ergibt sich aus der Überlegung, daß bei der Restwertrechnung nur noch diejenigen Fehler auftreten können, die auch bei einfacher Produktion vorhanden sind, weil die Restwertrechnung alle speziell durch den Kuppelproduktionsprozeß bedingten Verrechnungsprobleme richtig löst.

Hieran anknüpfend lassen sich auch die Ergebnisse für diejenigen Modellsituationen, die den im Sechsten Kapitel behandelten entsprechen, leicht bestimmen. Liegt der Fertigungsengpaß in der Endverarbeitungsstufe W, so führt wieder die Teilkostenrechnung mit Bezug der Bruttoergebnisse oder Deckungsbeiträge auf die Engpaßeinheit zur optimalen Programmwahl und richtigen Gewinnprognose. Ist die Stufe U der Engpaß, so gilt das gleiche, wobei die Bruttoergebnisse bzw. Deckungsbeiträge wahlweise auf die Maschinenstunde in U oder die Leistungseinheit von H bezogen werden können. Eine analoge Situation zu dem Fall, daß der Fertigungsengpaß in der Verarbeitungsstufe für das Nebenprodukt liegt, läßt sich hier nicht bilden. Fehlt ein Fertigungsengpaß, so sind für die Programmwahl die absoluten Dekkungsbeiträge bzw. Bruttoergebnisse der Endprodukte maßgebend. Hier kommt es nur darauf an, daß die Vorzeichen der jeweiligen Entscheidungsgrößen mit denen der absoluten Deckungsbeiträge bzw. Bruttoergebnisse übereinstimmen. Bei der Vollkostenrechnung besteht daher lediglich die Gefahr, daß erfolgbringende Produkte aus dem Programm eliminiert werden. Liegen schließlich mehrere Fertigungsengpässe vor, so ist das lineare Programmieren anzuwenden, wobei als Erfolgskoeffizienten die absoluten Bruttoergebnisse bzw. Deckungsbeiträge einzusetzen sind.

Wenn bei einfacher Produktion in U anstelle der wechselnden eine <u>parallele Weiterverarbeitung</u> über mehrere Stufen vorliegt, sind ebenfalls zahlreiche der bisherigen Ergebnisse analog gültig. Um dies nachzuweisen, sei zunächst das betreffende spezielle Betriebsmodell dargestellt:

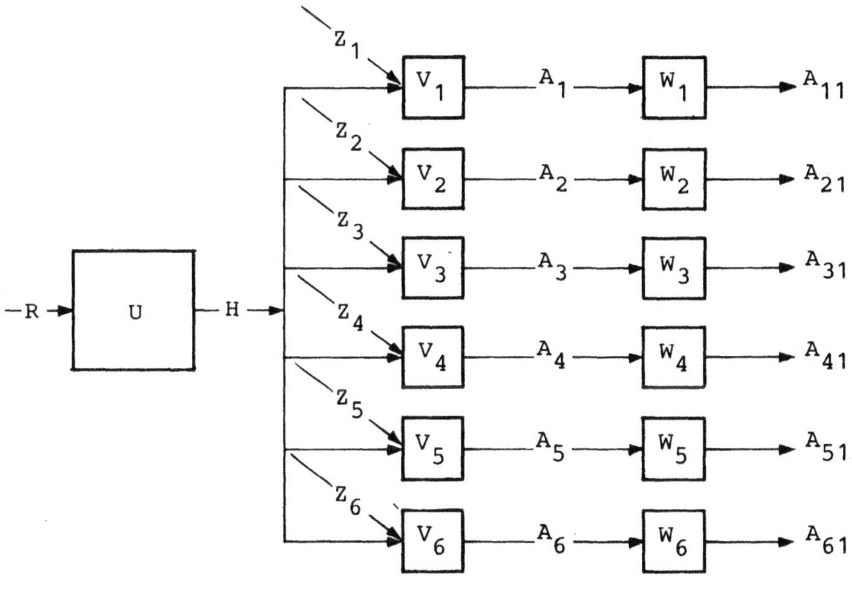

Dieses Modell ist dadurch gekennzeichnet, daß das Zwischenprodukt H wahlweise in mehreren Weiterverarbeitungsstellen V_1-V_6 eingesetzt werden kann, in denen mit den Zusatzstoffen Z_1-Z_6

jeweils ein "sekundäres" Zwischenprodukt (A_1-A_6) erzeugt wird. Die sekundären Zwischenprodukte A_1-A_6 werden ihrerseits in den Endverarbeitungsstellen W_1-W_6 zu den Endprodukten A_{11}-A_{61} verarbeitet. Jede der V- und W-Stellen wird also nur von einem Produkt durchlaufen. Die einzelnen Endprodukte und sekundären Zwischenprodukte sind damit nur über die Stufe U miteinander verbunden.

Falls lediglich in einer oder mehreren der V- bzw. W-Stellen ein Engpaß auftritt, dienen die absoluten Bruttoergebnisse oder Deckungsbeiträge als Maßstab für die Programmanalyse, Programmwahl und Gewinnprognose. Es ist hier nicht notwendig, engpaßbezogene Bruttoergebnisse oder Deckungsbeiträge zu bilden, weil die Engpaßstellen jeweils nur von einem Produkt durchlaufen werden und die Kapazität der Stufe U ja als ausreichend vorausgesetzt wird. Als Verrechnungspreis für H müssen wieder die proportionalen Kosten je Leistungseinheit angesetzt werden, da anderenfalls die Gefahr besteht, daß erfolgbringende Produkte aus dem Programm ausgeschieden werden (bei höheren Verrechnungspreisen) oder daß verlustbringende Produkte im Programm beibehalten werden (bei niedrigeren Verrechnungspreisen). Die Vollkostenrechnungen sind hier also deswegen systematisch falsch, weil bei ihnen durchaus noch erfolgbringende Produkte als verlustbringend erscheinen können. Diese Gefahr besteht allerdings nur, wenn die verrechneten Fixkostenbeträge pro Endprodukteinheit so hoch sind, daß sich die Vorzeichen der Entscheidungsgrößen ändern können. Die Gewinnprognose trifft wieder nur bei der Teilkostenrechnung zwangsläufig zu, während bei der Vollkostenrechnung je nachdem, in welchem Maße die Beschäftigung in den einzelnen Stellen von der angenommenen abweicht, Fehler auftreten.

Liegt ein Engpaß in der Stufe U vor, muß man sich bei der Programmanalyse und Programmwahl an der Rangfolge der Bruttoergebnisse oder Deckungsbeiträge je Maschinenstunde U oder je Leistungseinheit H orientieren. Als Verrechnungspreis sind hier ebenfalls die proportionalen Kosten pro Leistungseinheit H anzusetzen, da andere Verrechnungspreise zu Verschiebungen der Produktrangfolge führen können. Die Vollkostenrechnungen sind daher systematisch falsch. Wenn sämtliche Fixkosten nach der Inanspruchnahme des Engpasses geschlüsselt werden, stimmt zwar die Rangfolge mit der optimalen überein, doch können erfolgbringende Produkte aus dem Programm ausgeschieden werden. Für die Gewinnprognose gelten die oben angestellten Überlegungen.

Wenn man in dieser Situation davon abgeht, den gesamten Weiterverarbeitungsbereich als Dispositionseinheit zu betrachten und stattdessen annimmt, daß die einzelnen Weiterverarbeitungsstränge V_1-W_1, V_2-W_2,..., V_6-W_6 selbständig disponieren können, wird die Bestimmung des gesamtbetrieblich optimalen Verrechnungspreises wesentlich erschwert. Während bisher für die Verteilung der knappen Mengen an H, die zentral oder durch den zusammengefaßten Weiterverarbeitungsbereich vorgenommen wurde, in der Rangfolge der engpaßbezogenen Deckungsbeiträge ein eindeutiges Kriterium verfügbar war, ist dies nun nicht mehr der Fall. Wenn jeder Weiterverarbeitungszweig selbständig disponieren kann, ist bei einem Verrechnungspreis in Höhe der proportionalen Kosten die Nachfrage nach H möglicherweise größer als die Produktionsmöglichkeiten in U, ohne daß die optimale Verwendung der knappen H-Mengen sichergestellt ist. Es kommt also darauf an, einen Rationierungsmechanismus zu entwickeln, der die optimale Verwendung gewährleistet. Eine Möglichkeit hierfür wäre etwa, die verfügbaren H-Mengen durch U versteigern zu lassen. Wenn auch angenommen werden kann, daß hierbei die ergiebigeren Weiterverarbeitungszwecke zum Zuge kämen, so besteht doch wegen der zahlreichen Unsicherheitsfaktoren eines solchen Prozesses (Bildung von Koalitionen, Art des strategischen und taktischen Vorgehens usw.) keine Garantie für ein optimales Ergebnis. Weiterhin käme die Verwendung komplementärer Verrechnungspreispaare in Frage, etwa der auf die Einheit H bezogenen Bruttoergebnisse vor Abzug der Kosten für den H-Einsatz als Übergabepreise und der proportionalen Kosten von H als Übernahmepreis. Hierbei würde es zwar im Interesse von U liegen, die einzelnen Bezieher gemäß der optimalen Rangfolge zu beliefern, doch müßte man gleichzeitig kontrollieren, daß die Abnehmer nur die Menge beziehen, die sie tatsächlich auch selbst verarbeiten können. Bei dieser Verrechnungspreis-Konstruktion könnte nämlich insbesondere der rangerste Abnehmer versucht sein, mehr als seinen Bedarf zu beziehen, um die überschüssige Menge zu einem über dem (Übernahme-) Verrechnungspreis liegenden Preis weiterzuverkaufen. Man könnte dies zwar vermeiden, indem man den Übernahmepreis genauso hoch ansetzt wie die Übergabepreise, doch würde dies praktisch auf eine zentrale Programmwahl in U hinauslaufen. Zentrale Lenkungselemente würden auch bei einer dritten Möglichkeit vorliegen, nämlich wenn man versuchen würde, das Gesamtangebot und die Gesamtnachfrage gegenüberzustellen, um hieraus einen "Grenzverrechnungspreis" zu bestimmen, der beide zum Ausgleich bringt. Außerdem bestünde hierbei die Gefahr, daß die jeweiligen Angebots- und Nachfragemeldungen manipuliert würden, um die Preisfestsetzung zu beeinflussen. Auf die hier angenommene Situation (Engpaß in U, Selbständigkeit der einzelnen Weiterverarbeitungsstränge) lassen sich die bisherigen Ergebnisse also nicht ohne weiteres übertragen; vielmehr sind zusätzliche differenzierende Überlegungen erforderlich.

Tritt kein Fertigungsengpaß auf, so kommt es für die optimale Programmwahl wie bei wechselnder Weiterverarbeitung nur darauf an, ob die Vorzeichen der Entscheidungsgrößen mit denen der Bruttoergebnisse (Deckungsbeiträge) übereinstimmen. Der Fall, daß mehrere Fertigungsengpässe auftreten, wird hier nicht relevant, weil Engpässe in den V- und/oder W-Stellen stets wie eine Absatzbeschränkung für das betreffende Produkt wirken und somit allenfalls in der Stufe U ein Engpaß mit Wahlmöglichkeiten verbleiben kann; auf das lineare Programmieren kann also verzichtet werden.

Einige der in diesem Teil der Untersuchung abgeleiteten Ergebnisse lassen sich auch noch auf andere Produktionsverhältnisse übertragen. Wenn etwa in der Stufe U zwei oder mehrere Produkte in wechselnder Fertigung erzeugt werden, die dann in den Stufen V und W ebenfalls in wechselnder Fertigung weiterverarbeitet werden, so wäre es auch hier systematisch falsch, die Programmanalyse, Programmwahl und Gewinnprognose mit Hilfe der Vollkostenrechnung durchzuführen. Wiederum könnten nämlich die optimale Produktrangfolge verfälscht und dadurch fehlerhafte Programmdispositionen und Gewinnprognosen hervorgerufen werden. Auch hier müßte man also die Teilkostenrechnung anwenden. Falls ein Engpaß in den Stufen V oder W vorläge, müßte man für die Programmwahl die Deckungsbeiträge (Bruttoergebnisse) pro Maschinenstunde V oder W heranziehen; falls die Stufe U Engpaß wäre, die Deckungsbeiträge (Bruttoergebnisse) pro Maschinenstunde U. Würde kein Fertigungsengpaß auftreten, so wären die absoluten Deckungsbeiträge maßgebend; bei Vorliegen mehrerer Engpässe müßte das lineare Programmieren angewendet werden. Als Verrechnungspreis für die in U hergestellten Zwischenprodukte müßte man stets die jeweiligen proportionalen Kosten je Leistungseinheit ansetzen. Auch bei weiteren Variationen der Produktionsstruktur des Betriebsmodells käme man zu dem Ergebnis, daß - unter den angenommenen Verhältnissen - nur die Proportionalkostenrechnung für die Programmanalyse, Programmwahl und Gewinnprognose geeignet ist.

Zweiter Hauptteil:

Die Brauchbarkeit von Verrechnungspreisen für Programm- und Gewinnplanungen bei Vorliegen von Zwischenproduktmärkten und Erweiterung der Programmautonomie

In allen bisher diskutierten Modellsituationen ist angenommen worden, daß kein Markt für die in der Stufe U erzeugten Kuppelprodukte und für die aus der Weiterverarbeitungsstufe V hervorgehenden Zwischenprodukte, die noch die Endstufe W durchlaufen, besteht. In der Praxis liegen zweifellos oft auch dementsprechende Verhältnisse vor, weil viele isoliert oder gekoppelt anfallende Zwischenprodukte wegen ihrer besonderen Beschaffenheit nur im Rahmen des eigenen Unternehmens weiterverarbeitet werden können. In der Chemischen Industrie können jedoch häufig - wie auch in anderen Industriezweigen - Zwischenprodukte verkauft oder zugekauft werden. Beispielsweise ist für die meisten anorganischen und organischen Grundstoffe und für viele "Zwischenprodukte" ein Markt mit Zu- und Verkaufsmöglichkeiten vorhanden. Der Zwischenproduktmarkt oder der Zugang zu ihm können jedoch aus mancherlei Gründen - zumindest zeitweise - beschränkt sein. So lassen sich oft nur begrenzte Mengen beschaffen oder absetzen; es kann aber für ein Unternehmen auch nur die Möglichkeit, zu kaufen, nicht aber zu verkaufen, bestehen oder umgekehrt. Vom Standpunkt des einzelnen Unternehmens aus sind also ganz verschiedene Marktsituationen denkbar, die sich dazu noch im Zeitablauf verändern können.

Wenn ein Zwischenproduktmarkt besteht, wird die Frage interessant, an welcher Stelle über den Kauf oder Verkauf am Markt entschieden werden soll. Einmal kann man entsprechend den bisherigen Annahmen von einem zentralen Entscheidungsträger ausgehen; zum anderen ist es jedoch auch möglich, den einzelnen Produktionsstufen ein höheres Maß an Selbständigkeit zuzugestehen und es ihnen zu überlassen, ob und in welcher Form sie den Markt in Anspruch nehmen und wie sie ihr Produktionsprogramm gestalten. Dies wird insbesondere dort naheliegen, wo die Zwischenprodukte in größeren organisatorischen Einheiten, z.B. in größeren Betrieben, Werken oder Konzernunternehmungen hergestellt werden. Daneben aber können die Entscheidungen wegen der größeren Sachnähe der Teilbereiche eventuell auch dann dezentralisiert werden, wenn zwischen verschiedenen Rohstoffen oder Rohstoffarten und Fertigungsverfahren zur Herstellung der Zwischenprodukte sowie zwischen verschiedenen Verwertungs- und Weiterverarbeitungsmöglichkeiten für ein Nebenprodukt zu wählen ist. Stets muß dabei jedoch das Bestreben der Oberleitung des Unternehmens oder Konzerns darauf gerichtet sein, die Entscheidungen der Teilbereiche so zu lenken und zu koordinieren, daß nicht nur ein Suboptimum, sondern das Gesamtoptimum erreicht wird. Als Mittel dafür könnte vor allem der Ansatz von geeigneten Verrechnungspreisen in Frage kommen.

Um die Untersuchung auch auf diese für die Praxis äußerst wichtigen Situationen und organisatorischen Gestaltungsformen auszudehnen, werden im zweiten Hauptteil schrittweise folgende Variationen des Betriebsmodells vorgenommen:

a) Für die Zwischenprodukte der Kuppelproduktions- bzw. Weiterverarbeitungsstufen U und V werden Märkte eingeführt;
b) in den einzelnen Produktionsstufen wird eine freie Programmwahl zugelassen;
c) bei der gemeinsamen Herstellung der Kuppelprodukte kann zwischen mehreren Rohstoffarten und Verfahren gewählt werden;
d) für das Nebenprodukt bestehen alternative Verwertungs- und Weiterverarbeitungsmöglichkeiten.

Unter den veränderten Bedingungen wird jeweils geprüft, inwieweit die bisher als brauchbar erkannten Verrechnungspreise noch für die Programm- und Gewinnplanung geeignet sind bzw. ob andere Verfahren der Verrechnungspreisbildung und -verwendung, z.B. der Ansatz von Marktpreisen, benutzt werden können. Soweit es sich bei den im folgenden betrachteten Verfahren um Teilkostenrechnungen handelt, kann die Untersuchung auf die Prüfung ihrer Brauchbarkeit für die Programmwahl beschränkt werden, weil die Teilkostenrechnungen in jedem Fall für die Gewinnprognose geeignet sind. Falls dagegen andere Verrechnungspreise (z.B. Marktpreise) angesetzt werden, ist deren Einfluß auf die Gewinnprognose und die Gewinnverteilung auf die einzelnen Dispositionsbereiche gesondert zu untersuchen. Hierbei kann man sich jedoch damit begnügen, diese Einflüsse an geeigneter Stelle generell darzulegen (141).

Grundsätzlich kann man sich die Gewinnplanung so vorstellen, daß die Teilbereiche die von ihnen aufgrund der jeweiligen Verrechnungs- bzw. Verkaufs- oder Zukaufspreise ermittelten Deckungsbeiträge der Oberleitung mitteilen. Die Oberleitung zieht dann von der Summe dieser Teil-Deckungsbeiträge sämtliche Fixkosten ab. Eine andere Möglichkeit ist die, daß die Teilbereiche die bei ihnen anfallenden Fixkosten vorweg abziehen, so daß die Oberleitung lediglich die restlichen Fixkosten zu berücksichtigen hat.

141) Vgl. hierzu S. 279.

Achtes Kapitel:

Einführung eines Marktes für das Hauptkuppelprodukt

Zunächst soll nur ein Zwischenproduktmarkt für das Hauptkuppelprodukt H eingeführt werden. Im folgenden ist dann zu prüfen, inwieweit die bisher als zweckmäßig erkannten kostengebundenen Verrechnungspreise noch verwendbar sind bzw. welche anderen Verrechnungspreise sich unter den veränderten Bedingungen als geeignet erweisen. Dabei soll zwecks genauerer Analyse jeweils die gesamte Skala der möglichen Verrechnungspreiswerte überprüft werden, selbst wenn in bestimmten Situationen nur ein Wert in Frage zu kommen scheint.

Nach dem Grad der Selbständigkeit der einzelnen Produktionsstufen können drei Fälle unterschieden werden:

1) Die Unternehmensleitung setzt sowohl die Verrechnungspreise als auch das Programm der einzelnen Produktionsstellen fest (zentrale Lenkung).
2) Der Verrechnungspreis wird von der Unternehmensleitung festgesetzt; die einzelnen Stellen können aber selbst ihr Fertigungsprogramm bestimmen (Programmautonomie bei zentral festgesetztem Verrechnungspreis).
3) Die einzelnen Stellen sind sowohl in der Wahl ihres Programms als auch in der Festsetzung (Vereinbarung) der Verrechnungspreise autonom (Programmautonomie bei ausgehandeltem Verrechnungspreis).

Im ersten Fall ermittelt die Unternehmensleitung die Programme der Teilbereiche mit Hilfe von Verrechnungspreisen für die von den anderen Teilbereichen zu beziehenden oder an sie abzugebenden Zwischenprodukte und schreibt die Erfüllung dieser Programme vor (142)(partielle zentrale Programmplanung). Dies

142) Die Unternehmensleitung kann die Programme der einzelnen Teilbereiche auch aus einem linearen Programmierungsmodell für das Gesamtunternehmen ableiten (totale zentrale Programmplanung).

führt im Rahmen der vorliegenden Untersuchung zu dem gleichen Ergebnis wie der zweite Fall, sofern die Verrechnungspreise nach denselben Prinzipien festgesetzt werden. Ein rational handelnder Stellenleiter hätte nämlich im zweiten Fall unter den hier gesetzten Prämissen aufgrund derselben Daten zu entscheiden wie die Zentrale bei partieller zentraler Planung.

Demgegenüber hängt die Höhe des Verrechnungspreises im dritten Fall wesentlich von den Machtpositionen, Interessenlagen (143) und Verhandlungsstrategien der betroffenen Stellen ab. Die dabei zustandekommenden Verrechnungspreise sind oft nicht mit denen identisch, die von den Kosten oder den Marktpreisen abgeleitet werden können. Sie sollen hier wegen der zahlreichen Imponderabilien, die bei ihrem Entstehen eine Rolle spielen, nicht untersucht werden. Die Untersuchung wird damit auf den Fall "Programmautonomie bei zentral festgesetztem Verrechnungspreis" beschränkt.

Der Marktpreis MP - so wird angenommen - ist für den Zu- und Verkauf gleich hoch. Da aber in der Regel beim Zu- und Verkauf zusätzliche Kosten, z.B. für den Transport, entstehen, werden der Einstandspreis bzw. Nettoerlöswert normalerweise vom Marktpreis und voneinander abweichen. Wir unterstellen, daß diese zusätzlichen Kosten mengenproportional sind, und zwar in Höhe von k_z je zugekaufter Einheit H und in Höhe von k_v je verkaufter Einheit H anfallen. Der Nettoerlös aus dem Verkauf einer Einheit H ist dann niedriger als die effektiven Kosten des Zukaufs einer Einheit H. Es gilt also die Beziehung

$$\underset{\text{(Verkauf)}}{(MP - k_v)} < MP < \underset{\text{(Zukauf)}}{(MP + k_z)} \qquad (144) \quad .$$

143) Dieser Faktor wird insbesondere bei einer Gewinnbeteiligung wichtig.

144) Zudem wird in der Praxis der Marktpreis beim Verkauf häufig ein anderer als beim Zukauf sein, unabhängig davon, welche besonderen zusätzlichen Kosten beim Verkauf oder Zukauf anfallen. In aller Regel wird dabei der Zukaufsmarktpreis höher als der Verkaufsmarktpreis sein ($MP_z > MP_v$). Der Einstandspreis ($MP_z + k_z$) wird dann erst recht über dem Nettoerlöswert ($MP_v - k_v$) liegen. Allein auf diese Beziehung kommt es hier jedoch an. Der äußerst unwahrscheinliche Fall, daß MP_z kleiner als MP_v ist, wird nicht in die Analyse einbezogen.

Um die Verhältnisse zu vereinfachen, wird für das weitere Vorgehen unterstellt, daß die Kuppelproduktionsstufe U und die Nebenproduktverarbeitungsstufe X einerseits, sowie die Weiterverarbeitungsstufen V und W andererseits organisatorisch zu einer Dispositionseinheit zusammengefaßt werden. Im Rahmen der gegebenen Kapazitäten können diese beiden Dispositionsträger völlig frei entscheiden.

Damit ergibt sich für das Zwischenprodukt H folgendes Verwendungs- bzw. Beschaffungsschema, wobei h_u die im Unternehmen hergestellte und weiterverarbeitete Menge, h_v die am Markt verkaufte und h_z die zugekaufte Menge des Zwischenproduktes H bezeichnen:

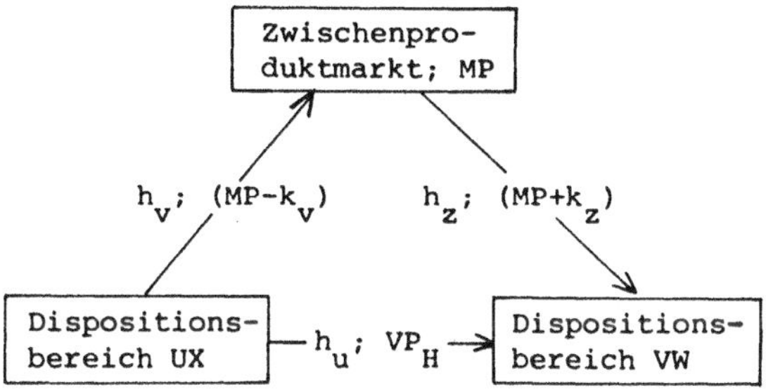

Hierfür werden nacheinander die Fälle

I. unbeschränkte Zukaufsmöglichkeit, keine Verkaufsmöglichkeit,
II. unbeschränkte Verkaufsmöglichkeit, keine Zukaufsmöglichkeit sowie
III. unbeschränkte Zu- und Verkaufsmöglichkeit

bei sämtlichen möglichen Engpaßsituationen diskutiert.

Das bisher verwendete numerische Modell wird zur Vereinfachung der Rechnungen bei sonst unveränderten Daten (145) auf ein Modell mit drei zur Wahl stehenden Produkten (A_{111}, A_{211}, A_{311})

145) Da sich im folgenden alle Rechnungen auf die kommende Periode beziehen, werden die betreffenden Daten nicht mehr durch Querstriche gekennzeichnet.

reduziert. Für die Kostenrechnung der Gesamtunternehmung und der einzelnen Dispositionsbereiche ergeben sich damit die aus Tabelle 22 zu entnehmenden Werte.

I. Unbeschränkte Zukaufsmöglichkeit, keine Verkaufsmöglichkeit

Der Dispositionsbereich VW hat die Wahl, die von ihm benötigte Menge des Zwischenproduktes H teilweise oder ganz vom Dispositionsbereich UX (h_u) oder vom Markt (h_z) zu beziehen. Für eine Reihe unterschiedlicher Situationen, die sich aus der Höhe des Marktpreises im Vergleich zur Höhe der Restproportionalkosten sowie aus dem Vorhandensein von Engpässen ergeben, ist nun zu prüfen, wie hoch der Verrechnungspreis für H_u sein muß, damit die Programme der Dispositionsbereiche UX und VW dem Optimalprogramm für das Gesamtunternehmen entsprechen.

A. Die Kosten des Zukaufs liegen unter den Restproportionalkosten des Kuppelprozesses

In diesem Fall ist es vom Standpunkt des Gesamtunternehmens aus zweckmäßig, unabhängig von der jeweils vorliegenden Engpaßsituation die gesamte vom Dispositionsbereich VW benötigte Menge H am Markt zu kaufen. Im Dispositionsbereich UX ist die Produktion einzustellen (146).

Vom Standpunkt des Dispositionsbereiches VW aus ist es stets vorteilhafter, H am Markt statt beim Dispositionsbereich UX zu kaufen, wenn

$$VP_H > (MP + k_z)$$

ist. Statt des Verrechnungspreises gehen in diesem Fall die Kosten des Zukaufs in die Rechnung zur Ermittlung der Deckungsbeiträge je LE ein.

146) Hier werden nur die "kurzfristigen" Dispositionen untersucht. Die Frage einer eventuellen Liquidation von UX stellt sich daher nicht. Das gleiche gilt für die eventuelle Veränderung der Betriebsbereitschaft. Die Einstellung der Produktion führt hier somit nicht zum Wegfall irgendwelcher fixer Kosten.

Der Dispositionsbereich UX stellt die Produktion ein, falls der Verrechnungspreis für H unter den Restproportionalkosten des Kuppelprozesses liegt, also für

$VP_H < k_H$ (147).

Zum Optimalprogramm des Gesamtunternehmens, d.h. zum Kauf am Markt, führen demnach sämtliche Verrechnungspreise, für die folgendes gilt:

$$(MP + k_z) < VP_H < k_H$$

Bei diesen Verrechnungspreisen ist es sowohl für UX als auch für VW unzweckmäßig, H_u herzustellen bzw. zu verwenden. Bei jedem anderen Verrechnungspreis ist dagegen die Herstellung bzw. Verwendung von H_u vom Standpunkt eines der beiden Dispositionsbereiche aus vorteilhaft. Der andere Dispositionsbereich würde jedoch die Abnahme bzw. Lieferung verweigern, so daß in jedem Fall die Produktion in UX eingestellt wird und der Dispositionsbereich VW die gesamte benötigte Menge H am Markt kauft. Damit führt in dieser Situation jeder Verrechnungspreis VP_H zum Optimalprogramm des Gesamtunternehmens, also auch $(MP + k_z)$ selbst.

B. Die Kosten des Zukaufs liegen über den Restproportionalkosten des Kuppelprozesses

Die Kosten des Zukaufs $(MP + k_z)$ mögen 700 DM/t betragen. Sie sind damit höher als die Restproportionalkosten des Kuppelprozesses (k_H = 400 DM/t).

1. Engpaß im Dispositionsbereich "Weiterverarbeitung" (VW)

Zunächst liege ein Engpaß nur in VW vor (T_{Vmax} = 200 Std., h_{umax} = 500 t), d.h. der Bedarf der Stelle V kann in jedem Fall in vollem Umfang von der Stelle U gedeckt werden. Da außerdem die Kosten des Zukaufs über denen der Eigenherstel-

147) Da wir in dieser Untersuchung auf "kurzfristige" Dispositionen abstellen, würde der Dispositionsbereich UX auf die Produktionseinstellung verzichten, solange er noch einen Deckungsbeitrag für seine fixen Kosten erzielt.

lung liegen, kommt ein Kauf am Markt für das Gesamtunternehmen nicht in Betracht. Damit ergibt sich nach der Rangfolge der auf je eine Engpaßstunde V bezogenen Deckungsbeiträge (vgl. Tabelle 22) folgendes Optimalprogramm und folgender Deckungsbeitrag des Gesamtunternehmens:

Produkte	ME	T_V	h	DB
	-	h	t	DM
A_{111}	1	77	269,5	242.550
A_{211}	1	112	201,6	315.840
A_{311}	0,1571 ∇)	11	9,9	28.207
Summe	-	200	481,0	586.597

∇) $\frac{11}{70} = 0,1571$

Für die autonom geplanten Programme der Dispositionsbereiche UX und VW gilt folgendes:

Bei

$$VP_H = k_H = 400 \text{ DM/t}$$

ermittelt der Dispositionsbereich VW die gleiche Produktrangfolge wie das Gesamtunternehmen:

Produkte	ZS_1	h_E	$h_E \cdot VP_H$	db	t_V^{-1}	$db_e = db \cdot t_V^{-1}$	Rang
A_{111}	650	0,5	200	450	7,0	3.150	1
A_{211}	2.360	1,2	480	1.880	1.5	2.820	2
A_{311}	3.260	1.0	400	2.850	0,9	2.565	3

Wenn die Kapazität in V gemäß dieser Rangfolge augelastet wird, werden 481 Tonnen H benötigt. Der Dispositionsbereich UX kann diese Menge zur Verfügung stellen, da der Verrechnungspreis gerade seine proportionalen Kosten deckt (148).

148) Da das Ergebnis für UX genau das gleiche ist wie bei einer Einstellung der Produktion, muß hier die zusätzliche Annahme gemacht werden, daß UX in einem solchen Fall an VW liefern muß. Der Ansatz des richtigen Verrechnungspreises muß also durch eine bestimmte Verhaltensvorschrift für einen der beiden Dispositionsbereiche ergänzt werden.

Damit ergibt sich das Optimalprogramm des Gesamtunternehmens.

Bei jedem anderen Verrechnungspreis ist es dagegen möglich, daß in VW nicht das optimale Programm gewählt wird, weil sich die Rangfolge der Produkte verschieben kann. Ob diese Gefahr eintritt, hängt von den konkreten Zahlenrelationen ab. So ergeben sich hier beispielsweise für

$$VP_H = (MP + k_z) = 700 \text{ DM/t}$$

folgende Rangzahlen der Produkte:

Produkte	ZS_1	h_E	$h_E \cdot VP_H$	db^*	t_V^{-1}	$db_e^* = db^* \cdot t_V^{-1}$	Rang
A_{111}	650	0,5	350	300	7,0	2.100	3
A_{211}	2.360	1,2	840	1.520	1,5	2.280	2
A_{311}	3.250	1,0	700	2.550	0,9	2.295	1

Das Programm des Dispositionsbereiches VW lautet in diesem Falle demnach:

Produkte	ME	a	T_V	h	db^*	DB $(=db^* \cdot a)$
A_{311}	1	63	70	63,0	2.550	160.650
A_{211}	1	168	112	201,6	1.520	255.360
A_{111}	0,2338[∇)]	126	18	63,0	300	37.800
Summe	-	-	200	327,6	-	453.810

∇) $\frac{18}{77} = 0{,}2338$

Der Dispositionsbereich UX, der $(MP + k_z)$ als Verrechnungspreis erhält, erzielt für die von V benötigte Menge von 327,6 Tonnen H einen Deckungsbeitrag von

$$327{,}6 \text{ (t)} \cdot (700 - 400) \text{ (DM/t)} = 98.280 \text{ (DM)}.$$

Der Deckungsbeitrag der Gesamtunternehmung ergibt sich durch Addition der Deckungsbeiträge beider Dispositionsbereiche:

$$DB_{UX} + DB_{VW} = 98.280 \text{ (DM)} + 453.810 \text{ (DM)} = 552.090 \text{ (DM)}$$

Er liegt also um

586.597 (DM) - 552.090 (DM) = 34.507 (DM)

unter dem optimal erreichbaren.

Für die Gewinnplanung ergeben sich bei einem Verrechnungspreis von k_H keine Besonderheiten. Der gesamte Deckungsbeitrag fällt in VW an und wird dort richtig vorausberechnet.

2. Engpaß im Dispositionsbereich "Kuppelproduktion und Nebenproduktverarbeitung" (UX)

Es sei angenommen, daß die Kapazität in VW für alle in Betracht kommenden Fälle völlig ausreiche. Die Kapazität in UX sei demgegenüber auf 250 Tonnen H_u beschränkt. Das Gesamtunternehmen wird dann zunächst diesen Engpaß durch eine Programmwahl aufgrund der Höhe der engpaßbezogenen Deckungsbeiträge je Tonne H_u (vgl. Tabelle 22) auslasten, um die begrenzte Menge des billigeren, selbsterzeugten H möglichst erfolgsbringend einzusetzen. Die danach noch zur Wahl stehenden Produkte werden, soweit für sie der Zukauf von H_z lohnend ist, im Rahmen ihrer Absatzbeschränkungen in das Programm aufgenommen. Im numerischen Beispiel ergibt sich somit folgendes Programm:

Verwendungsart	Produkte	db_e (je t H)	ME	a	h	$db=ZS_1-h_E \cdot k_H$ bzw. $db=ZS_1-h_E \cdot (MP+k_z)$	$DB=a \cdot db$
(1) Verwendung von H_u	A_{311}	2.850	1	63	63,0	2.850	179.550
	A_{211}	1.567	0,9276[∇]	155,84	187,0	1.880	292.979
					250,0		
(2) Verwendung von H_z	A_{211}	-	0,0724[§]	12,16	14,6	2.360-1,2·700=1.520	18.483
	A_{111}	-	1	539	269,5	650-0,5·700=300	161.700
					284,1		
Summe	-	-	-	-	534,1	-	652.712

∇) $\frac{187,0}{201,6} = 0,9276$ §) $1 - 0,9276 = 0,0724$

Dieses Programm erhält man auch durch lineares Programmieren (vgl. Matrix 5). Die Möglichkeit des Zukaufs wird dabei in der Ausgangsmatrix in folgender Form berücksichtigt: Die in der Schlußzeile der Ausgangsmatrix stehenden Deckungsbeiträge der Endprodukte A_{111}, A_{211} und A_{311} basieren auf der Annahme, daß die für die Endproduktmengen erforderlichen Mengen an H selbst hergestellt werden (mit k_H = 400 DM/t). Falls jedoch - infolge der Kapazitätsbeschränkung in U - das Zwischenprodukt H zugekauft wird, entstehen hierfür pro Einheit "Mehrkosten" in Höhe der Differenz von (MP + k_z) und k_H (700 DM/t - 400 DM/t = = 300 DM/t). In der Ausgangsmatrix wird daher das zugekaufte Zwischenprodukt (H_z) mit diesen Mehrkosten als "negativem Deckungsbeitrag" angesetzt. Die für die Kapazitätsbeschränkung in U geltende Nebenbedingung verändert sich dahingehend, daß die insgesamt benötigte Menge an H abzüglich der zugekauften Menge die Kapazitätsgrenze nicht überschreiten darf.

Als Verrechnungspreis für H_u können in diesem Fall demnach die Restproportionalkosten des Kuppelprozesses k_H angesetzt werden. Der Dispositionsbereich VW stellt auf dieser Basis die Rangfolge der engpaßbezogenen Deckungsbeiträge auf und verwendet das von UX gelieferte H_u (149) entsprechend dieser Rangfolge. Anschließend ermittelt er, ob und gegebenenfalls für welche Produkte noch ein Zukauf am Markt in Frage kommt und welche Zukaufsmenge h_z hierfür benötigt wird.

Daß auf diese Weise das Optimalprogramm erreicht wird, läßt sich wie folgt beweisen: Alle Produkte, die im so gewählten Programm enthalten sind, ergeben bei Bewertung von H mit (MP + k_z) einen positiven Deckungsbeitrag. Für die Produkte, die mit zugekauftem H hergestellt werden, ist dies ohne weiteres klar; für die anderen, für die H_u verwendet wird, ergibt sich dies aus der Überlegung, daß diese Produkte ja bei der Bildung der engpaßbezogenen Deckungsbeiträge, bei der H mit k_H bewertet wurde, günstiger erscheinen als die Produkte, für

149) Für UX ist wieder eine Lieferanweisung nötig, vgl. Fußnote 148, Seite 270.

deren Herstellung man H zukauft. Da die letzteren Produkte bei einem Ansatz von ($MP + k_z$) für H noch einen positiven Deckungsbeitrag erbringen, muß dies auch für die erste Gruppe - für die H_u verwendet wird - gelten (150). Es ist mithin auch dann nicht möglich, das Programm zu verbessern, wenn ein Produkt existiert, das bei Bewertung des Zwischenproduktes H mit den Zukaufskosten ($MP + k_z$) einen negativen, bei Bewertung mit den Restproportionalkosten k_H dagegen einen positiven Deckungsbeitrag je LE ergibt. Wird ein solches Produkt - unter Verwendung von H_u - in das Programm aufgenommen, so erhält man je Tonne H zwar einen (engpaßbezogenen) Deckungsbeitrag von

$$db_1 = (ZS_1 - h_E \cdot k_H) \cdot h_E^{-1} \quad ;$$

$$db_1 = (ZS_1 \cdot h_E^{-1}) - k_H \quad ,$$

doch müßte die hierfür benötigte Tonne H_u dem bisherigen Programm entzogen werden, weil dieses den Engpaß in UX bereits voll auslastet. Da jedoch alle im bisherigen Programm enthaltenen Produkte auch bei einer Bewertung von H mit ($MP + k_z$) einen positiven absoluten und engpaßbezogenen Deckungsbeitrag erbringen, wird die entzogene Tonne H durch Zukauf am Markt

150) Für jedes im Programm enthaltene, mit H_u hergestellte Produkt A_x gilt gegenüber jedem im Programm enthaltenen, aber mit H_z hergestellten Produkt A_y

$$(ZS_{1x} - h_{Ex} \cdot k_H) \cdot h_{Ex}^{-1} > (ZS_{1y} - h_{Ey} \cdot k_H) \cdot h_{Ey}^{-1} \quad ;$$

$$\frac{ZS_{1x}}{h_{Ex}} - k_H > \frac{ZS_{1y}}{h_{Ey}} - k_H \quad , \text{ d.h. } \quad \frac{ZS_{1x}}{h_{Ex}} > \frac{ZS_{1y}}{h_{Ey}}$$

Für A_y muß der Zukauf von H_z lohnend sein, es gilt also

$$ZS_{1y} - h_{Ey} \cdot (MP + k_z) > 0 \quad \text{bzw.} \quad \frac{ZS_{1y}}{h_{Ey}} > (MP + k_z)$$

Hieraus ergibt sich

$$\frac{ZS_{1x}}{h_{Ex}} > (MP + k_z) \quad , \text{ d.h. } \quad \frac{ZS_{1x}}{h_{Ex}} - (MP + k_z) > 0 \quad .$$

ersetzt. Der Deckungsbeitrag der bisher im Programm enthaltenen Produkte wird dadurch um

$$db_2 = (MP + k_z) - k_H \quad (DM/t)$$

vermindert (151).

Der zusätzlich erzielbare Deckungsbeitrag je Tonne H ergibt sich also aus der Differenz

$$db_1 - db_2 = ZS_1 \cdot h_E^{-1} - k_H - \{(MP + k_z) - k_H\} =$$

$$= ZS_1 \cdot h_E^{-1} - (MP + k_z) \quad .$$

Aus der Ungleichung

$$\{ZS_1 - h_E \cdot (MP + k_z)\} < 0$$

ergibt sich aber

$$ZS_1 < h_E \cdot (MP + k_z)$$

und damit

$$ZS_1 \cdot h_E^{-1} < (MP + k_z) \quad .$$

Die Differenz ($db_1 - db_2$) ist also stets negativ; das ermittelte Programm kann demnach nicht verbessert werden.

In der vorliegenden Engpaßsituation kann der Verrechnungspreis für H_u allerdings auch auf andere Art gebildet werden. Um dies zu erklären, sei nochmals auf das Vorgehen des Gesamtunternehmens zurückgegriffen. Liegen die Zukaufskosten ($MP + k_z$) über den Restproportionalkosten k_H, so deckt das Gesamtunternehmen seinen Bedarf an H zunächst mit H_u. Wenn UX voll beschäftigt

151) Ein Verzicht auf den Ersatz, d.h. eine bloße Verdrängung, würde offenbar den Deckungsbeitrag noch stärker vermindern, kommt hier also nicht in Betracht.

ist, wird man zusätzlich auch den Zukauf von H_z am Markt in Betracht ziehen. Er lohnt sich dabei nur, falls eines der noch nicht in das Programm aufgenommenen Produkte bzw. ein bisher nur teilweise berücksichtigtes Produkt auch dann noch einen positiven Deckungsbeitrag abwirft, wenn H mit $(MP + k_z)$ bewertet wird. Ist dies der Fall, so weisen auch alle im bisherigen Programm enthaltenen Produkte bei einer Bewertung von H mit $(MP + k_z)$ einen positiven Deckungsbeitrag auf. Bei der Bildung des Verrechnungspreises kann man nun statt am Anfang am Ende dieser Überlegungen anknüpfen. Wird H_z zugekauft oder der Zukauf ernstlich in Betracht gezogen, dann können für das selbsterstellte H_u die Zukaufskosten $(MP + k_z)$ als Verrechnungspreis angesetzt werden. Bei der Programmwahl in VW kann dann zunächst der Engpaß in UX außer acht bleiben. In VW wird gemäß der Rangfolge der absoluten Deckungsbeiträge ein vorläufiges Programm bestimmt, wobei man H mit dem Verrechnungspreis $(MP + k_z)$ bewertet.

Wird für dieses Programm mindestens soviel H benötigt, wie maximal in UX hergestellt werden kann, hat der Engpaß in UX keine weitere Bedeutung mehr. Mit dem vorläufigen Programm steht dann nämlich bereits das Optimalprogramm fest. Allerdings kann sich die Unternehmensleitung nicht damit begnügen, den Verrechnungspreis in Höhe der Zukaufskosten vorzugeben; zusätzlich muß dem Dispositionsbereich VW vorgeschrieben werden, erst nach Abnahme der gesamten Menge h_u das Zwischenprodukt H_z am Markt zu kaufen.

Wird dagegen für das in VW ermittelte vorläufige Programm weniger H benötigt, als in UX hergestellt werden kann, so bedeutet das, daß ein Zukauf von H_z am Markt nicht sinnvoll ist. Außer den im vorläufigen Programm enthaltenen Produkten gibt es dann nämlich keine Produkte, die bei Verwendung von H_z noch einen positiven Deckungsbeitrag erbringen. Würde man H mit den Restproportionalkosten k_H bewerten, könnten jedoch noch weitere Produkte mit

$$h_E \cdot (MP + k_z) > ZS_1 > h_E \cdot k_H$$

erfolgbringend sein. Es könnten sogar so viele Produkte einen positiven Deckungsbeitrag je LE aufweisen, daß die benötigte Menge H die in UX herstellbare übersteigt. Um diese Möglichkeiten zu berücksichtigen, muß daher VW den Bedarf an H auch auf Grundlage einer probeweisen Bewertung mit k_H ermitteln. Ergibt sich keine Änderung gegenüber der für das vorläufige Programm benötigten Menge, so brauchen weder das vorläufige Programm noch der Verrechnungspreis (MP + k_z) verändert zu werden; mann könnte allerdings ebensogut k_H als Verrechnungspreis ansetzen. Wird der errechnete H-Bedarf dagegen größer als die von UX herstellbare Menge, so muß in VW unter Einbeziehung aller Produkte eine neue Programmwahl durchgeführt werden, die auf der Rangfolge der engpaßbezogenen Deckungsbeiträge je Tonne H_u basiert und bei der als Verrechnungspreis für H_u die Restproportionalkosten angesetzt werden (152, 153).

Wenn die Unternehmung annehmen muß, daß kein Zukauf am Markt in Frage kommt, ist dieser Weg mithin unpraktisch, da man auf die vorläufige Bewertung von H_u mit (MP + k_z) verzichten kann. Zweckmäßigerweise würde man von vornherein k_H als Verrechnungspreis für H_u festsetzen.

Daß beide Verfahren - falls tatsächlich H_z zugekauft wird (154) - dasselbe Programm ergeben, läßt sich wie folgt beweisen: Wenn sich unterschiedliche Programme ergeben könnten, muß mindestens eine der folgenden Behauptungen zutreffen:

1) Es ist ein Produkt A_x denkbar, das in dem nach dem ersten Verfahren ermittelten Programm enthalten ist, in dem nach dem zweiten ermittelten jedoch nicht.
2) Es ist ein Produkt A_x denkbar, das in dem nach dem ersten Verfahren ermittelten Programm nicht enthalten ist, wohl aber in dem nach dem zweiten ermittelten.

152) Bleibt der H-Bedarf unter der maximal herstellbaren Menge, so genügt auch bereits eine Programmwahl aufgrund der absoluten Deckungsbeiträge je LE.
153) Damit verhindert wird, daß VW auf einen vom Standpunkt des Gesamtunternehmens aus lohnenden Zukauf von H_z verzichtet, um H_u zum günstigeren Verrechnungspreis k_H zu beziehen, muß obendrein sichergestellt werden, daß VW seinen tatsächlichen Bedarf an H angibt.
154) Andernfalls sind sie ohnehin praktisch identisch.

zu 1): Beim ersten Verfahren gilt für alle mit H_u hergestellten Produkte, falls ein Zukauf erfolgt:

$$\frac{zs_1}{h_E} - (MP + k_z) > 0 \qquad \text{(vgl. Fußnote 150, S. 274),}$$

$$zs_1 - h_E \cdot (MP + k_z) > 0$$

Diese Produkte sind daher auch in dem Programm enthalten, das nach dem zweiten Verfahren ermittelt wird. Da sich für die übrigen im ersten Programm enthaltenen Produkte der Zukauf lohnt, werden diese Produkte auch ins zweite Programm aufgenommen. Die Behauptung ist damit widerlegt.

zu 2): Für alle nach dem zweiten Verfahren im Programm enthaltenen Produkte gilt

$$zs_1 - h_E \cdot (MP + k_z) > 0$$

oder, nach Multiplikation mit dem positiven Wert h_E^{-1},

$$\{zs_1 - h_E \cdot (MP + k_z)\} \cdot h_E^{-1} > 0 \quad .$$

Da

$$(MP + k_z) > k_H$$

gilt für diese Produkte

$$(zs_1 - h_E \cdot k_H) \cdot h_E^{-1} > 0 \quad ,$$

d.h. sie werden auch in das nach dem ersten Verfahren ermittelte Programm aufgenommen. Auch die zweite Behauptung ist damit widerlegt.

Beide Verfahren sind also formal gleichwertig und führen zum Optimalprogramm des Gesamtunternehmens. Als Verrechnungspreis für das selbsthergestellte H (H_u) können demnach entweder die

Restproportionalkosten k_H oder die Zukaufskosten ($MP + k_z$) angesetzt werden (155).

Werden die Zukaufskosten als Verrechnungspreis verwendet, so sind bei der Vorkalkulation des Periodengewinns einige Besonderheiten zu beachten. Wenn man wie im bisherigen Verlauf der Untersuchung von den Bruttoergebnissen je LE der Endprodukte ausgeht, muß die Differenz zwischen dem Verrechnungspreis und den Restproportionalkosten k_H durch eine Korrekturformel berücksichtigt werden. Der mit Hilfe des Verrechnungspreises vorkalkulierte Gesamtdeckungsbeitrag wird um das Produkt aus der Menge h_u und der Differenz zwischen dem Verrechnungspreis und den Restproportionalkosten erhöht (wenn $VP_H > k_H$) bzw. vermindert (wenn $VP_H < k_H$) (156).

Bestimmt man dagegen - was bei erweiterter Programmautonomie sinnvoller erscheint - den Gewinn der kommenden Periode dadurch, daß man die auf Basis des gegebenen Verrechnungspreises in den einzelnen Dispositionsbereichen ermittelten Teil-Deckungsbeiträge addiert, so wird bei Berücksichtigung der Fixkosten unabhängig von der Höhe des Verrechnungspreises der Effektivgewinn des Gesamtunternehmens errechnet. Weil im vorliegenden Betriebsmodell angenommen wird, daß die in der Vorstufe produzierten und abgegebenen sowie die von der Weiterverarbeitungsstufe übernommenen und weiterverarbeiteten Mengen des Zwischenproduktes H übereinstimmen, gleichen sich nämlich die auftretenden Gewinndifferenzen aus (157).

3. Primärer Engpaß im Dispositionsbereich "Kuppelproduktion und Nebenproduktverarbeitung" (UX), sekundärer im Dispositionsbereich "Weiterverarbeitung" (VW)

Die Kapazität in UX sei auf 250 Tonnen H_u und die in VW auf 200 Stunden (V) beschränkt. Durch die Verarbeitung der maxima-

155) Wenn bei Ansatz von ($MP + k_z$) nicht zugekauft wird, ist allerdings meist der Ansatz von k_H erforderlich.

156) Die zweite Situation wird bei Programmautonomie nur in Ausnahmefällen vorliegen, weil der liefernde Bereich hierbei nicht einmal seine proportionalen (Rest-) Kosten decken kann.

157) Das gilt allerdings nicht für den in späteren Kapiteln erörterten Fall, daß unterschiedliche Verrechnungspreise für die Abgabe und Übernahme des Zwischenproduktes H festgesetzt werden.

len Menge von H_u wird die Kapazität dieser Stelle auf keinen Fall ausgelastet. Der Dispositionsbereich UX stellt damit einen (primären) Engpaß dar. Da es möglich ist, das Zwischenprodukt H am Markt zuzukaufen, stellt jedoch auch der Dispositionsbereich VW einen (sekundären) Engpaß dar. Es können sich nämlich mehr ökonomisch sinnvolle Verarbeitungsmöglichkeiten für zugekauftes H ergeben, als bei der restlichen Kapazität in VW zu realisieren sind.

Das Optimalprogramm der Gesamtunternehmung läßt sich mit Hilfe des linearen Programmierens ermitteln (vgl. Matrix 6):

Produkte	a	h	DB (insgesamt)
A_{111}	126,0	63,0	-
A_{211}	168,0	201,6	-
A_{311}	63,0	63,0	-
H_z	-	77,6	-
Summe	-	-	528.878

Verzichtet man auf das lineare Programmieren, so läßt sich das Optimalprogramm mit Hilfe des zweiten der beiden Verfahren bestimmen, die beim Vorliegen eines Engpasses in UX verwendet wurden (vgl. S. 275 ff.). Allerdings müssen dabei auf je eine Stunde V bezogene Deckungsbeiträge gebildet werden. Daß dieser Weg richtig ist, läßt sich wie folgt beweisen:

Für das Zwischenprodukt H werden als Verrechnungspreis die Zukaufskosten (MP + k_z) angesetzt. Der Engpaß in VW wird dann nach der Rangfolge der engpaßbezogenen Deckungsbeiträge ausgelastet, die mit Hilfe der Formel

$$db_e = \{zs_1 - h_E \cdot (MP + k_z)\} \cdot t_V^{-1}$$

ermittelt werden. Das hiermit gegebene Programm kann offenbar nur dann verbessert werden, wenn die Verdrängung eines im Programm enthaltenen Produktes A_x durch ein Produkt A_y einen zusätzlichen Deckungsbeitrag ergibt. Außerdem muß A_y - zumindest teilweise - mit selbsterstelltem H_u gefertigt werden. Bei alleiniger Verwendung von H_z kann A_y nämlich keinen zusätzlichen Deckungsbeitrag je Stunde V erbringen, da es sonst ohnehin schon im Ausgangsprogramm enthalten sein müßte. Die Aufnahme von A_y erbringt je Stunde V einen zusätzlichen Deckungsbeitrag von

$$db_1 = (ZS_{1y} - h_{Ey} \cdot k_H) \cdot t_{Vy}^{-1}$$

Weil hierfür eine bisher für A_x verwendete Stunde V freigesetzt werden muß, geht jedoch gleichzeitig der Deckungsbeitrag

$$db_2 = (ZS_{1x} - h_{Ex} \cdot k_H) \cdot t_{Vx}^{-1}$$

verloren. Je Stunde V werden weiterhin für A_y (h_{Ey}/t_{Vy}) Tonnen H_u benötigt, während die Verdrängung von A_x (h_{Ex}/t_{Vx}) Tonnen H_u je Stunde V freisetzt. Es sind also im folgenden drei Fälle zu unterscheiden:

a) $\frac{h_{Ex}}{t_{Vx}} = \frac{h_{Ey}}{t_{Vy}}$; d.h. die je Stunde V benötigte und die freigesetzte Menge H_u sind gleich.

b) $\frac{h_{Ex}}{t_{Vx}} > \frac{h_{Ey}}{t_{Vy}}$; d.h. die bei der Verdrängung von A_x je Stunde V freigesetzte Menge H_u übersteigt die von A_y je Stunde V benötigte Menge. Die Verdrängung führt also zu einem weiteren Gewinn, weil nunmehr ein Teil des im bisherigen Programm zugekauften H_z durch H_u ersetzt werden kann. Dieser zusätzliche Deckungsbeitrag beträgt

$$db_3 = \{(MP + k_z) - k_H\} \cdot \left(\frac{h_{Ex}}{t_{Vx}} - \frac{h_{Ey}}{t_{Vy}}\right) > 0$$

c) $\frac{h_{Ex}}{t_{Vx}} < \frac{h_{Ey}}{t_{Vy}}$; d.h. die von A_y je Stunde V benötigte Menge H_u übersteigt die von A_x je Stunde V freigesetzte Menge. Bei der Verdrängung entsteht also ein zusätzlicher Verlust dadurch, daß ein Teil von A_y mit H_z gefertigt werden muß. Dieser Verlust beträgt

$$db_4 = \{(MP + k_z) - k_H\} \cdot (\frac{h_{Ex}}{t_{Vx}} - \frac{h_{Ey}}{t_{Vy}}) < 0 .$$

Wenn eine Verdrängung von A_x durch A_y das Programm verbessern soll, müssen in den drei Fällen folgende Ungleichungen gelten:

a) $db_1 - db_2 > 0$;

$$(zs_{1y} - h_{Ey} \cdot k_H) \cdot t_{Vy}^{-1} - (zs_{1x} - h_{Ex} \cdot k_H) \cdot t_{Vx}^{-1} > 0 ;$$

$$\frac{zs_{1y}}{t_{Vy}} - \frac{h_{Ey}}{t_{Vy}} \cdot k_H - \frac{zs_{1x}}{t_{Vx}} + \frac{h_{Ex}}{t_{Vx}} \cdot k_H > 0 ;$$

$$(\frac{zs_{1y}}{t_{Vy}} - \frac{zs_{1x}}{t_{Vx}}) + k_H \cdot (\frac{h_{Ex}}{t_{Vx}} - \frac{h_{Ey}}{t_{Vy}}) > 0 ;$$

daraus wird, wegen

$$\frac{h_{Ex}}{t_{Vx}} - \frac{h_{Ey}}{t_{Vy}} = 0 ,$$

$$\frac{zs_{1y}}{t_{Vy}} - \frac{zs_{1x}}{t_{Vx}} > 0 .$$

b) $db_1 - db_2 + db_3 > 0$;

$$(\frac{zs_{1y}}{t_{Vy}} - \frac{zs_{1x}}{t_{Vx}}) + k_H \cdot (\frac{h_{Ex}}{t_{Vx}} - \frac{h_{Ey}}{t_{Vy}}) + \{(MP + k_z) - k_H\} \cdot (\frac{h_{Ex}}{t_{Vx}} - \frac{h_{Ey}}{t_{Vy}}) > 0;$$

$$(\frac{zs_{1y}}{t_{Vy}} - \frac{zs_{1x}}{t_{Vx}}) + (MP + k_z) \cdot (\frac{h_{Ex}}{t_{Vx}} - \frac{h_{Ey}}{t_{Vy}}) > 0 .$$

c) $db_1 - db_2 + db_4 > 0$;

$$(\frac{zs_{1y}}{t_{Vy}} - \frac{zs_{1x}}{t_{Vx}}) + k_H \cdot (\frac{h_{Ex}}{t_{Vx}} - \frac{h_{Ey}}{t_{Vy}}) + \{(MP + k_z) - k_H\} \cdot (\frac{h_{Ex}}{t_{Vx}} - \frac{h_{Ey}}{t_{Vy}}) > 0;$$

$$(\frac{zs_{1y}}{t_{Vy}} - \frac{zs_{1x}}{t_{Vx}}) + (MP + k_z) \cdot (\frac{h_{Ex}}{t_{Vx}} - \frac{h_{Ey}}{t_{Vy}}) > 0 .$$

Die Rangfolge der in das bisherige Programm aufzunehmenden Produkte wurde nach der Formel

$$db_e = \{ZS_1 - h_E \cdot (MP + k_z)\} \cdot t_V^{-1}$$

ermittelt. Da A_x in diesem Programm enthalten ist, A_y dagegen nicht, gilt die Ungleichung

$$\{ZS_{1y} - h_{Ey} \cdot (MP + k_z)\} \cdot t_{Vy}^{-1} < \{ZS_{1x} - h_{Ex} \cdot (MP + k_z)\} \cdot t_{Vx}^{-1} ;$$

$$\frac{ZS_{1y}}{t_{Vy}} - \frac{h_{Ey}}{t_{Vy}} \cdot (MP + k_z) < \frac{ZS_{1x}}{t_{Vx}} - \frac{h_{Ex}}{t_{Vx}} \cdot (MP + k_z) ;$$

$$\left(\frac{ZS_{1y}}{t_{Vy}} - \frac{ZS_{1x}}{t_{Vx}}\right) + (MP + k_z) \cdot \left(\frac{h_{Ex}}{t_{Vx}} - \frac{h_{Ey}}{t_{Vy}}\right) < 0 .$$

Diese Ungleichung widerspricht aber in allen drei diskutierten Fällen der Ungleichung, die sich aus der Ermittlung der Deckungsbeitrags-Differenzen ergibt. Damit sind die notwendigen Bedingungen für eine Erhöhung des Deckungsbeitrages nicht erfüllt. Mit dem geschilderten Verfahren wird also das Optimalprogramm ermittelt.

Das erste, bei alleinigem Vorliegen eines Engpasses in UX verwendete Verfahren, das dort ebenfalls zum Optimalprogramm führte, versagt im vorliegenden Fall. Dies soll an einem Zahlenbeispiel gezeigt werden: Es seien die beiden Produkte A_x und A_y mit folgenden Daten gegeben:

Produkte	ZS_1	h_E	k_H	$(MP+k_z)$	t_V^{-1}	a_{max}	db	$db^*=ZS_1-h_E(MP+k_z)$
A_x	200	1	50	80	1	100	150	120
A_y	100	1			7	280	50	20

Die Kapazität des primären Engpasses in UX betrage $h_{umax} = 100$ Tonnen, die des sekundären in VW $T_{Vmax} = 120$ Stunden (V). Nach dem hier als optimal erkannten Verfahren, d.h. bei Bewertung von H mit $(MP + k_z)$ werden folgende Entscheidungsgrößen für die Produkte ermittelt:

$$db_e^* = \{ZS_1 - h_E \cdot (MP + k_z)\} \cdot t_V^{-1} \quad ;$$

$$A_x: db_e^* = (200 - 80) \cdot 1 = 120 \; ;$$

$$A_y: db_e^* = (100 - 80) \cdot 7 = 140.$$

Der Engpaß in VW wird also zunächst mit A_y, dann mit A_x ausgelastet. Es ergibt sich nachstehendes Programm:

Produkte	ME	a	h	T_V	$DB = a \cdot db^*$
A_y	1	280	280	40	5.600
A_x	$\frac{80}{100} = 0{,}8$	80	80	80	9.600
Zwischensumme		-	360	120	15.200
		$+ 100 \cdot \{(MP+k_z) - k_H\} = 100 \cdot 30 =$			3.000
					$DB_{eff} = 18.200$

Nach dem anderen Verfahren, also bei Bewertung von H mit k_H, ergeben sich dagegen folgende Entscheidungsgrößen:

$$db_e = (ZS_1 - h_E \cdot k_H) \cdot h_E^{-1} \quad ;$$

$$A_x: db_e = (200 - 50) \cdot 1 = 150 \; ;$$

$$A_y: db_e = (100 - 50) \cdot 1 = 50.$$

Zunächst wird also A_x gefertigt und dadurch der primäre Engpaß gerade ausgelastet. Danach wird A_y bis zur Kapazitätsgrenze von VW produziert:

Produkte	ME	a	h	T_V	DB
A_x	1	100	100 (= h_{umax})	100	$a \cdot db = 15.000$
A_y	$\frac{20}{40} = 0{,}5$	140	140 (= h_z)	20	$a \cdot db^* = 2.800$
Summe	-	-	240	120	17.800

Damit ist bewiesen, daß mit beiden Verfahren unterschiedliche Programme ermittelt werden können. Zum Optimalprogramm führt in der vorliegenden Engpaßsituation also nur das am Anfang dieses Abschnittes diskutierte Verfahren (158), bei dem als Verrechnungspreis die Zukaufskosten (MP + k_z) angesetzt werden.

Im numerischen Beispiel ergibt sich mit diesem Verfahren folgender Rechengang: Die Rangfolge der Produkte wird aus nachstehender Tabelle entnommen, in der die Deckungsbeiträge je LE auf den sekundären Engpaß in VW bezogen sind:

Produkte	ZS_1	h_E	$h_E \cdot VP_H = h_E \cdot (MP+k_z) = h_E \cdot 700$	$db^* = ZS_1 - h_E \cdot (MP+k_z)$	t_V^{-1}	db_e^* (je Std.V)	Rang
A_{111}	650	0,5	350	300	7,0	2.100	3
A_{211}	2.360	1,2	840	1.520	1,5	2.280	2
A_{311}	3.250	1,0	700	2.550	0,9	2.295	1

Damit ergibt sich für den Dispositionsbereich VW folgendes Programm

Produkte	ME	a	T_V	h	$DB^* = a \cdot db^*$
A_{311}	1	63	70	63,0	160.650
A_{211}	1	168	112	201,6	255.360
A_{111}	0,2338 ∇)	126	18	63,0	37.800
Summe	-	-	200	327,6	453.810

∇) $\frac{18}{77} = 0,2338$

Da für dieses Programm mit h = 327,6 t mehr als die gesamte in UX herstellbare Menge h_{umax} = 250 t benötigt wird, muß

158) Denkbar wäre es in dieser Situation auch, den Engpaß in VW sukzessiv aufgrund engpaßbezogener Deckungsbeiträge je Stunde (V) auszulasten, wobei H zunächst - bis der Engpaß in U ausgelastet ist - mit k_H, danach mit (MP + k_z) bewertet wird. Dieses Verfahren führt jedoch, wie leicht ersichtlich, nicht zum Ziel: Die Rangfolge bei Bewertung von H mit k_H (A_{111}-A_{211}-A_{311}) entspricht nicht der im folgenden als optimal ermittelten (A_{311}-A_{211}-A_{111}).

muß man 77,6 t am Markt zukaufen (159).

Der Dispositionsbereich UX erzielt einen Deckungsbeitrag in Höhe der Differenz zwischen dem Verrechnungspreis (MP + k_z) und den Restproportionalkosten k_H, multipliziert mit der hergestellten Menge H_u:

$$DB_{UX} = h_u \cdot \{(MP + k_z) - k_H\} = 250\ (t) \cdot (700 - 400)\ (DM/t) =$$
$$= 75.000\ DM.$$

Der Gesamtdeckungsbeitrag des Unternehmens beträgt also

453.810 DM (VW) + 75.000 DM (UX) = 528.810 DM.

4. Engpässe in beiden Dispositionsbereichen (UX und VW)

Die Kapazität in UX sei auf 250 Tonnen H_u und die in VW auf 150 Stunden (V) beschränkt. Damit bestehen in beiden Dispositionsstufen "primäre" Engpässe, d.h. die an einem der beiden Engpässe orientierten Programme überschreiten jeweils die Kapazität des anderen Engpasses.

Das Optimalprogramm für das Gesamtunternehmen wird, da zwei Engpässe vorliegen, zweckmäßigerweise durch lineares Programmieren ermittelt und lautet (vgl. Matrix 7):

Produkte	a	ME	T_V	h	DB
A_{111}	38,2	0,0709 ∇)	5	19,1	17.197
A_{211}	168,0	1	112	201,6	315.840
A_{311}	29,3	0,4651 §)	33	29,3	83.509
Summe	-	-	150	250,0	416.546 ¶)

∇) $\frac{38,2}{539} = 0,0709$

§) $\frac{29,3}{63} = 0,4651$

¶) Die Differenz zum Ergebnis der Endmatrix beruht auf Rundungsabweichungen.

159) Wegen $h > h_{umax}$ brauchen weitere Programmüberlegungen nicht angestellt zu werden. Falls $h < h_{umax}$, muß analog S. 276 f. eine neue Programmwahl gemäß der Rangfolge der engpaßbezogenen Deckungsbeiträge je Tonne H_u

Der Dispositionsbereich UX wird bei jedem Verrechnungspreis

$$VP_H \geqq k_H$$

jede vom Dispositionsbereich VW geforderte Menge

$$h_u \leqq 250 \text{ t}$$

produzieren. Für $VP_H = k_H$ muß allerdings eine zusätzliche Liefervorschrift bestehen.

Der Dispositionsbereich VW hat zwei Engpässe zu berücksichtigen, nämlich die Mengenbegrenzung für H_u (160) und die Begrenzung der Kapazität in V. Er wird sein Optimalprogramm daher mit Hilfe des linearen Programmierens bestimmen. Für

$$VP_H = k_H$$

ergibt sich bei linearem Programmieren in VW das Optimalprogramm der Gesamtunternehmung, da dann die Ausgangsmatrizen übereinstimmen. Für jeden anderen Verrechnungspreis kann sich ein hiervon abweichendes Programm mit einem niedrigeren Gesamtdeckungsbeitrag ergeben. So hat die Rechnung z.B. bei einem Verrechnungspreis von

$$VP_H = 600 \text{ DM/t} > k_H = 400 \text{ DM/t}$$

folgendes Aussehen:

Ermittlung der Deckungsbeiträge je LE

Produkte	ZS_1	$- h_E \cdot VP_H$	$= db^*$
A_{111}	650	300	350
A_{211}	2.360	720	1.640
A_{311}	3.250	600	2.650

(mit $VP_H=k_H$) durchgeführt werden, da dann lediglich ein Engpaß in UX vorliegt und kein Zukauf erfolgt.

160) Diese Mengenbegrenzung muß VW mitgeteilt werden.

Durch lineares Programmieren erhält man folgendes Programm für den Dispositionsbereich VW (vgl. Matrix 8):

Produkte	a	ME	T_V	$h=h_u+h_z$	DB=a·db*
A_{211}	168	1	112	201,6	275.520
A_{311}	34,2	0,5429∇)	38	34,2	90.630
Summe	-	-	150	235,8 (=h_u)	366.150

∇) $\frac{34,2}{63} = 0,5429$

Die vom Dispositionsbereich VW angeforderte Menge von 235,8 Tonnen H_u bringt dem Dispositionsbereich UX einen Deckungsbeitrag von

$$h_u \cdot (VP_H - k_H) = 235,8 \text{ (t)} \cdot 200 \text{ (DM/t)} = 47.160 \text{ DM};$$

der Gesamtdeckungsbeitrag des Unternehmens beträgt demnach nur

$$366.150 \text{ DM} + 47.160 \text{ DM} = 413.310 \text{ DM}.$$

C. Zusammenfassung und Übertragung auf andere Produktionsstrukturen

Für die untersuchten Fälle ergeben sich folgende Verrechnungspreise, die bei unbeschränkter Zukaufsmöglichkeit von H und Programmautonomie der beiden Dispositionsbereiche UX und VW zum Optimalprogramm des Gesamtunternehmens führen:

Engpaßsituation \ Preissituation	$(MP+k_z) < k_H$	$(MP+k_z) > k_H$
Engpaß in VW	beliebiger VP	$VP_H = k_H$
Engpaß in UX	beliebiger VP	$VP_H = k_H$ oder, falls der Zukauf lohnt, $VP_H = (MP+k_z)$
primärer Engpaß in UX, sekundärer in VW	beliebiger VP	$VP_H = (MP+k_z)$; falls der Zukauf nicht lohnt, $VP_H = k_H$
Engpässe in UX und VW	beliebiger VP	$VP_H = k_H$

Aus dieser Übersicht läßt sich entnehmen, daß bei gleicher Höhe von Zukaufskosten und Restproportionalkosten $(MP + k_z) = k_H$ stets der Wert

$$VP_H = (MP + k_z) = k_H$$

als Verrechnungspreis anzusetzen ist.

Für alle Fälle, in denen als Verrechnungspreis die Restproportionalkosten k_H angesetzt werden, muß zusätzlich der Dispositionsbereich UX zur Lieferung verpflichtet werden, weil unter den gesetzten Prämissen die Produktionseinstellung für UX zum gleichen Ergebnis führen würde wie beim Ansatz dieses Verrechnungspreises ($DB_{UX} = 0$). Ebenso muß natürlich sichergestellt werden, z.B. durch eine entsprechende generelle Vorschrift, daß der Dispositionsbereich VW bei einer Übereinstimmung des Verrechnungspreises mit den Zukaufskosten vorrangig intern, also vom Dispositionsbereich UX bezieht.

Wie im ersten Hauptteil lassen sich diese Ergebnisse auch auf andere Produktionsverhältnisse übertragen. Liegt in der Fertigungsstufe U keine Kuppelproduktion vor, sondern wird dort lediglich in einfacher Produktion das Zwischenprodukt H hergestellt, so bleiben bei wechselnder Weiterverarbeitung in den Stufen V und W die bisherigen Überlegungen und Ableitungen bestehen. Die durch den Kuppelproduktionsprozeß und die Weiterverarbeitung von L in X bedingten Bezeichnungen müssen jedoch entsprechend modifiziert werden. Statt vom Dispositionsbereich "Kuppelproduktion und Nebenproduktverarbeitung" (UX) ist jetzt vom Dispositionsbereich "Zwischenproduktherstellung" (U) zu sprechen; auch heißt es lediglich "Zwischenprodukt H" statt "(Haupt-) Kuppelprodukt H" usw. Die wichtigste Änderung ist, daß die bisherigen Restproportionalkosten k_H nunmehr als proportionale Kosten des Zwischenproduktes H anzusehen sind. Sämtliche Ableitungen für die optimalen Verrechnungspreise bleiben dann unverändert. Überall, wo von Restproportionalkosten die Rede ist, ist jetzt an die proportionalen Kosten zu denken. Wenn man annimmt, daß die proportionalen Kosten in U mit 400 DM pro Tonne H genau so hoch sind wie die bisherigen

Restproportionalkosten (161), bleiben auch sämtliche numerischen Beispiele gültig.

Bei paralleler Weiterverarbeitung (162) lassen sich die Ergebnisse ebenfalls analog übertragen. Dies gilt jedoch nur dann, wenn sämtliche V- und W-Stellen zu einem Dispositionsbereich zusammengefaßt werden. Wenn die einzelnen V- bzw. W-Stellen nur von jeweils einem Produkt durchlaufen werden, kann man auf die Bildung engpaßbezogener Deckungsbeiträge (Bruttoergebnisse) je Stunde V bzw. W verzichten und sich mit absoluten Werten begnügen. Aus dem gleichen Grund fällt die dritte Engpaßsituation (primärer Engpaß in U, sekundärer in VW) mit der zweiten (Engpaß in U) zusammen, so daß die gleichen Verrechnungspreise wie dort benutzt werden können. Ferner braucht man für den Fall, daß sowohl in der Stufe U als auch im Weiterverarbeitungsbereich Engpässe auftreten, nicht das lineare Programmieren anzuwenden, sondern kann sich nach der Rangfolge der Deckungsbeiträge pro Stunde U oder pro Tonne H richten. Sonst bleiben die bisherigen Ableitungen erhalten.

Falls die einzelnen Weiterverarbeitungsstränge selbständig operieren können, lassen sich die bisherigen Ergebnisse nur dann übertragen, wenn Engpässe lediglich in den Weiterverarbeitungsstufen auftreten. Liegt dagegen ein Engpaß in U vor, ist eine Übertragung nicht mehr möglich. Hierzu sei auf die entsprechenden Überlegungen auf S. 258-260 verwiesen. In der vorliegenden Situation würden sie sich sogar noch weiter komplizieren, da auch noch die Zukaufmöglichkeit für das Zwischenprodukt H zu berücksichtigen wäre.

Wenn sowohl in der Stufe U als auch in den Weiterverarbeitungsstufen V und W wechselnde Fertigung vorliegt und U Engpaß ist (163), lassen sich die bisherigen Ergebnisse ebenfalls nicht

161) Vgl. Tabelle 22
162) Vgl. das Modell auf S. 257
163) Ist U kein Engpaß, dann gelten die bisherigen Überlegungen mit der Maßgabe, daß an Stelle der Restproportionalkosten die Proportionalkosten der in U hergestellten Zwischenproduktsorten treten.

mehr ohne weiteres übertragen. Die Stufe U wäre jetzt nämlich daran interessiert, dasjenige Zwischenprodukt herzustellen, für welches die auf die Kapazitätseinheit von U bezogene Differenz zwischen dem Verrechnungspreis und den proportionalen Kosten am größten wäre. Hieraus könnten sich bei solchen Verrechnungspreisen, die über den proportionalen Kosten liegen, möglicherweise Schwierigkeiten für die Programmabstimmung der beiden Dispositionsbereiche ergeben. Auch würden noch mehr Fälle als bisher zu untersuchen sein, weil die hier unterschiedenen Preissituationen sich nur auf ein Produkt beziehen, jedoch nunmehr auf eines, mehrere oder alle der in U herstellbaren Produkte angewendet werden könnten. Außerdem wären eventuell auch die Preisrelationen zwischen diesen Produkten zu beachten. Es müßten also zusätzliche Überlegungen angestellt werden, auf die in dieser Arbeit jedoch verzichtet werden soll. Auch im folgenden soll diese Situation aus ähnlichen Gründen nicht weiter behandelt werden.

II. Unbeschränkte Verkaufsmöglichkeit, keine Zukaufsmöglichkeit

Der Dispositionsbereich UX kann das Hauptkuppelprodukt H entweder an den Dispositionsbereich VW (H_u) oder am Markt (H_v) verkaufen, wogegen für VW keine Möglichkeit besteht, H am Markt zu kaufen. Obwohl man hier vermuten kann, daß nur der Nettoverkaufserlös ($MP - k_v$) als Verrechnungspreis in Frage kommt (falls $(MP - k_v) > k_H$), soll die Analyse wieder einzeln für die im vorhergehenden Abschnitt angenommenen Marktpreis- bzw. Engpaßsituationen durchgeführt werden.

A. Der Verkaufserlös liegt unter den Restproportionalkosten des Kuppelprozesses

In diesem Fall ist es vom Standpunkt des Gesamtunternehmens aus zweckmäßig, in UX nur die von VW benötigte Menge H herzustellen, da der Verkauf von H am Markt ökonomisch uninteressant ist. Das Optimalprogramm des Gesamtunternehmens ergibt sich je nach Engpaßsituation durch Bildung engpaßbezogener Deckungsbeiträge je Einheit H bzw. je Std. (V) oder durch lineares Programmieren. In allen Fällen muß H_u - wie im ersten Hauptteil - mit den Restproportionalkosten k_H bewertet werden. Das Programm des Dispositionsbereiches VW stimmt - nach analogem Rechengang - demnach mit dem Optimalprogramm des Gesamtunternehmens überein, wenn der Verrechnungspreis für H in Höhe von

$$VP_H = k_H$$

festgesetzt wird. Der Dispositionsbereich UX muß hierbei jedoch angewiesen werden, die gewünschte Menge an VW zu liefern, weil die Einstellung der Produktion für UX zum gleichen Ergebnis wie beim Ansatz dieses Verrechnungspreises führt.

Jede Abweichung des Verrechnungspreises von k_H nach oben kann eine Abweichung vom optimalen Programm des Gesamtunternehmens zur Folge haben, weil dann die absolute und evtl. auch die vergleichsweise Erfolgswirksamkeit der einzelnen Produkte falsch beurteilt werden. Wird der Verrechnungspreis niedriger als k_H angesetzt, würde sich der Dispositionsbereich UX weigern zu produzieren. Da für den Dispositionsbereich VW keine andere Beschaffungsmöglichkeit für H besteht, müßte VW die Produktion einstellen, falls die Oberleitung nicht eingreift. Selbst wenn UX zur Lieferung gezwungen würde, wäre es jedoch falsch, einen solchen Verrechnungspreis zu wählen, da dann ein falsches Programm in VW gewählt werden kann.

B. Der Verkaufserlös liegt über den Restproportionalkosten des Kuppelprozesses

Der Verkaufserlös (MP - k_v) betrage 700 DM/t; er liegt damit über den Restproportionalkosten des Kuppelprozesses. Solange der Verrechnungspreis unter dem Verkaufserlös liegt, ist es für den Dispositionsbereich UX sinnvoll, seine gesamte Produktion am Markt zu verkaufen. Der Dispositionsbereich VW müßte also die Produktion einstellen. Falls die Weiterverarbeitung vorteilhafter als der Verkauf ist, führt demnach jeder Verrechnungspreis

$$VP_H < (MP - k_V)$$

nicht zum Optimalprogramm der Gesamtunternehmung. Nur wenn für alle Produkte die Nettoerlöse abzüglich der jeweiligen proportionalen Kosten in VW unter $(MP - k_V)$ liegen, sind solche Verrechnungspreise unschädlich, weil es dann im gesamtbetrieblichen Interesse läge, die Produktion in VW einzustellen.

Bei jedem Verrechnungspreis

$$VP_H \geqq (MP - k_V)$$

wird UX dagegen dem Dispositionsbereich VW jede gewünschte Menge H im Rahmen seiner Kapazität zur Verfügung stellen. Für

$$VP_H = (MP - k_V)$$

muß dabei eine Anweisung bestehen, zuerst intern zu liefern.

1. Engpaß im Dispositionsbereich "Weiterverarbeitung" (VW)

Zunächst liege ein Engpaß nur in VW vor (T_{Vmax} = 200 Std., h_{umax} = 500 t).

a) Programm des Gesamtunternehmens

Das Optimalprogramm des Gesamtunternehmens läßt sich einmal durch lineares Programmieren ermitteln (vgl. Matrix 9). Die Verkaufsmöglichkeit für H wird dabei in der Form berücksichtigt, daß man gleichsam ein neues Produkt H_V mit einem Dekkungsbeitrag in Höhe der Differenz zwischen dem Netto-Verkaufserlös $(MP - k_V)$ und den Restproportionalkosten k_H

$$700 \text{ DM/t} - 400 \text{ DM/t} = 300 \text{ DM/t}$$

in die Ausgangsmatrix aufnimmt. Das Programm lautet:

Produkte	a	ME	T_V	h	DB
A_{111}	126	0,2338∇)	18	63,0	56.708
H_v	-	-	-	172,4	51.720
A_{211}	168	1	112	201,6	315.840
A_{311}	63	1	70	63,0	179.550
Summe	-	-	200	500,0	603.818

∇) $\frac{126}{539} = 0,2338$

Das Optimalprogramm läßt sich jedoch auch ohne lineares Programmieren wie folgt bestimmen: Zunächst ist für jedes der drei Endprodukte zu prüfen, ob die Weiterverarbeitung oder der Verkauf der jeweils für sie erforderlichen Menge H am Markt günstiger ist. Der durch den Verkauf am Markt erzielbare Nettoerlös ergibt sich dadurch, daß der Nettoerlös je Tonne H in Höhe von

$$(MP - k_v) - k_H = 700 \text{ DM/t} - 400 \text{ DM/t} = 300 \text{ DM/t}$$

mit dem Anteil h_E des Zwischenproduktes H je Endprodukteinheit multipliziert wird; der bei der Weiterverarbeitung erzielbare Deckungsbeitrag db kann Tabelle 22 entnommen werden:

Produkte	h_E	$300 \cdot h_E$	db
A_{111}	0,5	150	450
A_{211}	1,2	360	1.880
A_{311}	1,0	300	2.850

Es zeigt sich, daß es günstiger ist, die drei Endprodukte herzustellen, anstatt die zu ihrer Herstellung benötigten Mengen H am Markt zu verkaufen. Um den Engpaß in V optimal auszulasten, wird nunmehr die Rangfolge der Produkte nach den Deckungsbeiträgen je Engpaßstunde ermittelt. Hierbei ist jedoch zu beachten, daß man infolge der Weiterverarbeitung von H zu den Endprodukten auf den beim Verkauf am Markt erzielbaren Deckungsbeitrag verzichtet, nämlich auf

$$(MP - k_V) - k_H \cdot h_E = 300 \cdot h_E \text{ DM/t Endprodukt.}$$

Dieser Betrag stellt gleichsam "Kosten" des Entschlusses zur Weiterverarbeitung, d.h. des Verzichts auf die andere Verwendungsmöglichkeit für H dar. Solche Opportunitätskosten (164) oder entgehende Deckungsbeiträge müssen bei der Beurteilung der vergleichsweisen Erfolgswirksamkeit der Produkte als Abzugsposten berücksichtigt werden. Damit erhält man folgende korrigierten Deckungsbeiträge je LE (db^*) und - wenn man diese auf je eine Stunde des Engpasses in V bezieht (db^*_e) - nachstehende Rangfolge der Produkte:

Produkte	$300 \cdot h_E$	$db^* = db - 300 \cdot h_E$	t_V^{-1}	db^*_e (je Std.V)	Rang
A_{111}	150	300	7,0	2.100	3
A_{211}	360	1.520	1,5	2.280	2
A_{311}	300	2.550	0,9	2.295	1

Das Optimalprogramm lautet also:

Produkte	ME	a	T_V	h	DB
A_{311}	1	63	70	63,0	179.550
A_{211}	1	168	112	201,6	315.840
A_{111}	0,2338 ∇)	126	18	63,0	56.708
Zwischensumme			200	327,6	552.098
H_V			-	172,4	51.720
Summe			200	500,0	603.818

∇) $\frac{18}{77} = 0,2338$

Ermittelt man die Rangfolge der Produkte, ohne die Opportunitätskosten zu berücksichtigen, so können Abweichungen vom Op-

164) Zum Begriff und zum Wesen der Opportunitätskosten vgl. Hartmut Michel, a.a.O.; Werner Kern, a.a.O.; Klaus Opfermann und Heinrich Reinermann, a.a.O.; Herbert Hax, Kostenbewertung, a.a.O.; Walter Buhr, Dualvariable, Opportunitätskosten und optimale Geltungszahl, a.a.O.

timalprogramm auftreten. Im numerischen Beispiel ergibt sich folgendes Programm (die Rangfolge der Produkte - A_{111}, A_{211}, A_{311} - läßt sich aus Tabelle 22 entnehmen):

Produkte	ME	a	T_V	h	DB
A_{111}	1	126	77	269,5	242.550
A_{211}	1	168	112	201,6	315.840
A_{311}	0,1571$^{\nabla)}$	9,9	11	9,9	28.207
Zwischensumme			200	481,0	586.597
H_V			-	19,0	5.700
Summe			200	500,0	592.297

∇) $\frac{11}{70} = 0,1571$

b) Programm des Dispositionsbereiches UX

Bei jedem Verrechnungspreis

$$VP_H \geqq (MP - k_v)$$

wird von UX jede vom Dispositionsbereich VW gewünschte Menge

$$h_u \leqq 500 \text{ t}$$

geliefert. Für

$$VP_H = (MP - k_v)$$

muß dabei die vorrangige Belieferung von VW sichergestellt werden. Die darüber hinaus herstellbare Menge wird am Markt verkauft.

c) Programm des Dispositionsbereiches VW

Das Optimalprogramm des Gesamtunternehmens wird von VW nur beim Verrechnungspreis

$$VP_H = (MP - k_v)$$

erreicht, weil die Programmwahl nur dann gemäß den unter a) errechneten engpaßbezogenen Deckungsbeiträgen (vgl. S. 295) erfolgt. Das Gesamtunternehmen ermittelt die engpaßbezogenen Deckungsbeiträge nach der Formel

$$\frac{db - h_E \cdot \{(MP - k_v) - k_H\}}{t_V} ,$$

der Dispositionsbereich VW nach der Formel

$$\frac{ZS_1 - h_E \cdot VP_H}{t_V} = \frac{ZS_1 - h_E \cdot (MP - k_v)}{t_V} .$$

Diese beiden Formeln und damit die mit ihnen ermittelten Programme sind identisch, da

$$db = ZS_1 - h_E \cdot k_H .$$

Bei einem Verrechnungspreis für H_u in Höhe von

$$VP_H = (MP - k_v)$$

gelangen also die beiden Dispositionsbereiche UX und VW zum Optimalprogramm des Gesamtunternehmens. Für die Gewinnprognose gelten wieder die früher angestellten Überlegungen (vgl. S. 279).

2. Engpaß im Dispositionsbereich "Kuppelproduktion und Nebenproduktverarbeitung" (UX)

Nunmehr liege nur im Dispositionsbereich UX ein Engpaß vor (T_{Vmax} = 200 Std., h_{umax} = 250 t). Dann wird durch die Weiterverarbeitung der maximal herstellbaren Menge H die Kapazität in VW auf keinen Fall ausgelastet. Das Optimalprogramm des Gesamtunternehmens ermittelt man ähnlich wie im vorigen Abschnitt (vgl. S. 293 ff.). Die um die Opportunitätskosten verminderten Deckungsbeiträge je LE (db^*) werden nunmehr jedoch auf je eine Tonne H bezogen. Damit lautet die Produktrangfolge:

Produkte	$300 \cdot h_E$	$db^* = db - 300 \cdot h_E$	h_E^{-1}	db_e^* (je t H)	Rang
A_{111}	150	300	2	600	3
A_{211}	360	1.520	0,8333	1.267	2
A_{311}	300	2.550	1	2.550	1

Als Optimalprogramm ergibt sich demnach:

Produkte	ME	a	T_V	h	DB
A_{311}	1	63	70	63,0	179.550
A_{211}	0,9276[∇)]	155,8	104	187,0	292.973
Summe	-	-	174	250,0	472.523

∇) $\frac{187}{201,6} = 0,9276$

Die Kontrolle durch lineares Programmieren führt zum gleichen Ergebnis (vgl. Matrix 10). Die Abweichung beim Gesamtdeckungsbeitrag beruht auf Rundungsfehlern.

Für die Programmwahl der Dispositionsbereiche UX und VW gelten sinngemäß dieselben Überlegungen wie im vorhergehenden Abschnitt (vgl. S. 296 f.). In VW ist nunmehr natürlich keine Bildung engpaßbezogener Deckungsbeiträge db_e^* erforderlich, da kein Engpaß vorliegt. Auch hier wird also bei einem Verrechnungspreis in Höhe von

$$VP_H = (MP - k_v)$$

das Optimalprogramm des Gesamtunternehmens erreicht (165).

3. Engpässe in beiden Dispositionsbereichen (UX und VW)

Die Kapazität in UX sei auf 250 Tonnen H_u und die in VW auf 150 Stunden (V) beschränkt. Damit liegen in beiden Dispositionsbereichen Engpässe vor.

a) Programm des Gesamtunternehmens

Das Optimalprogramm wird durch lineares Programmieren ermittelt, da mehrere Engpässe vorliegen (vgl. Matrix 11):

165) Dabei muß UX wieder VW vorrangig beliefern.

Produkte	a	ME	h	T_V	DB
A_{211}	120,0	0,7143[∇)]	144,0	80	225.605
H_v	-	-	43,0	-	12.900
A_{311}	63	1	63,0	70	179.550
Summe	-	-	250,0	150	418.055

∇) $\frac{120}{168} = 0{,}7143$

Das Gesamtunternehmen würde zum gleichen Programm gelangen, wenn in der Ausgangsmatrix der beim Verkauf am Markt erzielbare Deckungsbeitrag der Menge H, die man zur Herstellung je einer Tonne Endprodukt benötigt, vom Deckungsbeitrag je LE der Endprodukte abgesetzt wird (vgl. Seite 295). Dem Programm der Endmatrix muß dann allerdings noch die Menge h_{umax} mit einem Deckungsbeitrag von 300 DM/t hinzugefügt werden. Der Beweis hierfür läßt sich folgendermaßen führen:

In Matrix 12 ist gegenüber Matrix 11 - bei sonst gleichen Nebenbedingungen - die Zielfunktion wie folgt umgeformt worden:

Matrix 11: $G = \sum a_\lambda (ZS_{1\lambda} - h_{E\lambda} \cdot k_H) + h_v \cdot \{(MP-k_v) - k_H\}$;

$$G = \sum a_\lambda \cdot ZS_{1\lambda} - \sum a_\lambda \cdot h_{E\lambda} \cdot k_H + h_v \cdot (MP-k_v) - h_v \cdot k_H \quad ;$$

wegen

$$\sum a_\lambda \cdot h_{E\lambda} = h_u$$

wird daraus

$$G = \sum a_\lambda \cdot ZS_{1\lambda} - h_u \cdot k_H + h_v \cdot (MP-k_v) - h_v \cdot k_H$$

und, mit

$$h_v = h_{umax} - h_u = h_{umax} - \sum a_\lambda \cdot h_{E\lambda} \quad ,$$

$$G = \sum a_\lambda \cdot ZS_{1\lambda} - h_u \cdot k_H + (h_{umax} - \sum a_\lambda \cdot h_{E\lambda}) \cdot (MP-k_v) - h_v \cdot k_H \quad ;$$

$$G = \sum a_\lambda \cdot \{ZS_{1\lambda} - h_{E\lambda} \cdot (MP-k_v)\} - k_H \cdot (h_u + h_v) + h_{umax} \cdot (MP-k_v) ;$$

$$G = \sum a_\lambda \cdot \{ZS_{1\lambda} - h_{E\lambda} \cdot (MP-k_v)\} + h_{umax} \cdot \{(MP-k_v)-k_H\} .$$

Die so umgeformte Zielfunktion unterscheidet sich von derjenigen in

Matrix 12: $G = \sum a_\lambda \cdot \{ZS_{1\lambda} - h_{E\lambda} \cdot (MP-k_v)\}$

nur um die Konstante

$$h_{umax} \cdot \{(MP-k_v)-k_H\} = 250 \text{ (t)} \cdot 300 \text{ (DM/t)} = 75.000 \text{ DM} .$$

Beide Ausgangsmatrizen führen also zu den gleichen Optimalprogrammen, deren Gesamtdeckungsbeiträge sich lediglich um 75.000 DM unterscheiden.

Das so ermittelte Programm lautet also (vgl. Matrix 12):

Produkte	a	$db^{*\nabla)}$	ME	h	T_V	$DB=a \cdot db^*$
A_{211}	120	1.520	0,7143	144,0	80	182.400
A_{311}	63	2.550	1	63,0	70	160.650
Zwischen-summe	-	-	-	207,0 (=h_u)	150	343.050
H_u	-	300§)	-	207,0	-	62.100
H_v	-	300§)	-	43,0	-	12.900
Summe	-	-	-	250,0	150	418.050

∇) $db^* = db - \{(MP-k_v)-k_H\} \cdot h_E = db - 300 \cdot h_E$

§) $db^* = (MP-k_v)-k_H = 700 \text{ DM/t} - 400 \text{ DM/t} = 300 \text{ DM/t}$

b) Programm des Dispositionsbereiches UX

Bei jedem Verrechnungspreis

$$VP_H \geqq (MP - k_v)$$

wird von UX jede vom Dispositionsbereich VW angeforderte Menge

$h_u \leqq 250$ t

geliefert (für $VP_H = (MP-k_v)$ unter der Bedingung vorrangiger Belieferung von VW). Die darüber hinaus herstellbare Menge wird am Markt verkauft.

c) Programm des Dispositionsbereiches VW

Da der Dispositionsbereich VW zwei Engpässe zu berücksichtigen hat, wird er sein Optimalprogramm mit Hilfe des linearen Programmierens bestimmen. Der am Markt verkaufte Teil des Hauptkuppelproduktes H durchläuft den Dispositionsbereich VW nicht und ist deshalb nicht in seiner Ausgangsmatrix enthalten. Das Simplex-Modell ist also ebenso aufgebaut wie beim zweiten Verfahren zur Bestimmung des Optimalprogramms des Gesamtunternehmens (vgl. S. 299 sowie Matrix 12). Der Dispositionsbereich VW wird daher zum Optimalprogramm des Gesamtunternehmens gelangen, wenn die beiden Ausgangstableaus identisch sind. Dies ist nur bei einem Verrechnungspreis

$$VP_H = (MP - k_v)$$

der Fall, weil nur dann die in der letzten Zeile der Ausgangsmatrix angesetzten Deckungsbeiträge übereinstimmen (vgl. S. 297).

C. Zusammenfassung und Übertragung auf andere Produktionsstrukturen

Die Verrechnungspreise, die für die hier untersuchten Fälle unbeschränkter Verkaufsmöglichkeit von H am Markt bei Programmautonomie der Dispositonsbereiche UX und VW zum Optimalprogramm führen, lassen sich in folgender Tabelle zusammenfassen:

Engpaßsituation \ Preissituation	$(MP - k_v) < k_H$	$(MP - k_v) > k_H$
Engpaß in VW		
Engpaß in UX	$VP_H = k_H$	$VP_H = (MP - k_v)$
Engpässe in UX und VW		

Aus dieser Übersicht ergibt sich für den Fall, daß $(MP - k_v)$ und k_H übereinstimmen, in allen möglichen Engpaßsituationen ein Verrechnungspreis von

$$VP_H = (MP - k_v) = k_H \quad .$$

Es zeigt sich, daß der geeignete Verrechnungspreis von der Engpaßsituation unabhängig ist und nur von der Relation des Verkaufserlöses (MP - k_v) zu den Restproportionalkosten abhängt. Liegt der Verkaufserlös (MP - k_v) unter den Restproportionalkosten, so sind diese als Verrechnungspreis für die Programmwahl und die Vorkalkulation des Periodengewinns geeignet. Im umgekehrten Fall muß der Verkaufserlös (MP - k_v) als Verrechnungspreis angesetzt werden. Der Ansatz von (MP - k_v) läßt sich dabei aus dem Opportunitätskostenprinzip ableiten. Liegt (MP - k_v) über den Restproportionalkosten k_H, so wird in UX die maximal mögliche Menge an H hergestellt, gleichgültig wieviel von VW angefordert wird. Die von VW benötigten Mengen werden dem Absatz am Markt entzogen und müssen daher bei der Weiterverarbeitung in VW mit dem Betrag bewertet werden, den sie am Absatzmarkt erlösen können.

Wird der Verrechnungspreis in Höhe von (MP - k_v) angesetzt, muß UX verpflichtet sein, zunächst die Anforderungen des Dispositionsbereiches VW zu erfüllen. Auch bei Ansatz der Restproportionalkosten k_H muß UX zur Lieferung an VW verpflichtet werden.

Für die Vorkalkulation des Periodengewinns gelten die auf Seite 279 angestellten Überlegungen.

Um diese Ergebnisse auf den Fall der einfachen Produktion in U bei wechselnder Weiterverarbeitung in den Stufen V und W zu übertragen, müssen lediglich die Restproportionalkosten k_H als proportionale Kosten der Herstellung des Zwischenprodukts H pro Leistungseinheit interpretiert werden. Irgendwelche materiellen Änderungen der Ergebnisse treten nicht ein. Auch die numerischen Ableitungen bleiben uneingeschränkt gültig.

Bei paralleler Weiterverarbeitung können ebenfalls die gleichen Verrechnungspreise verwendet werden, sofern der gesamte

Weiterverarbeitungsbereich eine Dispositionseinheit darstellt. Dabei kann man sich in der Programmwahl für den Fall, daß Engpässe sowohl in U als auch im Weiterverarbeitungsbereich vorliegen, nach der Rangfolge der auf die Stunde U bzw. die Tonne H bezogenen Deckungsbeiträge richten. Wenn die einzelnen Weiterverarbeitungszweige selbständig operieren können, gelten die bisherigen Ergebnisse wieder nur dann, wenn in der Stufe U kein Engpaß auftritt (vgl. S. 290 f.).

III. Unbeschränkte Zu- und Verkaufsmöglichkeit

Im folgenden soll ebenfalls für alle möglichen Engpaß- und Preissituationen analysiert werden, welcher Verrechnungspreis VP_H zum Optimalprogramm des Gesamtunternehmens führt. Da stets

$$(MP + k_z) > MP > (MP - k_v)$$

gilt (166), ist es für das Gesamtunternehmen auf keinen Fall sinnvoll, das Zwischenprodukt H sowohl zuzukaufen als auch zu verkaufen. In den gewinnoptimalen Produktionsprogrammen der Dispositionsbereiche UX und VW können also nur verkaufte Mengen H_v oder zugekaufte Mengen H_z enthalten sein.

A. Die Kosten des Zukaufs und der Verkaufserlös liegen unter den Restproportionalkosten des Kuppelprozesses

In diesem Fall ist es vom Standpunkt des Gesamtunternehmens aus zweckmäßig, unabhängig von der vorliegenden Engpaßsituation den Bedarf des Dispositionsbereiches VW an H in vollem Umfang am Markt zu decken und die Produktion in UX einzustellen. Da ein Verkauf von H_v am Markt nicht sinnvoll ist, entspricht diese Situation derjenigen bei unbeschränkter Zukaufsmöglichkeit (vgl. S. 268 f.). Es führt also wieder jeder beliebige Verrechnungspreis zum Optimalprogramm des Gesamtunternehmens, weil der Dispositionsbereich VW - entweder aus eigenem Interesse oder infolge der Weigerung von UX zu produzieren - seinen gesamten Bedarf an H am Markt deckt.

166) Vgl. S. 266

B. Die Kosten des Zukaufs liegen über, der Verkaufserlös unter den Restproportionalkosten des Kuppelprozesses

Wiederum ist es unzweckmäßig, das Zwischenprodukt H am Markt zu verkaufen. Diese Situation entspricht daher ebenfalls derjenigen bei unbeschränkter Zukaufsmöglichkeit. Je nach der Engpaßsituation führen also die in der rechten Spalte der Tabelle auf S. 298 angegebenen Verrechnungspreise zum Optimalprogramm des Gesamtunternehmens.

C. Die Kosten des Zukaufs und der Verkaufserlös liegen über den Restproportionalkosten des Kuppelprozesses

Die Zukaufskosten ($MP + k_z$) mögen 800 DM/t und der Verkaufserlös ($MP - k_v$) 700 DM/t betragen. Da beide Werte über den Restproportionalkosten (k_H = 400 DM/t) liegen, ist es vom Standpunkt des Gesamtunternehmens aus sinnvoll, den Bedarf des Dispositionsbereiches VW an H soweit wie möglich vom Dispositionsbereich UX decken zu lassen (167). Die Entscheidung über den zusätzlichen Zu- oder Verkauf des Zwischenproduktes H hängt, wie noch zu zeigen ist, von der jeweiligen Engpaßsituation ab.

1. Engpaß im Dispositionsbereich "Weiterverarbeitung" (VW)

Die Kapazität in UX sei auf 500 Tonnen H, die in VW auf 200 Stunden (V) beschränkt. Der Bedarf des Dispositionsbereiches VW kann dann in vollem Umfang vom Dispositionsbereich UX gedeckt werden. Damit scheidet ein Zukauf von H_z aus, so daß das Problem dem bei unbeschränkter Verkaufsmöglichkeit entspricht (s. S. 293 ff.). Es ergibt sich also - für ($MP - k_v$) = = 700 DM/t - das dort ermittelte Optimalprogramm (vgl. S.294).

Die Programmüberlegungen in beiden Dispositionsbereichen stimmen mit denen bei unbeschränkter Verkaufsmöglichkeit überein.

167) Für den Fall, daß die Deckungsbeiträge je Tonne H bei der Weiterverarbeitung von H niedriger sind als der Deckungsbeitrag beim Verkauf am Markt {($MP - k_V$) - k_H}, wäre es vorzuziehen, die Produktion in VW einzustellen und die maximal herstellbare Menge H am Markt zu verkaufen.

Entsprechend den dort gefundenen Ergebnissen wird also das Optimalprogramm des Gesamtunternehmens von den beiden Dispositionsbereichen UX und VW bei einem Verrechnungspreis für H_u in Höhe von

$$VP_H = (MP - k_v)$$

erreicht, sofern UX verpflichtet wird, VW vorrangig zu beliefern.

2. Engpaß im Dispositionsbereich "Kuppelproduktion und Nebenproduktverarbeitung" (UX)

Wenn ein Engpaß nur im Dispositionsbereich UX vorliegt oder ein primärer Engpaß in UX und ein sekundärer in VW bestehen, sind in Analogie zu den Ausführungen bei unbeschränkter Zukaufsmöglichkeit folgende Überlegungen anzustellen: Die Erzeugung des Dispositionsbereiches UX an H wird vom Dispositionsbereich VW benötigt, soweit es nicht vorteilhafter ist, sie am Zwischenproduktmarkt zu verkaufen. Um die von VW benötigte Menge H festzustellen, wird mit Hilfe eines Verrechnungspreises für H_u in Höhe der Zukaufskosten $(MP + k_z)$ zunächst das hierfür optimale Programm bestimmt.

Wird für dieses Programm mindestens die gesamte in UX herstellbare Menge H_u benötigt, so ist es wegen der "Ergiebigkeit" der Weiterverarbeitung nicht sinnvoll, H am Zwischenproduktmarkt zu verkaufen. Der Verrechnungspreis für H_u in Höhe der Zukaufskosten $(MP + k_z)$ wird lediglich durch die zusätzliche Auflage für den Dispositionsbereich VW ergänzt, erst nach Abnahme der gesamten Menge H_u das Zwischenprodukt H_z am Markt zu kaufen.

Wird dagegen für das in VW ermittelte Programm weniger H benötigt, als in UX hergestellt werden kann, so bedeutet das, daß ein Zukauf von H_z am Markt nicht sinnvoll ist. Es wird dann wieder eine neue Programmwahl durchgeführt, bei der der Engpaß in UX nach der Rangfolge der auf je eine Tonne H bezogenen Deckungsbeiträge ausgelastet wird. Als Verrechnungspreis für H_u werden dabei jedoch nicht die Restproportionalkosten angesetzt, sondern der Verkaufserlös $(MP - k_v)$, weil die entgehenden Deckungsbeiträge des Verkaufs am Zwischenproduktmarkt berücksichtigt werden müssen. Dem Dispositionsbereich UX muß zusätzlich die Auflage erteilt werden, zunächst den Bedarf des Dispositionsbereiches VW zu decken, bevor er das Zwischenprodukt H am Markt verkauft.

In der vorliegenden Marktsituation kommt man, wenn nur in UX ein Engpaß vorliegt, auch analog zu dem anderen bei unbeschränkter Zukaufsmöglichkeit diskutierten Verfahren - Auslastung des Engpasses in UX bei Bewertung des Zwischenproduktes H mit den Restproportionalkosten k_H - zum Optimalprogramm. Für das Zwischenprodukt H muß dabei jedoch anstelle von k_H der Verkaufserlös $(MP - k_v)$ als Verrechnungspreis angesetzt werden, weil wieder die entgehenden Deckungsbeiträge des Verkaufs am Markt zu berücksichtigen sind.

Werden die Kapazität in UX auf 250 Tonnen H und die in VW auf 200 Stunden (V) beschränkt, so erhält man mit Hilfe des linearen Programmierens folgendes Optimalprogramm (vgl. Matrix 13) (168):

Produkte	a	ME	T_V	h	DB
A_{111}	126	0,2338[∇)]	18	63,0	56.708
A_{211}	168	1	112	201,6	315.840
A_{311}	63	1	70	63,0	179.550
Zwischensumme	-	-	200	327,6	552.098
				h_u = 250,0	
				h_z = 77,6	
			$- h_z \cdot ((MP + k_z) - k_H) = 77{,}6 \cdot 400 =$		31.040
Summe					521.058

∇) $\frac{126}{539} = 0{,}7143$

168) Für den Programmansatz gelten die auf S. 273 und S. 293 f. angestellten Überlegungen.

Verzichtet man aufs lineare Programmieren, muß nach obigen Überlegungen zunächst die Rangfolge der Produkte bestimmt werden, die sich ergibt, wenn die mit Hilfe des Verrechnungspreises ($MP + k_z$) bestimmten Deckungsbeiträge je LE auf den sekundären Engpaß in V bezogen werden (vgl. folgende Tabelle):

Produkte	ZS_1	h_E	$VP_H = (MP+k_z)$	$h_E \cdot VP_H$	$db^* = ZS_1 - h_E \cdot VP_H$	t_V^{-1}	db_e^* (je Std.V)	Rang
A_{111}	650	0,5		400	250	7,0	1.750	3
A_{211}	2.360	1,2	800	960	1.400	1,5	2.100	2
A_{311}	3.250	1,0		800	2.450	0,9	2.205	1

Damit erhält man folgendes Programm für das Gesamtunternehmen bzw. für den Dispositionsbereich VW:

Produkte	ME	a	h	T_V	$DB = a \cdot db^*$
A_{311}	1	63	63,0	70	154.350
A_{211}	1	168	201,6	112	235.200
A_{111}	0,2338$^{\nabla)}$	126	63,0	18	31.500
Summe	-	-	327,6	200	421.050

$\nabla)$ $\frac{18}{77} = 0,2338$

Da für dieses Programm mit h = 327,6 t mehr als die gesamte in UX herstellbare Menge h_u = 250 t benötigt wird, ist der Engpaß in UX für das weitere Vorgehen nicht mehr relevant. Der Verrechnungspreis für H_u bleibt also in Höhe der Zukaufskosten ($MP + k_z$) festgesetzt.

Der mit diesem Programm errechnete Deckungsbeitrag stellt den Teil-Deckungsbeitrag des Dispositionsbereiches VW bei einem Verrechnungspreis von

$$VP_H = (MP + k_z) = 800 \text{ DM/t}$$

dar. Bei diesem Verrechnungspreis erzielt der Dispositionsbereich UX einen Teil-Deckungsbeitrag von

$$h_u \cdot (VP_H - k_H) = h_u \cdot \{(MP + k_z) - k_H\} =$$

$= 250\ (t) \cdot (800 - 400)\ (DM/t) = 100.000\ DM$.

Der Deckungsbeitrag des Unternehmens beträgt also

$$DB = DB_{UX} + DB_{VW} = 100.000\ DM + 421.050\ DM$$
$$= 521.050\ DM \text{ (vgl. Matrix 13)} \quad (169).$$

3. Engpässe in beiden Dispositionsbereichen (UX und VW)

Die Kapazität in UX sei auf 250 Tonnen H und die in VW auf 150 Stunden (V) beschränkt. Damit liegen in beiden Dispositionsbereichen primäre Engpässe vor, d.h. die an einem der beiden Engpässe orientierten Programme erfordern jeweils eine höhere Kapazität des anderen Engpasses als vorhanden ist.

Für das Gesamtunternehmen wird das Programm durch lineares Programmieren ermittelt (vgl. Matrix 14):

Produkte	a	ME	h_u	T_V	DB
A_{211}	120	0,7143[∇)]	144,0	80	225.605
H_v	-	-	43,0	-	12.900
A_{311}	63	1	63,0	70	179.550
Summe	-	-	250,0	150	418.055

∇) $\frac{120}{168} = 0{,}7143$

Für die Programmwahl der Dispositionsbereiche UX und VW ergibt sich sinngemäß das in Abschnitt II.B.3. (vgl. S. 300 f.) Gesagte.

Zum Optimalprogramm des Gesamtunternehmens führt hier der Verrechnungspreis

$$VP_H = (MP - k_v)$$

Bei diesem Verrechnungspreis ergibt sich nämlich analog zu dem Ergebnis auf S. 299 f. das gleiche Programm wie das oben als

169) Die Abweichung beruht auf Rundungsfehlern.

optimal ermittelte (vgl. Matrix 15)(170).

Bei anderen Zahlenkonstellationen (z.B. T_{Vmax} = 150 Std., h_{umax} = 180 t) ist es möglich, daß H nicht verkauft, sondern zugekauft wird. Für die Höhe des Verrechnungspreises ergeben sich hierdurch keine Änderungen. Das durch lineares Programmieren ermittelte Programm des Gesamtunternehmens lautet bei diesen Daten (vgl. Matrix 16):

Produkte	a	ME	h_u=h-h_z	T_V	DB
H_z	-	-	-27,0	-	-10.800
A_{211}	120	0,7143 ∇)	144,0	80	225.605
A_{311}	63	1	63,0	70	179.550
Summe	-	-	180,0	150	394.335

∇) $\frac{120}{168}$ = 0,7143

Das Programm des Dispositionsbereiches VW ergibt sich ebenfalls durch lineares Programmieren (vgl. Matrix 17). Dem Programm der Endmatrix muß allerdings noch die Menge h_u mit einem Deckungsbeitrag von

$$(MP - k_v) - k_H = 300 \text{ DM/t}$$

hinzugefügt werden:

Produkte	a	ME	h= h_u+h_z	T_V	DB §)
A_{211}	120,0	0,7143 ∇)	144,0	80	182.400
H_z	-	-	(27,0)	-	-2.700
A_{311}	63	1	63,0	70	160.650
Summe	-	-	207,0	150	340.350
			+ h_u · 300 DM/t = 180 · 300 =		54.000
					394.350

∇) $\frac{120}{168}$ = 0,7143 §) DB = $db^* \cdot a$; $db^* = ZS_1 - h_E \cdot VP_H = ZS_1 - h_E \cdot (MP - k_V)$;
für H_z gilt DB = $h_z \cdot \{(MP-k_V) - (MP+k_z)\}$.

170) Die am Markt zu verkaufende Menge wird durch den Wert in der Endspalte und der y_2-Zeile der Endmatrix angezeigt.

D. Zusammenfassung und Übertragung auf andere Produktionsstrukturen

Bei den hier untersuchten Fällen unbeschränkter Zu- und Verkaufsmöglichkeit von H am Markt führen folgende Verrechnungspreise zum Optimalprogramm des Gesamtunternehmens, sofern die bereits mehrfach erwähnten Bedingungen hinsichtlich des Vorrangs der internen Lieferung bzw. des internen Bezugs erfüllt sind:

Engpaßsituation \ Preissituation	$(MP-k_v)<(MP+k_z)<k_H$	$(MP-k_v)<k_H<(MP+k_z)$	$k_H<(MP-k_v)<(MP+k$
Engpaß in VW	beliebiger VP	$VP_H = k_H$	$VP_H = (MP-k_v)$
Engpaß in UX		$VP_H = k_H$ oder, falls der Zukauf lohnt, $VP_H = (MP+k_z)$	$VP_H = (MP-k_v)$ oder, falls der Zukauf lohnt, $VP_H = (MP+k_z)$
primärer Engpaß in UX, sekundärer in VW		$VP_H = (MP+k_z)$, falls der Zukauf nicht lohnt, $VP_H = k_H$	$VP_H = (MP+k_z)$, falls der Zukauf nicht lohnt, $VP_H = (MP-k_v)$
Engpässe in UX und VW		$VP_H = k_H$	$VP_H = (MP-k_v)$

Aus dieser Übersicht lassen sich auch die geeigneten Verrechnungspreise für die beiden möglichen Sonderfälle entnehmen: Für

$$(MP - k_v) < (MP + k_z) = k_H$$

gilt

$$VP_H = k_H = (MP + k_z) ,$$

während für

$$(MP - k_v) = k_H < (MP + k_z)$$

die in der vorletzten Spalte der Tabelle für

$$(MP - k_v) < k_H < (MP + k_z)$$

genannten Verrechnungspreise in Frage kommen.

Soweit die Verrechnungspreise nicht den Restproportionalkosten des Kuppelprozesses entsprechen, gelten für die Gewinnprognose die auf S. 279 angestellten Überlegungen.

Auch für diesen Abschnitt gilt, daß die Ableitungen beim Übergang auf die einfache Produktion in U mit wechselnder Weiterverarbeitung in V und W nicht berührt werden, sofern der Ausdruck k_H als proportionale Kosten für die Herstellung einer Leistungseinheit des Zwischenproduktes H interpretiert wird.

Bei paralleler Weiterverarbeitung sind die Ergebnisse dagegen nur dann analog anwendbar, wenn alle V- und W-Stellen zu einem Dispositionsbereich zusammengeschlossen sind. Die dritte in der obigen Tabelle aufgeführte Engpaßsituation fällt hier wieder mit der zweiten zusammen. Falls sowohl in der Stufe U als auch im Weiterverarbeitungsbereich Engpässe auftreten, kann auf die Anwendung des linearen Programmierens verzichtet werden, weil die Weiterverarbeitungsstellen jeweils nur von einem Produkt durchlaufen werden. Für die Programmwahl genügen dann die auf den Engpaß in U bezogenen Deckungsbeiträge.

IV. Mengenkontingentierungen am Zwischenproduktmarkt

Falls am Markt für das Zwischenprodukt H aus institutionellen oder sonstigen Gründen Mengenbeschränkungen vorliegen, so daß die Unternehmung nur einen Teil der zur Verfügung stehenden oder eventuell benötigten Mengen verkaufen bzw. zukaufen kann, ergeben sich einige Modifikationen der bisherigen Ergebnisse. Je nach den angenommenen Marktverhältnissen lassen sich zahlreiche Einzelsituationen unterscheiden, deren genaue Analyse den Rahmen dieser Untersuchung überschreiten würde. Daher sollen im folgenden als Grundtypen nur die beschränkte Zukaufsmöglichkeit beim Fehlen von Verkaufsmöglichkeiten und die beschränkte Verkaufsmöglichkeit beim Fehlen von Zukaufsmöglichkeiten erörtert werden.

A. Beschränkte Zukaufsmöglichkeit, keine Verkaufsmöglichkeit

Kann das Zwischenprodukt H nur in begrenzter Menge zugekauft werden, gilt also

$$h_z \leqq h_{zmax} ,$$

so wird ein weiterer Engpaß in die Rechnung eingeführt, da für H_z mehrere Verwendungsmöglichkeiten bestehen, die nicht alle gleichzeitig wahrgenommen werden können.

1. Fehlen eines Engpasses im Dispositionsbereich "Kuppelproduktion und Nebenproduktverarbeitung" (UX)

Falls in UX kein Engpaß vorliegt, ist das Zwischenprodukt H nicht als knappes Gut anzusehen. Die Situation entspricht im wesentlichen derjenigen bei unbeschränkter Zukaufsmöglichkeit und Vorliegen eines Engpasses in UX. In beiden Fällen kann der Dispositionsbereich VW nämlich eine begrenzte und eine unbegrenzte Menge H beziehen.

Die zum Optimalprogramm des Gesamtunternehmens führenden Verrechnungspreise ergeben sich aus folgenden Überlegungen (vgl. hierzu auch Tabelle S. 298):

Für

$$(MP + k_z) > k_H$$

ist es keinesfalls sinnvoll, H_z zuzukaufen. Die Situation entspricht damit der des ersten Hauptteils; als Verrechnungspreis müssen analog die Restproportionalkosten k_H festgesetzt werden.

Für

$$(MP + k_z) < k_H$$

gilt folgendes: Liegt ein Engpaß in VW vor, zu dessen Auslastung nicht die gesamte von außen beschaffbare Menge H_z benötigt wird, so darf und braucht man nicht auf das teurere, eigenerstellte H_u zurückzugreifen. Dieses Ergebnis wird bei jedem beliebigen Verrechnungspreis erreicht (vgl. S. 268 f.). Liegt ein sekundärer Engpaß in V oder W vor, d.h. können V oder W nur unter Verwendung von H_u ausgelastet werden, ergibt sich die optimale Produktrangfolge für das Gesamtunternehmen und für den Dispositionsbereich VW aufgrund der auf je eine Stunde V bzw. W bezogenen Deckungsbeiträge, wobei H mit k_H bewertet wird. Als Verrechnungspreis sind also die Restproportionalkosten k_H festzusetzen. Zeigt sich dann, daß es doch nicht lohnend ist, H_u zu verwenden, weil die benötigte Menge kleiner oder gleich der von außen beschaffbaren ist, so muß das Programm unter Bewertung von H mit (MP + k_z) neu bestimmt werden (171).

Wenn in VW kein Produktionsengpaß vorliegt, werden die maximal absetzbaren Mengen derjenigen Produkte hergestellt, bei denen die Deckungsbeiträge je LE unter Bewertung von H mit (MP + k_z) positiv sind. Reicht die von außen beschaffbare Menge hierfür nicht aus, so muß man entsprechend der Rangfolge der engpaßbezogenen Deckungsbeiträge pro t H vorgehen und anschließend prüfen, ob die restlichen Produkte auch dann noch positive absolute bzw. engpaßbezogene Deckungsbeiträge ergeben, wenn H_u verwendet wird. Als Verrechnungspreis für H_u sind wieder die Restproportionalkosten k_H anzusetzen.

2. Vorliegen eines Engpasses im Dispositionsbereich "Kuppelproduktion und Nebenproduktverarbeitung" (UX)

a) Die Kosten des Zukaufs liegen unter den Restproportionalkosten des Kuppelprozesses

Liegen die Zukaufskosten (MP + k_z) unter den Restproportionalkosten k_H, so wird der Bedarf des Dispositionsbereiches VW zunächst mit zugekauftem H_z gedeckt. Hierbei können zwei Fälle unterschieden werden:

1) In VW besteht kein Engpaß: Diese Situation entspricht derjenigen bei Fehlen eines Zwischenproduktmarktes. Die Programmwahl erfolgt nämlich in beiden Fällen mit Hilfe der auf je eine Tonne H bezogenen Deckungsbeiträge. Die sich hierdurch

171) Auf den Verrechnungspreis k_H hat dies keinen Einfluß, da man nur fremdbezogenes H verwendet.

ergebende Produktrangfolge ist, wie früher gezeigt wurde (vgl. S. 225 f.), von der Bewertung des Zwischenproduktes H unabhängig. Zunächst wird also die Zukaufsmöglichkeit voll ausgenutzt, danach, falls sich die Eigenproduktion von H_u lohnt, der Engpaß in UX ausgelastet. Als Verrechnungspreis für H_u werden die Restproportionalkosten k_H angesetzt.
2) In VW besteht ein Engpaß: Das Optimalprogramm muß in diesem Fall durch lineares Programmieren bestimmt werden, wobei als Verrechnungspreis für H_u die Restproportionalkosten k_H angesetzt werden.

b) Die Kosten des Zukaufs liegen über den Restproportionalkosten des Kuppelprozesses

Da ein Engpaß in UX vorliegt, wird auch der Zukauf von H_z in Betracht gezogen. Wie unter a) können wieder zwei Fälle unterschieden werden:

1) In VW besteht kein Engpaß: Die Situation entspricht wieder derjenigen bei Fehlen eines Zwischenproduktmarktes. Zunächst wird der Engpaß in UX ausgelastet, danach, falls sich der Zukauf lohnt, der Zwischenproduktmarkt in Anspruch genommen. Als Verrechnungspreis für H_u werden entweder die Zukaufskosten ($MP + k_z$) (172) oder die Restproportionalkosten k_H angesetzt.
2) In VW besteht ein Engpaß: Das Optimalprogramm muß wiederum durch lineares Programmieren bestimmt werden. Als Verrechnungspreis für H_u sind die Restproportionalkosten k_H anzusetzen. Nur wenn der Engpaß in VW auch bei Inanspruchnahme des Zwischenproduktmarktes nicht ausgelastet werden kann, entspricht die Situation der unter 1) geschilderten, es können dann also auch die Zukaufskosten ($MP + k_z$) als Verrechnungspreis für H_u angesetzt werden (172).

B. Beschränkte Verkaufsmöglichkeit, keine Zukaufsmöglichkeit

Läßt sich nur eine begrenzte Menge des Zwischenproduktes H am Markt absetzen ($h_v \leq h_{vmax}$) und liegt der Verkaufserlös

172) Falls es hiernach nicht sinnvoll ist, H am Markt zuzukaufen, muß man die Restproportionalkosten k_H als Verrechnungspreis für H_u ansetzen.

(MP - k_V) über den Restproportionalkosten k_H, so wird eine zusätzliche Absatzbeschränkung in die Rechnung eingeführt (173). Wenn in UX kein Engpaß vorliegt, kann UX sowohl den Anforderungen des Dispositionsbereiches VW nachkommen, als auch die Verkaufsmöglichkeit am Markt ausnutzen. Der Einsatzwert einer in die Weiterverarbeitung gehenden Tonne H für das Gesamtunternehmen wird somit durch die Restproportionalkosten k_H ausgedrückt. Diese werden auch als Verrechnungspreis angesetzt. Der Verrechnungspreis muß allerdings wiederum durch eine Liefervorschrift für UX ergänzt werden. In VW erfolgt die Programmwahl dann je nachdem, ob dort ein Engpaß vorliegt oder nicht, auf Basis engpaßbezogener oder absoluter Deckungsbeiträge. - Wenn in UX ein Engpaß besteht, sind kompliziertere Überlegungen anzustellen. Für den Fall, daß die Kapazitäten in VW groß genug sind, um die maximal in UX herstellbare Menge H aufzunehmen, würde das Gesamtunternehmen das Optimalprogramm dadurch bestimmen, daß es die Deckungsbeiträge der Endprodukte und des Marktverkaufs je Tonne H ermittelt, wobei das Zwischenprodukt H mit k_H zu bewerten wäre. Die Möglichkeit, eine begrenzte Menge H am Markt zu verkaufen, würde also so berücksichtigt, als wenn es sich um ein zusätzliches Endprodukt handelte. Der Engpaß in UX wird dann je nach der Reihenfolge dieser Deckungsbeiträge ausgelastet.

Der Verrechnungspreis für die Dispositionsbereiche UX und VW muß nach anderen Überlegungen bestimmt werden. Ein Verrechnungspreis in Höhe von k_H würde dazu führen, daß UX stets die Verkaufsmöglichkeit am Markt ausnutzt, selbst wenn dies nicht im gesamtbetrieblichen Interesse liegt, weil lohnendere Weiterverarbeitungsmöglichkeiten bestehen. Ein genereller Ansatz des Nettoerlöswertes (MP - k_V) in Anlehnung an das Opportunitätskostenprinzip kommt ebensowenig in Frage, weil dann die Gefahr besteht, daß auf einzelne Weiterverarbeitungsmöglichkeiten verzichtet wird, die man gesamtbetrieblich gesehen durchaus wahrnehmen müßte und könnte. Ist beispielsweise die am Markt verkaufbare Menge des Zwischenproduktes H sehr gering

173) Für k_H > (MP - k_V) gelten die Ergebnisse des ersten Hauptteils.

und liegen die Deckungsbeiträge der Weiterverarbeitungsalternativen pro Tonne H (ohne Berücksichtigung der Kosten des Zwischenproduktes) sämtlich zwischen k_H und $(MP - k_v)$, so würde VW überhaupt kein H beziehen und der Engpaß in UX weitgehend unausgenutzt bleiben.

Die richtige Programmwahl ist jedoch möglich, wenn die beiden erwähnten Verrechnungspreise in einer bestimmten Form miteinander verbunden werden. Alle weiterzuverarbeitenden Zwischenprodukt-Mengen, die kleiner oder gleich der maximal herstellbaren Menge H abzüglich der am Markt verkaufbaren sind $(h_{max} - h_{vmax})$, haben lediglich einen ökonomischen Wert in Höhe der Restproportionalkosten k_H, da sie in UX produziert werden können, ohne daß der Verkauf am Markt beeinträchtigt wird. Für sie kann daher der Verrechnungspreis in Höhe von k_H festgesetzt werden. Alle zusätzlichen Mengen bis zur Maximalmenge in UX haben dagegen einen Wert von $(MP - k_v)$, da sie im Falle einer Weiterverarbeitung dem Verkauf am Markt entzogen werden müßten, womit die dort realisierbaren Deckungsbeiträge entfallen würden. Für diese zusätzlichen Mengen muß der Verrechnungspreis demgemäß $(MP - k_v)$ betragen. Dabei muß UX wieder durch eine entsprechende Verhaltensvorschrift zur Belieferung von VW angehalten werden.

Daß mit einem solchen, nach den Mengen gestaffelten Verrechnungspreis tatsächlich das Optimalprogramm ermittelt wird, möge durch folgende graphische Darstellung verdeutlicht werden:

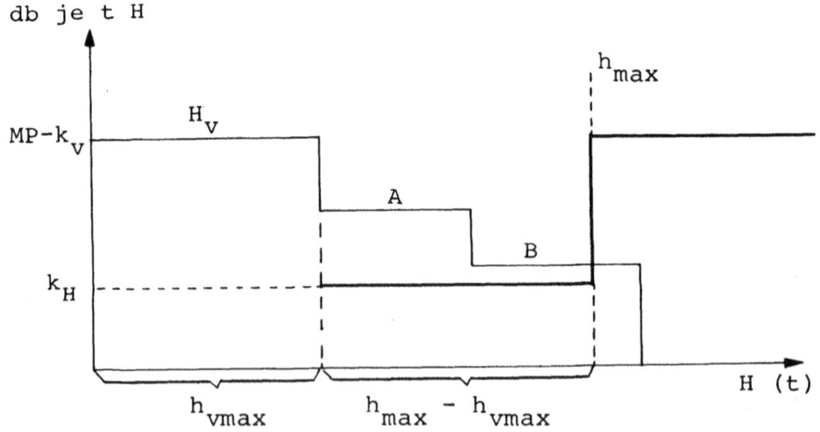

Dabei sind zwei fiktiv angenommene Endprodukte A und B sowie die Verkaufsmöglichkeit am Markt entsprechend der Rangfolge der Deckungsbeiträge je Tonne H mit den jeweils benötigten H-Mengen dargestellt. Für das Gesamtunternehmen ist es offenbar sinnvoll, die Verkaufsmöglichkeit am Markt auszunutzen und die volle Menge des Produktes A sowie eine Teilmenge des Produktes B herzustellen. Bei einem mengenmäßig gestaffelten Verrechnungspreis (s. stark ausgezogene Linie) würde es vom Standpunkt des Dispositionsbereiches VW aus ebenfalls vorteilhaft erscheinen, diese Endproduktmengen zu produzieren. Zusätzlich würde UX die Menge h_{vmax} am Markt verkaufen.

Auch wenn zusätzlich in VW ein Engpaß vorliegt, kann die geschilderte Verrechnungspreisregelung beibehalten werden. Sowohl der Dispositionsbereich VW als auch das Gesamtunternehmen müßten jedoch in dieser Situation das Optimalprogramm mit Hilfe des linearen Programmierens bestimmen. Das Gesamtunternehmen gelangt bei h_{umax} = 250 t, h_{vmax} = 60 t, T_{Vmax} = 150 Std. und (MP - k_v) = 1.900 DM/t zu folgendem Optimalprogramm (vgl. Matrix 18 a)(174):

Produkte	a	ME	T_V	h	DB
A_{211}	120	0,7143 ∇)	80	144	225.600
H_v	-	-	-	43	64.500
A_{311}	63	1	70	63	179.550
Summe	-	-	150	250	469.650

∇) $\frac{120}{168} = 0,7143$

Der Dispositionsbereich VW ermittelt das Optimalprogramm anhand von Matrix 18 b.

Die in die Endzeile der Ausgangsmatrix eingesetzten Deckungsbeiträge der Endprodukte werden auf Basis einer Bewertung von

174) Die Begrenzung der am Markt verkaufbaren Menge wird durch eine zusätzliche Beschränkungsgleichung berücksichtigt (vgl. die y_6-Zeile der Ausgangsmatrix).

H mit dem Verrechnungspreis k_H ermittelt. Über die zu diesem Preis lieferbare Menge ($h_{umax} - h_{vmax} = 190$ t) hinaus kann eine begrenzte Menge des Zwischenproduktes H zu einem höheren Verrechnungspreis $VP_H = (MP - k_v)$ bezogen werden. Dieses zusätzliche Zwischenprodukt H^* wird in der Endzeile der Ausgangsmatrix analog zu dem Vorgehen bei unbeschränkter Zukaufsmöglichkeit (vgl. S. 273) mit den "Mehrkosten" in Höhe der Differenz der Verrechnungspreise

$$(MP - k_v) - k_H = 1.500 \text{ DM/t}$$

angesetzt. Daß die zu diesem Verrechnungspreis lieferbare Menge

$$h^* \leq h_{vmax}$$

begrenzt ist, wird durch eine weitere Nebenbedingung erfaßt.

Als Optimalprogramm des Dispositionsbereiches VW ergibt sich:

Produkte	a	ME	T_V	h	DB^*
H^*	-	-	-	17	-25.500
A_{211}	120	0,7143∇)	80	144 ←	225.600
A_{311}	63	1	70	63 ←	179.550
Summe	-	-	150	207	379.650

∇) $\frac{120}{168} = 0{,}7143$

Das Programm des Dispositionsbereiches UX lautet:

Zwischen-produkte	Verrechnungs-preis	db^*	h	$DB^* = db^* \cdot h$
H_u	k_H	$k_H - k_H = 0$	190	0
	$(MP-k_v)$	$(MP-k_v)-k_H=1.500$	17	25.500
H_v	-	$(MP-k_v)-k_H=1.500$	43	64.500
Summe	-	-	250	90.000

Es zeigt sich also, daß die beiden Dispositionsbereiche zum

Optimalprogramm des Gesamtunternehmens gelangen. Daß diese Übereinstimmung zwangsläufig ist und daß damit der gewählte Verrechnungspreis generell gilt, ergibt sich daraus, daß die Zielfunktionen des Gesamtunternehmens und des Dispositionsbereichs VW bis auf eine Konstante, nämlich den Periodendeckungsbeitrag des Dispositionsbereiches UX, identisch sind.

Dies läßt sich wie folgt beweisen: Die Zielfunktion des Gesamtunternehmens ist

$$G = DB = \sum a_\lambda \cdot db_\lambda + h_v \cdot \{(MP-k_v)-k_H\}$$

$$(\text{mit } h_v \leqq h_{vmax}) \quad ,$$

die Zielfunktion des Dispositionsbereiches VW

$$G_{VW} = DB_{VW} = \sum a_\lambda \cdot db_\lambda - h^* \{(MP-k_v)-k_H\}$$

$$(\text{mit } h^* \leqq h_{vmax}) \; .$$

Die Differenz beider Zielfunktionen beträgt

$$DB-DB_{VW} = h_v \cdot \{(MP-k_v)-k_H\} + h^* \cdot \{\underbrace{(MP-k_v)}_{VP_H}-k_H\} = DB_{UX}$$ (vgl. Tabellen S. 317 f.) ;

$$DB-DB_{VW} = (h_v + h^*) \cdot \{(MP-k_v)-k_H\} \; ;$$

$$DB-DB_{VW} = h_{vmax} \cdot \{(MP-k_v)-k_H\} = \text{const.}$$

C. Zusammenfassung und Übertragung auf andere Produktionsstrukturen

Die Verrechnungspreise, die beim Vorliegen von Mengenkontingenten am Zwischenproduktmarkt zum Optimalprogramm des Gesamtunternehmens führen, sind in nachstehender Tabelle zusammengefaßt. In der rechten Spalte (Vorliegen von Engpässen in UX und VW) ist in VW lineares Programmieren erforderlich, falls der Engpaß in VW nicht lediglich sekundär ist.

Engpaßsituation / Marktsituation	kein Engpaß in UX		Engpaß in UX	
	kein Engpaß in VW	Engpaß in VW	kein Engpaß in VW	Engpaß in VW
beschränkte Zukaufsmöglichkeit $(MP+k_z) < k_H$	(175) $VP_H = k_H$		$VP_H = k_H$	
$(MP+k_z) > k_H$			$VP_H = k_H$ oder, falls der Zukauf lohnt, $VP_H = (MP+k_z)$	$VP_H = k_H$ (wenn der Engpaß in VW nur sekundär ist, auch $VP_H = (MP+k_z)$, falls der Zukauf lohnt)
beschränkte Verkaufsmöglichkeit $(MP-k_v) < k_H$	$VP_H = k_H$			
$(MP-k_v) > k_H$	$VP_H = k_H$		$VP_H = k_H$ (für H-Mengen $\leq h_{umax} - h_{vmax}$) $VP_H = (MP-k_v)$ (für H-Mengen $> h_{umax} - h_{vmax}$)	

Bei der Übertragung dieser Ergebnisse auf die einfache Produktion in U mit wechselnder Weiterverarbeitung in V und W treten keine Probleme auf. Der Verrechnungspreis k_H bezeichnet wiederum statt der Restproportionalkosten die proportionalen Kosten pro Leistungseinheit H. Auf die parallele Weiterverarbeitung lassen sich die Ergebnisse wieder nur unter der Voraussetzung übertragen, daß alle Weiterverarbeitungsstellen zusammengefaßt sind.

175) Wird bei der Auslastung des Engpasses in VW weniger als die gesamte von außen beschaffbare Menge H_z benötigt, führt neben $VP_H = k_H$ auch jeder andere Verrechnungspreis zum Ziel.

V. Auftreten spezifischer Fixkosten bei Inanspruchnahme des Zwischenproduktmarktes

Treten bei Inanspruchnahme des Zwischenproduktmarktes Fixkosten auf, so ist zu überprüfen, ob sie durch den zusätzlich erzielbaren Deckungsbeitrag übertroffen werden oder nicht. Es müssen also die Erfolge des Gesamtunternehmens mit und ohne Einschaltung des Zwischenproduktmarktes gegenübergestellt werden. Wenn der zusätzlich erzielbare Deckungsbeitrag ausschließlich dem Dispositionsbereich zufällt, von dem die Inanspruchnahme des Marktes ausgeht und dem daher auch die zusätzlichen fixen Kosten zuzurechnen sind, braucht nur geprüft zu werden, ob in diesem Dispositionsbereich der zusätzlich erzielbare Deckungsbeitrag höher ist als die zusätzlichen Fixkosten. Dieser einfache Fall liegt z.B. vor, wenn man bei unbeschränkter Zukaufsmöglichkeit und alleinigem Vorliegen eines Engpasses in UX den Verrechnungspreis $VP_H = k_H$ verwendet (vgl. S. 273). Da der Dispositionsbereich UX bei diesem Verrechnungspreis lediglich seine proportionalen Kosten vergütet erhält, fällt der Deckungsbeitrag ausschließlich dem zukaufenden Dispositionsbereich VW zu, dem auch die zusätzlichen Fixkosten bei Inanspruchnahme des Marktes zuzurechnen sind.

Fällt aber der durch Inanspruchnahme des Zwischenproduktmarktes erzielbare Deckungsbeitrag nicht ausschließlich dem Dispositionsbereich zu, dem die zusätzlichen fixen Kosten zuzurechnen sind, so führt die obige Überlegung nicht zum Ziel. Dies zeigt das folgende Beispiel:

Bei unbeschränkter Verkaufsmöglichkeit führt je nach der vergleichsweisen Höhe des Verkaufserlöses $(MP - k_v)$ der Verrechnungspreis

$$VP_H = k_H \quad (\text{für } (MP-k_v) \leqq k_H)$$

oder

$$VP_H = (MP-k_v) \quad (\text{für } (MP-k_v) \geqq k_H), \text{ (vgl. Tabelle S. 301)}$$

zum Optimalprogramm des Gesamtunternehmens. Bei Programmautonomie der Dispositionsbereiche fällt also der Gesamtdeckungsbeitrag des Unternehmens entweder völlig ($VP_H = k_H$) oder teilweise ($VP_H = MP - k_v$) dem Dispositionsbereich VW zu. Die fixen Kosten der Inanspruchnahme des Zwischenproduktmarktes sind jedoch ausschließlich dem Dispositionsbereich UX zuzurechnen. Damit kann der Fall eintreten, daß es vom Standpunkt des Gesamtunternehmens aus nicht sinnvoll ist, das Zwischenprodukt am Markt zu verkaufen, während dies im Dispositionsbereich UX als zweckmäßig erscheint. Liegt z.B. ein Engpaß in VW vor (T_{Vmax} = 100 Std., h_{umax} = 350 t) und beträgt der Verkaufserlös ($MP - k_v$) = 600 DM/t, so ergibt sich für das Gesamtunternehmen folgende Produktrangfolge:

Produkte	$\{(MP-k_v)-k_H\} \cdot h_E = 200 \cdot h_E$	$db^* = db - 200 \cdot h_E$	t_V^{-1}	db_e^* (je Std.V)	Rang
A_{111}	100	350	7,0	2.450	2
A_{211}	240	1.640	1,5	2.460	1
A_{311}	200	2.650	0,9	2.385	3

Damit lautet das Optimalprogramm des Gesamtunternehmens (vgl. auch Matrix 19):

Produkte	a	ME	T_V	h	DB
A_{211}	150,0	0,8929$^{\nabla)}$	100,0	180,0	282.014
H_v	-	-	-	170,0	34.000
Summe	-	-	100,0	350,0	316.014

∇) $\frac{100}{112} = 0{,}8929$

Ohne Belieferung des Zwischenproduktmarktes ergibt sich aufgrund der auf je eine Stunde V bezogenen Deckungsbeiträge folgendes Optimalprogramm des Gesamtunternehmens (vgl. Tabelle 22 sowie Matrix 20):

Produkte	a	ME	T_V	h	DB
A_{111} A_{211}	539,0 34,5	1 0,2054$^{\nabla)}$	77 23	269,5 41,4	242.550 64.874
Summe	-	-	100	310,9	307.424 (176)

∇) $\frac{23}{112} = 0{,}2054$

Durch die Belieferung des Zwischenproduktmarktes erzielt das Gesamtunternehmen also einen zusätzlichen Deckungsbeitrag von

316.014 DM - 307.424 DM = 8.590 DM.

Der Dispositionsbereich VW gelangt bei Ansatz von $(MP - k_v)$ als Verrechnungspreis zur gleichen Produktrangfolge wie oben (vgl. S. 322) und fordert demnach 180 Tonnen H von UX an. Der Dispositionsbereich UX gelangt bei diesem Verrechnungspreis zu folgendem Programm:

Zwischen-produkte	h	db	DB=h·db
H_u H_v	180,0 170,0	$VP_H - k_H = 200$ $(MP-k_v) - k_H = 200$	36.000 34.000
Summe	350,0	-	70.000

Er erzielt also beim Verkauf des Zwischenproduktes am Markt einen Deckungsbeitrag von 34.000 DM, welchen er den zusätzlichen Fixkosten gegenüberstellen muß.

Es zeigt sich demnach, daß es bei zusätzlichen Fixkosten zwischen 8.590 DM und 34.000 DM sowie bei einem Verrechnungspreis von

$$VP_H = (MP - k_v)$$

zwar für den Dispositionsbereich UX, nicht jedoch für das Gesamtunternehmen sinnvoll ist, den Zwischenproduktmarkt in An-

176) Die Abweichung vom Ergebnis der Endmatrix beruht auf Rundungsfehlern.

spruch zu nehmen. Für diesen Fall wird also mit dem bisher als optimal erkannten Verrechnungspreis bei Programmautonomie der Teilbereiche nicht mehr das Optimalprogramm des Gesamtunternehmens erreicht. Wie leicht ersichtlich, führen alle anderen Verrechnungspreise ebenfalls nicht zum Ziel: Bei

$$VP_H < (MP - k_v)$$

wird UX seine gesamte Produktion am Markt verkaufen und bei

$$VP_H > (MP - k_v)$$

kann VW eine Rangfolge der Produkte ermitteln, die nicht zum Optimalprogramm des Gesamtunternehmens führt. Welche Lösungsmöglichkeiten hier noch in Betracht kommen können, soll im Rahmen der vorliegenden Arbeit nicht mehr untersucht werden.

Die hier angestellten Überlegungen gelten im übrigen ebenso für den Fall der einfachen Produktion in U bei wechselnder Weiterverarbeitung in V und W mit der Maßgabe, daß k_H hierbei die proportionalen Kosten pro Leistungseinheit H bezeichnet. Auch bei paralleler Weiterverarbeitung innerhalb eines Dispositionsbereichs sind sie gültig.

Neuntes Kapitel:

Erweiterte Programmautonomie in der Kuppelproduktionsstufe durch Einsatz verschiedener Rohstoffarten mit unterschiedlichem Ausbringungsverhältnis der Kuppelprodukte

Um dem Dispositionsbereich UX eine weitergehende Programmautonomie zu ermöglichen, wird angenommen, daß zwei Rohstoffarten R_I und R_{II} mit unterschiedlichem Verhältnis der Ausbringungsmengen der Kuppelprodukte (p) eingesetzt werden können. Dabei entspricht R_I dem bisher verwendeten Rohstoff R. Statt zwischen A_{111}, A_{211} und A_{311}, wie im achten Kapitel, möge das Unternehmen jetzt die Wahl zwischen den Produkten A_{112}, A_{511} und A_{611} haben. Die nunmehr für die Dispositionsbereiche gültigen Daten sind in Tabelle 23 enthalten.

Zunächst seien einige Vorüberlegungen dargestellt: Für die Programmwahl beim Fehlen von Produktionsengpässen und Fehlen eines Zwischenproduktmarktes ist es erforderlich, die Deckungsbeiträge je Leistungseinheit zu ermitteln. Die Formel für ihre Errechnung lautet:

$$db = ZS_1 - h_E \cdot k_H$$

Hierin sind ZS_1 und h_E unabhängig von der Rohstoffart, nicht dagegen k_H, das unabhängig vom jeweiligen Endprodukt ist. Werden unterschiedliche Rohstoffarten verwendet, können also Verschiebungen in der Rangfolge der Deckungsbeiträge je LE auftreten (vgl. Tabelle 23). Für alle Produkte sind jedoch die Deckungsbeiträge je LE bei Verwendung einer Rohstoffart mit niedrigeren Restproportionalkosten je Tonne H (hier R_{II}) größer als bei Verwendung einer Rohstoffart mit höheren Restproportionalkosten je Tonne H (hier R_I); es gilt also stets

$$db_{\lambda II} > db_{\lambda I} \quad (\text{für } k_{HII} < k_{HI})$$

Als Verrechnungspreis muß daher k_{Hmin} (hier k_{HII}) angesetzt werden.

Für die Programmwahl bei Vorhandensein eines Engpasses müssen engpaßbezogene Deckungsbeiträge gebildet werden (vgl. Tabelle 24).

Die Formel zur Ermittlung der auf je eine Stunde (U) bezogenen Deckungsbeiträge lautet:

$$db_{eU} = db \cdot t_U^{-1} = db \cdot \frac{t_U^{*-1}}{h_E} \quad \text{(wobei } \frac{t_U^{*-1}}{h_E} \text{ eine produktabhängige Größe ist)}$$

Hieraus folgt, daß sich die Produktrangfolge gemäß den Deckungsbeiträgen je LE durch den Engpaßbezug ändern kann. Dabei können sich je nach der verwendeten Rohstoffart unterschiedliche Rangfolgen ergeben. Daß im vorliegenden Beispiel die Rangfolge der engpaßbezogenen Deckungsbeiträge für beide Rohstoffarten gleich ist, beruht auf der angenommenen Datenkonstellation.

Die Formel zur Ermittlung der auf je eine Stunde (V) bezogenen Deckungsbeiträge lautet:

$$db_{eV} = db \cdot t_V^{-1}$$

Hier kann sich, da auch t_V^{-1} eine produktabhängige Größe ist, ebenfalls die Produktrangfolge ändern. Da die Bearbeitungszeit je Tonne Endprodukt in V unabhängig von der Rohstoffart ist, gilt dabei die Ungleichung

$$t_{V\lambda}^{-1} \cdot db_{\lambda II} > t_{V\lambda}^{-1} \cdot db_{\lambda I} \quad \text{(für } k_{HII} < k_{HI}\text{)}$$

und damit

$$db_{e\lambda II} > db_{e\lambda I} \quad \text{(wegen } db_e = db \cdot t_V^{-1}\text{)} \quad .$$

Man wird also stets die Rohstoffart mit den niedrigeren Restproportionalkosten, d.h. die insgesamt gesehen billigere Herstellungsvariante für H wählen.

I. Fehlen eines Zwischenproduktmarktes

A. Fehlen von Absatzbeschränkungen im Dispositionsbereich "Weiterverarbeitung" (VW)

Aus Gründen, die in Abschnitt B (vgl. S. 335 ff.) dargelegt werden, sollen die Absatzbeschränkungen für die Endprodukte zunächst aufgehoben werden. Es gilt also im folgenden

$$a_{\lambda max} = \infty \; .$$

Die Programmwahl des Gesamtunternehmens richtet sich dann nach der Engpaßsituation. Solange nur ein Engpaß vorliegt, wird in jedem Fall nur ein Produkt aus einer Rohstoffart hergestellt werden, da keinerlei sonstige Beschränkungen auf dem Absatz- oder Beschaffungsmarkt bestehen.

Nunmehr soll geprüft werden, ob es bei teilbetrieblicher Programmautonomie mit Hilfe von Verrechnungspreisen möglich ist, das gesamtbetrieblich optimale Produkt zu wählen.

1. Engpaß im Dispositionsbereich "Weiterverarbeitung" (VW)

Die Kapazität in VW sei auf 35 Stunden (V) beschränkt.

a) Programm des Gesamtunternehmens

Das Gesamtunternehmen stellt das Produkt her, das den höchsten der auf je eine Stunde (V) bezogenen Deckungsbeiträge aufweist. Dabei braucht es nur die Rohstoffart mit den geringeren Restproportionalkosten (R_{II}) zu berücksichtigen, da die unter Bewertung von H mit k_{HII} errechneten engpaßbezogenen Deckungsbeiträge stets höher sind als die bei Bewertung von H mit k_{HI} ermittelten (vgl. Tabelle 24). Das Programm lautet also:

Produkt	db	ME	a	T_V	h	DB (=db·a)
A_{112II}	630	0,5556 ∇)	245	35	122,5 (h_{II})	154.350

∇) $\frac{T_{Vmax}}{T_V} = \frac{35}{63} = 0{,}5556$

b) Programm des Dispositionsbereiches UX

Der Dispositionsbereich UX wird für das erfolgsoptimale Produkt stets die Rohstoffart mit den geringeren Restproportionalkosten k_H wählen, da dieses Vorgehen für ihn am günstigsten ist, wenn kein Engpaß in UX besteht. Er wird daher die von VW angeforderte Menge H bei jedem Verrechnungspreis

$$VP_H \geq k_{Hmin} \quad (= k_{HII} = 220 \text{ DM/t})$$

herstellen (177).

c) Programm des Dispositionsbereiches VW

Der Dispositionsbereich VW gelangt bei einem Verrechnungspreis in Höhe von

$$VP_H = k_{Hmin}$$

zu den gleichen engpaßbezogenen Deckungsbeiträgen der einzelnen Endprodukte wie das Gesamtunternehmen bei Verwendung der optimalen Rohstoffart R_{II}.

Das gesamtbetrieblich optimale Verhalten wird also bei einem Verrechnungspreis von

$$VP_H = k_{Hmin}$$

erreicht.

2. Engpaß im Dispositionsbereich "Kuppelproduktion und Nebenproduktverarbeitung" (UX)

Die Kapazität im Dispositionsbereich UX sei auf 100 Stunden (U) beschränkt.

a) Programm des Gesamtunternehmens

Das Gesamtunternehmen wird - da keinerlei Absatzbeschränkungen vorliegen - das Produkt mit dem höchsten der auf je eine

177) Für $VP_H = k_{Hmin}$ muß wieder eine Liefervorschrift bestehen.

Stunde (U) bezogenen Deckungsbeiträge herstellen (vgl. Tabelle 24). Es wird demnach das Produkt A_{112I} ausgewählt:

Produkt	db	ME	a	T_U	h	DB (=db·a)
A_{112I}	540	1,1338[∇)]	500	100	250 (h_I)	270.000

∇) $\frac{T_{Umax}}{T_U} = \frac{100}{88,2} = 1,1338$ (vgl. Tabelle 24)

b) Programm des Dispositionsbereiches UX

Die Formel für die Bestimmung des Teils des Periodendeckungsbeitrages, der im Dispositionsbereich UX ausgewiesen wird, lautet

$$DB_{UX} = h_{umax} \cdot db^{*} \qquad (\text{mit } db^{*} = VP_H - k_H) \;;$$

$$DB_{UX} = T_{Umax} \cdot t_U^{*-1} \cdot (VP_H - k_H) \;.$$

Es ergeben sich also je nach der Rohstoffart folgende Bestimmungsgleichungen für diesen Teil des Periodendeckungsbeitrags:

$$R_I: DB_{UXI} = T_{Umax} \cdot t_{UI}^{*-1} \cdot (VP_H - k_{HI})$$

$$= 100 \cdot 2,5 \cdot (VP_H - 400)$$

$$= \underline{250 \cdot VP_H - 100.000}$$

$$R_{II}: DB_{UXII} = T_{Umax} \cdot t_{UII}^{*-1} \cdot (VP_H - k_{HII})$$

$$= 100 \cdot 2 \cdot (VP_H - 220)$$

$$= \underline{200 \cdot VP_H - 44.000}$$

Trägt man diese Deckungsbeiträge in einem Koordinatenkreuz als Funktion des Verrechnungspreises auf (vgl. Tabelle 25), so läßt sich ablesen, wie hoch der Verrechnungspreis sein muß, damit eine bestimmte Rohstoffart in UX verwendet wird. Oberhalb des Schnittpunktes $S_{I/II}$ (178), d.h. bei jedem Verrechnungspreis

$$VP_H \geqq 1.120 \text{ DM/t} ,$$

wird also in UX die von VW benötigte Menge von 250 Tonnen H aus der Rohstoffart I hergestellt.

Bei mehr als zwei Rohstoffarten ergibt sich unter Umständen für die zu verwendende Rohstoffart ein Verrechnungspreisintervall (für die Rohstoffart R_x in Tabelle 25 z.B. ergäbe sich das Intervall

$$VP_{HP} < VP_{Hx} < VP_{HQ}).$$

c) Programm des Dispositionsbereiches VW

Da der Dispositionsbereich VW von UX nur eine begrenzte Menge H erhalten kann, wird er das erfolgsoptimale Produkt anhand der auf je eine Tonne H bezogenen Deckungsbeiträge

$$db_e^* = (ZS_1 - h_E \cdot VP_H) \cdot h_E^{-1}$$

$$= ZS_1 \cdot h_E^{-1} - VP_H$$

ermitteln. Aus dieser Formel ergibt sich, daß die Rangfolge der Produkte von der Höhe des Verrechnungspreises unabhängig

178) $S_{x/y}$ ist definiert als der Punkt, an dem die Verwendung der Rohstoffarten R_x und R_y den gleichen Periodendeckungsbeitrag für UX erbringt. Im vorliegenden Beispiel errechnet sich der zu $S_{I/II}$ gehörende "Grenzverrechnungspreis" VP_S wie folgt:

$$250 \cdot VP_H - 100.000 = 200 \cdot VP_H - 44.000 ;$$
$$50 \cdot VP_H = 56.000 ;$$
$$VP_H = VP_S = 1.120 \text{ DM/t} .$$

Da für UX beim Ansatz von VP_S die engpaßbezogenen Deckungsbeiträge pro Stunde U bei Verwendung von R_I und R_{II} gleich hoch sein müssen, läßt sich VP_S auch aus folgender Gleichung ermitteln:

$$db_{eI} = \frac{VP_H - k_{HI}}{t^*_{ÜI}} = db_{eII} = \frac{VP_H - k_{HII}}{t^*_{ÜII}} \text{ , d.h.}$$

$$VP_S = \frac{k_{HI} \cdot t^*_{ÜII} - k_{HII} \cdot t^*_{ÜI}}{t^*_{ÜII} - t^*_{ÜI}} = \frac{400 \cdot 0,5 - 220 \cdot 0,4}{0,5 - 0,4} = \frac{200 - 88}{0,1} = 1.120 .$$

ist, da von der verrechnungspreisunabhängigen Größe $ZS_1 \cdot h_E^{-1}$ bei allen Produkten eine Konstante (VP_H) subtrahiert wird. Der Verrechnungspreis darf jedoch nicht höher sein als der maximale Wert für $ZS_1 \cdot h_E^{-1}$, da sonst ein negativer Deckungsbeitrag je Leistungseinheit errechnet wird und der Dispositionsbereich VW die Produktion einstellt. Die Zahlenwerte des numerischen Beispiels sind folgender Tabelle zu entnehmen:

Produkte	ZS_1	h_E^{-1}	$ZS_1 \cdot h_E^{-1}$	Rang
A_{112}	740	2	1.480	1
A_{511}	860	1	860	3
A_{611}	1.000	1,25	1.250	2

Da

$$VP_S < (ZS_1 \cdot h_E^{-1})_{max} \quad ,$$

würde hier mit einem Verrechnungspreis zwischen 1.120 DM/t und 1.480 DM/t das richtige Verhalten der Dispositionsbereiche erreicht (179). Um den Verrechnungspreis festlegen zu können, muß das Gesamtunternehmen jedoch wissen, welche Rohstoffart zu verwenden ist. Auch bei einem Verrechnungspreis von

$$VP_H = VP_S$$

ist dies nötig. Bei diesem Verrechnungspreis gilt zwar stets für das erfolgsoptimale Produkt

$$\frac{ZS_1}{h_E} > VP_S \quad (180) \quad ,$$

179) In der Regel wird, wie im hier vorliegenden Fall, ein Intervall von verwendbaren Verrechnungspreisen bestehen. Dadurch kann die Verteilung des Deckungsbeitrages auf die beiden Dispositionsbereiche, also ihre Erfolgssituation, beeinflußt werden.

180) Es sei angenommen, daß es für das Gesamtunternehmen zweckmäßig ist, die Rohstoffart R_I zu verwenden. Dann muß im Vergleich zu jeder anderen Rohstoffart R_x, also auch für die Rohstoffart R_{II}, folgende Ungleichung für die engpaßbezogenen Deckungsbeiträge gelten:

$$\frac{t_{UI}^{*-1}}{h_E} \cdot (ZS_1 - h_E \cdot k_{HI}) > \frac{t_{UII}^{*-1}}{h_E} \cdot (ZS_1 - h_E \cdot k_{HII}) \quad ;$$

$$\frac{ZS_1}{h_E} \cdot \left(\frac{1}{t_{UI}^{*}} - \frac{1}{t_{UII}^{*}}\right) > \frac{k_{HI}}{t_{UI}^{*}} - \frac{k_{HII}}{t_{UII}^{*}} \quad ;$$

(Forts. der FN auf S. 332)

doch muß die zu verwendende Rohstoffart dem Dispositionsbereich UX vorgeschrieben werden. Dem Dispositionsbereich UX ist es nämlich gleichgültig, welche Rohstoffart er verwendet, da bei

$$VP_H = VP_S$$

der erzielbare Deckungsbeitrag für beide Rohstoffarten gleich groß ist.

Es sei dahingestellt, ob man in diesem Fall noch von Programmautonomie bei festgesetztem Verrechnungspreis sprechen kann. Denn da das Gesamtunternehmen bei der Bestimmung der zu verwendenden Rohstoffart bereits das erfolgsoptimale Produkt ermittelt, erscheint eine Programmautonomie der Dispositionsbereiche überflüssig. In dieser Situation führt zwar auch das im folgenden Abschnitt erläuterte Verfahren zum Ziel, jedoch gelten hierfür ebenfalls Einschränkungen hinsichtlich der Programmautonomie (vgl. S. 333 f.).

3. Engpässe in beiden Dispositionsbereichen (UX und VW)

Die Kapazität in UX sei auf 63 Stunden und die in VW auf 95 Stunden beschränkt.

(Forts. der FN von S. 331)

$$\frac{zs_1}{h_E} \cdot (t^*_{UII} - t^*_{UI}) > k_{HI} \cdot t^*_{UII} - k_{HII} \cdot t^*_{UI} \qquad (1)$$

Aus der Zeichnung (vgl. Tabelle 25) ist ersichtlich, daß die Steigung der Geraden R_I größer ist als die von R_{II}. Das Steigungsmaß läßt sich aus den Bestimmungsgleichungen auf S. 329 entnehmen. Demnach gilt

$$t^{*-1}_{UI} > t^{*-1}_{UII}$$

Hieraus ergibt sich die Ungleichung

$$t^*_{UII} > t^*_{UI}$$

so daß Ungleichung (1) durch den (positiven) Wert

$$t^*_{UII} - t^*_{UI}$$

dividiert werden kann:

$$\frac{zs_1}{h_E} > \frac{k_{HI} \cdot t^*_{UII} - k_{HII} \cdot t^*_{UI}}{t^*_{UII} - t^*_{UI}} = VP_S \text{ (vgl. Fußnote 178, Seite 330)}$$

a) Programm des Gesamtunternehmens

Das Programm des Gesamtunternehmens wird zweckmäßigerweise durch lineares Programmieren ermittelt (vgl. Matrix 21)(181) und lautet:

Produkte	a	ME	T_U	T_V	h	db	DB (=a·db)
A_{112I}	304,2	0,690 ∇)	61	44	152	540	164.268
A_{112II}	136,0	0,308 §)	34	19	68	630	85.680
Summe	440,2	0,998	95	63	220	-	249.948 ¶)

∇) $\frac{304,2}{441} = 0,690$

§) $\frac{136,0}{441} = 0,308$

¶) Die Abweichung vom Wert der Endmatrix beruht auf Rundungsfehlern.

b) Programm des Dispositionsbereiches VW

Der Dispositionsbereich VW ermittelt sein Programm ebenfalls durch lineares Programmieren. Für H werden ihm zwei Verrechnungspreise

$$VP_{HI} = k_{HI} \quad \text{und} \quad VP_{HII} = k_{HII}$$

vorgegeben. Außerdem wird ihm die Kapazitätsbeschränkung in UX in der Form

$$h_I \cdot t^*_{UI} + h_{II} \cdot t^*_{UII} \leqq T_{Umax}$$

mitgeteilt. Damit ermittelt VW aufgrund derselben Daten wie das Gesamtunternehmen ebenfalls das Optimalprogramm.

181) Der Umstand, daß für jedes Endprodukt zwei Formen des Zwischenproduktes H in Betracht kommen, die jeweils unterschiedliche Restproportionalkosten aufweisen und die knappe Kapazität in U verschieden stark beanspruchen, wird im Programmansatz wie folgt berücksichtigt: Jedes der drei Endprodukte wird in zwei unabhängig voneinander herstellbare, leistungswirtschaftliche Varianten aufgespalten (z.B. A_{112I} und A_{112II}), deren Deckungsbeiträge und technische Koeffizienten in die Ausgangsmatrix so eingesetzt werden, wie sie sich bei Verwendung der beiden Formen des Zwischenproduktes H (bzw. der Rohstoffarten R_I und R_{II}) ergeben. Man erhält damit gleichsam 6 verschiedene Endprodukte, die jeweils paarweise identisch sind.

c) Programm des Dispositionsbereiches UX

Dem Dispositionsbereich UX werden ebenfalls zwei Verrechnungspreise in Höhe der jeweiligen Restproportionalkosten vorgegeben. Zusätzlich muß er die Auflage erhalten, den Bedarf des Dispositionsbereiches VW zu erfüllen. VW muß dann allerdings dem Dispositionsbereich UX nicht nur die benötigte Menge H mitteilen, sondern ihm zugleich vorschreiben, welche Teilmengen aus welchen Rohstoffarten herzustellen sind. Hierfür ist es erforderlich, daß er über sämtliche die Engpaßsituation von UX betreffende Daten verfügt. De facto entspricht dies also einer zentralen Lenkung des Gesamtunternehmens vom Dispositionsbereich VW aus. Es erscheint fraglich, ob man in diesem Fall - ebenso wie im vorigen Abschnitt - noch von Programmautonomie bei festgesetztem Verrechnungspreis sprechen kann.

B. Absatzbeschränkungen im Dispositionsbereich "Weiterverarbeitung" (VW)

Da in der vorliegenden Untersuchung unter einem Engpaß ein beschränkt verfügbarer Produktionsfaktor verstanden wird, den mindestens zwei Produkte beanspruchen, sind die im ursprünglichen Modell gegebenen Absatzbeschränkungen für die Endprodukte nicht als Engpässe, sondern als Nebenbedingungen anzusehen, weil von ihnen nur jeweils ein Produkt betroffen wird. Nunmehr kann jedoch zwischen zwei Rohstoffarten zur Herstellung der Endprodukte gewählt werden, so daß die Absatzbeschränkungen als Engpässe aufgefaßt werden müssen. Sie lassen sich nämlich jeweils von zwei Produktarten ($A_{\lambda I}$ und $A_{\lambda II}$) auslasten, die sich hinsichtlich der Deckungsbeiträge je LE und der Beanspruchung der Kapazität der Stelle U unterscheiden. Im vorliegenden Beispiel hat das zur Folge, daß bei drei zur Wahl stehenden Endprodukten (A_{112}, A_{511}, A_{611}), falls ein Engpaß in UX besteht, insgesamt bereits vier Engpässe vorliegen. Damit wird eine Programmwahl anhand von allein auf den Produktionsengpaß bezogenen Deckungsbeiträgen unmöglich. Dies soll an einem Beispiel gezeigt werden:

In UX liege ein Engpaß vor (T_{Umax} = 220 Std.) und für die drei Endprodukte sollen die Absatzbeschränkungen gemäß Tabelle 23 bestehen (a_{112max} = 441 t, a_{511max} = 560 t, a_{611max} = 294 t). Nach der Höhe der auf je eine Stunde (U) bezogenen Deckungsbeiträge (vgl. Tabelle 24) ergibt sich folgende Rangfolge der Produkte:

Produkte	A_{112I}	A_{112II}	A_{611I}	A_{611II}	A_{511II}	A_{511I}
db_e (je Std.U)	2.700	2.520	2.125	2.060	1.280	1.150

Hiernach ermittelt das Gesamtunternehmen folgendes Programm:

Produkte	ME	a	T_U	T_V	db	DB=a·db	$h=h_I+h_{II}$
A_{112I}	1	441	88,2	63	540	238.140	220,5 (I)
A_{112II}	-	-	-	-	630	-	-
A_{611I}	1	294	94,1	84	680	199.920	235,2 (I)
A_{611II}	-	-	-	-	824	-	-
A_{511II}	0,1346$^{\nabla)}$	75,4	37,7	15	640	48.256	75,4 (II)
Summe	-	-	220	162	-	486.316	531,1

∇) $\frac{37,7}{280} = 0,1346$

Durch lineares Programmieren (vgl. Matrix 22) gelangt man dagegen zu folgendem Optimalprogramm:

Produkte	a	ME	T_U	T_V	db	DB=a·db	$h=h_I+h_{II}$
A_{611I}	98	0,3333 } =1	31,3	28	680	66.640	78,4 (I)
A_{611II}	196	0,6667 }	78,4	56	824	161.504	156,8 (II)
A_{112II}	441	1	110,3	63	630	277.830	220,5 (II)
Summe	-	-	220,0	147	-	505.974	455,7

Dieses Programm weist einen wesentlich höheren Gewinn auf. Der Fehler bei der Orientierung an den engpaßbezogenen Deckungsbeiträgen je Stunde U besteht darin, daß man nicht berücksichtigt, wie ergiebig die anderen Engpässe (die Absatzbeschränkungen) ausgelastet werden und wie sich die einzelnen Engpaßbeanspruchungen gegenseitig beeinflussen.

Der Dispositionsbereich VW gelangt ebenfalls nur durch lineares Programmieren zum Optimalprogramm des Gesamtunternehmens. Als Verrechnungspreise müssen ihm die Restproportionalkosten k_H für beide Rohstoffarten sowie die Kapazitätsbeschränkung in U (T_{Umax}) in der Form

$$h_I \cdot t^*_{UI} + h_{II} \cdot t^*_{UII} \leqq T_{Umax}$$

vorgegeben werden. Hierfür gelten jedoch wieder die im vorigen Abschnitt angestellten Überlegungen (vgl. S. 333).

Der Dispositionsbereich UX wird die von VW benötigte Menge H herstellen, wenn ihm als Verrechnungspreise für H_I und H_{II} ebenfalls die Restproportionalkosten vorgegeben werden und zusätzlich die Auflage erteilt wird, den Bedarf von VW zu decken.

Falls kein Engpaß in UX vorliegt, ist es auf jeden Fall sinnvoll, nur die Rohstoffart zu verwenden, welche die geringeren Restproportionalkosten k_H ergibt (im vorliegenden Beispiel also R_{II} mit k_H = 220 DM/t). Das Problem ist also das gleiche wie bei einer Rohstoffart.

Wenn mehr als zwei Rohstoffarten und/oder ein zweiter Engpaß in VW vorliegen, gilt grundsätzlich das gleiche wie im obigen Be spiel: Der Dispositionsbereich VW ermittelt das Optimalprogramm ebenso wie das Gesamtunternehmen durch lineares Programmieren. Als Verrechnungspreise werden ihm die Restproportionalkosten k_H der zur Verfügung stehenden Rohstoffarten und eventuelle Kapazitätsbeschränkungen in UX vorgegeben. Für den Dispositionsbereich UX müssen ebenfalls die Restproportionalkosten vorgegeben werden; außerdem muß er die Auflage erhalten, den Bedarf von VW zu decken.

C. Rohstoffkontingentierungen im Dispositionsbereich "Kuppelproduktion und Nebenproduktverarbeitung" (UX)

Sind eine oder mehrere der in Frage kommenden Rohstoffarten nur begrenzt beschaffbar, so hängt die Bedeutung dieser Mengenkontingentierungen für die Programmwahl - wie zu zeigen ist - hauptsächlich von der Engpaßsituation in UX ab. Die Begrenzungen sind nicht als Nebenbedingungen, sondern als Engpässe zu behandeln. Zwar werden sie nur von einem homogenen Gut (der jeweiligen Rohstoffart) "beansprucht", doch gehen aus diesem später verschiedene Produkte (A_{ijk}) mit unterschiedlichen Mengenanteilen des homogenen Gutes hervor. Allerdings bestehen, solange keine Produktionsengpässe vorliegen, auch keine wechselseitigen Beziehungen zwischen der Auslastung der verschiedenen "Rohstoffengpässe". Wenn dagegen ein Produktionsengpaß vorliegt, so sind auch die "Rohstoffengpässe" wechselseitig miteinander verknüpft; es ist also in aller Regel lineares Programmieren erforderlich.

1. Fehlen von Produktionsengpässen

Liegt kein Produktionsengpaß vor, so ermitteln das Gesamtunternehmen und der Dispositionsbereich VW - gleichgültig, ob Absatzbeschränkungen vorliegen (182) oder nicht - das Optimalprogramm mit Hilfe von engpaßbezogenen - auf je eine Tonne der verschiedenen "Arten" von H umgerechneten - Deckungsbeiträgen (183). Das Zwischenprodukt H wird jeweils mit den Rest-

182) Hier entspricht die Situation derjenigen, die bei alleinigem Vorliegen eines Engpasses in UX, beschränkter Zukaufsmöglichkeit und nur einer Rohstoffart besteht. In beiden Fällen stehen dem Dispositionsbereich VW mehrere begrenzte Mengen H zur Verfügung, zwischen denen keine wechselseitigen Abhängigkeiten bestehen, weil die Beanspruchung der günstigeren Teilmenge unabhängig von der der ungünstigeren ist (vgl. S. 313 f.).

183) Falls von einer oder mehreren Rohstoffarten unbegrenzte Mengen zur Verfügung stehen, wird zunächst für alle Rohstoffarten die Rangfolge der Restproportionalkosten k_H aufgestellt. Zur Programmwahl werden die einzelnen Rohstoffarten dann nacheinander, bei k_{Hmin} beginnend, herangezogen. Für unbegrenzt herstellbare Zwischenproduktarten wird die Verwendung hierbei durch die Rangfolge der Deckungsbeiträge je LE bestimmt.

proportionalkosten k_H bei Verwendung der verschiedenen Rohstoffarten bewertet. Für jedes Produkt gibt es soviele engpaßbezogene Deckungsbeiträge wie Rohstoffarten zur Verfügung stehen. Aus allen Möglichkeiten werden nacheinander die mit den höchsten engpaßbezogenen Deckungsbeiträgen gewählt, bis jeweils die Absatzbeschränkung erreicht oder das betreffende Rohstoffkontingent erschöpft ist. Dem Dispositionsbereich UX werden als Verrechnungspreise ebenfalls die Restproportionalkosten vorgegeben mit der zusätzlichen Auflage, den Bedarf von VW zu erfüllen.

2. Vorliegen von Produktionsengpässen

Liegen ein oder mehrere Produktionsengpässe vor, müssen das Gesamtunternehmen und der Dispositionsbereich VW das Optimalprogramm durch lineares Programmieren bestimmen, unabhängig davon, ob Absatzbeschränkungen vorliegen oder nicht. Als Verrechnungspreise werden wiederum die verschiedenen Restproportionalkosten k_H festgesetzt. UX erhält die Auflage, den Bedarf von VW zu erfüllen. Liegt ein Engpaß in UX vor, muß VW neben den Mengenkontingentierungen für die einzelnen Rohstoffarten auch wissen, wie die Rohstoff- bzw. Hauptkuppelproduktarten den Engpaß in UX beanspruchen. Praktisch handelt es sich in diesem Fall also wieder um eine zentrale Lenkung des Gesamtunternehmens vom Dispositionsbereich VW aus.

D. Zusammenfassung und Übertragung auf andere Produktionsstrukturen

Falls im Dispositionsbereich UX verschiedene Rohstoffarten verwendet werden können, ist nur noch in zwei Fällen eine Programmautonomie bei festgesetzten Verrechnungspreisen möglich (184):

184) Wenn in UX ein Engpaß vorliegt und keine Absatzbeschränkungen bestehen, läßt sich zwar auch noch eine Programmautonomie verwirklichen, doch ist sie überflüssig, da das erfolgsoptimale Produkt bereits vorher zentral bestimmt wird (vgl. S. 328 ff.).

a) Liegt in UX kein Engpaß vor und bestehen keine Rohstoffkontingentierungen, führt der Verrechnungspreis $VP_H = k_{Hmin}$ in beiden Dispositionsbereichen zum Optimalprogramm.

b) Bestehen Kontingentierungen für eine oder mehrere der verfügbaren Rohstoffarten und liegt kein Produktionsengpaß vor, so werden als Verrechnungspreis in VW und UX jeweils die verschiedenen Restproportionalkosten k_H festgesetzt.

In allen anderen Situationen kann der Dispositionsbereich VW das Optimalprogramm nur dann bestimmen, wenn er über dieselben Daten wie das Gesamtunternehmen verfügt. Er muß also über die Kostenlage und Kapazitätsbeschränkungen des Dispositionsbereichs UX informiert werden. Andererseits muß UX sein Programm ausschließlich nach der Weisung des Dispositionsbereiches VW ausrichten. Damit erscheint es fraglich, ob hier überhaupt noch von dezentraler Lenkung gesprochen werden kann, oder ob nicht eher der Fall zentraler Lenkung - mit Sitz der Unternehmensleitung im Dispositionsbereich VW - vorliegt.

Die obigen Überlegungen gelten analog für den Fall der einfachen Produktion in U mit wechselnder Weiterverarbeitung in V und W. Anstelle der Kuppelprodukte H und L wird hierbei lediglich das Zwischenprodukt H erzeugt, für das zwei Herstellungsmöglichkeiten (H_I und H_{II}) bestehen. Wiederum bezeichnet der Ausdruck k_H dann die proportionalen Kosten pro Leistungseinheit H. Auch numerisch ergeben sich keine Änderungen, sofern man annimmt, daß die proportionalen Kosten pro Tonne H_I bzw. H_{II} ebenso hoch sind wie die bisherigen Restproportionalkosten je Leistungseinheit. In Tabelle 23 müßte hierfür lediglich angenommen werden, daß die Rohstoffkosten je Tonne R 17o DM/t (R_I) bzw. 36,25 DM/t (R_{II}) betragen.

Bei paralleler Weiterverarbeitung sind dagegen teilweise andere Überlegungen anzustellen, die hier nicht mehr geschildert werden können. Dieser Fall soll auch im folgenden nicht mehr behandelt werden.

II. Vorliegen eines Marktes für das Hauptkuppelprodukt

Im folgenden soll untersucht werden, welchen Einfluß es auf die Programmplanung des Gesamtunternehmens und der einzelnen Dispositionsbereiche hat, wenn ein Markt für das Hauptkuppelprodukt besteht, und welche Folgerungen daraus für die Festsetzung der Verrechnungspreise zu ziehen sind.

A. Unbeschränkte Zukaufsmöglichkeit, keine Verkaufsmöglichkeit

Liegen die Zukaufskosten stets unter den Restproportionalkosten in UX, gilt also

$$(MP + k_z) < k_{Hmin} \quad ,$$

so ist die Produktion im Dispositionsbereich UX einzustellen. Die gesamte vom Dispositionsbereich VW benötigte Menge H muß am Markt gekauft werden. Dieser Fall entspricht also der gleichen Situation bei nur einer Rohstoffart (vgl. S. 268 f.).

Die folgenden Überlegungen beschränken sich auf den Fall, daß

$$(MP + k_z) > k_{Hmax}$$

ist, d.h. daß der Marktpreis (1.220 DM/t) über allen Werten für die Restproportionalkosten k_H liegt. Hiervon lassen sich dann ohne Schwierigkeiten die Ergebnisse für

$$k_{Hmin} \leq (MP + k_z) \leq k_{Hmax}$$

ableiten (vgl. S. 343 f.). Weiterhin sollen an keinem der Märkte Mengenbeschränkungen bestehen.

1. Engpaß im Dispositionsbereich "Weiterverarbeitung" (VW)

Der Bedarf des Dispositionsbereiches VW wird in vollem Umfang vom Dispositionsbereich UX gedeckt; der Zwischenproduktmarkt wird nicht beansprucht. Für den Verrechnungspreis gelten also die Ausführungen beim Fehlen eines Zwischenproduktmarktes. Er wird in Höhe der Restproportionalkosten der Rohstoffart festgesetzt, für die k_H am geringsten ist.

2. Engpaß im Dispositionsbereich "Kuppelproduktion und Nebenproduktverarbeitung" (UX)

Liegt lediglich ein Engpaß in UX vor, so wird analog S. 328 f. das Produkt mit selbsterstelltem H_u gefertigt, das den höchsten der auf je eine Stunde U bezogenen Deckungsbeiträge aufweist (A_{112I}). Für VW müssen die Restproportionalkosten als Verrechnungspreise vorgegeben werden. Außerdem muß VW über die Engpaßsituation in UX informiert werden. Der Dispositionsbereich UX muß ferner durch einen geeigneten Verrechnungspreis oder durch Liefervorschriften gezwungen werden, den betreffenden Rohstoff zu verwenden.

Liegt ein sekundärer Engpaß im Dispositionsbereich VW vor, so ist zunächst zu prüfen, ob sich ein Zukauf am Markt lohnt. Ist dies der Fall, so wird das erfolgsoptimale Produkt vom Gesamtunternehmen mittels engpaßbezogener (auf je eine Stunde V umgerechneter) Deckungsbeiträge ermittelt, wobei das Zwischenprodukt H analog zum Vorgehen bei nur einer Rohstoffart (vgl. S. 280 ff.) mit $(MP + k_z)$ bewertet wird. Die Wahl der Rohstoffart in UX wird durch die Überlegung bestimmt, die Ersparnis gegenüber dem Kauf der gesamten von VW benötigten Menge H am Markt zu maximieren. Es wird also diejenige Herstellungsmöglichkeit für H gewählt, bei der der Wert

$$\{(MP + k_z) - k_H\} \cdot h_{max}$$

am größten ist. Der Bedarf an H, der von UX nicht gedeckt werden kann (185), wird durch Zukauf am Markt befriedigt.

Hieraus ergibt sich, daß der Ansatz von $(MP + k_z)$ als Verrechnungspreis zum Optimalprogramm des Gesamtunternehmens führt, da die Dispositionsbereiche VW und UX dann ebenfalls das Produkt mit dem höchsten Deckungsbeitrag je Stunde V bzw. die Herstellungsart mit dem maximalen Wert für

$$\{(MP + k_z) - k_H\} \cdot h_{max}$$

185) Da ein sekundärer Engpaß in VW vorliegt, kann - unabhängig von der Wahl der Rohstoffart - die maximal in UX herstellbare Menge H in VW verarbeitet werden.

wählen. Dabei ist vorausgesetzt, daß sich der Zukauf am Markt tatsächlich lohnt. Trifft dies nicht zu, gelten für die Programmwahl des Gesamtunternehmens und für die Bestimmung der Verrechnungspreise die Ausführungen von S. 328 ff., da in diesem Fall lediglich ein Engpaß in UX vorliegt.

3. Engpässe in beiden Dispositionsbereichen (UX und VW)

Die Kapazität in U sei auf 95 und die in V auf 63 Stunden beschränkt. In diesem Fall ermittelt das Gesamtunternehmen das Optimalprogramm mit Hilfe des linearen Programmierens. Allerdings muß die Zukaufsmöglichkeit für das Zwischenprodukt H (mit MP + k_z = 1.220 DM/t) in die Ausgangsmatrix einbezogen werden. Man erhält danach folgendes Optimalprogramm (vgl. Matrix 23):

Produkte	a	ME = a/a_{max}	T_U	T_V	h	db	DB=a·db
A_{112z}	60,9	$\frac{60,9}{441}$ = 0,1381	-	9	30,5 (h_z)	130	7.917
A_{112II}	379,6	$\frac{379,6}{441}$ = 0,8608	95	54	189,8 (h_{II})	630	239.148
Summe	440,5	0,9989	95	63	220,3	-	247.065

Bei Programmautonomie werden in VW und UX jeweils die verschiedenen Restproportionalkosten als Verrechnungspreise vorgegeben (186); VW muß außerdem die Kapazitätsbegrenzungen in UX für die beiden Formen von H kennen. UX erhält die Auflage, den Bedarf von VW zu erfüllen. Faktisch bedeutet dies somit, daß das Gesamtunternehmen von VW aus zentral gelenkt wird.

4. Die Kosten des Zukaufs liegen zwischen dem Maximum und dem Minimum der Restproportionalkosten

Für den Fall, daß die Zukaufskosten zwischen dem höchsten und niedrigsten Wert für k_H liegen, d.h. für

186) Würde man in dieser Situation (MP+k_z) als Verrechnungspreis ansetzen, so würde in UX die Rohstoffart R_I gewählt. Hierbei könnte UX nämlich $T_{Umax} \cdot t_{UI}^{*-1}$ = 95·2,5 = 237,5 t H herstellen, bei Wahl von R_{II} hingegen nur 95·2 = 190 t. Im ersten Fall würde UX $(VP_H - k_{HI}) \cdot h_{Imax}$ = = (1.220-400)·237,5 = 194.750 DM erzielen, im zweiten dagegen nur (1.220-220)·190 = 190.000 DM.

$$k_{Hmin} < (MP + k_z) < k_{Hmax}$$

läßt sich zeigen, daß keine Abweichungen von den bisherigen Ergebnissen auftreten:

a) Engpaß in VW

Da das erfolgsoptimale Produkt stets aus dem Rohstoff mit k_{Hmin} hergestellt wird und als Verrechnungspreis für beide Dispositionsbereiche

$$VP_H = k_{Hmin}$$

festgesetzt wird, tritt wegen

$$(MP + k_z) > k_{Hmin}$$

keine Veränderung ein.

b) Engpaß in UX

Liegt ein Engpaß lediglich in UX vor, so können alle Erzeugungsverfahren für H, bei denen die Restproportionalkosten k_H höher als die Zukaufskosten $(MP + k_z)$ sind, generell außer acht gelassen werden. Es wird dann wieder das Produkt mit selbsterstelltem H_u gefertigt, das den höchsten der auf je eine Stunde U bezogenen Deckungsbeiträge aufweist (vgl.S.341).

B. Unbeschränkte Verkaufsmöglichkeit, keine Zukaufsmöglichkeit

Liegt der Verkaufserlös niedriger als die jeweiligen Restproportionalkosten bei Verarbeitung der einzelnen Rohstoffarten in UX, gilt also

$$(MP - k_v) < k_{Hmin}$$

so wird der Zwischenproduktmarkt nicht beansprucht. Dieser Fall entspricht also der Situation, daß kein Markt für H besteht (vgl. S. 327 ff.). Von den beiden anderen Möglichkeiten wird im folgenden zunächst der Fall

$$(MP - k_v) > k_{Hmax} = 400 \text{ DM/t} \quad (\text{mit } (MP - k_v) = 1.150 \text{ DM/t})$$

untersucht, anschließend dann die Situation für

$$k_{Hmin} < (MP - k_v) < k_{Hmax}$$

Dabei sollen wiederum keine Mengenbeschränkungen am Rohstoff- und Endprodukt-Absatzmarkt bestehen.

1. Engpaß im Dispositionsbereich "Weiterverarbeitung" (VW)

Die Kapazität in U betrage 100 Stunden und die in V 35 Stunden (187). Da in jedem Fall nach Auslastung des Engpasses in VW noch eine Restkapazität in UX verbleibt, stellt das Gesamtunternehmen zunächst fest, durch welches Zwischenprodukt (188) diese zweckmäßigerweise ausgenutzt wird. Hierfür werden auf je eine Stunde U bezogene Deckungsbeiträge für H gebildet:

Zwischen-produkte	$db^* = (MP-k_v)-k_H$	t_U^{*-1}	$db_{eU}^* = db^* \cdot t_U^{*-1}$
H_I	1.150-400 = 750	2,5	1.875 (1)
H_{II}	1.150-220 = 930	2	1.860 (2)

Freibleibende Kapazität in UX wird also durch H_I am erfolgswirksamsten genutzt. Nach dieser Vorüberlegung ermittelt man das Programm des Dispositionsbereiches VW. Hierfür werden zunächst die Deckungsbeiträge je LE errechnet, die dann um die Opportunitätskosten, d.h. die entgehenden Deckungsbeiträge der besten anderweitigen Verwendungsmöglichkeit (Verkauf von H_I) vermindert und auf je eine Stunde (V) bezogen werden. Dabei kann man sich auf die Verwendung von H_I beschränken. Es

187) Es liegt also ein primärer Engpaß in VW und ein sekundärer in UX vor. Der Fall, daß nur ein Engpaß in VW vorliegt, kann nur formal auftreten, weil eine unendliche Produktion in UX nur im Modell möglich ist.

188) Wenn hier und im folgenden von Zwischenprodukten (H_I und H_{II}) gesprochen wird, so soll damit lediglich die Verwendung der einzelnen Rohstoffarten gekennzeichnet werden. Stoffliche Unterschiede zwischen diesen Zwischenprodukten bestehen nicht.

läßt sich nämlich beweisen, daß das (für VW) erfolgsoptimale Produkt aus dem Zwischenprodukt H_I gefertigt wird, das die Kapazität in UX optimal nutzt:

Für die Daten der zwei Zwischenprodukte H_I und H_{II} seien zur Vereinfachung folgende Symbole verwendet:

	k_H	t_U^*
H_I	k_I	t_I
H_{II}	k_{II}	t_{II}

H_I mit dem engpaßbezogenen Zwischenprodukt-Deckungsbeitrag

$$db^*_{eI} = \{(MP - k_v) - k_I\} \cdot t_I^{-1}$$

möge die Kapazität in U - wie im obigen Beispiel - am erfolgswirksamsten auslasten. Dann werden für ein beliebiges Endprodukt A, das aus H_I oder H_{II} gefertigt werden kann, die um die Opportunitätskosten verminderten Deckungsbeiträge je LE nach folgenden Formeln ermittelt (die in U für die Herstellung einer Leistungseinheit A benötigte Kapazität beträgt $h_E \cdot t_I$ bzw. $h_E \cdot t_{II}$ Stunden).

Verwendung von H_I:

$$db^*_I = \underbrace{ZS_1 - h_E \cdot k_I}_{\text{Deckungsbeitrag je LE}} - \underbrace{h_E \cdot t_I \cdot \left(\{(MP - k_v) - k_I\} \cdot t_I^{-1}\right)}_{\text{Opportunitätskosten}}$$

$$= ZS_1 - h_E \cdot k_I - h_E \cdot (MP - k_v) + h_E \cdot k_I$$

$$= ZS_1 - h_E \cdot (MP - k_v)$$

Verwendung von H_{II}:

$$db^*_{II} = \underbrace{ZS_1 - h_E \cdot k_{II}}_{\text{Deckungsbeitrag je LE}} - \underbrace{h_E \cdot t_{II} \cdot \left(\{(MP - k_v) - k_I\} \cdot t_I^{-1}\right)}_{\text{Opportunitätskosten}}$$

$$db^*_{II} = ZS_1 - h_E \cdot k_{II} - h_E \cdot \frac{t_{II}}{t_I} \cdot (MP - k_v) + h_E \cdot \frac{t_{II}}{t_I} \cdot k_I - h_E \cdot (MP - k_v)$$

$$= ZS_1 - h_E \cdot k_{II} - h_E \cdot \frac{t_{II}}{t_I} \cdot (MP - k_v) + h_E \cdot \frac{t_{II}}{t_I} \cdot k_I + h_E \cdot (MP - k_v) -$$

$$= db^*_I - h_E \cdot \{-(MP - k_v) + k_{II} + \frac{t_{II}}{t_I} \cdot (MP - k_v) - \frac{t_{II}}{t_I} \cdot k_I\}$$

$$= db^*_I - h_E \cdot \{(\frac{t_{II}}{t_I} - 1) \cdot (MP - k_v) + k_{II} - \frac{t_{II}}{t_I} \cdot k_I\}$$

$$= db^*_I - \frac{h_E}{t_I} \cdot \{(t_{II} - t_I) \cdot (MP - k_v) - (t_{II} \cdot k_I - t_I \cdot k_{II})\}$$

Der Wert der geschweiften Klammer läßt sich aus folgender Ungleichung für die engpaßbezogenen Zwischenprodukt-Deckungsbeiträge bestimmen:

$$db^*_{eI} = \frac{(MP - k_v) - k_I}{t_I} > db^*_{eII} = \frac{(MP - k_v) - k_{II}}{t_{II}} \quad ;$$

$$(MP - k_v) - k_I > \frac{t_I}{t_{II}} \cdot \{(MP - k_v) - k_{II}\} \quad ;$$

$$t_{II} \cdot (MP - k_v) - t_{II} \cdot k_I > t_I \cdot (MP - k_v) - t_I \cdot k_{II} \quad ;$$

$$(t_{II} - t_I) \cdot (MP - k_v) > t_{II} \cdot k_I - t_I \cdot k_{II} \quad ;$$

$$(t_{II} - t_I) \cdot (MP - k_v) - (t_{II} \cdot k_I - t_I \cdot k_{II}) > 0 \quad .$$

Die geschweifte Klammer ist also stets positiv; es gilt demnach - unabhängig von der Datenkonstellation -

$$db^*_I > db^*_{II} \quad .$$

Damit ist bewiesen, daß das (für VW) erfolgsoptimale Produkt aus dem Zwischenprodukt gefertigt wird, das die Kapazität in U am ergiebigsten nutzt.

Die um die Opportunitätskosten verminderten Deckungsbeiträge je Stunde (V) bei Verwendung von H_I ergeben sich aus folgender Tabelle:

Produkte	db	Zur Erzielung von db erforderliche Zeit in U $t_U = h_E \cdot t_U^*$	Opportunitätskosten je Tonne Endprodukt $db_{eH} \cdot t_U$ ∇)	$db^* = db - db_{eH} \cdot t_U$	t_V^{-1}	db_{eV}^*
A_{112I}	540	0,2	375	165	7,0	1.155
A_{511I}	460	0,4	750	-290	5,0	-
A_{611I}	680	0,32	600	80	3,5	280

∇) $db_{eH} = db_{eU}^* = 1.875$ DM/Std. (vgl. Tabelle S.344)

Der Engpaß in V wird also mit A_{112I} ausgelastet; das Optimalprogramm des Gesamtunternehmens lautet demnach (für $T_{Vmax} = 35$ Std., $T_{Umax} = 100$ Std.):

Produkte	$ME = \frac{a}{a_{max}}$	a	T_U	T_V	$h = T_U \cdot t_U^{*-1}$	db / db^*	$DB = a \cdot db$ bzw. $= h \cdot db^*$
A_{112I}	$\frac{245}{441} = 0{,}5556$	245	49	35	122,5	540	132.300
H_{vI}	-	-	51	-	127,5	750	95.625
Summe	-	245	100	35	250,0	-	227.925

Zu diesem Programm gelangt man auch durch lineares Programmieren (vgl. Matrix 24).

Aus der Formel für die um die Opportunitätskosten verminderten Deckungsbeiträge (vgl. S. 345)

$$db_I^* = ZS_1 - h_E \cdot (MP - k_v)$$

ergibt sich für den Dispositionsbereich VW ein Verrechnungspreis in Höhe von

$$VP_H = (MP - k_v) = 1.150 \text{ DM/t} \quad .$$

Der Dispositionsbereich UX soll die Rohstoffart R_I verwenden, was durch jeden Verrechnungspreis im entsprechenden Intervall (vgl. Tabelle 25) erreicht wird. Dieses Intervall enthält auch, wie leicht zu beweisen ist (189), den Verkaufserlös $(MP - k_v)$. Im vorliegenden Beispiel gilt demnach

$$VP_H > VP_S = 1.120 \text{ DM/t} \quad (\text{z.B. } VP_H = (MP - k_v)) \ ,$$

so daß sich für beide Dispositionsbereiche ein einheitlicher Verrechnungspreis von

$$VP_H = (MP - k_v)$$

ergibt.

Zu diesem Verrechnungspreis gelangt man auch aufgrund der Überlegung, daß man bei der Weiterverarbeitung einer Einheit H auf ihren Verkauf am Markt, d.h. auf einen Erlös von $(MP - k_v)$ verzichten muß. Jede Einheit H hat somit, schon bevor sie weiterverarbeitet wird, einen Wert von $(MP - k_v)$. Dieser Wert muß der Weiterverarbeitungsstufe belastet, d.h. als Verrechnungspreis für das Zwischenprodukt H angesetzt werden.

2. Engpaß im Dispositionsbereich "Kuppelproduktion und Nebenproduktverarbeitung" (UX)

Das Gesamtunternehmen ermittelt die Rangfolge der Produkte, indem es die engpaßbezogenen - auf je eine Stunde U umgerechneten - Deckungsbeiträge unter Berücksichtigung der Opportunitätskosten der besten anderweitigen Verwendungsmöglichkeit des Zwischenproduktes H errechnet (190). Zeigt es sich, wie im vorliegenden Beispiel, daß je Stunde U durch Verkauf von H_I ein höherer Deckungsbeitrag erzielbar wäre als durch Verkauf von

189) Der Dispositionsbereich UX ermittelt die für den Verkauf von H_v günstigere Rohstoffart anhand der Tabelle auf S. 344. Dieselbe Rohstoffart wird bei einem Verrechnungspreis $VP_H = (MP - k_v)$ ermittelt.

190) Die Opportunitätskosten sind hier der erzielbare Deckungsbeitrag bei optimaler anderweitiger Verwendung einer Stunde U (entsprechend der Tabelle auf S. 344).

H_{II}, so ergeben sich bei den einzelnen Produkten folgende Formeln für die engpaßbezogenen Deckungsbeiträge db^*_{eI} und db^*_{eII} (vgl. S. 345 f.):

$$db^*_{eI} = \{ZS_1 - h_E \cdot k_{HI} - h_E \cdot t^*_{UI} \cdot \left((MP - k_v) - k_{HI}\right) \cdot t^{*-1}_{UI}\} \cdot t^{-1}_{UI} \quad ;$$

$$db^*_{eI} = \underbrace{(ZS_1 - h_E \cdot k_{HI}) \cdot t^{-1}_{UI}}_{\text{Deckungsbeitrag je Stunde U}} - \underbrace{h_E \cdot t^*_{UI} \cdot \{(MP - k_v) - k_{HI}\} \cdot t^{*-1}_{UI} \cdot t^{-1}_{UI}}_{\text{Opportunitätskosten je Stunde U}} \quad ;$$

$$db^*_{eI} = \{ZS_1 - h_E \cdot (MP - k_v)\} \cdot t^{-1}_{UI} \quad ;$$

$$db^*_{eII} = \{ZS_1 - h_E \cdot k_{HII} - h_E \cdot t^*_{UII} \cdot \left((MP - k_v) - k_{HI}\right) \cdot t^{*-1}_{UI}\} \cdot t^{-1}_{UII} \quad ;$$

$$db^*_{eII} = \{ZS_1 - h_E \cdot (MP - k_v)^*\} \cdot t^{-1}_{UII}$$ (hierbei gilt Fußnote 191)

Im numerischen Beispiel ergeben sich folgende engpaßbezogene Deckungsbeiträge:

Produkte	$ZS_1 - h_E \cdot \genfrac{}{}{0pt}{}{\nearrow (MP - k_v)}{\searrow (MP - k_v)^*} = db^*_{I,II}$	$t^{-1}_{UI,II}$	$db^*_{eI,II}$
A_{112I}	740 - 0,5 · 1.150 = 165	5	825
A_{511I}	860 - 1,0 · 1.150 = -290	2,5	-
A_{611I}	1.000 - 0,8 · 1.150 = 80	3,125	250
A_{112II}	740 - 0,5 · 1.158 = 161	4	644
A_{511II}	860 - 1,0 · 1.158 = -298	2	-
A_{611II}	1.000 - 0,8 · 1.158 = 74	2,5	185

Betragen die Kapazitäten in V und U je 100 Stunden, so lautet das Programm des Gesamtunternehmens demnach:

191) $(MP - k_v)^* = k_{HII} + t^*_{UII} \cdot \{(MP - k_v) - k_{HI}\} \cdot t^{*-1}_{UI}$
$= 220 + 0.5 \cdot (1.150 - 400) \cdot 2,5$
$= 220 + 937,5$
$= 1.158$ DM/t

Produkt	ME	a	T_U	h	db	DB
A_{112I}	1,1338 ∇)	500	100	250	540	270.000

∇) $\frac{100}{88,2} = 1,1338$

Dasselbe Programm erhält man auch durch lineares Programmieren (vgl. Matrix 25). Der Verkauf von H am Markt ist daher nicht sinnvoll.

Wenn man die auf Seite 349 angeführten engpaßbezogenen Deckungsbeiträge näher betrachtet, so fällt auf, daß alle Werte bei Verwendung der Rohstoffart II niedriger sind als die bei Verwendung der Rohstoffart I. Da der Verkauf von H_I am Markt ergiebiger ist als der von H_{II}, liegt die Vermutung nahe, daß man - ähnlich wie im vorigen Abschnitt (vgl. S. 345 ff.) - bei der Bestimmung der engpaßbezogenen Deckungsbeiträge nur diejenige Herstellungsvariante zu berücksichtigen braucht, die im Fall des Verkaufs am Markt günstiger ist (H_I). Dies wäre unter den hier gewählten Zahlenverhältnissen tatsächlich zutreffend, gilt jedoch nicht allgemein.

Es ist nämlich durchaus möglich, daß das erfolgsoptimale Produkt aus der zweiten Rohstoffart hergestellt werden muß, obwohl im Falle eines Verkaufs am Markt die erste Rohstoffart vorzuziehen wäre. Für

$t^*_{UI} = 0,5$, $t^*_{UII} = 0,4$ (Std. U/t H), $h_E = 1$ (t H/t A),
$k_{HI} = 400$, $k_{HII} = 600$ (DM/t), $(MP - k_v) = 1.150$ (DM/t)
und $ZS_1 = 2.000$ (DM/t)

gilt beispielsweise:

$$\{(MP - k_v) - k_{HI}\} \cdot t^{*-1}_{UI} > \{(MP - k_v) - k_{HII}\} \cdot t^{*-1}_{UII}$$

$$(1.150 - 400) \cdot 2 > (1.150 - 600) \cdot 2,5$$

$$1.500 > 1.375$$

Es ist also günstiger, H_I statt H_{II} am Markt zu verkaufen. Für die engpaßbezogenen Deckungsbeiträge des Endprodukts, bei denen die entgehenden Deckungsbeiträge der besten anderweitigen Verwendungsmöglichkeit der knappen Kapazität berücksichtigt werden müssen, gilt dagegen:

$$db^*_{eI} = \{ZS_1 - h_E \cdot (MP - k_v)\} \cdot t^{-1}_{UI} \quad \text{mit } t^{-1}_{UI} = t^{*-1}_{UI} \quad (\text{wegen } h_E = 1)$$

$$= (2.000 - 1.150) \cdot 2$$

$$= 1.700$$

$$db^*_{eII} = \{ZS_1 - h_E \cdot (MP - k_v)^*\} \cdot t^{-1}_{UII} \quad (\text{mit } t^{-1}_{UII} = t^{*-1}_{UII}$$

und

$$(MP-k_v)^* = k_{HII} + \frac{t^*_{UII}}{t^*_{UI}} \cdot \{(MP-k_v) - k_{HI}\}$$

$$= 600 + \frac{0,4}{0,5} \cdot (1.150-400)$$

$$= 1.200)$$

$$= (2.000 - 1.200) \cdot 2,5$$

$$= 2.000$$

Es zeigt sich, daß man die Rohstoffart II verwenden muß, obwohl man das Zwischenprodukt H beim Verkauf am Markt aus der Rohstoffart I herstellen müßte.

Der Dispositionsbereich VW ermittelt die Deckungsbeiträge je LE nach den gleichen Formeln wie das Gesamtunternehmen, wenn ihm als Verrechnungspreise für die beiden lieferbaren Zwischenproduktarten H_I und H_{II} jeweils die Summe aus den Restproportionalkosten und den Opportunitätskosten vorgegeben wird. Es gilt also

$$VP_{HI} = (MP - k_v) \quad \text{und} \quad VP_{HII} = (MP - k_v)^* \quad (192)$$

192) Im numerischen Beispiel würde

$$VP_{HI} = (MP - k_v)$$

genügen, da die zweite Herstellungsvariante auch im Falle der Weiterverarbeitung unergiebiger ist als die erste.

Das erfolgsoptimale Produkt wird von VW dann mit Hilfe der Periodendeckungsbeiträge bestimmt, die bei Verwendung der maximal lieferbaren Mengen der Zwischenproduktarten (193) erzielbar sind. Das erfolgsoptimale Produkt ergibt sich demnach aus

$$DB_{max} = \left(\frac{db^*}{h_E} \cdot h_{max}\right)_{max} \quad (194) .$$

Werden dem Dispositionsbereich UX obige Verrechnungspreise für H_I und H_{II} vorgegeben, so ist es für ihn gleichgültig, ob er h_{Imax} oder h_{IImax} an VW liefert oder die günstigere Verkaufsmöglichkeit am Markt nutzt (wegen

$$h_{Imax} \cdot (VP_{HI} - k_{HI}) = h_{IImax} \cdot (VP_{HII} - k_{HII}) = h_{Imax} \cdot \{(MP - k_v) - k_{HI}\})$$

(195). UX muß also durch eine Liefervorschrift gezwungen werden, den Bedarf von VW zu erfüllen.

Da das Gesamtunternehmen bei der Bestimmung der Verrechnungspreise die Engpaßverhältnisse in UX kennen muß (vgl. S.348 ff.), ist es wiederum fraglich, inwieweit in dieser Situation noch von Programmautonomie gesprochen werden kann.

193) Die Mengen h_{UImax} und h_{UIImax} erfragt VW vom Dispositionsbereich UX.

194) Daß hierbei dasselbe Produkt wie vom Gesamtunternehmen nach der Formel

$$db^*_{emax} = (db^* \cdot t_U^{-1})_{max}$$

ermittelt wird, läßt sich wie folgt beweisen: Da

$$T_{Umax} = h_{max} \cdot t_U^* = h_{max} \quad \frac{t_U}{h_E} \quad \text{(vgl. Tabelle 24)},$$

gilt

$$t_U^{-1} = \frac{h_{max}}{h_E \cdot T_{Umax}} \text{. Damit wird } db^*_{emax} = \left(db^* \cdot \frac{h_{max}}{h_E \cdot T_{Umax}}\right)_{max} ;$$

die Formeln für DB_{max} und db^*_{emax} unterscheiden sich also lediglich durch die Konstante

$$\frac{1}{T_{Umax}}$$

195) $$h_{IImax} \cdot (VP_{HII} - k_{HII}) = h_{IImax} \cdot \left\{k_{HII} + \frac{t^*_{UII}}{t^*_{UI}} \cdot \big((MP-k_v)-k_{HI}\big) - k_{HII}\right\} =$$

$$= \frac{T_{Umax}}{t^*_{UII}} \cdot \left\{\frac{h_{Imax} \cdot t^*_{UII}}{T_{Umax}} \cdot \big((MP-k_v)-k_{HI}\big)\right\} = h_{Imax} \cdot \{(MP-k_v)-k_{HI}\}$$

3. Engpässe in beiden Dispositionsbereichen (UX und VW)

Das Programm des Gesamtunternehmens wird durch lineares Programmieren ermittelt. Für T_{Vmax} = 63 Stunden und T_{Umax} = = 95 Stunden, d.h. h_{Imax} = 237,5 Tonnen lautet es (vgl. Matrix 26):

Produkte	a	ME	h	T_U	T_V	db	DB
A_{112I}	441	1	220,5	88,2	63	540	238.140
H_I	-	-	17,0	6,8	-	750	12.750
Summe	-	-	237,5	95,0	63	-	250.890

Als Verrechnungspreise für H_I und H_{II} werden VW und UX dieselben Werte wie im vorigen Abschnitt vorgegeben (196). Der Dispositionsbereich VW sieht sich mehreren Engpässen gegenüber und muß das erfolgsoptimale Produkt daher ebenfalls durch lineares Programmieren ermitteln.

Der Beweis, daß VW das Optimalprogramm ermittelt, wenn ihm diese Verrechnungspreise vorgegeben werden und ihm die maximal lieferbaren Mengen h_{UImax} und h_{UIImax} bekannt sind, läßt sich wie folgt führen (vgl. S. 299 f.):

Die Zielfunktion des Gesamtunternehmens lautet (vgl. Matrix 26):

$$G_G = \sum a_{I\lambda} \cdot (ZS_{1\lambda} - h_{E\lambda} \cdot k_{HI}) + h_{vI} \cdot \{(MP-k_v) - k_{HI}\} +$$
$$+ \sum a_{II\lambda} \cdot (ZS_{1\lambda} - h_{E\lambda} \cdot k_{HII}) + h_{vII} \cdot \{(MP-k_v) - k_{HII}\} \quad ;$$

$$G_G = \sum a_{I\lambda} \cdot ZS_{1\lambda} - \sum a_{I\lambda} \cdot h_{E\lambda} \cdot k_{HI} + h_{vI} \cdot (MP-k_v) - h_{vI} \cdot k_{HI} +$$
$$+ \sum a_{II\lambda} \cdot ZS_{1\lambda} - \sum a_{II\lambda} \cdot h_{E\lambda} \cdot k_{HII} + h_{vII} \cdot (MP-k_v) - h_{vII} \cdot k_{HII} \quad ;$$

196) Hierbei ist angenommen, daß das Gesamtunternehmen bereits die günstigere Verkaufsmöglichkeit des Zwischenproduktes (H_{vI}) aufgrund der Tabelle auf Seite 344 ermittelt hat.

wegen

$$\sum a_{I\lambda} \cdot h_{E\lambda} = h_{uI} \quad \text{und} \quad \sum a_{II\lambda} \cdot h_{E\lambda} = h_{uII}$$

wird hieraus

$$G_G = \sum a_{I\lambda} \cdot ZS_{1\lambda} - h_{uI} \cdot k_{HI} + h_{vI} \cdot (MP-k_v) - h_{vI} \cdot k_{HI} +$$

$$+ \sum a_{II\lambda} \cdot ZS_{1\lambda} - h_{uII} \cdot k_{HII} + h_{vII} \cdot (MP-k_v) - h_{vII} \cdot k_{HII} \quad ;$$

mit

$$(h_{vI} + h_{vII}) = (h_{Ig} + h_{IIg}) - (h_{UI} + h_{UII})$$

$$= (h_{Ig} + h_{IIg}) - \sum h_{E\lambda} \cdot (a_{I\lambda} + a_{II\lambda})$$

ergibt sich

$$G_G = \left\langle \begin{matrix} \sum a_{I\lambda} \cdot ZS_{1\lambda} - h_{uI} \cdot k_{HI} \\ \sum a_{II\lambda} \cdot ZS_{1\lambda} - h_{uII} \cdot k_{HII} \end{matrix} \right\rangle + (MP-k_v) \cdot \{(h_{Ig}+h_{IIg}) - \sum h_{E\lambda} \cdot (a_{I\lambda}+a_{II\lambda})\} +$$

$$+ (-h_{vI} \cdot k_{HI} - h_{vII} \cdot k_{HII}) \quad ;$$

$$G_G = \sum (a_{I\lambda} + a_{II\lambda}) \cdot \{ZS_{1\lambda} - h_{E\lambda} \cdot (MP-k_v)\} - h_{uI} \cdot k_{HI} - h_{uII} \cdot k_{HII} +$$

$$+ (h_{Ig}+h_{IIg}) \cdot (MP-k_v) - h_{vI} \cdot k_{HI} - h_{vII} \cdot k_{HII} \quad ;$$

da

$$h_{uI} + h_{vI} = h_{Ig} \quad \text{und} \quad h_{uII} + h_{vII} = h_{IIg} \; ,$$

wird

$$G_G = \sum (a_{I\lambda}+a_{II\lambda}) \cdot \{ZS_{1\lambda} - h_{E\lambda} \cdot (MP-k_v)\} + h_{Ig} \cdot \{(MP-k_v) - k_{HI}\} + h_{IIg} \cdot \{(MP-k_v) - k_{HII}$$

Die Zielfunktion des Dispositionsbereiches VW lautet (mit

$$VP_{HI} = (MP-k_v) \quad \text{und} \quad VP_{HII} = (MP-k_v)^* \;):$$

$$G_{VW} = \sum a_{I\lambda}\cdot\{ZS_{1\lambda}-h_{E\lambda}\cdot(MP-k_v)\} + \sum a_{II\lambda}\cdot\{ZS_{1\lambda}-h_{E\lambda}\cdot(MP-k_v)^*\};$$

$$G_{VW} = \sum a_{I\lambda}\cdot\{ZS_{1\lambda}-h_{E\lambda}\cdot(MP-k_v)\} + S_1 \quad .$$

Der Summand S_1 läßt sich, mit

$$(MP-k_v)^* = k_{HII} + \frac{t^*_{UII}}{t^*_{UI}}\cdot\{(MP-k_v)-k_{HI}\} \quad \text{(vgl. Fußnote 190, S. 348)} ,$$

wie folgt umformen:

$$S_1 = \sum a_{II\lambda}\cdot\{ZS_{1\lambda}-h_{E\lambda}\cdot(k_{HII} + \frac{t^*_{UII}}{t^*_{UI}}\cdot\{(MP-k_v) - k_{HI}\})\} ;$$

wegen

$$\sum a_{II\lambda}\cdot h_{E\lambda} = h_{uII}$$

ergibt sich

$$S_1 = \sum a_{II\lambda}\cdot ZS_{1\lambda} - h_{uII}\cdot\{k_{HII} + \frac{t^*_{UII}}{t^*_{UI}}\cdot\{(MP-k_v) - k_{HI}\}\} ;$$

$$S_1 = \sum a_{II\lambda}\cdot ZS_{1\lambda} - h_{uII}\cdot k_{HII} - h_{uII}\cdot\frac{t^*_{UII}}{t^*_{UI}}\cdot\{(MP-k_v) - k_{HI}\} \quad .$$

Da angenommen wurde, daß der Verkauf von H_{vI} günstiger ist, gilt $h_{vII} = 0$ und damit

$$h_{uII} = h_{IIg} - h_{vII} = h_{IIg} \quad .$$

Damit wird

$$S_1 = \sum a_{II\lambda}\cdot ZS_{1\lambda} - h_{uII}\cdot k_{HII} - h_{IIg}\cdot\frac{t^*_{UII}}{t^*_{UI}}\cdot\{(MP-k_v) - k_{HI}\} \quad .$$

Aus der Kapazitätsbeschränkung in U

$$T_{Umax} = T_{UIg} + T_{UIIg} = t^*_{UI}\cdot h_{Ig} + t^*_{UII}\cdot h_{IIg}$$

ergibt sich

$$h_{IIg} = \frac{T_{Umax}}{t^*_{UII}} - \frac{t^*_{UI}}{t^*_{UII}} \cdot h_{Ig} \quad ;$$

setzt man diesen Wert für h_{IIg} in S_1 ein, erhält man

$$S_1 = \sum a_{II\lambda} \cdot zs_{1\lambda} - h_{uII} \cdot k_{HII} - \left(\frac{T_{Umax}}{t^*_{UII}} - \frac{t^*_{UI}}{t^*_{UII}} \cdot h_{Ig}\right) \cdot \frac{t^*_{UII}}{t^*_{UI}} \cdot \{(MP-k_v)-k_{HI}\} \quad ;$$

$$S_1 = \sum a_{II\lambda} \cdot zs_{1\lambda} - h_{uII} \cdot k_{HII} - \frac{T_{Umax}}{t^*_{UI}} \cdot \{(MP-k_v)-k_{HI}\} + h_{Ig} \cdot \{(MP-k_v)-k_{HI}\} \quad ;$$

durch Addition von Null in der Form

$$\{-\sum a_{II\lambda} \cdot h_{E\lambda} \cdot (MP-k_v) + h_{IIg} \cdot (MP-k_v)\} = 0$$

$$(\text{wegen } h_{IIg} = h_{uII} = \sum a_{II\lambda} \cdot h_{E\lambda})$$

erhält man

$$S_1 = \sum a_{II\lambda} \cdot zs_{1\lambda} - \sum a_{II\lambda} \cdot h_{E\lambda} \cdot (MP-k_v) + h_{IIg} \cdot (MP-k_v) - h_{uII} \cdot k_{HII} +$$
$$+ \frac{T_{Umax}}{t^*_{UI}} \cdot \{-(MP-k_v)+k_{HI}\} + h_{Ig} \cdot \{(MP-k_v)-k_{HI}\} \quad ;$$

mit $h_{uII} = h_{IIg}$ ergibt sich

$$S_1 = \sum a_{II\lambda} \cdot \{zs_{1\lambda} - h_{E\lambda} \cdot (MP-k_v)\} + h_{Ig} \cdot \{(MP-k_v)-k_{HI}\} +$$
$$+ h_{IIg} \cdot \{(MP-k_v)-k_{HII}\} - \frac{T_{Umax}}{t^*_{UI}} \cdot \{(MP-k_v)-k_{HI}\} \quad .$$

Die Zielfunktion des Dispositionsbereiches VW erhält damit die Form

$$G_{VW} = \sum a_{I\lambda} \cdot \{zs_{1\lambda} - h_{E\lambda} \cdot (MP-k_v)\} + S_1 \quad ;$$

$$G_{VW} = \sum(a_{I\lambda}+a_{II\lambda})\cdot\{ZS_{1\lambda}-h_{E\lambda}\cdot(MP-k_v)\}+h_{Ig}\cdot\{(MP-k_v)-k_{HI}\} +$$

$$+ h_{IIg}\cdot\{(MP-k_v)-k_{HII}\} - \frac{T_{Umax}}{t^*_{UI}}\cdot\{(MP-k_v)-k_{HI}\} \quad .$$

Sie unterscheidet sich von der Zielfunktion des Gesamtunternehmens um die Konstante

$$G_G-G_{VW} = \frac{T_{Umax}}{t^*_{UI}}\cdot\{(MP-k_v)-k_{HI}\}$$

$$= h_{Imax}\cdot\{(MP-k_v)-k_{HI}\} \quad .$$

Der Dispositionsbereich VW ermittelt also bei den vorgegebenen Verrechnungspreisen das erfolgsoptimale Produkt (vgl. Matrix 27).

Dem Dispositionsbereich UX werden dieselben Verrechnungspreise

$$VP_{HI} = (MP - k_v) \quad \text{und} \quad VP_{HII} = (MP - k_v)^*$$

vorgegeben. Er muß also wiederum durch eine Liefervorschrift gezwungen werden, den Bedarf von VW zu erfüllen. Die danach verbleibende Restkapazität lastet UX anhand der Tabelle auf Seite 344 optimal aus. Der von UX erzielbare Periodendeckungsbeitrag ist, wie sich zeigen läßt, konstant:

Verlangt VW die Lieferung des Zwischenproduktes, das die Kapazität in UX optimal nutzt (H_I), so ergibt sich

$$DB_{UX} = h_{uI}\cdot(VP_{HI} - k_{HI}) + h_{vI}\cdot\{(MP - k_v) - k_{HI}\}$$

$$= (h_{uI} + h_{vI})\cdot\{(MP - k_v) - k_{HI}\}$$

$$= h_{Imax}\cdot\{(MP - k_v) - k_{HI}\} \quad .$$

Verlangt VW, daß ein anderes Zwischenprodukt geliefert wird

(H_{II})(197), gilt

$$DB_{UX} = h_{uII} \cdot (VP_{HII} - k_{HII}) + h_{vI} \cdot \{(MP-k_v) - k_{HI}\} \quad ;$$

$$DB_{UX} = h_{uII} \cdot \{(MP-k_v)^* - k_{HII}\} + h_{vI} \cdot \{(MP-k_v) - k_{HI}\} \quad ;$$

$$DB_{UX} = h_{uII} \cdot \frac{t^*_{UII}}{t^*_{UI}} \cdot \{(MP-k_v) - k_{HI}\} + h_{vI} \cdot \{(MP-k_v) - k_{HI}\} \quad ;$$

wegen

$$h_{max} = h_{uI} + h_{vI} + h_{uII} + h_{vII} = h_{Ig} + h_{IIg}$$

und

$$h_{uI} = 0 \quad \text{gilt} \quad h_{vI} = h_{Ig} \quad \text{und} \quad h_{uII} = h_{IIg} \quad ;$$

damit wird

$$DB_{UX} = (h_{IIg} \cdot \frac{t^*_{UII}}{t^*_{UI}} + h_{Ig}) \cdot \{(MP-k_v) - k_{HI}\} \quad ;$$

$$DB_{UX} = \frac{1}{t^*_{UI}} \cdot (h_{IIg} \cdot t^*_{UII} + h_{Ig} \cdot t^*_{UI}) \cdot \{(MP-k_v) - k_{HI}\} \quad ;$$

daraus wird, mit

$$T_{Umax} = t^*_{UI} \cdot h_{Ig} + t^*_{UII} \cdot h_{IIg}$$

$$DB_{UX} = \frac{T_{Umax}}{t^*_{UI}} \cdot \{(MP-k_v) - k_{HI}\}$$

$$= h_{Imax} \cdot \{(MP-k_v) - k_{HI}\} \quad .$$

Der Deckungsbeitrag des Dispositionsbereiches UX entspricht also der Differenz der Zielfunktionen $(G_G - G_{VW})$; die gewähl-

197) Im numerischen Beispiel würde VW kein H_{II} anfordern, da der Verrechnungspreis für H_{II} höher ist als für H_I (1.158 > 1.150) und von H_{II} weniger geliefert werden kann als von H_I. Bei anderen Zahlenverhältnissen wäre es aber durchaus möglich, H_{II} zu verlangen (vgl. S. 350 f.).

ten Verrechnungspreise sind damit auch für die Gewinnprognose geeignet (vgl. Matrizen 26 und 27):

$$(G_G - G_{VW}) = DB_{UX} = h_{Imax} \cdot \{(MP - k_v) - k_{HI}\}$$

$$250.890 - 72.765 = 237{,}5 \cdot (1.150 - 400)$$

$$178.125 = 178.125$$

4. <u>Der Verkaufserlös liegt zwischen dem Maximum und dem Minimum der Restproportionalkosten</u>

Für den Fall

$$k_{Hmin} < (MP - k_v) < k_{Hmax}$$

ergibt sich, daß nur noch beim Vorliegen eines primären Engpasses in VW und eines sekundären in UX (198) eine autonome Programmwahl möglich ist, wobei als Verrechnungspreis analog zu S. 344 ff. der Nettoverkaufserlös

$$(MP - k_v)$$

angesetzt werden muß. Es zeigt sich nämlich, daß die Zwischenprodukte mit

$$k_H > (MP - k_v)$$

aus dem Kalkül ausscheiden. Nachdem der Dispositionsbereich UX den Bedarf von VW erfüllt hat, lastet er seine restliche Kapazität durch Verkauf eines Zwischenproduktes mit

$$k_H < (MP - k_v)$$

aus. Das hierfür günstigste Zwischenprodukt entspricht aber gemäß dem auch hier gültigen Beweis von S. 345 ff. dem an VW zu liefernden.

198) Der Fall, daß nur ein Engpaß in VW vorliegt, scheidet analog zu S.334, Fußnote 187 aus.

Bei Vorliegen eines primären Engpasses in UX oder zweier Engpässe in UX und VW müssen dagegen auch die Produkte mit

$$k_H > (MP - k_v)$$

berücksichtigt werden. Es ist durchaus möglich, daß zur Erfüllung des Bedarfs von VW die Herstellung eines Zwischenproduktes erforderlich ist, für welches zwar die Restproportionalkosten k_H über $(MP - k_v)$ liegen, das aber die knappe Kapazität von UX besonders wenig beansprucht. Da für ein solches Produkt ein Verkauf am Markt nicht in Frage kommt, ist aufgrund der Überlegungen bei Fehlen einer Verkaufsmöglichkeit (vgl. S. 328 ff. und 332 ff.) keine eigentliche Programmautonomie mehr möglich.

C. Unbeschränkte Zu- und Verkaufsmöglichkeit

Es soll hier nur der Fall

$$(MP + k_z) = 1.220 \text{ DM/t} > (MP - k_v) = 1.150 \text{ DM/t} > k_{Hmax} = 400 \text{ DM/t}$$

untersucht werden. Für alle anderen Situationen können die Ergebnisse hieraus sowie aus den entsprechenden Ausführungen früherer Abschnitte abgeleitet werden.

1. Engpaß im Dispositionsbereich "Weiterverarbeitung" (VW)

Der Bedarf des Dispositionsbereiches VW kann in vollem Umfang vom Dispositionsbereich UX gedeckt werden. Ein Zukauf von H_z scheidet demnach aus; das Problem entspricht dem bei unbeschränkter Verkaufsmöglichkeit (vgl. S. 344 ff.). Als Verrechnungspreis wird $(MP - k_v)$ angesetzt.

2. Engpaß im Dispositionsbereich "Kuppelproduktion und Nebenproduktverarbeitung" (UX)

Liegt lediglich im Dispositionsbereich UX ein Engpaß vor, so ermittelt das Gesamtunternehmen - wie bei unbeschränkter Verkaufsmöglichkeit (vgl. S. 344 ff.) - die Rangfolge der Produkte, indem es die engpaßbezogenen - auf je eine Stunde U umgerechneten - Deckungsbeiträge unter Berücksichtigung der besten anderweitigen Verwendungsmöglichkeit des Zwischenproduktes H bildet. Als Verrechnungspreise ergeben sich analog

$$VP_{HI} = (MP - k_v) \quad \text{und} \quad VP_{HII} = (MP - k_v)^* \ .$$

Dies gilt allerdings nur für den Fall, daß

$$VP_{HII} < (MP + k_z)$$

ist. Wenn

$$VP_{HII} > (MP + k_z)$$

ist (199), würde der Dispositionsbereich VW den Bezug des Zwischenproduktes H_{uII} überhaupt nicht ins Auge fassen, weil ihm der Zukauf von H_z günstiger erschiene, obwohl dieser gesamtbetrieblich gesehen unzweckmäßig wäre. Dem Dispositionsbereich VW müßte in diesem Fall die Auflage erteilt werden, das Angebot von UX auszuschöpfen, bevor er am Zwischenproduktmarkt zukauft. Dies widerspricht aber den Interessen des Dispositionsbereiches VW. In diesem Fall ist also keine Programmautonomie mehr möglich.

Liegt ein sekundärer Engpaß in VW vor, so kann die Programmwahl ähnlich wie bei einer Rohstoffart erfolgen (vgl. S. 305 f.). Man ermittelt also zunächst, ob der Zukauf überhaupt lohnend ist. Falls dies zutrifft, wird das erfolgsoptimale Produkt mit Hilfe der engpaßbezogenen Deckungsbeiträge je Stunde (V) bestimmt, wobei H mit $(MP + k_z)$ bewertet wird. Die Rohstoffart in UX wird dann unter dem Gesichtspunkt gewählt, die Ersparnis gegenüber dem Zukauf am Markt zu maximieren. Der von UX nicht gedeckte Bedarf an H wird durch Kauf am Markt befriedigt. Als Verrechnungspreis kommt hier wieder $(MP + k_z)$ in Betracht (vgl. auch S. 341). Stellt sich dagegen heraus, daß der Zukauf nicht in Frage kommt, gelten die Überlegungen, die oben angestellt wurden.

199) Dies trifft z.B. zu, wenn $(MP+k_z) = (MP-k_v) = MP$ ist, d.h. für k_z, $k_v = 0$.

3. Engpässe in beiden Dispositionsbereichen (UX und VW)

Das Gesamtunternehmen ermittelt sein Optimalprogramm durch lineares Programmieren. Für T_{Vmax} = 63 Stunden und T_{Umax} = = 95 Stunden ergibt sich (vgl. Matrix 28):

Produkte	a	ME	h	T_V	$T_U = h \cdot t_U^*$	$db = ZS_1 - h \cdot k_H$ $db^* = (MP - k_v) - k_H$	$DB = a \cdot db$ bzw. $= h \cdot db^*$
A_{112I}	441	1	220,5	63	88,2	db = 540	238.140
H_{vI}	-	-	17,0	-	6,8	db^* = 750	12.750
Summe	441	-	237,5	63	95,0	-	250.890

Wie bei unbeschränkter Verkaufsmöglichkeit ermittelt der Dispositionsbereich VW mit den Verrechnungspreisen

$$VP_{HI} = (MP - k_v) \quad \text{und} \quad VP_{HII} = (MP - k_v)^*,$$

falls er über die Engpaßsituation in UX unterrichtet ist, bis auf die am Markt zu verkaufende Menge H_V ebenfalls das Optimalprogramm des Gesamtunternehmens. UX erfüllt wieder den Bedarf von VW und erzielt, wenn er die restliche Kapazität durch Verkauf von H_I nutzt, einen konstanten Deckungsbeitrag. Das gilt allerdings nur, falls

$$VP_{HII} < (MP + k_z)$$

ist. Für

$$VP_{HII} > (MP + k_z)$$

ist dagegen keine Programmautonomie mehr möglich, da VW von vornherein auf den Bezug von H_{II} verzichtet. Auch wenn man VW die verschiedenen Restproportionalkosten als Verrechnungspreise vorgibt, scheidet eine Programmautonomie aus, da VW in diesem Fall den eventuellen Verkauf von H_V am Markt, der für ihn ohne Interesse ist, nicht berücksichtigt. Dem Dispositionsbereich VW müßte also auch noch die Verantwortung für den Verkauf von H_V übertragen werden. Dies ist aber völlig mit einer zentralen Lenkung identisch.

D. Mengenbeschränkungen am Rohstoff-, Zwischenprodukt- oder Absatzmarkt

Wie bereits früher erläutert wurde (vgl. S. 334 ff.), können sowohl das Gesamtunternehmen als auch die einzelnen Dispositionsbereiche das optimale Programm im Fall von Mengenkontingentierungen i.a. nur durch lineares Programmieren bestimmen, da meist mindestens zwei Engpässe vorliegen. Von einer Programmautonomie der einzelnen Bereiche kann man nicht mehr sprechen. Für Mengenbeschränkungen am Absatzmarkt gilt dies jedoch nur bedingt. In den Fällen, für die bewiesen wurde, daß unabhängig vom Bedarf des Dispositionsbereiches VW in UX stets nur eine bestimmte Rohstoffart verwendet wird, werden die Absatzbeschränkungen nicht alternativ ausgelastet, so daß sie daher nur als Nebenbedingungen aufzufassen sind. Dies trifft dann zu, wenn nur ein Engpaß in VW bzw. ein primärer Engpaß in UX und ein sekundärer in VW bestehen (200).

E. Zusammenfassung und Übertragung auf andere Produktionsstrukturen

Aus folgender Tabelle ist ersichtlich, inwieweit es bei Vorliegen eines Marktes für das Zwischenprodukt H und bei Programmautonomie in VW und UX noch möglich ist, mit Hilfe von Verrechnungspreisen in beiden Dispositionsbereichen das Optimalprogramm des Gesamtunternehmens zu ermitteln, falls weder am Rohstoff- noch am Zwischenprodukt- oder Absatzmarkt Mengenbeschränkungen bestehen. Dabei gilt

$$(MP + k_z) > (MP - k_v) > k_{Hmax} \quad ;$$

die Ergebnisse für die übrigen Fälle lassen sich aus den entsprechenden Abschnitten ableiten.

200) Im letzteren Fall muß es außerdem lohnend sein, am Markt zuzukaufen.

Engpaßsituation / Marktsituation	in VW	Engpaß: primär in UX, sekundär in VW	in UX / in VW und UX
unbeschränkte Zukaufsmöglichkeit	$VP_H=k_{Hmin}$	$VP_H=(MP+k_z)$, falls sich der Zukauf lohnt, sonst wie "Engpaß in UX"	Verrechnungspreise in Höhe der verschiedenen Restproportionalkosten darüber hinaus Liefervorschriften für UX
unbeschränkte Verkaufsmöglichkeit	$VP_H=(MP-k_v)$	-	$VP_H=(MP-k_v)$ und $VP_H=(MP-k_v^*)$
unbeschränkte Zu- und Verkaufsmöglichkeit	$VP_H=(MP-k_v)$	$VP_H=(MP+k_z)$, falls sich der Zukauf lohnt, sonst wie "Engpaß in UX"	$VP_H=(MP-k_v)$ und $VP_H=(MP-k_v^*)$, falls stets $VP_H < (MP+k_z)$ gilt; andernfalls ist keine Programmautonomie mehr möglich

Es zeigt sich, daß eine Programmautonomie bei festgesetztem Verrechnungspreis dann möglich ist, wenn im Dispositionsbereich VW ein primärer oder sekundärer Engpaß vorliegt. Als Verrechnungspreis wird bei einem primären Engpaß in VW, falls nur der Zukauf unbeschränkt möglich ist, das Minimum der Restproportionalkosten k_{Hmin}, andernfalls der Verkaufserlös $(MP - k_v)$ festgesetzt. Besteht in VW ein sekundärer Engpaß und lohnt sich der Zukauf, müssen die Zukaufskosten $(MP + k_z)$ angesetzt werden.

Bei allen anderen Engpaßsituationen müssen für die verschiedenen Zwischenproduktarten (H_I und H_{II}) unterschiedliche Verrechnungspreise vorgegeben werden. Außerdem muß VW über die Engpaßsituation in UX genau informiert werden. Es ist fraglich, ob man in diesen Fällen noch von Programmautonomie bei festgesetzten Verrechnungspreisen sprechen kann.

Wenn bei unbeschränkter Zu- und Verkaufsmöglichkeit einer der Verrechnungspreise VP_H über den Zukaufskosten $(MP + k_z)$ liegt, ist keine Programmautonomie mehr möglich.

Liegen Mengenbeschränkungen am Rohstoff- oder Zwischenproduktmarkt vor, so treten zusätzliche Engpässe auf. Die Programmwahl im Gesamtunternehmen und mindestens einem der beiden Dispositionsbereiche muß meist mit Hilfe des linearen Programmierens erfolgen. Wiederum erscheint es fraglich, ob in diesen Fällen noch von Programmautonomie bei festgesetzten Verrechnungspreisen gesprochen werden kann. Liegen dagegen nur Mengenbeschränkungen am Absatzmarkt vor, ist eine Programmautonomie möglich, falls ein Engpaß nur im Dispositionsbereich VW bzw. ein primärer Engpaß in UX und ein sekundärer in VW bestehen.

Diese Ergebnisse gelten analog für den Fall der einfachen Produktion in U mit wechselnder Weiterverarbeitung in V und W. Wiederum müssen lediglich die bisherigen Restproportionalkosten k_H als proportionale Kosten interpretiert werden. Die numerischen Ableitungen bleiben unter den auf S. 339 genannten Bedingungen ebenfalls gültig.

Zehntes Kapitel:

Programmautonomie in der Endstufe und Einführung von weiteren Zwischenproduktmärkten

Im folgenden soll die Brauchbarkeit von Verrechnungspreisen für den Fall untersucht werden, daß nicht nur zwischen U und V, sondern auch zwischen V und W Märkte für die Zwischenprodukte bestehen (201). Die bisherige organisatorische Einheit des Dispositionsbereiches VW wird aufgehoben. Der Dispositionsbereich X soll sein Programm aus Vereinfachungsgründen noch nicht selbständig wählen können, so daß die Betriebe U und X weiterhin eine organisatorische Einheit UX bilden.

I. Vorliegen eines Marktes nur zwischen den Weiterverarbeitungsstufen

Wenn die Dispositionsbereiche UX und V als organisatorische Einheit behandelt werden, liegt wieder ein zweistufiges Modell vor (202), das sich von dem bisher behandelten lediglich darin unterscheidet, daß mehrere Zwischenprodukte (A_i) gegenüber nur einem (H) vorhanden sind. Wie dies die Höhe der Verrechnungspreise beeinflußt, zeigen nachstehende Überlegungen:

A. Keine Wahlmöglichkeit hinsichtlich der Rohstoffart

Um die geeigneten Verrechnungspreise abzuleiten, sei zunächst auf einige der bisherigen Ergebnisse zurückgegriffen.

Solange kein Markt zwischen den Weiterverarbeitungsstufen besteht und UX sowie VW als Dispositionsbereiche zusammengefaßt

201) Der Fall, daß keine Zwischenproduktmärkte vorliegen, ist unproblematisch. Für alle Zwischenprodukte müssen die Restproportionalkosten k_H bzw. die anteiligen Restproportionalkosten zuzüglich der weiteren proportionalen Kosten $k_{Ai} = (h_{Ei} \cdot k_H + d_{Vi} + m_{Zi})$ als Verrechnungspreise festgesetzt werden. Wenn mehrere Rohstoffarten zur Wahl stehen, gelten analog die Ausführungen des neunten Kapitels.

202) Die für dieses zweistufige Modell gültigen Ergebnisse haben auch für das dreistufige (Programmautonomie in UX, V und W) Gültigkeit, weil der Verrechnungspreis für das Zwischenprodukt H, wenn kein Markt besteht, stets den Restproportionalkosten entspricht.

werden (vgl. erster Hauptteil und achtes Kapitel), ermittelt das Gesamtunternehmen das Optimalprogramm auf der Grundlage von Deckungsbeiträgen je LE für jedes Endprodukt, die - falls kein Markt für H besteht - nach der Formel

$$db_\lambda = \underbrace{\{e_A - (m_Z + d_V) - d_W\}_\lambda}_{VW} - \underbrace{h_{E\lambda} \cdot k_H}_{UX} \qquad (1)$$

gebildet werden.

Wenn ein Zwischenproduktmarkt für H vorliegt, hat das zweite Glied der Formel (UX) folgende Gestalt:

$h_{E\lambda} \cdot (MP + k_z)$ bzw. $h_{E\lambda} \cdot k_H$ (nur Zukauf);

$h_{E\lambda} \cdot (MP - k_v)$ bzw. $h_{E\lambda} \cdot k_H$ (nur Verkauf);

$h_{E\lambda} \cdot (MP - k_v)$ bzw. $h_{E\lambda} \cdot (MP + k_z)$ bzw. $h_{E\lambda} \cdot k_H$ (Zu- und Verkauf).

Wenn ein Engpaß besteht, wird das Programm mit Hilfe der Produktrangfolge gewählt, die man durch Bezug der Deckungsbeiträge je LE auf die Engpaßeinheit erhält. Wenn mehrere Engpässe bestehen, wird das lineare Programmieren angewendet, wobei die Deckungsbeiträge je LE zugrundegelegt werden.

Die Dispositionsbereiche UX und VW gelangen bei folgenden Verrechnungspreisen zum Optimalprogramm des Gesamtunternehmens:

$VP_H = k_H$ (Fehlen eines Zwischenproduktmarktes);

$VP_H = (MP + k_z)$ bzw. k_H (unbeschränkter Zukauf);

$VP_H = (MP - k_v)$ bzw. k_H (unbeschränkter Verkauf);

$VP_H = (MP - k_v)$ bzw. $(MP + k_z)$ bzw. k_H (unbeschränkter Zu- und Verkauf).

Die Formel zur Ermittlung der Deckungsbeiträge je LE lautet für den Dispositionsbereich VW bei internem Bezug

$$db_\lambda = \{e_A - (m_Z + d_V) - d_W\}_\lambda - h_{E\lambda} \cdot VP_H \quad . \qquad (2)$$

Der Dispositionsbereich UX erlangt bei einem Verrechnungspreis in Höhe der Restproportionalkosten

$$(VP_H = k_H)$$

nur die Deckung seiner proportionalen Kosten. Für den Fall, daß ihm als Verrechnungspreis der Verkaufserlös $(MP - k_v)$ vorgegeben wird, erzielt er dagegen einen positiven Deckungsbeitrag. Sein Ergebnis ist, wenn er VW beliefert, jeweils das gleiche, wie wenn er die Produktion einstellt bzw. am Markt verkauft

$$(\ VP_H = (MP - k_v)\ )\ .$$

Der Dispositionsbereich UX hat also kein Interesse an einer selbständigen Programmwahl; er erfüllt nur die Anforderungen des Dispositionsbereiches VW. Werden als Verrechnungspreis die Zukaufskosten $(MP + k_z)$ festgesetzt, so ist der Dispositionsbereich UX daran interessiert, die maximale Menge H zu fertigen und als H_u an VW abzugeben.

Im jetzt zu untersuchenden Fall, also bei Programmautonomie für die Dispositionsbereiche UVX und W lautet die Formel zur Ermittlung der Deckungsbeiträge je LE für das Gesamtunternehmen bei internem Bezug

$$db_\lambda = \underbrace{\{e_A - d_W\}_\lambda}_{W} - \underbrace{\{(m_Z + d_V)_\lambda + h_{E\lambda} \cdot k_H\}}_{UVX} \ , \qquad (3)$$

für den Dispositionsbereich W

$$db_\lambda = (e_A - d_W)_\lambda - a_{E\lambda} \cdot VP_{Ai} \quad (203)\ . \qquad (4)$$

203) Aus Tabelle 1 ist zu entnehmen, daß in W Gewichtsverluste im Fertigungsprozeß auftreten. Damit ergeben sich für die hier zur Wahl stehenden Produkte A_{111}, A_{211} und A_{311} folgende Anteile $a_{E\lambda}$ der Zwischenprodukte A_i an den Endprodukten:

$$a_{E111} = 1{,}0; \quad a_{E211} = 1{,}3; \quad a_{E311} = 1{,}2$$

Wenn man die Gleichungen 2 und 4 miteinander vergleicht, ergibt sich, daß im jeweils nachgeschalteten Dispositionsbereich (VW bzw. W) vom Erlösüberschuß je LE der Endprodukte nur solche Größen subtrahiert werden, die von den Endprodukten abhängig sind. Es bestehen also rein formal keinerlei Unterschiede zwischen den beiden Situationen, so daß die Verrechnungspreise für die Zwischenprodukte A_i analog festgesetzt werden könnten:

Verrechnungspreis für das Zwischenprodukt H	analoger Verrechnungspreis für die Zwischenprodukte A_i
Restproportionalkosten k_H	$\frac{(m_Z + d_V)_\lambda + h_{E\lambda} \cdot k_H}{a_{E\lambda}}$
Verkaufserlös $(MP - k_v)$ bzw. Zukaufskosten $(MP + k_z)$	$(MP - k_v)_{A_i}$ bzw. $(MP + k_z)_{A_i}$

Analog zu den Fällen, in denen der Dispositionsbereich UX nur seine proportionalen Kosten decken konnte

$$(VP_H = k_H) ,$$

würde der Dispositionsbereich UVX für jedes der von ihm herzustellenden Produkte A_i bei

$$VP_{Ai} = \frac{(m_Z + d_V)_\lambda + h_{E\lambda} \cdot k_H}{a_{E\lambda}}$$

ebenfalls nur die proportionalen Kosten vergütet erhalten. Er würde die vom Dispositionsbereich W angeforderten Mengen der einzelnen Zwischenprodukte im Rahmen seiner Kapazität herstellen, sofern ihm eine Liefervorschrift erteilt wird. Dieser Verrechnungspreis führt also, wie in der Vergleichssituation

$$VP_H = k_H ,$$

zu einem richtigen Ergebnis.

Die Analogie zu den Situationen, in denen der Dispositionsbereich UX einen positiven Deckungsbeitrag erzielen konnte $(VP_H > k_H)$, ist dagegen nicht mehr ohne weiteres gegeben. Der

Dispositionsbereich UVX hat jetzt nämlich, da statt eines Wertes für den Verkauf bzw. Zukauf - $(MP - k_V)$ bzw. $(MP + k_Z)$ - mehrere - $(MP - k_V)_{Ai}$ bzw. $(MP + k_Z)_{Ai}$ - vorliegen, ein Interesse an einer eigenen Programmwahl. Dies kann ihn, wenn die Verrechnungspreise analog gebildet würden

$$(VP_{Ai} = (MP - k_V)_{Ai} \text{ bzw. } VP_{Ai} = (MP + k_Z)_{Ai}),$$

in Konflikt mit den Interessen des Gesamtunternehmens bringen. Ein Zahlenbeispiel möge das veranschaulichen: Zur Wahl stehen die drei Endprodukte A_{111}, A_{211} und A_{311}, für welche die bekannten Daten (vgl. Tabelle 22) gelten. In V besteht ein Engpaß (T_{Vmax} = 50 Std.), die Märkte sind nicht begrenzt, und für die Zwischenprodukte A_1, A_2 und A_3 liegen folgende Marktsituationen vor:

Produkte	Marktsituation	$(MP-k_V)$ DM/t	$(MP+k_Z)$ DM/t	VP_{Ai} (gebildet nach dem oben erläuterten Analogieschluß) DM/t
A_1	unbeschränkter Verkauf	1.500	-	1.500 ∇)
A_2	unbeschränkter Zukauf	-	1.538	535 §)
A_3	unbeschränkter Zu- und Verkauf	1.667	2.083	1.667 ¶)

∇) Vgl. Tabelle S. 301

§) Der analoge Verrechnungspreis zu k_H ist

$$VP_A = k_A = \frac{1}{a_E} \cdot (m_Z + d_V + h_E \cdot k_H)$$

$$= \frac{75+140+1,2\cdot 400}{1,3}$$

$$= 535 \text{ DM/t} \quad \text{(vgl. Tabelle S. 298)} .$$

¶) Vgl. Tabelle S. 301

Das Gesamtunternehmen ermittelt das erfolgsoptimale Produkt mit Hilfe der engpaßbezogenen, auf je eine Stunde (V) entfallenden Deckungsbeiträge:

Produkte	db	t_V^{-1}	db_e	Rang
A_{111}	1.850 - 1.400 = 450 (Eigenproduktion) 1.500 - 1.400 = 100 (Verkauf am Markt)	7,0	2.450 {=(450-100)·7; unter Berücksichtigung von Opportunitätskosten}	(2)
A_{211}	2.575 - 695 =1.880 (Eigenproduktion) 2.575 - 1,3·1.538 =2.575 - 2.000 = 575 (Zukauf am Markt)	1,5	2.820	(1)
A_{311}	3.547 - 697 =2.850 (Eigenproduktion) 1,2·1.667-697 =2.000 - 697 =1.303 (Verkauf am Markt) 3.547-1,2·2.083 =3.547 - 2.500 =1.047 (Zukauf am Markt)	0,9	1.392 {=(2.850-1.303)·0,9; unter Berücksichtigung von Opportunitätskosten}	(3)

Die Kapazität in V wird also durch die Produktion von A_{211} ausgelastet.

Aufgrund der Verrechnungspreise ergibt sich für den Dispositionsbereich W dieselbe Rangfolge der Deckungsbeiträge je Engpaßeinheit (204):

Produkte	e_A-d_W	VP_{Ai}	$db=(e_A-d_W)-a_E\cdot VP_{Ai}$	a_{imax}	t_{Vx}^{-1} (205)	$db_e=db\cdot t_{Vx}^{-1}$	Rang
A_{111}	1.850	1.500	350	350	$1\cdot\frac{350}{100}=3{,}5$	1.225	(2)
A_{211}	2.575	535	1.880	97,5	$\frac{1}{1{,}3}\cdot\frac{97{,}5}{100}=0{,}75$	1.410	(1)
A_{311}	3.547	1.667	1.547	54	$\frac{1}{1{,}2}\cdot\frac{54}{100}=0{,}45$	696	(3)

204) Der Dispositionsbereich W kennt allerdings nicht die Werte t_V, sondern ihm werden von UVX die Maximalmengen der einzelnen Zwischenprodukte mitgeteilt, die dort nach der Formel

$$a_{imax}=\frac{T_{Vmax}}{t_{Vi}}\quad(=T_{Vmax}\cdot t_V^{-1}\cdot a_{E\lambda})$$ ermittelt werden.

205) W setzt für die Kapazität des Zwischenproduktengpasses in V einen fiktiven Wert (z.B. x = 100) fest. Dann ergibt sich die Ausbringung der

Der Dispositionsbereich UVX dagegen gelangt zu einer anderen Produktrangfolge:

Produkte	VP_{Ai} ∇)	k_{Ai}	db	t_{Vi}^{-1}	db_e	Rang
A_1	1.500 $(MP-k_v)$	1.400	100	7,0	700	(2)
A_2	535 (k_A)	535	0	1,95	0	(3)
A_3	1.667 $(MP-k_v)$	581	1.086	1,08	1.173	(1)

∇) Vgl. S. 370

Der Dispositionsbereich UVX muß also gezwungen werden, entgegen seinen Interessen das Zwischenprodukt A_2 herzustellen.

Auch wenn nur die beiden Produkte A_{111} und A_{311} zur Wahl stehen, führt, wie man sieht, der Verrechnungspreis

$$VP_{Ai} = (MP - k_v)_{Ai}$$

in UVX nicht zur Wahl des erfolgsoptimalen Produktes, da dort A_3 statt A_1 bevorzugt würde.

Wenn ein oder mehrere Produkte A_i am Zwischenproduktmarkt verkauft werden können, ist somit eine Programmautonomie mit festgesetzten Verrechnungspreisen in der Vorstufe (UVX) im allgemeinen nicht mehr möglich. In UVX müßten jeweils die proportionalen Kosten der Zwischenprodukte als Verrechnungspreise festgesetzt werden, mit der zusätzlichen Auflage, den Bedarf von W selbst dann zu erfüllen, wenn dies den Interessen von UVX widerspricht, weil ein oder mehrere Zwischenprodukte erfolgbringend am Markt verkauft werden können.

Zwischenprodukte A_i je Einheit dieses Engpasses aus der Formel

$$t_{Vxi}^{-1} = \frac{1}{x} \cdot a_{imax} ,$$

die Ausbringung der Endprodukte A_λ aus der Formel

$$t_{Vx\lambda}^{-1} = a_{E\lambda}^{-1} \cdot \frac{1}{x} \cdot a_{imax} .$$

B. Wahl zwischen mehreren Rohstoffarten

Bei organisatorischer Einheit von UX einerseits und VW andererseits war in folgenden Situationen eine uneingeschränkte Programmautonomie mit festgesetzten Verrechnungspreisen möglich (vgl. S. 339 und 363 ff.):

Engpaß- und Marktsituation	Verrechnungspreis
1) Kein Engpaß in UX, keine Rohstoffkontingentierungen, kein Zwischenproduktmarkt für H	$VP_H = k_{Hmin}$
2) Rohstoffkontingentierung(en), kein Produktionsengpaß, kein Zwischenproduktmarkt für H	$VP_H = k_H$ (für sämtliche Zwischenprodukt-"Arten")
3) Engpaß in VW, Zwischenproduktmarkt für H, keine Beschränkungen am Rohstoff- oder Zwischenproduktmarkt	
a) unbeschränkte Zukaufsmöglichkeit	$VP_H = k_{Hmin}$
b) unbeschränkte Verkaufsmöglichkeit	$VP_H = (MP - k_v)$
c) unbeschränkte Zu- und Verkaufsmöglichkeit	$VP_H = (MP - k_v)$
4) primärer Engpaß in UX, sekundärer in VW, Zwischenproduktmarkt für H, keine Beschränkungen am Rohstoff- oder Zwischenproduktmarkt	
a) unbeschränkte Zukaufsmöglichkeit	$VP_H = (MP + k_z)$
b) unbeschränkte Zu- und Verkaufsmöglichkeit	$VP_H = (MP + k_z)$

Sind nunmehr die Stufen U, X und V zusammengefaßt, so kommen - wenn überhaupt - auch nur die Situationen für eine autonome Programmwahl in Frage, die diesen vier Fällen analog sind. Die jetzt vorliegende Marktsituation - Zwischenproduktmarkt für A_i - entspricht lediglich Fall 3 und 4. Analog zum Vorgehen bei einer Rohstoffart lassen sich in der Fall 3a) entsprechenden Situation (Engpaß in W, Zwischenproduktmarkt für A_i, keine Beschränkungen am Rohstoff- oder Zwischenproduktmarkt, unbeschränkte Zukaufsmöglichkeit für A_i) die Ergebnisse unmittelbar übertragen. Die Dispositionsbereiche UVX und W gelangen bei den Verrechnungspreisen in Höhe des jeweiligen Minimums der proportionalen Kosten

$$VP_{Ai} = \{\frac{(m_Z + d_V)_\lambda + h_{E\lambda} \cdot k_{Hmin}}{a_{E\lambda}}\} \qquad (\text{mit } \lambda = ijk)$$

zum Optimalprogramm des Gesamtunternehmens, wobei UVX die Auflage erhält, den Bedarf von W zu decken.

In den Situationen, die den Fällen 3b) und 3c) sowie 4) entsprechen, führen dagegen die analog gebildeten Verrechnungspreise

$$VP_{Ai} = (MP - k_v)_i \quad \text{bzw.} \quad VP_{Ai} = (MP + k_z)_i$$

in UVX nicht zur Wahl des erfolgsoptimalen Zwischenproduktes, da der Dispositionsbereich UVX jetzt wegen der positiven Deckungsbeiträge der einzelnen Zwischenprodukte ein Interesse an einer eigenen Programmwahl hat. In UVX müßten jeweils die proportionalen Kosten der Zwischenprodukte als Verrechnungspreise festgesetzt werden mit der zusätzlichen Auflage, den Bedarf von W zu erfüllen, obwohl dies den Interessen von UVX widerspricht. Eine autonome Programmwahl ist hier also nicht mehr möglich.

II. Vorliegen eines Marktes nur für das Hauptkuppelprodukt

A. Keine Wahlmöglichkeit hinsichtlich der Rohstoffart

Behandelt man die Dispositionsbereiche UX und VW als organisatorische Einheiten und stent in UX nur ein Rohstoff zur Verfügung, so gelten für die Höhe des Verrechnungspreises VP_H die Ausführungen des achten Kapitels.

Der Dispositionsbereich VW ermittelt die Deckungsbeiträge je LE, die - eventuell erst nach Engpaßbezug - für die Produktrangfolge maßgeblich sind, nach der Formel

$$db_\lambda = \{e_A - (m_Z + d_V) - d_W\}_\lambda - h_{E\lambda} \cdot \begin{Bmatrix} VP_H & (\text{für } H_u) \\ (MP+k_z) & (\text{für } H_z) \end{Bmatrix} . \qquad (5)$$

Bei organisatorischer Trennung von V und W ergibt sich die Formel

$$db_\lambda = (e_A - d_W)_\lambda - \{(m_Z + d_V)_\lambda + h_{E\lambda} \cdot \begin{Bmatrix} VP_H \\ (MP+k_z) \end{Bmatrix}\} . \qquad (6)$$

Die Dispositionsbereiche V und W gelangen ebenfalls zum Optimalprogramm des Gesamtunternehmens, wenn als Verrechnungspreis für V

$$VP_{Ai} = \frac{(e_A - d_W)_\lambda}{a_{E\lambda}} \qquad (7)$$

und als Verrechnungspreis für W

$$VP_{Ai} = \frac{(m_Z + d_V)_\lambda + h_{E\lambda} \cdot \begin{Bmatrix} VP_H \\ (MP + k_z) \end{Bmatrix}}{a_{E\lambda}} \qquad (8)$$

festgesetzt werden, d.h. wenn V die Deckungsbeiträge der Zwischenprodukte A_i über die proportionalen Kosten in W gutgeschrieben werden und W mit den in V festgestellten proportionalen Kosten der Zwischenprodukte belastet wird. Hierbei ergeben sich in V und W nämlich die gleichen Deckungsbeiträge für die Zwischenprodukte A_i bzw. die Endprodukte wie für das Gesamtunternehmen. Daß die Programme übereinstimmen, sei an einem numerischen Beispiel verdeutlicht:

Für T_{Vmax} = 200 Stunden, h_{umax} = 500 Tonnen, $(MP + k_z)$ = = 800 DM/t und $(MP - k_v)$ = 700 DM/t ergab sich bei unbeschränkter Zu- und Verkaufsmöglichkeit für H folgendes Optimalprogramm (vgl. S. 294 und 304 f.):

Produkte	a	ME	T_V	h	DB
A_{111}	126	0,2338	18	63,0	56.708
A_{211}	168	1	112	201,6	315.840
A_{311}	63	1	70	63,0	179.550
H_v	-	-	-	172,4	51.720
Summe	-	-	200	500,0	603.818

Als Verrechnungspreis für H ergab sich $(MP - k_v)$. Dieser Verrechnungspreis wird auch jetzt bei organisatorischer Trennung von UX, V und W angewendet. Das Programm des Dispositionsbereiches UX lautet demnach:

Produkte	$\left\{\begin{matrix} VP_H & - k_H \\ (MP-k_v) & - k_H \end{matrix}\right\} = db$	h	DB (=db·h)
H_u	700 - 400 = 300	327,6	98.280
H_v	700 - 400 = 300	172,4	51.720
Summe	-	500,0	150.000

Die Verrechnungspreise für die Zwischenprodukte A_i sind dann:

Zwischenprodukte	V	W	
	$VP_{AVi} = a_{E\lambda}^{-1} \cdot (e_A - d_W)_\lambda$	$VP_{AWi} = a_{E\lambda}^{-1} \cdot \{(m_Z + d_V)_\lambda + h_{E\lambda} \cdot \left\{\begin{matrix} VP_H \\ (MP+k_z) \end{matrix}\right\}\}$	
		bei internem Bezug von H	bei Zukauf von H
A_1	$\frac{1.850}{1} = 1.850$	$\frac{1.550}{1} = 1.550$	$\frac{1.600}{1} = 1.600$
A_2	$\frac{2.575}{1,3} = 1.981$	$\frac{1.055}{1,3} = 812$	$\frac{1.175}{1,3} = 904$
A_3	$\frac{3.547}{1,2} = 2.956$	$\frac{997}{1,2} = 813$	$\frac{1.097}{1,2} = 914$

W teilt V die Mengen der Zwischenprodukte mit, die von ihm für die Produktion der maximal absetzbaren Mengen der einzelnen Endprodukte benötigt werden (a_{iWmax}); V informiert W über die maximal lieferbare Menge jedes Zwischenproduktes (a_{imax}). Damit ergeben sich folgende engpaßbezogene Deckungsbeiträge (je Stunde (V) bzw. Einheit des Zwischenproduktes) für die beiden Dispositionsbereiche V und W:

Dispositionsbereich V:

Zwischen-produkte	$VP_{AVi} - a_{E\lambda}^{-1} \cdot \{(m_Z+d_V)_\lambda + h_{E\lambda} \cdot \begin{Bmatrix} VP_H \\ (MP+k_z) \end{Bmatrix}\} = db_i$	t_{Vi}^{-1}	db_e
A_1	1.850 - 1.550 = 300	7,0	2.100
	1.850 - 1.600 = 250		1.750
A_2	1.981 - 812 = 1.169	1,95	2.280
	1.981 - 904 = 1.077		2.100
A_3	2.956 - 831 = 2.125	1,08	2.295
	2.956 - 914 = 2.042		2.205

Dispositionsbereich W:

Produkte	$(e_A-d_W)_\lambda - a_{E\lambda} \cdot VP_{AWi} = db_\lambda$	a_{imax}	t_{Vxi}^{-1} ∇) (mit x=1.000)	$t_{Vxi}^{-1} \cdot db_\lambda$
A_{111}	1.850 - 1.550 = 300	1.400	$1 \cdot \frac{1.400}{1.000} = 1,4$	420
	1.850 - 1.600 = 250			350
A_{211}	2.575 - 1.055 = 1.520	390	$\frac{1}{1,3} \cdot \frac{390}{1.000} = 0,3$	456
	2.575 - 1.175 = 1.400			420
A_{311}	3.547 - 997 = 2.550	216	$\frac{1}{1,2} \cdot \frac{216}{1.000} = 0,18$	459
	3.547 - 1.097 = 2.450			441

∇) Vgl. Fußnote 205, S. 371

Der Dispositionsbereich W ermittelt die Anteile der Kapazität von V, die er bei voller Ausnutzung der Absatzmöglichkeiten der einzelnen Endprodukte in Anspruch nimmt, indem er die maximal benötigte Menge der Zwischenprodukte A_i durch die maximal lieferbare Menge dividiert, d.h. den Quotienten

$$\frac{a_{\lambda max} \cdot a_{E\lambda}}{a_{imax}}$$

bildet. Jeder einzelne dieser Quotienten muß kleiner oder gleich 1 sein, da die Kapazität in V begrenzt ist; ebenso muß ihre Summe kleiner oder gleich 1 sein:

$$\sum \frac{a_{\lambda max} \cdot a_{E\lambda}}{a_{imax}} = \sum \frac{a_{\lambda max} \cdot t_{V\lambda}}{T_{Vmax}} = \frac{\sum T_{V\lambda max}}{T_{Vmax}} \leq 1$$

Solange die Summe dieser Quotienten kleiner oder gleich 1 ist, werden die Produkte gemäß der Reihenfolge der engpaßbezogenen Deckungsbeiträge in vollem Umfang gefertigt. Wenn sich bei Hinzufügung des nächstbesten Produkts eine größere Summe als 1 ergeben würde, so kann von diesem Produkt nur entsprechend weniger gefertigt werden. Damit ergibt sich für W folgendes Programm:

Dispositionsbereich W:

Produkte	$\frac{a_{\lambda max} \cdot a_{E\lambda}}{a_{imax}}$	a_λ	db	DB
A_{311}	$\frac{63 \cdot 1,2}{216} = 0,35$	63	2.550	160.650
A_{211}	$\frac{168 \cdot 1,3}{390} = 0,56$	168	1.520	255.360
A_{111}	$\frac{441 \cdot 1}{1.400} = 0,32$	126 $(=0,09^{\nabla)}\ \frac{1.400}{1})$	300	37.800
Summe	-	-	-	453.810

∇) 1,00 - 0,35 - 0,56 = 0,09 .

Das Programm des Dispositionsbereiches V lautet:

Produkte	a_i	T_V	db	$DB=a_i \cdot db$
A_3	75,6	70	2.125	160.650
A_2	218,4	112	1.169	255.310
A_1	126	18	300	37.800
Summe	-	200	-	453.760

Da die in V produzierten Zwischenproduktmengen genau mit denen übereinstimmen, die in W für die einzelnen Endproduktmengen benötigt werden ($a_i : a_{E\lambda} = a_\lambda$), sind die beiden Programme aufeinander abgestimmt. Wie leicht ersichtlich, entsprechen sie dem Optimalprogramm des Gesamtunternehmens (vgl. S. 376).

Beide Dispositionsbereiche weisen einen gleich hohen Deckungsbeitrag aus, da die Abweichungen auf Rundungsfehlern beruhen. Er unterscheidet sich um den in UX ausgewiesenen Deckungsbeitrag vom Deckungsbeitrag des Gesamtunternehmens.

Falls ein Zwischenproduktmarkt nur zwischen UX und V vorliegt, ist demnach für alle drei Dispositionsbereiche UX, V und W eine Programmautonomie bei festgesetzten Verrechnungspreisen unabhängig von der Marktsituation möglich. Allerdings müssen zwischen V und W unterschiedliche Annahme- und Abgabepreise vorgegeben werden. Für die Vorkalkulation des Periodengewinns gelten die auf S. 279 gemachten Einschränkungen, wobei der in V und W in gleicher Höhe ausgewiesene Deckungsbeitrag jedoch nur einmal berücksichtigt werden darf.

B. Wahl zwischen mehreren Rohstoffarten

Stehen in U mehrere Rohstoffarten zur Verfügung, so ergeben sich die Fälle, in denen bei organisatorischer Einheit von UX einerseits und VW andererseits eine Programmautonomie bei festgesetzten Verrechnungspreisen möglich ist, aus der Tabelle auf S. 373. Bei organisatorischer Trennung von V und W kommen unter den Voraussetzungen dieses Abschnitts nur die Fälle 3 und 4 in Betracht, bei denen ebenfalls angenommen ist, daß ein Zwischenproduktmarkt für H besteht.

In den entsprechenden Situationen (Engpaß in V oder W bzw. primärer Engpaß in UX, sekundärer in V oder W, keine Beschränkungen am Rohstoff- oder Zwischenproduktmarkt) ist eine Programmautonomie auch bei organisatorischer Trennung der Betriebe V und W möglich, wenn die Verrechnungspreise VP_{Ai} analog zum vorigen Abschnitt so bestimmt werden, daß die Programmwahl in V und W nach denselben Formeln für die Deckungsbeiträge je LE erfolgt wie im Dispositionsbereich VW.

III. Vorliegen von Märkten für das Hauptkuppelprodukt und zwischen den Weiterverarbeitungsstufen

Bestehen Zwischenproduktmärkte sowohl zwischen den Dispositionsbereichen UX und V als auch zwischen den Dispositionsbereichen V und W, so sind - falls keine Mengenbeschränkungen vorliegen - folgende 9 Marktsituationen denkbar:

		Markt zwischen V und W		
		Zukauf	Verkauf	Zu- und Verkauf
Markt zwischen U und V	Zukauf	1	4	7
	Verkauf	2	5	8
	Zu- und Verkauf	3	6	9

In den Fällen 4 bis 9, d.h. sobald bei einem oder mehreren Zwischenprodukten A_i ein Verkauf am Zwischenproduktmarkt möglich ist, kann die autonome Programmbestimmung aus den oben angeführten Gründen (Interesse von V an einer eigenen Programmwahl) zu einem nicht-optimalen Gesamtergebnis führen (206).

206) Falls in V nur ein Zwischenprodukt hergestellt würde, wäre auch in diesen Fällen - zumindest teilweise - noch eine Programmautonomie denkbar.

Deswegen soll die folgende Analyse auf die Situationen 1 bis 3, d.h. den Fall der unbeschränkten Zukaufsmöglichkeit am Zwischenproduktmarkt für A_i beschränkt werden. Zunächst wird dabei angenommen, daß nur eine Rohstoffart verwendet werden kann. Wenn sich herausstellt, daß es in diesem Fall noch sinnvoll ist, die drei Betriebe autonom über ihr Programm entscheiden zu lassen, wird die Analyse auf mehrere Rohstoffarten erweitert.

A. Unbeschränkte Zukaufsmöglichkeit in den Dispositionsbereichen der Weiterverarbeitung (V und W)

Das Gesamtunternehmen verwendet bei der Ermittlung des Optimalprogramms jeweils drei Deckungsbeiträge je LE für jedes Endprodukt (207):

$$db_1 = (e_A - d_W) - (m_Z + d_V) - h_E \cdot k_H \qquad \text{(bei Eigenproduktion)}$$

$$db_2 = (e_A - d_W) - (m_Z + d_V) - h_E \cdot (MP + k_z)_H \qquad \text{(beim Zukauf in V)}$$

$$db_3 = (e_A - d_W) - a_E \cdot (MP + k_z)_A \qquad \text{(beim Zukauf in W)}$$

Vergütet man den Dispositionsbereichen V und UX jeweils ihre (Rest-)Proportionalkosten, so werden sie die von W oder V angeforderten Mengen der Zwischenprodukte A_i bzw. H liefern.

Diese Forderung ist für die Verrechnungspreise

$$VP_H = k_H \qquad \text{für den Dispositionsbereich UX sowie}$$

$$VP_A = k_A = \frac{(m_Z + d_V) + h_E\, k_H}{a_E} \qquad \text{(bei Eigenproduktion) und}$$

$$VP_A = \frac{(m_Z + d_V) + h_E \cdot (MP + k_z)_H}{a_E} \qquad \text{(beim Zukauf in V)}$$

für den Dispositionsbereich V erfüllt. Wie leicht ersichtlich, ermittelt auch der Dispositionsbereich W bei diesen Verrech-

207) Die Indizes λ und i sind im folgenden der Einfachheit halber weggelassen.

nungspreisen das Optimalprogramm des Gesamtunternehmens, weil er zu den gleichen Deckungsbeiträgen wie das Gesamtunternehmen gelangt. In diesem Falle ist also eine Programmautonomie bei festgesetzten Verrechnungspreisen möglich; allerdings müssen zwischen V und W jeweils zwei Verrechnungspreise für jedes Zwischenprodukt vorgegeben werden (208). Tritt ein Engpaß lediglich in V auf, so ergibt sich für jedes Zwischenprodukt nur ein Verrechnungspreis VP_A, da der gesamte Bedarf des Dispositionsbereiches V an H entweder von UX (H_u) oder vom Markt bezogen wird (H_z).

Stehen in U mehrere Rohstoffarten zur Verfügung, so ist aus der Tabelle auf Seite 373 zu ersehen, daß eine Programmautonomie bei festgesetzten Verrechnungspreisen nur in Analogie zu Fall 3a) möglich ist, da alle anderen Fälle nicht der hier vorliegenden Marktsituation (unbeschränkte Zukaufsmöglichkeit) entsprechen bzw. da V ein Interesse an einer eigenen Programmwahl hat (vgl. S. 374, Fall 4a). Liegt ein Engpaß also lediglich in W vor und bestehen keinerlei Beschränkungen am Rohstoff- oder Zwischenproduktmarkt, ist nur statt k_H der Wert k_{Hmin} in die Formel einzusetzen.

B. Unbeschränkte Verkaufsmöglichkeit im Dispositionsbereich "Kuppelproduktion und Nebenproduktverarbeitung" (UX), unbeschränkte Zukaufsmöglichkeit im Dispositionsbereich der Endverarbeitung (W)

Das Gesamtunternehmen ermittelt das Optimalprogramm anhand folgender Deckungsbeiträge je LE:

$$db_1 = (e_A - d_W) - a_E \cdot (MP + k_z)_A \qquad \text{(beim Zukauf in W)}$$

208) Da es im Interesse von V liegt, von W den höheren Verrechnungspreis

$$VP_A = \frac{(m_Z + d_V) + h_E \cdot (MP + k_z)_H}{a_E}$$

auch für solche Zwischenproduktmengen zu erhalten, zu deren Herstellung eigenproduziertes H verwandt wurde, muß sichergestellt sein (z.B. durch eine entsprechende Nachweispflicht gegenüber W), daß V den höheren Verrechnungspreis nur für die Mengen A vergütet bekommt, die mit zugekauftem H produziert sind.

und

$$db_2 = (e_A-d_W)-(m_Z+d_V)-h_E \cdot k_H-h_E \cdot \{(MP-k_V)-k_H\}$$

$$= (e_A-d_W)-(m_Z+d_V)-h_E \cdot (MP-k_V)$$

(bei Eigenproduktion, Berücksichtigung des möglichen Verkaufs in UX durch Ansatz des Marktpreises $(MP-k_V)$ für H)

Setzt man für H den Verrechnungspreis

$$VP_H = (MP - k_V)$$

fest, so liefert der Dispositionsbereich UX, falls er verpflichtet ist, V vor dem Markt zu beliefern, im Rahmen seiner Kapazität jede von V gewünschte Menge H. Ebenso liefert der Dispositionsbereich V bei einem Verrechnungspreis in Höhe seiner proportionalen Kosten

$$VP_A = \frac{(m_Z+d_V) + h_E \cdot VP_H}{a_E}$$

$$= \frac{(m_Z+d_V) + h_E \cdot (MP-k_V)}{a_E}$$

im Rahmen seiner Kapazität jede vom Dispositionsbereich W gewünschte Menge der Zwischenprodukte A.

Da der Dispositionsbereich W bei diesem Verrechnungspreis zum Optimalprogramm des Gesamtunternehmens gelangt

$$\{db = (e_A-d_W) - a_E \cdot VP_A$$

$$= (e_A-d_W) - (m_Z+d_V) - h_E \cdot (MP-k_V)\} \quad ,$$

ist auch in diesem Fall eine Programmautonomie bei festgesetzten Verrechnungspreisen möglich.

Kann in U zwischen mehreren Rohstoffarten gewählt werden, so kommt wie unter A eine autonome Programmbestimmung bei festgesetzten Verrechnungspreisen nur noch in Analogie zu Fall 3a) in Frage. Ein Engpaß darf also nur in W vorliegen, und an den Rohstoff- oder Zwischenproduktmärkten dürfen keine Mengenbeschränkungen bestehen. Für die Verrechnungspreise VP_H und VP_A ergeben sich keine Änderungen.

C. Unbeschränkte Zu- und Verkaufsmöglichkeit zwischen der Kuppelproduktionsstufe (U) und der Weiterverarbeitungsstufe (V), unbeschränkte Zukaufsmöglichkeit im Dispositionsbereich der Endverarbeitung (W)

Das Gesamtunternehmen ermittelt das Optimalprogramm anhand dreier Deckungsbeiträge je LE für jedes Produkt:

$$db_1 = (e_A-d_W)-(m_Z+d_V)-h_E \cdot k_H-h_E \cdot \{(MP-k_v)-k_H\}$$

$$= (e_A-d_W)-(m_Z+d_V)-h_E \cdot (MP-k_v)$$ (bei Eigenproduktion, Berücksichtigung des möglichen Verkaufs in UX durch Ansatz von $(MP-k_v)$ für H);

$$db_2 = (e_A-d_W)-a_E \cdot (MP+k_z)_A$$ (beim Zukauf in W);

$$db_3 = (e_A-d_W)-(m_Z+d_V)-h_E \cdot (MP+k_z)_H$$ (beim Zukauf in V)

Es zeigt sich, wie schon in den beiden vorhergehenden Abschnitten, daß es bei Vorhandensein nur eines Rohstoffes noch möglich ist, die Programmwahl der Teilbetriebe mit Hilfe von festgesetzten Verrechnungspreisen zu optimieren.

Als Verrechnungspreise sind für H

$$VP_H = (MP-k_v)_H$$

und für A

$$VP_A = \frac{(m_Z+d_V)+h_E \cdot (MP-k_v)_H}{a_E}$$ (bei Eigenproduktion) bzw.

$$VP_A = \frac{(m_Z+d_V)+h_E \cdot (MP+k_z)_H}{a_E}$$ (beim Zukauf in V)

festzusetzen. Der Dispositionsbereich W gelangt damit zu den gleichen Formeln für die Deckungsbeiträge wie das Gesamtunternehmen (db_1 und db_3) (209).

Stehen dagegen mehrere Rohstoffarten zur Verfügung, gilt dasselbe wie unter A. und B.: Eine Programmautonomie bei festgesetzten Verrechnungspreisen (denselben wie bei Vorhandensein nur einer Rohstoffart) ist nur möglich, wenn ein Engpaß lediglich in W vorliegt und an den Rohstoff- oder Zwischenproduktmärkten keine Mengenbeschränkungen bestehen.

IV. Zusammenfassung und Übertragung auf andere Produktionsstrukturen

Zusammenfassend läßt sich sagen, daß bei Programmautonomie der drei Dispositionsbereiche UX, V und W nur noch in Einzelfällen mit Hilfe von Verrechnungspreisen zwangsläufig das Optimalprogramm des Gesamtunternehmens erreicht wird.

Besteht ein Markt nur zwischen den Weiterverarbeitungsstufen V und W und ist nur eine Rohstoffart vorhanden, so ist eine Programmautonomie bei festgesetzten Verrechnungspreisen nur noch in Analogie zu den Fällen möglich, in denen der Dispositionsbereich UX bei organisatorischer Einheit von V und W nur seine proportionalen Kosten decken kann. Das trifft einmal dann zu, wenn kein Markt für das Hauptkuppelprodukt H besteht und zum anderen dann, wenn man H lediglich unbeschränkt zukaufen kann. Der analoge Fall zur ersten Möglichkeit ist hier nicht gegeben, weil ein Markt zwischen V und W vorliegt. Im anderen analogen Fall, d.h. bei unbeschränkter Zukaufsmöglichkeit für die Zwischenprodukte A_i, müssen als Verrechnungspreise für H die Restproportionalkosten k_H, für die Zwischenprodukte A_i die proportionalen Kosten

$$\frac{(m_Z+d_V)_\lambda + h_{E\lambda} \cdot VP_H}{a_{E\lambda}} = \frac{(m_Z+d_V)_\lambda + h_{E\lambda} \cdot k_H}{a_{E\lambda}}$$

vorgegeben werden. Auch bei mehreren Rohstoffarten kann man diese Verrechnungspreise verwenden, falls ein Engpaß nur in

209) Die Zukaufsmöglichkeit in W wird von W ohnehin ebenso wie vom Gesamtunternehmen berücksichtigt.

W vorliegt und keine Beschränkungen am Rohstoff- oder Zwischenproduktmarkt bestehen. Dabei muß lediglich k_H durch k_{Hmin} ersetzt werden.

Liegt ein Markt nur zwischen UX und V, also für das Hauptkuppelprodukt H vor und steht in U nur eine Rohstoffart zur Verfügung, so gelten für die Höhe des Verrechnungspreises VP_H die Ergebnisse des achten Kapitels. Zwischen V und W müssen unterschiedliche Annahme- und Abgabepreise für die Zwischenprodukte vorgegeben werden: In V wird bei jeder Marktsituation jeweils die Differenz zwischen dem Erlös des Endprodukts und den proportionalen Kosten der Weiterverarbeitung in W - bezogen auf die Zwischenprodukteinheit - als Verrechnungspreis festgesetzt. In W hängt der Verrechnungspreis der Zwischenprodukte A_i von der Marktsituation zwischen UX und V ab. Der Verrechnungspreis wird jeweils aus den proportionalen Kosten der Zusatzstoffe Z_i und der Weiterverarbeitung in V sowie dem Teil des Verrechnungspreises bzw. des Zukaufspreises für H gebildet, der der benötigten Menge H entspricht. Bei der Vorkalkulation des Periodengewinns treten in jedem Fall Differenzen zwischen den Teilgewinnen der Dispositionsbereiche und dem Effektivgewinn des Gesamtunternehmens auf, die durch entsprechende Korrekturformeln zu berücksichtigen sind.

Kann man in U zwischen mehreren Rohstoffarten wählen, so ist eine Programmautonomie bei festgesetzten Verrechnungspreisen nur noch möglich, wenn ein primärer oder sekundärer Engpaß lediglich in V oder W vorliegt und keine Mengenbeschränkungen am Rohstoff- oder Zwischenproduktmarkt bestehen. Für die Verrechnungspreise zwischen V und W (VP_{Ai}) gilt das gleiche wie bei nur einer Rohstoffart; es treten also wiederum Differenzen bei der Vorkalkulation des Periodengewinns auf. Für das Hauptkuppelprodukt H ist die Höhe des Verrechnungspreises von der Marktsituation abhängig: Falls H nur zugekauft werden kann, wird das Minimum der Restproportionalkosten k_{Hmin}, andernfalls der Verkaufserlös ($MP - k_V$) als Verrechnungspreis VP_H vorgegeben.

Liegen Märkte zwischen den Dispositionsbereichen UX und V sowie zwischen V und W vor und steht nur eine Rohstoffart zur Verfügung, so ist eine Programmautonomie mit Hilfe von Verrechnungspreisen lediglich bei unbeschränkter Zukaufsmöglichkeit in W zu verwirklichen. Der Verrechnungspreis für das Hauptkuppelprodukt VP_H wird bei unbeschränkter Zukaufsmöglichkeit in V in Höhe der Restproportionalkosten k_H, bei unbeschränkter Verkaufsmöglichkeit und unbeschränkter Zu- und Verkaufsmöglichkeit dagegen in Höhe des Verkaufserlöses $(MP - k_V)$ festgesetzt. Die Verrechnungspreise für die Zwischenprodukte A_i lauten

$$VP_{Ai} = \frac{(m_Z+d_V)_\lambda + h_{E\lambda} \cdot VP_H}{a_{E\lambda}}$$

und (bei Zukauf von H)

$$VP_{Ai} = \frac{(m_Z+d_V)_\lambda + h_{E\lambda} \cdot (MP+k_Z)_H}{a_{E\lambda}} \quad .$$

Sind mehrere Rohstoffarten verfügbar, ist eine Programmautonomie bei festgesetzten Verrechnungspreisen nur noch möglich, wenn ein Engpaß lediglich in W vorliegt und an den Rohstoff- bzw. Zwischenproduktmärkten keine Mengenbeschränkungen bestehen. Ist in V lediglich der Zukauf unbegrenzt möglich, so muß in die Formeln für die Verrechnungspreise bei Vorhandensein nur einer Rohstoffart statt k_H der Wert k_{Hmin} eingesetzt werden. Bei den anderen Marktsituationen zwischen U und V ergeben sich keine Änderungen für die Verrechnungspreise VP_H und VP_A.

Diese Ergebnisse lassen sich wiederum ohne Schwierigkeiten auf den Fall der einfachen Produktion in U mit wechselnder Weiterverarbeitung in V und W übertragen. Wie schon bisher müssen hierfür lediglich die Restproportionalkosten k_H als proportionale Kosten gedeutet werden. Die numerischen Ableitungen bleiben ebenfalls gültig, wenn man die Rohstoffkosten in Tabelle 23 auf 170 DM/t für R_I bzw. auf 36,25 DM/t für R_{II} festsetzt.

Elftes Kapitel:

Programmautonomie in der Nebenproduktverarbeitung und Einführung eines Marktes für das Nebenkuppelprodukt

Im folgenden soll das Betriebsmodell dahingehend erweitert werden, daß die Stufe X verselbständigt wird und durch Änderung der Daten der Kostenrechnung die Möglichkeit erhält, ihr Programm autonom zu bestimmen.

Es wird angenommen, daß aus dem Kuppelprodukt L in X zwei Endprodukte B_1 und B_2 gefertigt werden können und daß die eingesetzten und ausgebrachten Mengen jeweils übereinstimmen (l_E = 1). Dabei möge das Produkt B_1 dem bisher ausschließlich herstellbaren Produkt B entsprechen:

Produkte	e_B	t_X	d_X ∇)	$db_X=e_B-d_X$	db_e (je Std. X)
B_1	225	0,4	65	160 (1)	400 (2)
B_2	150	0,16	26	124 (2)	775 (1)

∇) Die proportionalen Kosten je Stunde X betragen 162,50 DM.

Für das Nebenkuppelprodukt L bestehe zunächst kein Markt (210). Weiterhin sollen zur Vereinfachung der Darstellung keinerlei Mengenbeschränkungen an den Rohstoff-, Zwischenprodukt- und Endproduktmärkten vorliegen. Unter diesen Voraussetzungen ist wiederum zu prüfen, inwieweit man mit Hilfe von Verrechnungspreisen die Programmwahl in den Stellen U, X und VW so lenken kann, daß die einzelnen Dispositionsbereiche das Optimalprogramm des Gesamtunternehmens anstreben.

210) Dieser Fall wird in Abschnitt III behandelt werden.

I. Fehlen eines Marktes für das Hauptkuppelprodukt

Solange ein oder mehrere Engpässe in den Dispositionsbereichen U oder VW bestehen, ermittelt das Gesamtunternehmen sein Optimalprogramm ebenso wie bei organisatorischer Einheit von U und X. Dabei stellt der Dispositionsbereich X das Produkt mit dem höchsten Deckungsbeitrag je LE (B_1) her. Die Daten dieses Produktes gehen in die Errechnung des Verrechnungspreises für H ein. Da im numerischen Beispiel das Produkt B_1 mit db_{Xmax} = 160 DM/t mit dem früher verwendeten Produkt B identisch ist, stimmen die Ergebnisse völlig überein. Die Formel zur Ermittlung der Restproportionalkosten je Tonne H lautet für das Gesamtunternehmen (211)

$$k_H = (m_H + d_U) - \frac{1}{p} \cdot (e_B - d_X)_{max} ,$$

für den Dispositionsbereich U

$$k_H = (m_H + d_U) - \frac{1}{p} \cdot VP_L .$$

Hieraus ergibt sich für U ein Verrechnungspreis von

$$VP_L = (e_B - d_X)_{max} = db_{Xmax} .$$

Da in X bei jedem Verrechnungspreis

$$VP_L \leqq db_{Xmax}$$

dasselbe Produkt hergestellt wird, führt der Verrechnungspreis

$$VP_L = db_{Xmax}$$

in beiden Dispositionsbereichen zum Optimalprogramm des Gesamtunternehmens. Für X muß dabei eine Abnahmeverpflichtung bestehen, da X bei diesem Verrechnungspreis das gleiche Ergebnis aufweist wie wenn es die Produktion einstellt.

211) Die Indizes für die einzelnen Rohstoffarten sind weggelassen.

Bei jedem anderen Verrechnungspreis können sich Abweichungen vom Optimalprogramm ergeben, weil sich die absolute Höhe und eventuell auch die Rangfolge der Werte für die Restproportionalkosten k_H ändern.

A. Engpaß im Dispositionsbereich "Nebenproduktverarbeitung" (X)

a) Programm des Gesamtunternehmens

Die Kapazität in X sei auf 16 Stunden beschränkt. Das Gesamtunternehmen habe die Wahl zwischen den drei Endprodukten A_{112}, A_{511} und A_{611}, für die jeweils zwei Herstellungsverfahren (mit R_I und R_{II}) mit wiederum jeweils zwei Werten für k_H (Herstellung von B_1 oder B_2) in Frage kommen. Da der engpaßbezogene Deckungsbeitrag je Stunde (X)

$$db_{eX} = (e_B - d_X) \cdot t_X^{-1}$$

für das Nebenendprodukt B_2 größer ist als für B_1 und da

$$t_{X2} < t_{X1} \quad \text{(vgl. Tabelle S. 388)}$$

gilt, wird B_2 hergestellt (212).

Das erfolgsoptimale Endprodukt wird durch folgende Überlegung bestimmt: Die Menge H_I oder H_{II}, welche mit der zur Herstellung von B_2 erforderlichen Menge L gekoppelt ist, muß so erfolgbringend wie möglich verwertet werden. Dies ist offenbar bei dem Produkt der Fall, bei dem der Erlösüberschuß über die proportionalen Kosten der Weiterverarbeitung und des Vertriebs, bezogen auf die Tonne H, am größten ist. Von den zur Wahl stehenden Endprodukten wird demnach das Produkt A_{112} hergestellt,

212) Es genügt in der vorliegenden Situation nicht, sich nur nach den engpaßbezogenen Deckungsbeiträgen zu richten. Die Bearbeitungszeiten je Tonne B_1 und B_2 bestimmen nämlich die insgesamt herstellbaren Mengen an B_1 oder B_2 und damit auch direkt (wegen $l_E = 1$) die jeweils zu verarbeitenden, unterschiedlichen Mengen des Nebenprodukts L. Diese unterschiedlichen Mengen des Nebenprodukts L sind aber ihrerseits wieder mit jeweils bestimmten Mengen des Hauptproduktes H und damit mit unterschiedlichen Erfolgsmöglichkeiten gekoppelt.

für das zs_1/h_E den höchsten Wert aufweist.

Diese Überlegung läßt sich auch formelmäßig bestätigen. Die Formel der engpaßbezogenen Deckungsbeiträge je Stunde (X) lautet für das Gesamtunternehmen

$$db_{e\lambda} = t_X^{-1} \cdot \{(e_B - d_X) + p \cdot \frac{zs_{1\lambda}}{h_{E\lambda}} - p \cdot (m_H + d_U)\} \quad .$$

Aus der Umformung

$$db_{e\lambda} = \frac{p}{t_X} \cdot \{\frac{1}{p} \cdot (e_B - d_X) + \frac{zs_{1\lambda}}{h_{E\lambda}} - (m_H + d_U)\}$$

$$= \frac{p}{t_X} \cdot \frac{zs_{1\lambda}}{h_{E\lambda}} + \frac{p}{t_X} \cdot \{\frac{1}{p} \cdot (e_B - d_X) - (m_H + d_U)\}$$

ergibt sich, daß die Rangfolge der Endprodukte jeweils unabhängig von der Wahl der Rohstoffart oder des Nebenendproduktes ist, da der Wert der geschweiften Klammer nicht vom Endprodukt abhängt und p/t_X bei Wahl einer bestimmten Rohstoffart und eines bestimmten Nebenendproduktes konstant ist. Es wird also das Produkt mit

$$(\frac{zs_1}{h_E})_{max}$$

gefertigt. Die zu verwendende Rohstoffart kann durch einen Vergleich der auf je eine Tonne B_2 bezogenen Deckungsbeiträge dieses Produktes (A_{112}) bestimmt werden:

Erlösüberschuß aus dem Verkauf einer Tonne B_2 $(e_B - d_X)$	DM/t	124	
Rohstoffart	-	R_I	R_{II}
$p = \frac{h}{b}$	t/t	2	0,5
Endprodukt	-	A_{112}	A_{112}
Erlösüberschuß aus dem Verkauf einer Tonne H (zs_1/h_E)	DM/t	1.480	1.480
Umrechnung auf eine Tonne B_2: $p \cdot \frac{zs_1}{h_E}$	DM/t	2.960	740
proportionale Kosten in U je Tonne B_2 $p \cdot (m_H + d_U)$	DM/t	960	270
db je Tonne B_2: $p \cdot \frac{zs_1}{h_E} + (e_B - d_X) - p \cdot (m_H + d_U)$	DM/t	2.124	594

Demnach wird das Produkt A_{112I} mit

$$db_e = db \cdot t_X^{-1} = 2.124 \cdot \frac{1}{0,16} = 13.275 \text{ DM/Std.(X)}$$

gewählt, so daß das Programm folgendermaßen lautet:

Produkt	Nebenend-produkt	Rohstoff-art	$l = b_2 = \frac{T_X}{t_{X2}}$	$h = l \cdot p$	$a = \frac{h}{h_E}$	DB
A_{112}	B_2	R_I	100	200	400	212.400

Zu diesem Programm gelangt man auch durch lineares Programmieren, wenn man sämtliche Produkte und Produktvarianten mit den ihnen zuzuordnenden Deckungsbeiträgen berücksichtigt (vgl. Matrix 29).

b) Programm des Dispositionsbereiches VW

Da das Produkt mit $(ZS_1/h_E)_{max}$ - A_{112} - gefertigt werden soll, muß der Verrechnungspreis für H lediglich der Bedingung

$$VP_H < \left(\frac{ZS_1}{h_E}\right)_{max} = 1.480 \text{ DM/t}$$

genügen.

c) Programm des Dispositionsbereiches X

Der Dispositionsbereich X ermittelt das erfolgsoptimale Produkt nach der Formel

$$db_e = t_X^{-1} \cdot (db_X - VP_L) = t_X^{-1} \cdot db_X - t_X^{-1} \cdot VP_L \quad .$$

Im numerischen Beispiel ergibt sich

$$db_{e1} = 400 - 2{,}5 \cdot VP_L$$

sowie

$$db_{e2} = 775 - 6{,}25 \cdot VP_L \; .$$

Daraus errechnet sich der "Grenzverrechnungspreis"

$$VP_S = \frac{775 - 400}{6{,}25 - 2{,}5} = \frac{375}{3{,}75} = 100 \text{ DM/t}$$

(vgl. S. 330 f.). Der Dispositionsbereich X stellt also das Produkt B_2 bei jedem Verrechnungspreis

$$VP_L < VP_S = 100 \text{ DM/t}$$

her.

d) Programm des Dispositionsbereiches U

Der Dispositionsbereich U ermittelt das für ihn erfolgsoptimale Verfahren zur Herstellung des Zwischenproduktes H anhand der Formel

$$db = (VP_H + \frac{1}{p} \cdot VP_L) - (m_H + d_U) \quad .$$

Im numerischen Beispiel ergibt sich

$$db_I = (VP_H + 0{,}5 \cdot VP_L) - 480$$

und

$$db_{II} = (VP_H + 2 \cdot VP_L) - 540 \text{ DM/t} \quad .$$

Daraus errechnet sich

$$VP_S = \frac{VP_H - 480 - VP_H + 540}{2 - 0{,}5} = 40 \text{ DM/t} \ .$$

Der Dispositionsbereich U verwendet demnach die Rohstoffart R_I bei jedem Verrechnungspreis

$$VP_L < VP_S = 40 \text{ DM/t} \ .$$

Für VP_H gilt dann

$$VP_H \geq (m_H + d_U)_I - \frac{1}{p_I} \cdot VP_L \quad .$$

Es zeigt sich also, daß die Verrechnungspreise erst festgesetzt werden können, nachdem das Gesamtunternehmen die erfolgsoptimale Produktvariante ermittelt hat. Es erscheint kaum möglich, in diesem Fall noch von Programmautonomie bei festgesetzten Verrechnungspreisen zu sprechen. Im numerischen Beispiel ergeben sich die optimalen Einzelprogramme z.B. für

$$VP_L = 30 \text{ DM/t} < VP_{SU} = 40 \text{ DM/t} < VP_{SX} = 100 \text{ DM/t}$$

und

$$VP_H = 470 \text{ DM/t} \qquad \left(> (m_H + d_U)_I - \frac{1}{p_I} \cdot VP_L = 480 - \frac{1}{2} \cdot 30 = 465 \text{ DM/t}\right)$$

$$\left(< \left(\frac{zs_1}{h_E}\right)_{max} = 1.480 \text{ DM/t}\right):$$

<u>Dispositionsbereich X</u>: 100 Tonnen B_2;

$$DB_X = 100 \cdot (db_X - VP_L) = 100 \cdot (124-30) = 9.400 \text{ DM}$$

<u>Dispositionsbereich U</u>: 200 Tonnen H und 100 Tonnen L (aus R_I);

$$DB_U = 200 \cdot \{(470 + \frac{1}{2} \cdot 30) - 480\} = 200 \cdot 5 = 1.000 \text{ DM}$$

<u>Dispositionsbereich VW</u>: 400 Tonnen A_{112};

$$DB_{VW} = 400 \cdot (zs_1 - h_E \cdot VP_H) = 400 \cdot 505 = 202.000 \text{ DM}$$

Die Summe der drei Teil-Deckungsbeiträge beträgt

$$DB_X + DB_U + DB_{VW} = 9.400 \text{ DM} + 1.000 \text{ DM} + 202.000 \text{ DM} = 212.400 \text{ DM} .$$

Falls für alle Nebenendprodukte B

$$db_X = (e_B - d_X) < 0$$

gilt, wird VP_L negativ, d.h. U wird für die Lieferung von L an X belastet. Dieser Fall tritt dann ein, wenn L in U nicht vernichtet werden kann oder wenn dadurch Kosten verursacht würden, die die Differenz $(d_X - e_B)$ überschreiten.

B. Engpässe in den Dispositionsbereichen "Nebenproduktverarbeitung" (X) und "Weiterverarbeitung" (V)

Die Kapazität betrage in X T_{Xmax} = 16 Stunden und in V T_{Vmax} = 40 Stunden.

Das Gesamtunternehmen ermittelt das Optimalprogramm, da zwei Engpässe vorliegen, durch lineares Programmieren (vgl. Matrix 30):

Produkte	Nebenendprodukte	db	a	h	l	T_X	T_V	DB
A_{112II}	B_2	594	39,9	20,0	40,0	4	5,7	23.701
A_{112I}	B_2	531	240,4	120,2	60,1	6	34,3	127.652
Summe	-	-	280,3	140,2	100,1	10	40,0	151.353

Die Verrechnungspreise für die Dispositionsbereiche U und X könnten nach ähnlichen Überlegungen wie im vorhergehenden Abschnitt festgesetzt werden. Da aber jetzt in U die Rohstoffarten R_I und R_{II} verwendet werden müssen, obwohl dort kein Engpaß vorliegt, kommt man nicht mehr ohne zusätzliche Vorschriften hinsichtlich der Liefermengen aus. Eine Programmautonomie bei festgesetzten Verrechnungspreisen erscheint hier also nicht mehr möglich.

II. Vorliegen eines Marktes für das Hauptkuppelprodukt

Solange kein Engpaß in X vorliegt, gilt bei organisatorischer Einheit von U und X wie unter I. (vgl. S. 388 f.), daß das Nebenendprodukt mit dem höchsten Deckungsbeitrag je LE (B_1) hergestellt wird. Bei Programmautonomie von U und X gilt also wiederum

$$VP_L = db_{Xmax} \quad ,$$

wobei X zur Abnahme von L verpflichtet sein muß.

Auf den Verrechnungspreis für H treffen die Ergebnisse der entsprechenden Abschnitte (vgl. S. 265 ff.) zu.

Für den Fall eines primären Engpasses in X (T_{Xmax} = 16 Std., T_{Umax} = 100 Std., T_{Vmax} = 100 Std.) soll im folgenden am Beispiel unbeschränkter Zukaufsmöglichkeit für H mit $(MP + k_z)$ = = 1.220 DM/t gezeigt werden, wie das Optimalprogramm ermittelt wird: Das Unternehmen hat zunächst zu prüfen, ob es zweckmäßiger ist, H in U zu produzieren oder es am Markt zu kaufen und die Produktion in U und X einzustellen. Um dies zu entscheiden, werden die Restproportionalkosten der einzelnen Kombinationen zwischen den Herstellungsmöglichkeiten für H und den Herstellungsmöglichkeiten in X mit den Kosten beim Zukauf vom Markt verglichen:

Herstellungsmöglichkeiten für H und in X	R_I		R_{II}		Kauf am Markt
	B_1	B_2	B_1	B_2	
$e_B - d_X$	160	124	160	124	
$\frac{1}{p} \cdot (e_B - d_X)$	80	62	320	248	
$m_H + d_U$	480	480	540	540	
$(m_H+d_U) - \frac{1}{p} \cdot (e_B-d_X)$	400	418	220	292	1.220

In jedem Fall ist also die Produktion von H in U günstiger als der Kauf der entsprechenden Menge am Zwischenproduktmarkt.

Bei voller Auslastung der knappen Kapazität von X fällt in U jedoch stets weniger H an als in V erfolgbringend verarbeitet werden kann. Die maximal in U anfallenden Mengen H (h_{max}) betragen

$$h_{max} = T_{Xmax} \cdot t_X^{-1} \cdot p \quad :$$

H_I	B_1	16 · 2,5 · 2 = 80 (t)
	B_2	16 · 6,25 · 2 = 200 (t)
H_{II}	B_1	16 · 2,5 · 0,5 = 20 (t)
	B_2	16 · 6,25 · 0,5 = 50 (t)

Demgegenüber können in V bei voller Auslastung folgende Mengen von H verarbeitet werden:

$$T_{Vmax} \cdot t_V^{-1} \cdot h_E$$

A_{112}: 100 · 7,0 · 0,5 = 350 (t)
A_{511}: 100 . 5,0 · 1,0 = 500 (t)
A_{611}: 100 · 3,5 · 0,8 = 280 (t)

Es wird also ein Zukauf von H am Markt in Betracht gezogen. Analog zu früheren Überlegungen (vgl. S. 341) wird das erfolgsoptimale Produkt mit Hilfe der auf je eine Stunde (V) bezogenen Deckungsbeiträge unter Bewertung von H mit $(MP + k_z)$ ermittelt:

Produkte	$ZS_1 - h_E \cdot (MP + k_z) = db$	t_V^{-1}	db_e
A_{112}	740 - 0,5·1.220 = 130	7	910
A_{511}	860 - 1,0·1.220 = -360	-	-
A_{611}	1.000 - 0,8·1.220 = 24	3.5	84

Man wählt somit das Produkt A_{112} aus.

Die Wahl der Rohstoffart und des Nebenendproduktes erfolgt aufgrund der Überlegung, die Ersparnis gegenüber dem Zukauf am Markt zu maximieren. Diese Ersparnis ergibt sich gemäß der Formel

$$h_{max} \cdot (MP + k_z) - h_{max} \cdot k_H \quad , \text{d.h.} \quad h_{max} \cdot \{(MP + k_z) - k_H\} \quad :$$

H_I	B_1	80 · (1.220 - 400) = 65.600
	B_2	200 · (1.220 - 418) = 160.400
H_{II}	B_1	20 · (1.220 - 220) = 20.000
	B_2	50 · (1.220 - 292) = 46.400

Hiernach ergibt sich folgendes Optimalprogramm:

Produkte	Nebenendprodukt	Rohstoffart	ME	a	l	h	T_V	T_U	T_X	DB
A_{112}	B_2	R_I	-	400	100	200 (h_u)	57	80	16	212.400
A_{112}	-	-	0,6825[∇)]	301	-	151 (h_z)	43	-	-	39.130
Summe	-	-	-	701	100	351	100	80	16	251.530

∇) $\frac{43}{63} = 0,6825$

Dieses Programm würde offenbar nicht erreicht werden, wenn zwischen den Dispositionsbereichen U und X als Verrechnungspreis

$$VP_L = (e_B - d_X)_{max} = db_{Xmax}$$

vorgegeben würde. Der Dispositionsbereich X würde hierbei nämlich das Nebenendprodukt B_1 herstellen, da er nur dann seine proportionalen Kosten decken kann. Damit er das gesamtoptimale Nebenendprodukt B_2 anstelle von B_1 erzeugt, müssen die Entscheidungen über die Auslastung von X in U gefällt werden. Eine echte Programmautonomie von X ist nicht mehr möglich.

Bei einer organisatorischen Zusammenfassung von X mit U und einem Verrechnungspreis für H in Höhe von (MP + k_z) wird dagegen das Optimalprogramm des Gesamtunternehmens erreicht, da die einzelnen Dispositionsbereiche hierbei die gleichen Überlegungen anstellen wie sie oben geschildert wurden.

Wenn das Hauptkuppelprodukt H unbeschränkt verkauft werden kann, läßt sich eine Analogie zu dem auf S. 348 ff. geschilderten Fall herstellen. Die Begrenzung der Kapazität von X wirkt sich nämlich - da L nicht vernichtet werden kann - so aus, als wenn ein Engpaß im Dispositionsbereich U vorliegt. Die früher gefundenen Ergebnisse sind somit auch hier gültig. Eine echte Programmautonomie läßt sich nicht mehr verwirklichen.

Kann man H unbeschränkt zu- und verkaufen, so wird zunächst analog dem Verfahren bei unbeschränkter Zukaufsmöglichkeit geprüft, ob es zweckmäßiger ist, H in U zu produzieren oder am Markt zu kaufen. Stellt man fest, daß die Produktion in U sinnvoll ist, daß daneben aber auch noch zwecks Auslastung von V ein Zukauf am Markt in Betracht kommt, so wird das Optimalprogramm wieder dadurch ermittelt, daß man die engpaßbezogenen Deckungsbeiträge je Stunde V - unter Bewertung von H mit $(MP + k_z)$ - bildet und die Ersparnis gegenüber dem Kauf am Markt maximiert. Als Verrechnungspreis für H wird wieder

$$VP_H = (MP + k_z)$$

festgesetzt. Eine autonome Programmbestimmung in X ist nicht mehr möglich. Scheidet der Zukauf am Markt aus, so gilt das gleiche wie bei unbeschränkter Verkaufsmöglichkeit.

Falls Mengenkontingente an den Rohstoff-, Zwischenprodukt- oder Absatzmärkten bestehen und/oder bei Vorliegen eines weiteren Produktionsengpasses neben dem Engpaß in X müssen die Programme des Gesamtunternehmens und teilweise auch die der Einzelbetriebe durch lineares Programmieren ermittelt werden. Den Betrieben müssen im allgemeinen mehrere Verrechnungspreise und Mengenkontingente vorgegeben werden. Eine eigentliche Programmautonomie ist nicht mehr möglich.

III. Vorliegen eines Marktes für das Nebenkuppelprodukt

Aus den bisherigen Ausführungen hat sich ergeben, daß eine Programmautonomie bei festgesetzten Verrechnungspreisen für U, X und VW nur möglich ist, solange kein Engpaß in X vorliegt, selbst dann jedoch nicht in allen Situationen. Im folgenden soll geprüft werden, inwieweit dies auch noch zutrifft, wenn ein Markt für das Nebenkuppelprodukt besteht.

A. Fehlen eines Marktes für das Hauptkuppelprodukt

In diesem Fall kann das Programm bei festgesetzten Verrechnungspreisen autonom bestimmt werden, solange kein Engpaß in X vorhanden ist. Das Gesamtunternehmen ermittelt sein Optimalprogrammgramm ebenso wie bei organisatorischer Einheit von U und X. Dabei produziert der Dispositionsbereich X das Zwischenprodukt mit dem höchsten Deckungsbeitrag je LE (db_{Xmax}); für

$$db_{Xmax} < (MP - k_v)_L$$

verkauft der Dispositionsbereich U die gesamte Menge L am Markt, und in X wird die Produktion eingestellt. Die Daten

$$db_{Xmax} = (e_B - d_X)_{max} \quad \text{bzw.} \quad db_{Xmax} = (MP - k_v)_L$$

gehen in die Formeln zur Ermittlung der Verrechnungspreise zwischen U und VW ein. Dies setzt voraus, daß das Gesamtunternehmen zunächst prüft, ob es sinnvoller ist, das Nebenprodukt weiterzuverarbeiten oder am Nebenproduktmarkt zu verkaufen, da die Verrechnungspreise zwischen U und VW erst danach bestimmt werden können.

Bei

$$VP_L = db_{Xmax}$$

erzielt der Dispositionsbereich X keinen Deckungsbeitrag. Bei jeder Zukaufsmöglichkeit

$$(MP + k_z)_L < VP_L = db_{Xmax}$$

wird er seinen Bedarf an L am Markt decken. In X muß also ein Verrechnungspreis

$$VP_L \leqq (MP + k_z)_L$$

vorgegeben werden, damit X die von U produzierte Menge L abnimmt (213). Auch in diesem Fall ist also eine Programmautonomie bei festgesetzten Verrechnungspreisen möglich, aller-

213) Für $VP_L = (MP + k_z)_L$ muß X außerdem verpflichtet sein, das Nebenprodukt vorrangig intern zu beziehen.

dings müssen für das Nebenkuppelprodukt unterschiedliche Abgabe- ($VP_L = db_{Xmax}$) und Annahmepreise ($VP_L = (MP + k_z)_L$) festgesetzt werden. Die Kalkulation des Periodengewinns ist also nur mit Hilfe von Korrekturformeln möglich.

B. Vorliegen eines Marktes für das Hauptkuppelprodukt

Hier ist eine Programmautonomie für U und X nur möglich, solange kein Engpaß in X vorliegt. Wenn das Nebenkuppelprodukt L verkauft werden kann, gilt wie im vorigen Abschnitt, daß es bei

$$db_{Xmax} < (MP - k_v)_L$$

am Zwischenproduktmarkt verkauft wird. Für L müssen auch hier unterschiedliche Verrechnungspreise

$$VP_L \leqq (MP + k_z)_L \quad \text{bzw.} \quad VP_L = db_{Xmax}$$

für Annahme und Abgabe vorgegeben werden.

IV. Zusammenfassung

Solange kein Zwischenproduktmarkt für H vorhanden ist und ein oder mehrere Engpässe nur in den Dispositionsbereichen U oder VW bestehen, gilt das gleiche wie bei organisatorischer Einheit von U und X, wobei für das Nebenprodukt L db_{Xmax} als Verrechnungspreis angesetzt wird. Liegt ein Engpaß in X vor, können die Verrechnungspreise erst festgesetzt werden, nachdem das Gesamtunternehmen das Optimalprogramm ermittelt hat. Falls mehrere Engpässe vorliegen, müssen den Bereichen meist mehrere Verrechnungspreise sowie Mengenkontingente vorgegeben werden.

Besteht ein Zwischenproduktmarkt für H, gelten, solange kein Engpaß in X vorliegt, die Ergebnisse des achten Kapitels (vgl. S. 265 ff.). Als Verrechnungspreis für das Nebenprodukt wird

$$VP_L = db_{Xmax}$$

hat, wurde dabei insbesondere durch den Vergleich des effektiven mit dem maximal möglichen und des vorkalkulierten mit dem tatsächlichen Gewinn sichtbar.

Da die für die Ausgangssituation in Frage kommenden kostengebundenen Verrechnungspreise recht unterschiedlich gestaltet sein können, wurden mehrere für verschiedenartige Kostenrechnungssysteme und für die hier besonders interessierende Kuppelproduktkalkulation typische Verrechnungspreisverfahren ausführlich analysiert. Die Untersuchung zeigte eindeutig, daß die in der Praxis üblichen Verfahren der Vollkosten- (Gemeinkostenverteilungs-) Rechnung aufgrund ihrer strukturellen Eigenarten schwerwiegende systematische Mängel aufweisen, die sie für die hier untersuchten Zwecke der Verrechnungspreisbildung und -verwendung völlig unbrauchbar machen. Die wichtigsten Fehlerquellen sind dabei die Schlüsselung und Proportionalisierung der fixen Gemeinkosten und die Schlüsselung der proportionalen Gemeinkosten der Kuppelprodukte sowie die fehlende oder mangelhafte Berücksichtigung von Engpässen. Diese Mängel wirken sich regelmäßig in falschen Vorstellungen über die absolute und relative Erfolgswirksamkeit zur Wahl stehender Produkte und in entsprechend fehlerhaften Programmdispositionen aus. Durch besondere Abwandlungen der herkömmlichen Vollkostenrechnungen kann zwar ein Teil dieser Fehler vermieden werden, doch ist dadurch ebenfalls keine systematisch richtige Programmanalyse, Programmwahl und Gewinnprognose gewährleistet.

Bei den Teilkostenrechnungen trifft unter den Modellbedingungen zwar die Gewinnprognose stets zu, doch können auch sie zu fehlerhaften Programmentscheidungen führen, und zwar immer dann, wenn die proportionalen Gemeinkosten der Kuppelprodukte auf die Kuppelprodukte aufgeschlüsselt werden. Als systematisch korrekte Verfahren erweisen sich lediglich die Restwertrechnung auf Basis proportionaler Kosten und das Rechnen mit relativen Einzelkosten und Deckungsbeiträgen, die beide auf eine solche Schlüsselung verzichten.

Die Untersuchung hat somit ergeben, daß die in Theorie und Praxis üblicherweise vorgeschlagenen und verwendeten Verfahren zur Kalkulation von Kuppelprodukten nicht zur Bestimmung von Verrechnungspreisen für programmanalytische und -dispositorische Zwecke geeignet sind.

Die im ersten Hauptteil gewonnenen Ergebnisse, die anhand einer Modellsituation mit einem Kuppelproduktionsprozeß in der ersten Stufe abgeleitet wurden, lassen sich auf andere Produktionsverhältnisse analog übertragen, so daß der Geltungsbereich der Untersuchung über das spezifische Modell wesentlich hinausgeht. In erster Linie kommen hierfür die Fälle der einfachen Produktion in der ersten Stufe bei wechselnder oder paralleler Weiterverarbeitung in Betracht. Analog zum Fall der Kuppelproduktion gelangt man zu dem Ergebnis, daß nur die Proportionalkosten- oder die Deckungsbeitragsrechnung systematisch korrekt sind. Werden die Restproportionalkosten als proportionale Kosten interpretiert, bleiben alle Ableitungen analog gültig. Dies gilt dann auch - vor allem im Fall der wechselnden Weiterverarbeitung - im weiteren Verlauf der Untersuchung.

Im zweiten Hauptteil wurde die ursprünglich gegebene Modellsituation durch die Einführung von Zwischenproduktmärkten und von Wahlmöglichkeiten für den Rohstoffeinsatz systematisch variiert, um zu untersuchen, inwieweit und mit welchen Verrechnungspreisen in den sich dabei ergebenden theoretisch und praktisch wichtigen Situationen eine dezentrale Lenkung der betrieblichen Teilbereiche des Modells möglich ist. Da man sich bisher in der Literatur meist auf wenige, verhältnismäßig unkomplizierte Situationen beschränkt hat, dürfte die Untersuchung den bisherigen Rahmen der Diskussion über die Brauchbarkeit von Verrechnungspreisen zur dezentralen Lenkung von Teilbetrieben erweitern.

Vor allem hat die Analyse deutlich gemacht, daß die Bestimmung geeigneter Lenkungspreise ein situationsgebundenes Zuordnungsproblem darstellt, für das es keine generelle Lösung gibt. Immer wieder war zu erkennen, wie stark die konkrete Gestalt des

Die Grenzen für eine autonome Programmbestimmung der betrieblichen Teilbereiche lassen sich - ähnlich wie die Verrechnungspreise - nicht allgemeingültig angeben, sondern sind je nach dem vorliegenden Situationstyp teils enger, teils weiter gezogen. Mitunter ist auch ein fließender Übergang zu zentralen Lenkungsformen zu beobachten, namentlich dann, wenn die Teilbereiche über besondere Informationen aus anderen Betriebsteilen verfügen müssen oder wenn einzelne Teilbereiche nur die Bedarfsanforderungen anderer Bereiche erfüllen. Besondere Schwierigkeiten treten auf, wenn mehrere Rohstoffarten verfügbar sind und wenn die betriebliche Programmautonomie auf eine größere Zahl hintereinandergeschalteter bzw. in anderer Form miteinander verbundener Betriebe ausgedehnt werden soll. Hier waren in unserem theoretischen Modell die Grenzen für eine autonome Programmwahl meist rasch erreicht.

Diese Ergebnisse legen es nahe, bei der Wahl der innerbetrieblichen Verrechnungspreise nicht schematisch vorzugehen - etwa indem ein bestimmter Verrechnungspreis für alle Abteilungen oder Teilbetriebe vorgeschrieben wird -, sondern die Verrechnungspreise erst nach einer genauen Analyse der jeweiligen betriebsspezifischen Situation festzulegen. Darüber hinaus scheint es notwendig, die Verrechnungspreise laufend zu überwachen, um sie gegebenenfalls bei einer Änderung der ursprünglichen Situation rasch den gewandelten Verhältnissen anpassen zu können. Mit diesen Entscheidungs- und Kontrollaufgaben könnte man etwa eine der Unternehmensleitung unterstellte Stabsabteilung beauftragen, die mit der Wirkungsweise, den Vor- und Nachteilen und den Anwendungsmöglichkeiten der einzelnen Verrechnungspreisarten und -varianten vertraut ist.

II. Offene Probleme

Bereits zu Beginn der Untersuchung wurde darauf hingewiesen, daß das Verrechnungspreisproblem nur schrittweise eingekreist und gelöst werden kann. Die vorliegende Studie kann daher auch nur als ein Beitrag gewertet werden, dessen Ergebnisse durch die gesetzten Prämissen und durch die zugrundegelegte Struktur des Betriebsmodells bestimmt sind. Zwar steht zu vermuten, daß ein Teil der Ergebnisse auch bei anderen Prämissen gültig bleibt bzw. in noch weitergehendem Maße analog übertragen werden kann als untersucht wurde. Doch dürften sich bei Änderungen der Modellbedingungen und der Modellstruktur auch zahlreiche neue Probleme ergeben. Dies gilt vor allem, wenn man bedenkt, daß im hier verwendeten Betriebsmodell lineare Kosten- und Erlösfunktionen zugrundegelegt sind. Wenn man stattdessen z.B. von nichtlinearen Kostenfunktionen ausginge, wäre es nicht mehr möglich, die variablen Kosten pro Leistungseinheit in einem Wert anzugeben, da sie je nach dem Beschäftigungsgrad unterschiedlich hoch wären. Die Bestimmung der geeigneten Verrechnungspreise müßte daher in stärkerem Maße als dies hier der Fall war, auf Grenzüberlegungen beruhen. Für die Verrechnungspreiswahl, Programmanalyse, Programmwahl und Betriebslenkung könnten sich insbesondere bei Mehrproduktbetrieben beträchtliche Schwierigkeiten ergeben. Auch wenn man sich darauf beschränken würde, sprungfixe Kosten in das Modell einzuführen, wäre dies bereits möglich.

Weitgehend offen sind auch die Probleme, die sich bei einem Verzicht auf die Annahme ergeben, daß die Kuppelprodukte in starrem Mengenverhältnis hergestellt werden. Zwar ist das Mengenverhältnis bei Kuppelproduktion in vielen Fällen tatsächlich als starr anzusehen, doch gibt es auch zahlreiche Kuppelprozesse, in denen es durch Änderung der Verfahrensbedingungen stufenlos oder schrittweise innerhalb gewisser Intervalle geändert werden kann. Welche Verrechnungspreise hier in Frage kommen und wie sie sich für die Programmwahl bei zentraler und eventuell auch bei dezentraler Lenkung eignen, sind Fragen, die noch nicht mit Sicherheit beantwortet werden können.

Auch bei sonstigen Änderungen der Produktionsstruktur und bei Variationen im Leistungsprogramm sind zahlreiche neue Probleme zu erwarten, etwa dann, wenn man parallele, selbständig operierende Weiterverarbeitungsstufen annimmt, wenn im innerbetrieblichen Leistungsprozeß Überkreuz- oder Kreislaufbeziehungen auftreten oder wenn der Absatz der Zwischenprodukte und der der Endprodukte sich gegenseitig beeinträchtigen.

Tabelle 2: Daten der Kostenrechnung

Kosten-stellen	Kostenkategorien		Kosten der Periode	Direkte proportionale Kosten der Endprodukte in der Ausgangsperiode									Σ Proportio-nale Kosten	Σ Bereit-schafts-kosten
				A_{101}	A_{111}	A_{112}	A_{211}	A_{311}	A_{411}	A_{511}	A_{611}	B		
U	Materialkosten	(M_R)	749.280										749.280	
	proportionale Energiekosten	(D_U)	107.040										107.040	
	Bereitschaftskosten	(F_U)	321.120											321.120
	Summe	(K_U)	1.177.440											
X	proportionale Energiekosten	(D_X)	57.980									57.980	57.980	
	Bereitschaftskosten	(F_X)	89.200											89.200
	Summe	(K_X)	147.180											
V	Materialkosten	(M_Z)	1.854.630	573.300	450.450	368.550	9.000	2.880	334.800	102.000	13.650		1.854.630	
	proportionale Energiekosten	(D_V)	105.000	14.700	11.550	9.450	16.800	10.500	12.600	16.800	12.600		105.000	
	Bereitschaftskosten	(F_V)	200.000											200.000
	Summe	(K_V)	2.159.630											
W	proportionale Energiekosten	(D_W)	63.333		18.865	18.375	980	368	8.820	12.250	3.675		63.333	
	Bereitschaftskosten	(F_W)	266.400											266.400
	Summe	(K_W)	329.733											
	Herstellkosten	(K_{HK})	3.813.983										2.937.263	876.720
VV	umsatzabhängige Kosten		478.750	98.000	81.235	69.930	34.440	17.775	75.600	52.800	26.670	22.300	478.750	
	Bereitschaftskosten	(F)	473.280											473.280
	Summe		952.030											
	Kosten insgesamt		4.766.013										3.416.013	1.350.000

Tabelle 3: Umsatz-Bruttoergebnisrechnung (Deckungsbeitragsrechnung) der Ausgangsperiode

Endprodukte	A_{101}	A_{111}	A_{112}	A_{211}	A_{311}	A_{411}	A_{511}	A_{611}	Summe A_{101}-A_{611}	B	Summe
Umsatz (E_g)	980.000	812.350	699.300	344.400	177.750	756.000	528.000	266.700	4.564.500	223.000	4.787.500
Umsatzabhängige Kosten	98.000	81.235	69.930	34.440	17.775	75.600	52.800	26.670	456.450	22.300	478.750
Reduzierter Nettoerlös (E)	882.000	731.115	629.370	309.960	159.975	680.400	475.200	240.030	4.108.050	200.700	4.308.750
Proportionale Kosten der Weiterverarbeitung	588.000	480.865	396.375	26.780	13.748	356.220	131.050	29.925	2.022.963	57.980	2.080.943
Erlösüberschuß über die proportionalen Kosten der Weiterverarbeitung und des Vertriebs	294.000	250.250	232.995	283.180	146.227	324.180	344.150	210.105	2.085.087	142.720	2.227.807

Tabelle 4: Bruttoergebnisrechnung (Deckungsbeitragsrechnung) je Einheit Endprodukt

Endprodukte	A_{101}	A_{111}	A_{112}	A_{211}	A_{311}	A_{411}	A_{511}	A_{611}	B
Marktpreis (MP)	2.000	2.110	2.220	2.870	3.950	2.100	1.320	1.270	250
Preisabhängige Kosten	200	211	222	287	395	210	132	127	25
Reduzierter Nettoerlös (e)	1.800	1.899	1.998	2.583	3.555	1.890	1.188	1.143	225
Proportionale Kosten der Weiterverarbeitung	1.200	1.249	1.258	223	305	990	328	143	65
Erlösüberschuß über die proportionalen Kosten der Weiterverarbeitung und des Vertriebs	600	650	740	2.360	3.250	900	860	1.000	160

Tabelle 8: Stückerfolge bzw. Erfolge je Engpaßeinheit bei Anwendung der Vollkostenrechnungen
Rangzahlen in ( )

Kalkulationsverfahren \ Endprodukte	A_{101}	A_{111}	A_{112}	A_{211}	A_{311}	A_{411}	A_{511}	A_{611}	B
I. Ohne Engpaßbezug der Stückerfolge									
1. Schlüsselungsverfahren									
a) Marktpreisverhältnisrechnung									
(1) auf Basis der Ist-Beschäftigung	27	-160	-115	1.132	1.957	-276	-134	197	-8
	(4)	(7)	(5)	(2)	(1)	(8)	(6)	(3)	
(2) auf Basis voller Beschäftigung	93	-25	33	1.236	2.053	-134	-14	281	11
	(4)	(7)	(5)	(2)	(1)	(8)	(6)	(3)	
b) Gewichtsrechnung									
(1) auf Basis der Ist-Beschäftigung	140	-48	-3	1.400	2.180	-7	90	375	-455
	(4)	(8)	(6)	(2)	(1)	(7)	(5)	(3)	
(2) auf Basis voller Beschäftigung	192	74	132	1.475	2.252	105	185	440	-387
	(4)	(8)	(6)	(2)	(1)	(7)	(5)	(3)	
c) Verteilung nach technischen Schlüsseln									
(1) auf Basis der Ist-Beschäftigung	232	44	89	1.623	2.366	215	275	524	-826
	(5)	(8)	(7)	(2)	(1)	(6)	(4)	(3)	
(2) auf Basis voller Beschäftigung	276	159	217	1.678	2.422	308	355	576	-726
	(6)	(8)	(7)	(2)	(1)	(5)	(4)	(3)	
2. Restwertmethode									
(1) auf Basis der Ist-Beschäftigung	33	-155	-110	1.144	1.967	-264	-124	204	
	(4)	(7)	(5)	(2)	(1)	(8)	(6)	(3)	
(2) auf Basis voller Beschäftigung	101	-16	42	1.258	2.072	-112	5	296	
	(4)	(7)	(5)	(2)	(1)	(8)	(6)	(3)	
II. Mit Engpaßbezug der Stückerfolge									
1. Schlüsselungsverfahren									
a) Marktpreisverhältnisrechnung									
(1) auf Basis der Ist-Beschäftigung	189	-1.120	-805	1.698	1.761	-1.656	-670	690	
	(4)	(7)	(6)	(2)	(1)	(8)	(5)	(3)	
(2) auf Basis voller Beschäftigung	651	-175	231	1.854	1.848	-804	-70	984	
	(4)	(7)	(6)	(2)	(1)	(8)	(5)	(3)	
b) Gewichtsrechnung									
(1) auf Basis der Ist-Beschäftigung	980	-336	-21	2.100	1.962	-42	450	1.313	
	(4)	(8)	(6)	(1)	(2)	(7)	(5)	(3)	
(2) auf Basis voller Beschäftigung	1.344	518	924	2.213	2.027	630	925	1.540	
	(4)	(8)	(6)	(1)	(2)	(7)	(5)	(3)	
c) Verteilung nach technischen Schlüsseln									
(1) auf Basis der Ist-Beschäftigung	1.624	308	623	2.435	2.129	1.290	1.375	1.834	
	(4)	(8)	(7)	(1)	(2)	(6)	(5)	(3)	
(2) auf Basis voller Beschäftigung	1.932	1.113	1.519	2.517	2.180	1.848	1.775	2.016	
	(4)	(8)	(7)	(1)	(2)	(5)	(6)	(3)	
2. Restwertmethode									
(1) auf Basis der Ist-Beschäftigung	231	-1.085	-770	1.716	1.770	-1.584	-620	714	
	(4)	(7)	(6)	(2)	(1)	(8)	(5)	(3)	
(2) auf Basis voller Beschäftigung	707	-112	294	1.887	1.865	-672	25	1.036	
	(4)	(7)	(5)	(1)	(2)	(8)	(6)	(3)	

Tabelle 9: Bruttoergebnisse je Erzeugniseinheit bzw. je Engpaßeinheit bei Anwendung der Teilkostenrechnungen
Rangzahlen in ( )

Endprodukte / Kalkulationsverfahren	A_{101}	A_{111}	A_{112}	A_{211}	A_{311}	A_{411}	A_{511}	A_{611}	B
I. Bruttoergebnisse je Erzeugniseinheit									
A. Proportionalkostenrechnungen									
1. Schlüsselungsverfahren									
a) Marktpreisverhältnisrechnung	375 (7)	425 (5)	515 (4)	1.821 (2)	2.801 (1)	361 (8)	411 (6)	641 (3)	98
b) Gewichtsrechnung	440 (8)	490 (7)	580 (4)	1.976 (2)	2.930 (1)	516 (6)	540 (5)	744 (3)	-160
c) Verteilung nach technischen Schlüsseln	500 (8)	550 (7)	640 (6)	2.120 (2)	3.050 (1)	660 (4/5)	660 (4/5)	840 (3)	-400
2. Restwertmethode	400 (8)	450 (6)	540 (4)	1.880 (2)	2.850 (1)	420 (7)	460 (5)	680 (3)	
B. Einzelkosten- und Deckungsbeitragsrechnung[1]	400 (8)	450 (6)	540 (4)	1.880 (2)	2.850 (1)	420 (7)	460 (5)	680 (3)	
II. Bruttoergebnisse je Engpaßeinheit									
A. Proportionalkostenrechnungen									
1. Schlüsselungsverfahren									
a) Marktpreisverhältnisrechnung	2.625 (4)	2.975 (2)	3.605 (1)	2.732 (3)	2.521 (5)	2.166 (7)	2.055 (8)	2.244 (6)	
b) Gewichtsrechnung	3.080 (4)	3.430 (2)	4.060 (1)	2.964 (5)	2.637 (7)	3.096 (3)	2.700 (6)	2.604 (8)	
c) Verteilung nach technischen Schlüsseln	3.500 (4)	3.850 (3)	4.480 (1)	3.180 (6)	2.745 (8)	3.960 (2)	3.300 (5)	2.940 (7)	
2. Restwertmethode	2.800 (4)	3.150 (2)	3.780 (1)	2.820 (3)	2.565 (5)	2.520 (6)	2.300 (8)	2.380 (7)	
B. Einzelkosten- und Deckungsbeitragsrechnung[2]	2.800 (4)	3.150 (2)	3.780 (1)	2.820 (3)	2.565 (5)	2.520 (6)	2.300 (8)	2.380 (7)	

1) Werte je "Päckchen" mit einer Tonne des betreffenden Hauptendproduktes und der jeweils entsprechenden Menge Nebenendprodukt
2) "Päckchen"-Werte je benötigter Maschinenstunde in V

Tabelle 10: Programme bei Anwendung der Vollkostenrechnungen[1)]

Rang / Kalkulationsverfahren	1	2	3	4	5	6	Erforderliche Menge Hauptprodukt H in t	Anfallende Menge Nebenprodukt L in t
I. Ohne Engpaßbezug der Stückerfolge								
1. Schlüsselungsverfahren								
a) Marktpreisverhältnisrechnung								
(1) auf Basis der Ist-Beschäftigung	A_{311}	A_{211}	A_{611}	A_{101}			842,8	421,4
(2) auf Basis voller Beschäftigung	A_{311}	A_{211}	A_{611}	A_{101}	A_{112}		1.063,3	531,65
b) Gewichtsrechnung								
(1) auf Basis der Ist-Beschäftigung	A_{311}	A_{211}	A_{611}	A_{101}	A_{511}		1.402,8	701,4
(2) auf Basis voller Beschäftigung	A_{311}	A_{211}	A_{611}	A_{101}	A_{511}	A_{112} (168 t)	1.486,8	743,4
c) Verteilung nach technischen Schlüsseln								
(1) auf Basis der Ist-Beschäftigung	A_{311}	A_{211}	A_{611}	A_{511}	A_{101}	A_{411} (144 t)	1.575,6	787,8
(2) auf Basis voller Beschäftigung	A_{311}	A_{211}	A_{611}	A_{511}	A_{411}	A_{101} (266 t)	1.797,6	898,8
2. Restwertmethode								
(1) auf Basis der Ist-Beschäftigung	A_{311}	A_{211}	A_{611}	A_{101}			842,8	421,4
(2) auf Basis voller Beschäftigung	A_{311}	A_{211}	A_{611}	A_{101}	A_{112}	A_{511} (365 t)	1.428,3	714,15
II. Mit Engpaßbezug der Stückerfolge								
1. Schlüsselungsverfahren								
a) Marktpreisverhältnisrechnung								
(1) auf Basis der Ist-Beschäftigung	A_{311}	A_{211}	A_{611}	A_{101}			842,8	421,4
(2) auf Basis voller Beschäftigung	A_{211}	A_{311}	A_{611}	A_{101}	A_{112}		1.063,3	531,65
b) Gewichtsrechnung								
(1) auf Basis der Ist-Beschäftigung	A_{211}	A_{311}	A_{611}	A_{101}	A_{511}		1.402,8	701,4
(2) auf Basis voller Beschäftigung	A_{211}	A_{311}	A_{611}	A_{101}	A_{511}	A_{112} (168 t)	1.486,8	743,4
c) Verteilung nach technischen Schlüsseln								
(1) auf Basis der Ist-Beschäftigung	A_{211}	A_{311}	A_{611}	A_{101}	A_{511}	A_{411} (144 t)	1.575,6	787,8
(2) auf Basis voller Beschäftigung	A_{211}	A_{311}	A_{611}	A_{101}	A_{411}	A_{511} (260 t)	1.577,6	788,8
2. Restwertmethode								
(1) auf Basis der Ist-Beschäftigung	A_{311}	A_{211}	A_{611}	A_{101}			842,8	421,4
(2) auf Basis voller Beschäftigung	A_{211}	A_{311}	A_{611}	A_{101}	A_{112}	A_{511} (365 t)	1.428,3	714,15

1) Alle Programme, die nur vier oder fünf Produkte enthalten, lasten den Engpaß nicht aus.

Tabelle 11: Programme bei Anwendung der Teilkostenrechnungen

Kalkulationsverfahren \ Rang	1	2	3	4	5	6	Erforderliche Menge Hauptprodukt H (t)	Anfallende Menge Nebenprodukt L (t)
I. Proportionalkostenrechnungen								
A. Verwendung von Bruttoergebnissen je Erzeugniseinheit								
1. Schlüsselungsverfahren								
a) Marktpreisverhältnisrechnung	A_{311}	A_{211}	A_{611}	A_{112}	A_{111}	A_{511} (470 t)	1.459,8	729,9
b) Gewichtsrechnung	A_{311}	A_{211}	A_{611}	A_{112}	A_{511}	A_{411} (354 t)	1.705,1	852,55
c) Verteilung nach technischen Schlüsseln	A_{311}	A_{211}	A_{611}	A_{411} —	A_{511}	A_{112} (266 t)	1.797,6	898,8
2. Restwertmethode	A_{311}	A_{211}	A_{611}	A_{112}	A_{511}	A_{111} (413 t)	1.486,8	743,4
B. Verwendung engpaßbezogener Bruttoergebnisse								
1. Schlüsselungsverfahren								
a) Marktpreisverhältnisrechnung	A_{112}	A_{111}	A_{211}	A_{101}	A_{311}	A_{611} (280 t)	1.321,6	660,8
b) Gewichtsrechnung	A_{112}	A_{111}	A_{411}	A_{101}	A_{211}	A_{511} (330 t)	1.796,6	898,3
c) Verteilung nach technischen Schlüsseln	A_{112}	A_{411}	A_{111}	A_{101}	A_{511}	A_{211} (99 t)	2.116,6	1.058,3
2. Restwertmethode	A_{112}	A_{111}	A_{211}	A_{101}	A_{311}	A_{411} (480 t)	1.673,6	836,8
II. Einzelkosten- und Deckungsbeitragsrechnung	A_{112}	A_{111}	A_{211}	A_{101}	A_{311}	A_{411} (480 t)	1.673,6	836,8

Tabelle 12: Prognose- und Effektivgewinne bei Anwendung der Vollkostenrechnungen

Kalkulationsverfahren	Prognosegewinn DM	Effektivgewinn DM
I. Ohne Engpaßbezug der Stückerfolge		
1. Schlüsselungsverfahren		
a) Marktpreisverhältnisrechnung		
(1) auf Basis der Ist-Beschäftigung	386.536	-380.290
(2) auf Basis voller Beschäftigung	503.750	-142.150
b) Gewichtsrechnung		
(1) auf Basis der Ist-Beschäftigung	310.093	-122.690
(2) auf Basis voller Beschäftigung	488.828	- 31.970
c) Verteilung nach technischen Schlüsseln		
(1) auf Basis der Ist-Beschäftigung	269.167	- 62.210
(2) auf Basis voller Beschäftigung	378.753	- 79.010
2. Restwertmethode		
(1) auf Basis der Ist-Beschäftigung	398.727	-380.290
(2) auf Basis voller Beschäftigung	518.537	25.750
II. Mit Engpaßbezug der Stückerfolge		
1. Schlüsselungsverfahren		
a) Marktpreisverhältnisrechnung		
(1) auf Basis der Ist-Beschäftigung	386.536	-380.290
(2) auf Basis voller Beschäftigung	503.750	-142.150
b) Gewichtsrechnung		
(1) auf Basis der Ist-Beschäftigung	310.093	-122.690
(2) auf Basis voller Beschäftigung	488.828	- 31.970
c) Verteilung nach technischen Schlüsseln		
(1) auf Basis der Ist-Beschäftigung	269.167	- 62.210
(2) auf Basis voller Beschäftigung	468.033	- 49.010
2. Restwertmethode		
(1) auf Basis der Ist-Beschäftigung	398.727	-380.290
(2) auf Basis voller Beschäftigung	518.537	25.750

Tabelle 13: Prognose- und Effektivgewinne bei Anwendung der Teilkostenrechnungen

Kalkulationsverfahren	Prognosegewinn DM	Effektivgewinn DM
I. Proportionalkostenrechnungen		
A. Verwendung von Bruttoergebnissen je Erzeugniseinheit		
1. Schlüsselungsverfahren		
a) Marktpreisverhältnisrechnung	41.735	42.200[1)]
b) Gewichtsrechnung	- 10.270	- 10.270
c) Verteilung nach technischen Schlüsseln	- 41.770	- 41.770
2. Restwertmethode	26.900	26.900
B. Verwendung engpaßbezogener Bruttoergebnisse		
1. Schlüsselungsverfahren		
a) Marktpreisverhältnisrechnung	89.909[2)]	90.880[1)]
b) Gewichtsrechnung	84.410	84.410
c) Verteilung nach technischen Schlüsseln	60.490	60.490
2. Restwertmethode	102.080	102.080
II. Einzelkosten- und Deckungsbeitragsrechnung	102.080	102.080

1) Die Abweichung des Prognose- vom Effektivgewinn beruht auf Rundungsfehlern.
2) Falls die Rechnung über die engpaßbezogenen Bruttoergebnisse durchgeführt wird, ergeben sich 90.012 DM.

Tabelle 14: Analyse der Verfälschungen bei Verteilung aller Kuppelproduktionskosten nach technischen Schlüsseln auf Basis der Ist-Beschäftigung der Ausgangsperiode ohne Engpaßbezug der Stückerfolge

	Rechengrößen \ Endprodukte	A_{101}	A_{111}	A_{112}	A_{211}	A_{311}	A_{411}	A_{511}	A_{611}	B
1	Bruttoergebnis der verkürzten Totalrechnung je Engpaßeinheit	2.800	3.150	3.780	2.820	2.565	2.520	2.300	2.380	
2	Rang	4	2	1	3	5	6	8	7	
3	x Masch.-Std. V / "Päckchen" = Bruttoergebnis je "Päckchen"	400	450	540	1.880	2.850	420	460	680	
4	Rang	8	6	4	2	1	7	5	3	
5	Ungewichtet proportionalisierte Fixkosten in U	60	60	60	144	120	144	120	96	120
6	"schlüsselbedingte" Differenz	-22	-22	-22	-54	-45	-54	-45	-36	90
7	- anteilige FK in U	38	38	38	90	75	90	75	60	210
8	Ungewichtet proportionalisierte Fixkosten in V,X	78	78	78	102	94	110	86	78	100
9	"schlüsselbedingte" Differenz	-21	-21	-21	165	358	-43	-6	36	
10	- anteilige FK in V,X	57	57	57	267	444	67	80	114	100
11	Ungewichtet proportionalisierte Fixkosten in W	-	145	145	145	145	145	145	145	-
12	"schlüsselbedingte" Differenz	-	61	100	-111	-111	-42	-16	-71	-
13	- anteilige FK in W		206	245	34	34	103	129	74	
14	Ungewichtet proportionalisierte Fixkosten der Verwaltung und des Vertriebs	147	147	147	147	147	147	147	147	147
15	"schlüsselbedingte" Differenz	26	58	64	-41	-16	38	-46	-79	-31
16	- anteilige Verw.- und Vertriebsgemeinkosten	173	205	211	106	131	185	101	68	116

17	Proportionale Kosten der für ein Endprodukt-"Päckchen" benötigten Menge Kuppelproduktpäckchen[1]	240	240	240	576	480	576	480	384	–
18	H bzw. L zugerechnete prop. Kosten	100	100	100	240	200	240	200	160	560
19	+ Differenz der proportionalen Kosten in U	140	140	140	336	280	336	280	224	-560
20	+ Proportionale Kosten (des Zwischenproduktanteils) in X	16	16	16	39	33	39	33	26	- 65
21	- Nettoerlös (der zugehörigen Menge) B	56	56	56	135	113	135	113	90	-225
22	Nettoergebnis je Erzeugniseinheit	232	44	89	1.623	2.366	215	275	524	-826
23	Rang	5	8	7	2	1	6	4	3	
24	Erlösüberschuß über die für H bzw. L angesetzten Stoffkosten und die proportionalen Kosten der Weiterverarbeitung und des Vertriebs von H bzw. L[2]	462	512	602	2.030	2.975	570	585	780	-610
25	Rang	8	7	4	2	1	6	5	3	
26	Summe der ungewichtet proportionalisierten Fixkosten	285	430	430	538	506	546	498	466	367
27	Summe der "schlüsselbedingten" Differenzen	-17	76	121	-41	178	-101	-113	-150	59
28	Summe der verrechneten (anteiligen) Fixkosten	268	506	551	497	684	445	385	316	426

1) Ein Kuppelproduktpäckchen enthält 1 Tonne Hauptprodukt H und 0,5 Tonnen Nebenprodukt L.
2) Zeile 24 = Zeilen 22+16+13+10.

Tabelle 15: Analyse der Verfälschungen bei Anwendung der Vollkosten-Restwertmethode auf Basis der Ist-Beschäftigung der Ausgangsperiode ohne Engpaßbezug der Stückerfolge

Nr.	Endprodukte / Rechengrößen	A_{101}	A_{111}	A_{112}	A_{211}	A_{311}	A_{411}	A_{511}	A_{611}
1	Bruttoergebnis der verkürzten Totalrechnung je Engpaßeinheit	2.800	3.150	3.780	2.820	2.565	2.520	2.300	2.380
2	Rang	4	2	1	3	5	6	8	7
3	x Masch.-Std. V / "Päckchen" =Bruttoergebnis je "Päckchen"	400	450	540	1.880	2.850	420	460	680
4	Rang	8	6	4	2	1	7	5	3
5	Ungewichtet proportionalisierte Fixkosten in U	60	60	60	144	120	144	120	96
6	"schlüsselbedingte" Differenz	55	55	55	132	110	132	110	88
7	- anteilige FK in U+X	115	115	115	276	230	276	230	184
8	Ungewichtet proportionalisierte Fixkosten in V	78	78	78	102	94	110	86	78
9	"schlüsselbedingte" Differenz	-21	-21	-21	165	350	-43	-6	36
10	- anteilige FK in V	57	57	57	267	444	67	80	114
11	Ungewichtet proportionalisierte Fixkosten in W	-	145	145	145	145	145	145	145
12	"schlüsselbedingte" Differenz	-	61	100	-111	-111	-42	-16	-71
13	- anteilige FK in W		206	245	34	34	103	129	74
14	Ungewichtet proportionalisierte Fixkosten der Verwaltung und des Vertriebs	147	147	147	147	147	147	147	147
15	"schlüsselbedingte" Differenz	48	80	86	12	28	91	-2	-43
16	- anteilige Verw.- und Vertriebsgemeinkosten	195	227	233	159	175	238	145	104

17	Proportionale Kosten der für ein Endprodukt-"Päckchen" benötigten Menge Kuppelproduktpäckchen	240	240	240	576	480	576	480	384
18	H bzw. L zugerechnete prop. Kosten	200	200	200	480	400	480	400	320
19	+ Differenz der proportionalen Kosten in U	40	40	40	96	80	96	80	64
20	+ Proportionale Kosten (des Zwischenproduktpäckchen-Anteils) in X	16	16	16	39	33	39	33	26
21	- Nettoerlös (der zugehörigen Menge) B	56	56	56	135	113	135	113	90
22	Nettoergebnis je Erzeugniseinheit	33	-155	-110	1.144	1.967	-264	-124	204
23	Rang	4	(7)	(5)	2	1	(8)	(6)	3
24	Erlösüberschuß über die für H bzw. L angesetzten Stoffkosten und die proportionalen Kosten der Weiterverarbeitung und des Vertriebs von H bzw. L[1]	285	335	425	1.604	2.620	144	230	496
25	Rang	6	5	4	2	1	8	7	3
26	Summe der ungewichtet proportionalisierten Fixkosten	285	430	430	538	506	546	498	466
27	Summe der "schlüsselbedingten" Differenzen	82	175	220	198	377	138	86	10
28	Summe der verrechneten (anteiligen) Fixkosten	367	605	650	736	883	684	584	476

1) Zeile 24 = Zeilen 22+16+13+10.

Tabelle 16: Abweichungsanalyse der Vollkosten-Restwertmethode auf Basis der Ist-Beschäftigung ohne Engpaßbezug der Stückerfolge

	1	2	3	4	5	6	7	8	9	10	11	12	13	14
	prop. Stoffkosten in U		Abweichung	geschlüsselte anteilige Fixkosten in U	Gesamt-Abweichung in U	prop. Kosten in V	geschlüsselte anteilige Fixkosten in V	Gesamt-Abweichung in U+V	prop. Kosten in X		Abweichung der prop. Kosten in X	geschlüsselte anteilige Fixkosten in X	Schlüsselungs-Abweichung in X	prop. Kosten in W
	richtige	verrechnete							richtige	verrechnete				
A_{101}	240	200	-40	90	50	30	57	107	16,25	-	-16,25	25	8,75	-
A_{111}	240	200	-40	90	50	30	57	107	16,25	-	-16,25	25	8,75	49
A_{112}	240	200	-40	90	50	30	57	107	16,25	-	-16,25	25	8,75	58
A_{211}	576	480	-96	216	120	140	267	387	39	-	-39	60	21	8
A_{311}	480	400	-80	180	100	233	444	544	32,5	-	-32,5	50	17,5	8
A_{411}	576	480	-96	216	120	35	67	187	39	-	-39	60	21	25
A_{511}	480	400	-80	180	100	42	80	180	32,5	-	-32,5	50	17,5	31
A_{611}	384	320	-64	144	80	60	114	194	26	-	-26	40	14	18

(Fortsetzung der Tabelle 16)

	15	16	17	18	19	20	21	22	23	24	25	26	27	28
	geschlüsselte anteilige Fixkosten in W	Gesamt-Abweichung in U+V+W	geschlüsselte anteilige Verwaltungs- und Vertriebs-Gemeinkosten	Gesamt-Abweichung	prop. Vertriebskosten von B		Abweichung	Erlöse von B		Abweichung	Gesamtabweichung	errechneter Stückerfolg	Bruttoergebnis je "Päckchen"	Kontrolle 25 + 26
					richtige	verrechnete		richtige	verrechnete					
A_{101}	-	115,75	195	310,75	6,25	-	- 6,25	62,5	-	62,5	367	33	400	400
A_{111}	206	321,75	227	548,75	6,25	-	- 6,25	62,5	-	62,5	605	-155	450	450
A_{112}	245	360,75	233	593,75	6,25	-	- 6,25	62,5	-	62,5	650	-110	540	540
A_{211}	34	442	159	601	15	-	-15	150	-	150	736	1144	1880	1880
A_{311}	34	595,5	175	770,5	12,5	-	-12,5	125	-	125	883	1967	2850	2850
A_{411}	103	311	238	549	15	-	-15	150	-	150	684	-264	420	420
A_{511}	129	326,5	145	471,5	12,5	-	-12,5	125	-	125	584	-124	460	460
A_{611}	74	282	104	386	10	-	-10	100	-	100	476	204	680	680

Tabelle 17: Analyse der Verfälschungen bei der Verteilung nur der proportionalen Kuppelproduktionskosten nach technischen Schlüsseln

	Rechengrößen \ Endprodukte	A_{101}	A_{111}	A_{112}	A_{211}	A_{311}	A_{411}	A_{511}	A_{611}	B
1	Bruttoergebnisse der verkürzten Totalrechnung je Engpaßeinheit	2.800	3.150	3.780	2.820	2.565	2.520	2.300	2.380	
2	Rang	4	2	1	3	5	6	8	7	
3	$\frac{\text{Masch.-Std. V}}{\text{x "Päckchen}}$ = Bruttoergebnis je "Päckchen"	400	450	540	1.880	2.850	420	460	680	
4	Rang	8	6	4	2	1	7	5	3	
5	Proportionale Kosten der für ein Endprodukt-"Päckchen" benötigten Menge Kuppelproduktpäckchen	240	240	240	576	480	576	480	384	
6	H bzw. L zugerechnete proportionale Kosten	100	100	100	240	200	240	200	160	560
7	+ Differenz der proportionalen Kosten in U	140	140	140	336	280	336	280	224	-560
8	+ Proportionale Kosten der gekoppelten Menge L in X	16	16	16	39	33	39	33	26	- 65
9	- Nettoerlös (der zugehörigen Menge) B	56	56	56	135	113	135	113	90	-225
10	Bruttoergebnis je Erzeugniseinheit	500	550	640	2.120	3.050	660	660	840	-400
11	Rang	8	7	6	2	1	4/5	4/5	3	
12	Bruttoergebnis je Engpaßeinheit	3.500	3.850	4.480	3.180	2.745	3.960	3.300	2.940	
13	Rang	4	3	1	6	8	2	5	7	

Tabelle 18: Verrechnungspreise der Teilkostenrechnungen

Verfahren	Schlüssel q	VP_H	Zahlenwert (DM/t)	VP_L	Zahlenwert (DM/t)
I. Proportionalkostenrechnungen					
1. Schlüsselungsverfahren					
a) Marktpreisverhältnisrechnung	$\frac{E^{\star}_{TA}}{E^{\star}_{TB}}$ 1)	$\frac{M_R+D_U}{h} \cdot \frac{1}{1+\frac{E^{\star}_{TB}}{E^{\star}_{TA}}}$	$480 \cdot \frac{1}{1{,}0685} = 449$	$\frac{M_R+D_U}{h} \cdot \frac{P}{1+\frac{E^{\star}_{TA}}{E^{\star}_{TB}}}$	$480 \cdot \frac{2}{15{,}6} = 62$
b) Gewichtsrechnung	P	$\frac{M_R+D_U}{h} \cdot \frac{1}{1+1/P}$	$480 \cdot \frac{1}{1{,}5} = 320$	$\frac{M_R+D_U}{h} \cdot \frac{P}{1+P}$	$480 \cdot \frac{2}{3} = 320$
c) Verteilung nach technischen Schlüsseln	$P \cdot \frac{HW_H}{HW_L}$	$\frac{M_R+D_U}{h} \cdot \frac{1}{1+\frac{HW_L}{p \cdot HW_H}}$	$480 \cdot \frac{1}{2{,}4} = 200$	$\frac{M_R+D_U}{h} \cdot \frac{P}{1+\frac{p \cdot HW_H}{HW_L}}$	$480 \cdot \frac{2}{1{,}7143} = 560$
2. Restwertmethode	-	$\frac{(M_R+D_U)+(D_X-E_B)}{h}$	480 - 80 = 400	-	-
3. Bewertung des Nebenkuppelproduktes mit Null	-	$\frac{M_R+D_U}{h}$	480	-	-
II. Einzelkosten- und Deckungsbeitragsrechnung	( )	VP_{Φ} 2) $= \frac{M_R+D_U}{\Phi} = \frac{M_R+D_U}{h}$	$VP_{\Phi} = 480$	-	-

1) $E^{\star}_{TA}$ ist der Periodenerlösüberschuß der Hauptendprodukte über die variablen Kosten der Weiterverarbeitung und des Vertriebs; $E^{\star}_{TB}$ ist der entsprechende Periodenerlösüberschuß des Nebenendproduktes B ($E^{\star}_{TA} = \sum_{\lambda} (e-C_1)_{\lambda} \cdot a_{\lambda} = \sum_{\lambda} ZS_{1\lambda} \cdot a_{\lambda}$;
$E^{\star}_{TB} = (e-C_1)_B \cdot b = ZS_{1B} \cdot b$, vgl. Tabelle 20).

2) "Verrechnungspreis" des Kuppelproduktkombinats ($1\ t\ H + \frac{1}{2}\ t\ L$)

Tabelle 19: Verrechnungspreise der Vollkostenrechnungen

Verfahren	Schlüssel q	VP_H	Zahlenwert (DM/t)	VP_L	Zahlenwert (DM/t)
I. Auf Basis der Ist-Beschäftigung					
1. Schlüsselungsverfahren a) Marktpreisverhältnisrechnung	$\frac{E^*_A}{E^*_B}$ 1)	$\frac{M_R+D_U+F_U}{h} \cdot \frac{1}{1+\frac{E^*_B}{E^*_A}}$	$660 \cdot \frac{1}{1,033} = 639$	$\frac{M_R+D_U+F_U}{h} \cdot \frac{P}{1+\frac{E^*_A}{E^*_B}}$	$660 \cdot \frac{2}{31,2} = 42$
b) Gewichtsrechnung	P	$\frac{M_R+D_U+F_U}{h} \cdot \frac{1}{1+1/P}$	$660 \cdot \frac{1}{1,5} = 440$	$\frac{M_R+D_U+F_U}{h} \cdot \frac{P}{1+P}$	$660 \cdot \frac{2}{3} = 440$
c) Verteilung nach technischen Schlüsseln	$P \cdot \frac{HW_H}{HW_L}$	$\frac{M_R+D_U+F_U}{h} \cdot \frac{1}{1+\frac{HW_L}{p \cdot HW_H}}$	$660 \cdot \frac{1}{2,4} = 275$	$\frac{M_R+D_U+F_U}{h} \cdot \frac{P}{1+\frac{p \cdot HW_H}{HW_L}}$	$660 \cdot \frac{2}{1,714} = 770$
2. Restwertmethode	-	$\frac{(M_R+D_U+F_U)+(D_X+F_X-E_B)}{h}$	660 - 30 = 630	-	-
II. Auf Basis der Voll-(Optimal-)Beschäftigung					
1. Schlüsselungsverfahren a) Marktpreisverhältnisrechnung	$\frac{E^*_{oA}}{E^*_{oB}}$ 2)	$\left(\frac{M_R+D_U}{h}+\frac{F_U}{h_o}\right) \cdot \frac{1}{1+\frac{E^*_{oB}}{E^*_{oA}}}$	$616,6 \cdot \frac{1}{1,042} = 592$	$\left(\frac{M_R+D_U}{h}+\frac{F_U}{h_o}\right) \cdot \frac{P}{1+\frac{E^*_{oA}}{E^*_{oB}}}$	$616,6 \cdot \frac{2}{25,03} = 49$
b) Gewichtsrechnung	P	$\left(\frac{M_R+D_U}{h}+\frac{F_U}{h_o}\right) \cdot \frac{1}{1+1/P}$	$616,6 \cdot \frac{1}{1,5} = 411$	$\left(\frac{M_R+D_U}{h}+\frac{F_U}{h_o}\right) \cdot \frac{P}{1+P}$	$616,6 \cdot \frac{2}{3} = 411$
c) Verteilung nach technischen Schlüsseln	$P \cdot \frac{HW_H}{HW_L}$	$\left(\frac{M_R+D_U}{h}+\frac{F_U}{h_o}\right) \cdot \frac{1}{1+\frac{HW_L}{p \cdot HW_H}}$	$616,6 \cdot \frac{1}{2,4} = 257$	$\left(\frac{M_R+D_U}{h}+\frac{F_U}{h_o}\right) \cdot \frac{P}{\frac{p \cdot HW_H}{HW_L}}$	$616,6 \cdot \frac{2}{1,714} = 719$
2. Restwertmethode	-	$\frac{M_R+D_U+D_X-E_B}{h}+\frac{F_U+F_X}{h_o}$	400 + 175 = 575	-	-

1) $E^*_A = \sum_\lambda (e-C_1-C_2)_\lambda \cdot a_\lambda = \sum_\lambda ZS_{2\lambda} \cdot a_\lambda$; $E^*_B = ZS_{2B} \cdot b$, vgl. Tabelle 21

2) $E^*_{oA} = \sum_\lambda (e-C_1-C_3)_\lambda \cdot a_\lambda = \sum_\lambda ZS_{3\lambda} \cdot a_\lambda$; $E^*_{oB} = ZS_{3B} \cdot b$, vgl. Tabelle 21

Tabelle 20: Teilkostenverfahren - Berechnung der Bruttoergebnisse[1)]

Produkte	A_{101}	A_{111}	A_{112}	A_{211}	A_{311}	A_{411}	A_{511}	A_{611}	B
e	1.800	1.899	1.998	2.583	3.555	1.890	1.188	1.143	225
C_1: m_z	1.170	1.170	1.170	75	64	930	255	65	
C_1: $d_{v,x}$	30	30	30	140	233	35	42	60	65
C_1: d_w	-	49	58	8	8	25	31	18	-
$-C_1$	1.200	1.249	1.258	223	305	990	328	143	65
ZS_1	600	650	740	2.360	3.250	900	860	1.000	160

Verfahren

Bruttoergebnisse je LE | je Engpaßeinheit

I. Proportionalkostenrechnungen

Produkte	A_{101}	A_{111}	A_{112}	A_{211}	A_{311}	A_{411}	A_{511}	A_{611}	B
ZS_1	600	650	740	2.360	3.250	900	860	1.000	160

Produkte	A_{101}	A_{111}	A_{112}	A_{211}	A_{311}	A_{411}	A_{511}	A_{611}	B
t_V^{-1}	7,0	7,0	7,0	1,5	0,9	6,0	5,0	3,5	-

1. Schlüsselungsverfahren

a) Marktpreisverhältnisrechnung

	A_{101}	A_{111}	A_{112}	A_{211}	A_{311}	A_{411}	A_{511}	A_{611}	B
VP	225	225	225	539	449	539	449	359	62
ε	375	425	515	1.821	2.801	361	411	641	98
$ε_e$	2.625	2.975	3.605	2.731,5	2.520,9	2.166	2.055	2.243,5	-

b) Gewichtsrechnung

	A_{101}	A_{111}	A_{112}	A_{211}	A_{311}	A_{411}	A_{511}	A_{611}	B
VP	160	160	160	384	320	384	320	256	320
ε	440	490	580	1.976	2.930	516	540	744	-160
$ε_e$	3.080	3.430	4.060	2.964	2.637	3.096	2.700	2.604	-

c) Verteilung nach technischen Schlüsseln

	A_{101}	A_{111}	A_{112}	A_{211}	A_{311}	A_{411}	A_{511}	A_{611}	B
VP	100	100	100	240	200	240	200	160	560
ε	500	550	640	2.120	3.050	660	660	840	-400
$ε_e$	3.500	3.850	4.480	3.180	2.745	3.960	3.300	2.940	-

2. Restwertmethode

	A_{101}	A_{111}	A_{112}	A_{211}	A_{311}	A_{411}	A_{511}	A_{611}	B
VP	200	200	200	480	400	480	400	320	-
ε	400	450	540	1.880	2.850	420	460	680	-
$ε_e$	2.800	3.150	3.780	2.820	2.565	2.520	2.300	2.380	-

3. Bewertung des Nebenkuppelproduktes mit Null

	A_{101}	A_{111}	A_{112}	A_{211}	A_{311}	A_{411}	A_{511}	A_{611}	B
VP	240	240	240	576	480	576	480	384	-
ε	360	410	500	1.784	2.770	324	380	616	-
$ε_e$	2.520	2.870	3.500	2.676	2.493	1.944	1.900	2.156	-

II. Einzelkosten- und Deckungsbeitragsrechnung

Endproduktkombinate	$Θ_{101}$	$Θ_{111}$	$Θ_{112}$	$Θ_{211}$	$Θ_{311}$	$Θ_{411}$	$Θ_{511}$	$Θ_{611}$	-
$e_Θ$[2)]	1.856,25	1.955,25	2.054,25	2.718,00	3.667,50	2.025,00	1.300,50	1.233,00	-
$- m_z$	1.170	1.170	1.170	75	64	930	255	65	-
$- d_v$	30	30	30	140	233	35	42	60	-
$- d_{xΘ}$[3)]	16,25	16,25	16,25	39	32,50	39	32,50	26	-
$- d_w$	-	49	58	8	8	25	31	18	-
- "VP"	240	240	240	576	480	576	480	384	-
$db = ε_Θ$	400	450	540	1.880	2.850	420	460	680	-

Endproduktkombinate	$Θ_{101}$	$Θ_{111}$	$Θ_{112}$	$Θ_{211}$	$Θ_{311}$	$Θ_{411}$	$Θ_{511}$	$Θ_{611}$	-
$db_e = ε_{Θ_e}$	2.800	3.150	3.780	2.820	2.565	2.520	2.300	2.380	-

1) $(m_z+d_v+d_x+d_w) = C_1$ ist der verfahrensunabhängige Kostenbestandteil, von dem jeweils VP abgesetzt wird, d.h. der Teil des Verrechnungspreises VP_H, der dem Anteil von H am Endprodukt entspricht, also $VP_λ = h_{Eλ} \cdot VP_H$. Beim Nebenendprodukt B wird VP_L abgezogen $(VP_B = VP_L)$, da in X keine Gewichtsänderung erfolgt. Die engpaßbezogenen Bruttoergebnisse erhält man durch Multiplikation der Bruttoergebnisse je LE mit der Ausbringung der Endprodukte je Maschinenstunde in V $(ε_{eλ} = ε_λ \cdot t_{vλ}^{-1})$.

2) $e_{Θλ} = (e_A + \frac{h_E}{P} \cdot e_B)_λ$

3) $d_{xΘλ} = \left(\frac{h_E}{P} \cdot d_x\right)_λ$

Tabelle 21: Vollkostenverfahren - Berechnung der Stückerfolge[1)]

Produkte	A_{101}	A_{111}	A_{112}	A_{211}	A_{311}	A_{411}	A_{511}	A_{611}	B
e	1.800	1.899	1.998	2.583	3.555	1.890	1.188	1.143	225
m_z (C1)	1.170	1.170	1.170	75	64	930	255	65	-
$d_{v,x}$ (C1)	30	30	30	140	233	35	42	60	65
d_w (C1)	-	49	58	8	8	25	31	18	-
$-C_1$	1.200	1.249	1.258	223	305	990	328	143	65
ZS_1	600	650	740	2.360	3.250	900	860	1.000	160

Ist- ← Kostenverfahren → Optimal-

Istkostenverfahren:

Produkte	A_{101}	A_{111}	A_{112}	A_{211}	A_{311}	A_{411}	A_{511}	A_{611}	B
ZS_1	600	650	740	2.360	3.250	900	860	1.000	160
$f_{v,x}$ (C2)	57	57	57	267	444	67	80	114	100
f_w (C2)	-	206	245	34	34	103	129	74	-
$-C_2$	57	263	302	301	478	170	209	188	100
ZS_2	543	387	438	2.059	2.772	730	651	812	60

Optimalkostenverfahren:

Produkte	A_{101}	A_{111}	A_{112}	A_{211}	A_{311}	A_{411}	A_{511}	A_{611}	B
ZS_1	600	650	740	2.360	3.250	900	860	1.000	160
$f_{v,xo}$ (C3)	57	57	57	267	444	67	80	114	81
f_{wo} (C3)	-	148	176	25	25	74	93	53	-
$-C_3$	57	205	233	292	469	141	173	167	81
ZS_3	543	445	507	2.068	2.781	759	687	833	79

Verfahren	Produkte	A_{101}	A_{111}	A_{112}	A_{211}	A_{311}	A_{411}	A_{511}	A_{611}	B	Produkte	A_{101}	A_{111}	A_{112}	A_{211}	A_{311}	A_{411}	A_{511}	A_{611}	B
1. Schlüsselungsverfahren																				
a) Marktpreisverhältnisrechnung	VP	320	320	320	767	639	767	639	511	42	VP	296	296	296	710	592	710	592	474	49
	k_f	196	227	233	160	176	239	146	104	26	k_{fo}	154	174	178	122	136	183	109	78	19
	$-\rho$	516	547	553	927	815	1.006	785	615	68	$-\rho$	450	470	474	832	728	893	701	552	68
	g	27	-160	-115	1.132	1.957	-276	-134	197	-8	g	93	-25	33	1.236	2.053	-134	-14	281	11
b) Gewichtsrechnung	VP	220	220	220	528	440	528	440	352	440	VP	206	206	206	493	411	493	411	329	411
	k_f	183	215	221	131	152	209	121	85	75	k_{fo}	145	165	169	100	118	161	91	64	55
	$-\rho$	403	435	441	659	592	737	561	437	515	$-\rho$	351	371	375	593	529	654	502	393	466
	g	140	-48	-3	1.400	2.180	-7	90	375	-455	g	192	74	132	1.475	2.252	105	185	440	-387
c) Verteilung nach technischen Schlüsseln	VP	138	138	138	330	275	330	275	220	770	VP	129	129	129	308	257	308	257	206	719
	k_f	173	205	211	106	131	185	101	68	116	k_{fo}	138	157	161	82	102	143	75	51	86
	$-\rho$	311	343	349	436	406	515	376	288	886	$-\rho$	267	286	290	390	359	451	332	257	805
	g	232	44	89	1.623	2.366	215	275	524	-826	g	276	159	217	1.678	2.422	308	355	576	-726
2. Restwertmethode	VP	315	315	315	756	630	756	630	504	-	VP	288	288	288	690	575	690	575	460	-
	k_f	195	227	233	159	175	238	145	104	-	k_{fo}	154	173	177	120	134	181	107	77	-
	$-\rho$	510	542	548	915	805	994	775	608	-	$-\rho$	442	461	465	810	709	871	682	537	-
	g	33	-155	-110	1.144	1.967	-264	-124	204	-	g	101	-16	42	1.258	2.072	-112	5	296	-

1) Diese Tabelle veranschaulicht den Rechengang zur Ermittlung der Stückerfolge. Alle Zahlenwerte sind in (DM/t) angegeben. $C_1 = (m_z+d_v+d_x+d_w)$, $C_2 = (f_v+f_x+f_w)$ und $C_3 = (f_{vo}+f_{xo}+f_{wo})$ sind verfahrensunabhängige Kostenbestandteile, d.h. C_1 ist für alle Verfahren, C_2 und C_3 sind innerhalb der Ist- bzw. Optimalkostenrechnungen konstant. Von den Zwischensummen ZS_2 und ZS_3 werden jeweils der Verrechnungspreisanteil $VP_\lambda = h_{E\lambda} \cdot VP_H$ bzw. $VP_B = VP_L$ sowie die anteiligen Verwaltungs- und Vertriebsgemeinkosten je LE A_λ oder B $k_{f\lambda(B)} = \frac{F}{K_{HK}} \cdot k_{HK\lambda(B)} = (Q-1) \cdot k_{HK\lambda(B)}$ bzw. $k_{fo\lambda(B)} = (Q-1) \cdot k_{HKo\lambda(B)}$ subtrahiert. Durch Addition von VP und k_f erhält man den verfahrensabhängigen Teil der Kosten (ρ), der zusammen mit dem verfahrensunabhängigen Teil (C_1+C_2) bzw. (C_1+C_3) vom reduzierten Nettoerlös (e) abgezogen wird, so daß sich das Nettoergebnis je LE (g) ergibt.

Tabelle 22: Daten der Kostenrechnung für das Gesamtunternehmen sowie die Dispositionsbereiche UX und VW

I) Gesamtunternehmen (vgl. Tabelle 1)

Pro-dukte	a_{max}	T_{Vmax}	db	DB_{max}	t_V^{-1}	db_e (je Std. V)		h_E^{-1}	db_e (je t H)	
	t	h	DM/t	DM	t/h	DM/h	(Rang)	t/t	DM/t	(Rang
A_{111}	539	77	450	242.550	7,0	3.150	(1)	2	900	(3)
A_{211}	168	112	1.880	315.840	1,5	2.820	(2)	0,8333	1.567	(2)
A_{311}	63	70	2.850	179.550	0,9	2.565	(3)	1	2.850	(1)

II) Dispositionsbereich UX

Mit Hilfe der Proportionalkosten-Restwertrechnung ermittelt man die "proportionalen Kosten" (in denen Kosten- und Erlösanteile aus der Weiterverarbeitung und dem Verkauf des Nebenkuppelproduktes L bzw. des Nebenendproduktes B enthalten sind) je Tonne H:

$$k_H = \frac{M_R + D_U + D_X - E_B}{h_u} = \underline{400\ DM/t}$$

III) Dispositionsbereich VW (vgl. Tabelle 20)

	Produkte	A_{111}	A_{211}	A_{311}
	e	1.899	2.583	3.555
./.	c_1	1.249	223	305
=	zs.	650	2.360	3.250
	(h_E)	(0,5)	(1,2)	(1,0)
./.	$h_E \cdot VP_H$	x	x	x
=	db	x	x	x
	Rang	x	x	x
eventuell Engpaßbezug: Ausbringung der Hauptendprodukte je Engpaßeinheit (z.B. t_V^{-1})		7,0	1,5	0,9
db_e (je Engpaßeinheit)		x	x	x
Rang		x	x	x

Tabelle 23: Daten der Kostenrechnung bei erweiterter Programmautonomie in UX

I) Daten des Dispositionsbereiches UX

Rohstoffart	$p = \frac{h}{l}$	Stoffeinsatz von R je Tonne H	Bearbeitungszeit je Tonne H	proportionale Energiekosten je Tonne H	Rohstoffkosten je Tonne R	Rohstoffkosten je Tonne H	Reduzierter Nettoerlös des Nebenendproduktes je Tonne H	proportionale (Rest-)Kosten je Tonne H
	(t/t)	r_H (t/t)	t_U^* (Std./t)	d_U[1] (DM/t)	m_R (DM/t)	$m_H = m_R \cdot r_H$ (DM/t)	$\frac{1}{p} \cdot (e_B - d_X)$[2] (DM/t)	k_H (DM/t)
R_I	2	2	0,4	60	210	420	80	400
R_{II}	0,5	4	0,5	75	116,25	465	320	220

II) Daten des Dispositionsbereiches VW

Produkte	ZS_1	h_E	a_{max}	h_{max}	R_I (k_H = 400 DM/t)			R_{II} (k_H = 220 DM/t)		
					$h_E \cdot k_H$	$db = ZS_1 - h_E \cdot k_H$	Rang	$h_E \cdot k_H$	$db = ZS_1 - h_E \cdot k_H$	Rang
A_{112}	740	0,5	441	220,5	200	540	2	110	630	3
A_{511}	860	1,0	560	560,0	400	460	3	220	640	2
A_{611}	1.000	0,8	294	235,2	320	680	1	176	824	1

1) Die proportionalen Energiekosten je Stunde U betragen 150 DM/Std.

2) $e_B - d_X$ = 160 DM je Tonne B.

Tabelle 24: Bildung engpaßbezogener Deckungsbeiträge bei erweiterter Programmautonomie in UX

I) Bezug auf je eine Stunde (U)

a) Verwendung der Rohstoffart R_I:

Produkte	t_{UI}^{*-1}	$\frac{t_{UI}^{*-1}}{h_E} = t_{UI}^{-1}$	$\frac{a_{max}}{t_{UI}^{-1}} = T_U$	db (Rang)	$db_e = db \cdot t_{UI}^{-1}$
Dimension	t_H/Std.U	$\frac{t_H/\text{Std.U}}{t_H/t_A} = \frac{t_A}{\text{Std.U}}$	$\frac{t_A}{t_A/\text{Std.U}} = \text{Std.U}$	DM/t_A	DM/Std.U = DM/$t_A \cdot t_A$/Std.U
A_{112}		$\frac{2,5}{0,5} = 5$	$\frac{441}{5} = 88,2$	540 (2)	2.700 (1)
A_{511}	2,5	$\frac{2,5}{1} = 2,5$	$\frac{560}{2,5} = 224,0$	460 (3)	1.150 (3)
A_{611}		$\frac{2,5}{0,8} = 3,125$	$\frac{294}{3,125} = 94,0$	680 (1)	2.125 (2)

b) Verwendung der Rohstoffart R_{II}:

Produkte	t_{UII}^{*-1}	$\frac{t_{UII}^{*-1}}{h_E} = t_{UII}^{-1}$	$\frac{a_{max}}{t_{UII}^{-1}} = T_U$	db (Rang)	$db_e = db \cdot t_{UII}^{-1}$
A_{112}		$\frac{2}{0,5} = 4$	$\frac{441}{4} = 110,25$	630 (3)	2.520 (1)
A_{511}	2	$\frac{2}{1} = 2$	$\frac{560}{2} = 280,00$	640 (2)	1.280 (3)
A_{611}		$\frac{2}{0,8} = 2,5$	$\frac{294}{2,5} = 117,60$	824 (1)	2.060 (2)

II) Bezug auf je eine Stunde (V)

Produkte	t_V^{-1}	T_{Vmax}	R_I (k_{HI} = 400 DM/t)		R_{II} (k_{HII} = 220 DM/t)	
			db (Rang)	$db_e = db \cdot t_V^{-1}$	db (Rang)	$db_e = db \cdot t_V^{-1}$
A_{112}	7,0	63	540 (2)	3.780 (1)	630 (3)	4.410 (1)
A_{511}	5,0	112	460 (3)	2.300 (3)	640 (2)	3.200 (2)
A_{611}	3,5	84	680 (1)	2.380 (2)	824 (1)	2.884 (3)

Tabelle 25: Bestimmung des Verrechnungspreises VP_S

Rohstoffart	Gleichung	VP_H	DB_{UX}
R_I	$250 \cdot VP_H - 100.000$	400	0
		600	150.000-100.000 = 50.000
R_{II}	$200 \cdot VP_H - 44.000$	220	0
		600	120.000- 44.000 = 76.000

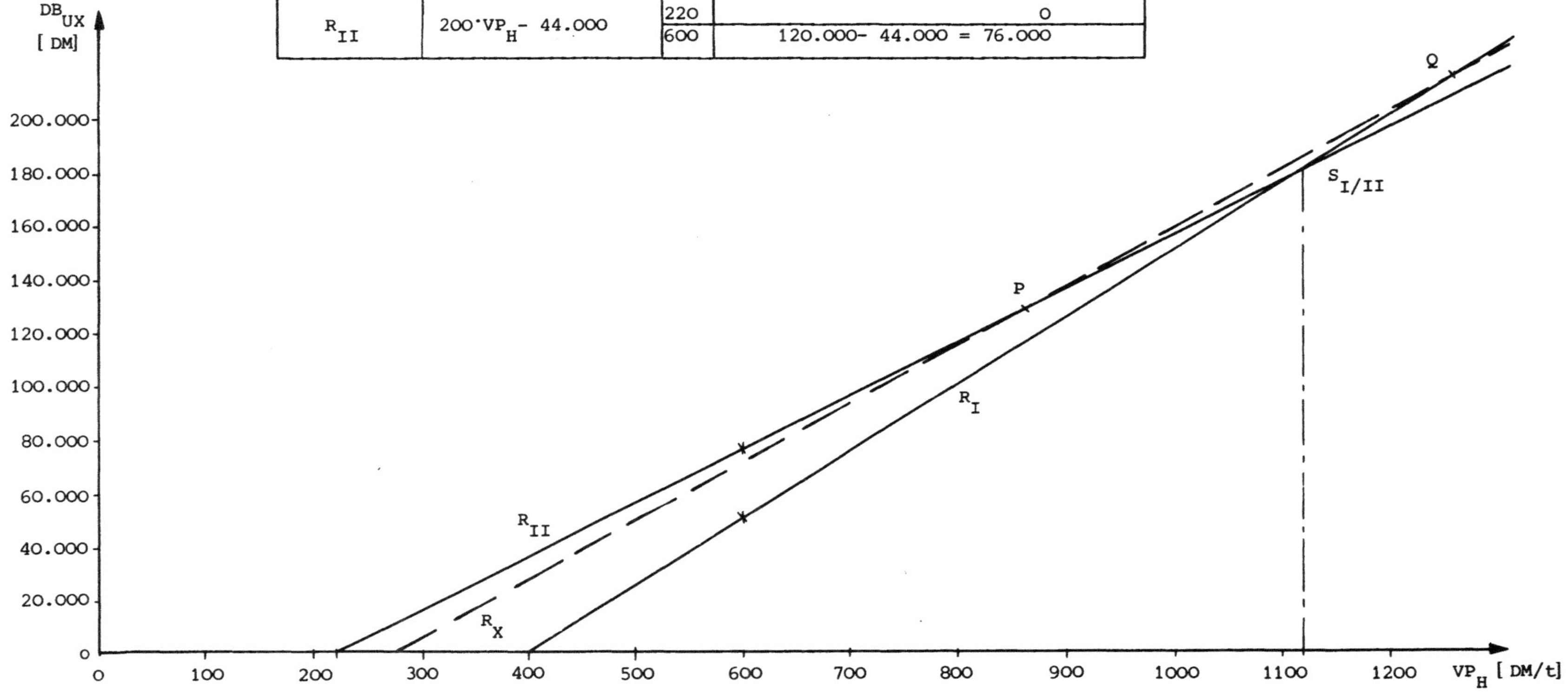

Matrix 1: $\kappa_\lambda \leqq 1$; $\bar{T}_{Vmax} = 500$ Std.; $\bar{T}_{Wmax} = 250$ Std.; $\lambda = 1,2,3,\ldots,8$

a) Ausgangsmatrix[1)]

	κ_1	κ_2	κ_3	κ_4	κ_5	κ_6	κ_7	κ_8	y_1	y_2	y_3	y_4	y_5	y_6	y_7	y_8	y_9	y_{10}	Σ	$\bar{G}$
y_1	1								1										1	
y_2		1								1									1	
y_3			1								1								1	
y_4				1								1							1	
y_5					1								1						1	
y_6						1								1					1	
y_7							1								1				1	
y_8								1								1			1	
y_9	98	77	63	112	70	84	112	84									1		500	
y_{10}		107,8	105,0	5,6	2,1	50,4	70,0	21,0										1	250	
	-274.400	-242.550	-238.140	-315.840	-179.550	-211.680	-257.600	-199.920												-1.350.000

1) Nicht ausgefüllte Felder haben hier und in allen folgenden Matrizen den Wert Null.

Matrix 1

b) Endmatrix (nach 10 Schritten)

	κ_1	κ_2	κ_3	κ_4	κ_5	κ_6	κ_7	κ_8	y_1	y_2	y_3	y_4	y_5	y_6	y_7	y_8	y_9	y_{10}	Σ	$\bar{G}$
κ_1	1								1										1	
κ_2		1								1									1	
κ_8							-0,095238	1	-2	2,095238	2,285715	-2,095238	-1,357143				0,020409	-0,034016	0,629252	
κ_4				1								1							1	
y_7							1								1				1	
y_6							-1,42857		-0,833333	3,011901	3,035711	-0,761904	-0,523808	1			0,008504	-0,034016	0,676872	
κ_6						1	1,42857		0,833333	-3,011901	-3,035711	0,761904	0,523808				-0,008504	0,034016	0,323128	
y_8							0,095238		2	-2,095238	-2,285715	2,095238	1,357143			1	-0,020409	0,034016	0,370748	
κ_5					1								1						1	
κ_3			1								1								1	
							25.760		50.961	23.871	52.500	58.240	19.110				2.280	399	1.444.679,8	94.679,8

Matrix 2: $\kappa_\lambda \leqq 1$; $\bar{T}_{Vmax} = 500$ Std.; $\bar{T}_{Wmax} = 250$ Std.; $T_{Umax} = 420$ Std.; $\lambda = 1,2,3,\ldots,8$

a) Ausgangsmatrix

	κ_1	κ_2	κ_3	κ_4	κ_5	κ_6	κ_7	κ_8	y_1	y_2	y_3	y_4	y_5	y_6	y_7	y_8	y_9	y_{10}	y_{11}	Σ	$\bar{G}$
y_1	1								1											1	
y_2		1								1										1	
y_3			1								1									1	
y_4				1								1								1	
y_5					1								1							1	
y_6						1								1						1	
y_7							1								1					1	
y_8								1								1				1	
y_9	98	77	63	112	70	84	112	84									1			500	
y_{10}		107,8	105,0	5,6	2,1	50,4	70,0	21,0										1		250	
y_{11}	102,90	80,85	66,15	60,48	18,90	181,44	168,00	70,56											1	420	
	-274.400	-242.550	-238.140	-315.840	-179.550	-211.680	-257.600	-199.920													1.350.000

Matrix 2

b) Endmatrix (nach 11 Schritten)

	κ_1	κ_2	κ_3	κ_4	κ_5	κ_6	κ_7	κ_8	y_1	y_2	y_3	y_4	y_5	y_6	y_7	y_8	y_9	y_{10}	y_{11}	Σ	$\bar{G}$
κ_1	1								1											1	
κ_2		1								1										1	
κ_6						1	0,6667		-0,1834	-0,1491	-0,1193	0,3030	0,3599				-0,007576		0,009009	0,212129	
κ_4				1								1								1	
κ_5					1								1							1	
y_6							-0,6667		0,1834	0,1491	0,1193	-0,3030	-0,3599	1			0,007576		-0,009009	0,787871	
y_{10}							22,3879		29,9461	-84,3621	-85,7322	13,5044	4,8358				-0,027291	1	-0,264894	3,266529	
y_8							-0,6666		0,9890	0,7741	0,6307	1,6364	1,1931			1	-0,019481		0,009009	0,259741	
κ_8							0,6666	1	-0,9890	-0,7741	-0,6307	-1,6364	-1,1931				0,019481		-0,009009	0,740259	
y_7							1								1					1	
κ_3			1								1									1	
							16.791		38.095	57.514	86.819	52.840	17.184				2.291		106	1.443.373	93.373

Matrix 3: A, B; T_1 = 10.000 Std., T_2 = 30.000 Std.

a) Ausgangsmatrix

	A	B	y_1	y_2	Σ
y_1	4	2	1		10.000
y_2	4	8		1	30.000
	-20	-16			0

b) Endmatrix (nach 2 Schritten)

	A	B	y_1	y_2	Σ
A	1		$\frac{1}{3}$	$-\frac{1}{12}$	$833\frac{1}{3}$
B		1	$-\frac{1}{6}$	$\frac{1}{6}$	$3.333\frac{1}{3}$
			4	1	70.000

Matrix 4: A, B; T_1 = 10.001 Std., T_2 = 30.000 Std.

a) Ausgangsmatrix

	A	B	y_1	y_2	Σ
y_1	4	2	1		10.001
y_2	4	8		1	30.000
	-20	-16			0

b) Endmatrix (nach 2 Schritten)

	A	B	y_1	y_2	Σ
A	1		$\frac{1}{3}$	$-\frac{1}{12}$	833,67
B		1	$-\frac{1}{6}$	$\frac{1}{6}$	3.333,165
			4	1	70.004

Matrix 5: A_{111}, A_{211}, A_{311}; ME $\leq$ 1, h_{umax} = 250 t

a) Ausgangsmatrix

	A_{111}	A_{211}	A_{311}	H_z	y_1	y_2	y_3	y_4	Σ
y_1	0,5	1,2	1	-1	1				250
y_2	1					1			539
y_3		1					1		168
y_4			1					1	63
	-450	-1.880	-2.850	300					

b) Endmatrix (nach 5 Schritten)

	A_{111}	A_{211}	A_{311}	H_z	y_1	y_2	y_3	y_4	Σ
A_{211}		1					1		168
A_{111}	1					1			539
H_z				1	-1	0,5	1,2	1	284,1
A_{311}			1					1	63
					300	301	1.520	2.550	653,191

Matrix 6: A_{111}, A_{211}, A_{311}; ME $\leq$ 1, T_{Vmax} = 200 Std., h_{umax} = 250 t

a) Ausgangsmatrix

	A_{111}	A_{211}	A_{311}	H_z	y_1	y_2	y_3	y_4	y_5	Σ
y_1	0,1429	0,6667	1,1111		1					200
y_2	0,5	1,2	1	-1		1				250
y_3	1						1			539
y_4		1						1		168
y_5			1						1	63
	-450	-1.880	-2.850	300						

b) Endmatrix (nach 5 Schritten)

	A_{111}	A_{211}	A_{311}	H_z	y_1	y_2	y_3	y_4	y_5	Σ
A_{111}	1				7			-4,6667	-7,7777	126,0
A_{211}		1						1		168,0
y_3					-7		1	4,6667	7,7777	413,0
H_z				1	3,5	-1		-1,1335	-2,8889	77,6
A_{311}			1						1	63,0
					2.107	300		115	209	528.878

Matrix 7: A_{111}, A_{211}, A_{311}; ME $\leqq$ 1, T_{Vmax} = 150 Std., h_{umax} = 250 t

a) Ausgangsmatrix

	A_{111}	A_{211}	A_{311}	H_z	y_1	y_2	y_3	y_4	y_5	Σ
y_1	0,1429	0,6667	1,1111		1					150
y_2	0,5	1,2	1	-1		1				250
y_3	1						1			539
y_4		1						1		168
y_5			1						1	63
	-450	-1.880	-2.850	300						

b) Endmatrix (nach 5 Schritten)

	A_{111}	A_{211}	A_{311}	H_z	y_1	y_2	y_3	y_4	y_5	Σ
A_{211}		1						1		168
A_{111}	1			-2,6932	-2,4239	2,6932		-1,6159		38,2
y_3				2,6932	2,4239	-2,6932	1	1,6159		500,8
y_5				-0,3463	-1,2117	0,3463		0,3922	1	33,7
A_{311}			1	0,3463	1,2117	-0,3463		-0,3922		29,3
				76	2.364	224		36		416,471

Matrix 8: A_{111}, A_{211}, A_{311}; ME $\leqq$ 1; T_{Vmax} = 150 Std., h_{umax} = 250 t;
VP_H = 600 DM/t

a) Ausgangsmatrix

	A_{111}	A_{211}	A_{311}	H_z	y_1	y_2	y_3	y_4	y_5	Σ
y_1	0,1429	0,6667	1,1111		1					150
y_2	0,5	1,2	1	-1		1				250
y_3	1						1			539
y_4		1						1		168
y_5			1						1	63
	-350	-1.640	-2.650	100[1]						

b) Endmatrix (nach 4 Schritten)

	A_{111}	A_{211}	A_{311}	H_z	y_1	y_2	y_3	y_4	y_5	Σ
A_{211}		1						1		168
y_2	0,3713			-1	-0,9	1		-0,6		14,2
y_3	1						1			539
y_5	-0,1286				-0,9			0,6	1	28,8
A_{311}	0,1286		1		0,9			-0,6		34,2
	191			100	2.385			50		366.140

1) $(MP+k_z)-VP_H$ = 700-600 = 100 DM/t

Matrix 9: A_{111}, A_{211}, A_{311}; ME $\leqq$ 1; T_{Vmax} = 200 Std., h_{umax} = 500 t

a) Ausgangsmatrix

	A_{111}	A_{211}	A_{311}	H_v	y_1	y_2	y_3	y_4	y_5	Σ
y_1	0,1429	0,6667	1,1111		1					200
y_2	0,5	1,2	1	1		1				500
y_3	1						1			539
y_4		1						1		168
y_5			1						1	63
	-450	-1.880	-2.850	-300						

b) Endmatrix (nach 7 Schritten)

	A_{111}	A_{211}	A_{311}	H_v	y_1	y_2	y_3	y_4	y_5	Σ
A_{111}	1				7			-4,6667	-7,7779	126,0
H_v				1	-3,4998	1		1,1334	2,8887	172,4
y_3					-7		1	4,6667	7,7779	413,0
A_{211}		1						1		168,0
A_{311}			1						1	63,0
					2.106	300		116	210	603.456

Matrix 10: A_{111}, A_{211}, A_{311}; ME $\leqq$ 1; T_{Vmax} = 200 Std., h_{umax} = 250 t

a) Ausgangsmatrix

	A_{111}	A_{211}	A_{311}	H_v	y_1	y_2	y_3	y_4	y_5	
y_1	0,1429	0,6667	1,1111		1					200
y_2	0,5	1,2	1	1		1				250
y_3	1						1			539
y_4		1						1		168
y_5			1						1	63
	-450	-1.880	-2.850	-300						

b) Endmatrix (nach 3 Schritten)

	A_{111}	A_{211}	A_{311}	H_v	y_1	y_2	y_3	y_4	y_5	Σ
y_1	-0,1349			-0,5556	1	-0,5556			-0,5555	33,1
A_{211}	0,4167	1		0,8333		0,8333			-0,8333	155,833
y_3	1						1			539
y_4	-0,4167			-0,8333		-0,8333		1	0;8333	22,7
A_{311}			1						1	63
	333			1.267		1.567			1.283	472.516

Matrix 11: A_{111}, A_{211}, A_{311}; ME $\leqq$ 1; T_{Vmax} = 150 Std., h_{umax} = 250 t

a) Ausgangsmatrix

	A_{111}	A_{211}	A_{311}	H_v	y_1	y_2	y_3	y_4	y_5	Σ
y_1	0,1429	0,6667	1,1111		1					150
y_2	0,5	1,2	1	1		1				250
y_3	1						1			539
y_4		1						1		168
y_5			1						1	63
	-450	-1.880	-2.850	-300						

b) Endmatrix (nach 4 Schritten)

	A_{111}	A_{211}	A_{311}	H_v	y_1	y_2	y_3	y_4	y_5	Σ
A_{211}	0,2144	1			1,5				-1,6667	120,0
H_v	0,2427			1	-1,8	1			1	43,0
y_3	1						1			539
y_4	-0,2144				-1,5			1	1,6667	48,0
A_{311}			1						1	63
	26				2.280	300			17	418.050

Matrix 12: A_{111}, A_{211}, A_{311}; ME $\leqq$ 1; T_{Vmax} = 150 Std., h_{umax} = 250 t; unter Berücksichtigung von Opportunitätskosten im Deckungsbeitrag

a) Ausgangsmatrix

	A_{111}	A_{211}	A_{311}	y_1	y_2	y_3	y_4	y_5	Σ
y_1	0,1429	0,6667	1,1111	1					150
y_2	0,5	1,2	1		1				250
y_3	1					1			539
y_4		1					1		168
y_5			1					1	63
	-300	-1.520	-2.550						

b) Endmatrix (nach 3 Schritten)

	A_{111}	A_{211}	A_{311}	y_1	y_2	y_3	y_4	y_5	Σ
A_{211}	0,2144	1		1,5				-1,6667	120,0
y_2	0,2427			-1,8	1			1	43,0
y_3	1					1			539
y_4	-0,2144			-1,5			1	1,6667	48,0
A_{311}			1					1	63
	26			2.280				17	343.050

Matrix 13: A_{111}, A_{211}, A_{311}; ME $\leqq$ 1; T_{Vmax} = 200 Std., h_{umax} = 250 t

a) Ausgangsmatrix

	A_{111}	A_{211}	A_{311}	H_v	H_z	y_1	y_2	y_3	y_4	y_5	Σ
y_1	0,1429	0,6667	1,1111			1					200
y_2	0,5	1,2	1	1	-1		1				250
y_3	1							1			539
y_4		1							1		168
y_5			1							1	63
	-450	-1.880	-2.850	-300	400						

b) Endmatrix (nach 5 Schritten)

	A_{111}	A_{211}	A_{311}	H_v	H_z	y_1	y_2	y_3	y_4	y_5	Σ
A_{111}	1					7			-4,6669	-7,7777	126
A_{211}		1							1		168
y_3						-7		1	4,6669	7,7777	413
H_z				-1	1	3,5	-1		-1,1335	-2,8889	77,6
A_{311}			1							1	63
				100		1.757	400		229	498	521.118

Matrix 14: A_{111}, A_{211}, A_{311}; ME $\leqq$ 1; T_{Vmax} = 150 Std., h_{umax} = 250 t

a) Ausgangsmatrix

	A_{111}	A_{211}	A_{311}	H_v	H_z	y_1	y_2	y_3	y_4	y_5	Σ
y_1	0,1429	0,6667	1,1111			1					150
y_2	0,5	1,2	1	1	-1		1				250
y_3	1							1			539
y_4		1							1		168
y_5			1							1	63
	-450	-1.880	-2.850	-300	400						

b) Endmatrix (nach 4 Schritten)

	A_{111}	A_{211}	A_{311}	H_v	H_z	y_1	y_2	y_3	y_4	y_5	Σ
A_{211}	0,2144	1				1,5				-1,6667	120
H_v	0,2427			1	-1	-1,8	1			1	43
y_3	1							1			539
y_4	-0,2144					-1,5			1	1,6667	48
A_{311}			1							1	63
	26				100	2.280	300			17	418.050

Matrix 15: A_{111}, A_{211}, A_{311}; ME $\leqq$ 1; T_{Vmax} = 150 Std., h_{umax} = 250 t;
VP_H = $(MP-k_v)$ = 700 DM/t

a) Ausgangsmatrix

	A_{111}	A_{211}	A_{311}	H_z	y_1	y_2	y_3	y_4	y_5	Σ
y_1	0,1429	0,6667	1,1111		1					150
y_2	0,5	1,2	1	-1		1				250
y_3	1						1			539
y_4		1						1		168
y_5			1						1	63
	-300	-1.520	-2.550	100						

b) Endmatrix (nach 3 Schritten)

	A_{111}	A_{211}	A_{311}	H_z	y_1	y_2	y_3	y_4	y_5	Σ
A_{211}	0,2144	1			1,5				-1,6667	120
y_2	0,2427			-1	-1,8	1			1	43
y_3	1						1			539
y_4	-0,2144				-1,5			1	1,6667	48
A_{311}			1						1	63
	26			100	2.280				17	343.050

Matrix 16: A_{111}, A_{211}, A_{311}; ME $\leqq$ 1; T_{Vmax} = 150 Std., h_{umax} = 180 t

a) Ausgangsmatrix

	A_{111}	A_{211}	A_{311}	H_v	H_z	y_1	y_2	y_3	y_4	y_5	Σ
y_1	0,1429	0,6667	1,1111			1					150
y_2	0,5	1,2	1	1	-1		1				180
y_3	1							1			539
y_4		1							1		168
y_5			1							1	63
	-450	-1.880	-2.850	-300	400						

b) Endmatrix (nach 4 Schritten)

	A_{111}	A_{211}	A_{311}	H_v	H_z	y_1	y_2	y_3	y_4	y_5	Σ
H_z	-0,2428			-1	1	1,8	-1			-1	27.0
A_{211}	0,2144	1				1,5				-1,6667	120,0
y_3	1							1			539
y_4	-0,2144					-1,5			1	1,6667	48,0
A_{311}			1							1	63
	50			100		2.101	400			116	394.359

Matrix 17: A_{111}, A_{211}, A_{311}; ME $\leqq$ 1; T_{Vmax} = 150 Std., h_{umax} = 180 t;
VP_H = $(MP-k_v)$ = 700 DM/t

a) Ausgangsmatrix

	A_{111}	A_{211}	A_{311}	H_z	y_1	y_2	y_3	y_4	y_5	Σ
y_1	0,1429	0,6667	1,1111		1					150
y_2	0,5	1,2	1	-1		1				180
y_3	1						1			539
y_4		1						1		168
y_5			1						1	63
	-300	-1.520	-2.550	100						

b) Endmatrix (nach 4 Schritten)

	A_{111}	A_{211}	A_{311}	H_z	y_1	y_2	y_3	y_4	y_5	Σ
H_z	-0,2428			1	1,8	-1			-1	27,0
A_{211}	0,2144	1			1,5				-1,6667	120,0
y_3	1						1			539
y_4	-0,2144				-1,5			1	1,6667	48,0
A_{311}			1						1	63
	50				2.101	100			116	340.359

Matrix 18a: A_{111}, A_{211}, A_{311}; ME $\leqq$ 1; T_{Vmax} = 150 Std., h_{umax} = 250 t,
h_{vmax} = 60 t, $(MP-k_v)$ = 1.900 DM/t

a) Ausgangsmatrix

	A_{111}	A_{211}	A_{311}	H_v	y_1	y_2	y_3	y_4	y_5	y_6	Σ
y_1	0,1429	0,6667	1,1111		1						150
y_2	0,5	1,2	1	1		1					250
y_3	1						1				539
y_4		1						1			168
y_5									1		63
y_6				1						1	60
	-450	-1.880	-2.850	-1.500							

b) Endmatrix (nach 3 Schritten)

	A_{111}	A_{211}	A_{311}	H_v	y_1	y_2	y_3	y_4	y_5	y_6	Σ
A_{211}	0,2144	1			1,5				-1,6667		120
H_v	0,2427			1	-1,8	1			1		43
y_3	1						1				539
y_4	-0,2144				-1,5			1	1,6667		48
A_{311}			1						1		63
y_6	-0,2427				1,8	-1			-1	1	17
	317				120	1.500			1.217		469.650

Matrix 18b: A_{111}, A_{211}, A_{311}, ME $\leqq$ 1; T_{Vmax} = 150 Std., h_{umax} = 190 t,

h^{*}_{max} = 60 t; VP_{H} = 400 bzw. 1.900 DM/t

a) Ausgangsmatrix

	A_{111}	A_{211}	A_{311}	H^{*}	y_1	y_2	y_3	y_4	y_5	y_6	Σ
y_1	0,1429	0,6667	1,1111		1						150
y_2	0,5	1,2	1	-1		1					190
y_3	1						1				539
y_4		1						1			168
y_5			1						1		63
y_6				1						1	60
	-450	-1.880	-2.850	1.500							

b) Endmatrix (nach 3 Schritten)

	A_{111}	A_{211}	A_{311}	H^{*}	y_1	y_2	y_3	y_4	y_5	y_6	Σ
H^{*}	-0,2428			1	1,8	-1			-1		17
A_{211}	0,2144	1			1,5				-1,6667		120
y_3	1						1				539
y_4	-0,2144				-1,5			1	1,6667		48
A_{311}			1						1		63
y_6	0,2428				1,8	1			1	1	43
	317				120	1.500			1.217		379.649

Matrix 19: A_{111}, A_{211}, A_{311}; ME $\leqq$ 1; T_{Vmax} = 100 Std., h_{umax} = 350 t

a) Ausgangsmatrix

	A_{111}	A_{211}	A_{311}	H_v	y_1	y_2	y_3	y_4	y_5	Σ
y_1	0,1429	0,6667	1,1111		1					100
y_2	0,5	1,2	1	1		1				350
y_3	1						1			539
y_4		1						1		168
y_5			1						1	63
	-450	-1.880	-2.850	-200						

b) Endmatrix (nach 5 Schritten)

	A_{111}	A_{211}	A_{311}	H_v	y_1	y_2	y_3	y_4	y_5	Σ
A_{211}	0,2144	1	1,6667		1,5					150
H_v	0,2427		-1	1	-1,8	1				170
y_3	1						1			539
y_4	-0,2144		-1,6667		-1,5			1		18
y_5			1						1	63
	2		83		2.460	200				315.979

Matrix 20: A_{111}, A_{211}, A_{311}; ME $\leqq$ 1; T_{Vmax} = 100 Std., h_{umax} = 350 t

a) Ausgangsmatrix

	A_{111}	A_{211}	A_{311}	y_1	y_2	y_3	y_4	y_5	Σ
y_1	0,1429	0,6667	1,1111	1					100
y_2	0,5	1,2	1		1				350
y_3	1					1			539
y_4		1					1		168
y_5			1					1	63
	-450	-1.880	-2.850						

b) Endmatrix (nach 5 Schritten)

	A_{111}	A_{211}	A_{311}	y_1	y_2	y_3	y_4	y_5	Σ
A_{211}		1	1,6667	1,5		-0,2144			34,4
y_2			-1	-1,8	1	-0,2427			39
A_{111}	1					1			539
y_4			-1,6667	-1,5		0,2144	1		133,6
y_5			1					1	63
			283	2.820		47			307.312

Matrix 21: A_{112}, A_{511}, A_{611}, R_I, R_{II}; T_{Vmax} = 63 Std., T_{Umax} = 95 Std.

a) Ausgangsmatrix

	A_{112I}	A_{112II}	A_{511I}	A_{511II}	A_{611I}	A_{611II}	y_1	y_2	Σ
y_1	0,1429	0,1429	0,2	0,2	0,2867	0,2857	1		63
y_2	0,2	0,25	0,4	0,5	0,32	0,4		1	95
	-540	-630	-460	-640	-680	-824			

b) Endmatrix (nach 5 Schritten)

	A_{112I}	A_{112II}	A_{511I}	A_{511II}	A_{611I}	A_{611II}	y_1	y_2	Σ
A_{112I}	1		-1	-3	3,5979	2	34.9650	-20	304,2
A_{112II}		1	2,4	4,4024	-1,6	-0,0028	-28	20	136,0
			512	512	256	256	1.259	1.800	250.305

Matrix 22: A_{112}, A_{511}, A_{611}, R_I, R_{II}; ME $\leqq$ 1; T_{Umax} = 220 Std.

a) Ausgangsmatrix

	A_{112I}	A_{112II}	A_{511I}	A_{511II}	A_{611I}	A_{611II}	y_1	y_2	y_3	y_4	Σ
y_1	1	1					1				441
y_2			1	1				1			560
y_3					1	1			1		294
y_4	0,2	0,25	0,4	0,5	0,32	0,4				1	220
	-540	-630	-460	-640	-680	-824					

b) Endmatrix (nach 6 Schritten)

	A_{112I}	A_{112II}	A_{511I}	A_{511II}	A_{611I}	A_{611II}	y_1	y_2	y_3	y_4	Σ
A_{611I}	0,6250		-5	-6,25	1		3,125		5	-12,5	98,0
y_2			1	1				1			560
A_{611II}	-0,6250		5	6,25		1	-3,125		-4	12,5	196,0
A_{112II}	1	1					1				441,0
			264	265			178		100	1.810	506.070

Matrix 23: A_{112}, A_{511}, A_{611}, R_I, R_{II}, H_z; T_{Vmax} = 63 Std., T_{Umax} = 95 Std.

a) Ausgangsmatrix

	A_{112I}	A_{112II}	A_{112z}	A_{511I}	A_{511II}	A_{511z}	A_{611I}	A_{611II}	A_{611z}	y_1	y_2	Σ
y_1	0,1429	0,1429	0,1429	0,2	0,2	0,2	0,2857	0,2857	0,2857	1		63
y_2	0,2	0,25		0,4	0,5		0,32	0,4			1	95
	-540	-630	-130	-460	-640	360	-680	-824	-24			

b) Endmatrix (nach 5 Schritten)

	A_{112I}	A_{112II}	A_{511I}	A_{511II}	A_{611I}	A_{611II}	y_1	y_2	A_{112z}	A_{511z}	A_{611z}	Σ
A_{112z}	0,2		-0,2	-0,6	0,7196	0,4	7	-4	1	1,4	2	60,9
A_{112II}	0,8	1	1,6	2	-1,2784	1,6		4				379,6
	246		522	542	220	236	910	2.001		542	235	247.271

Matrix 24: A_{112}, A_{511}, A_{611}, R_I, R_{II}, H_V; T_{Vmax} = 35 Std., T_{Umax} = 100 Std.

a) Ausgangsmatrix

	A_{112I}	A_{112II}	A_{511I}	A_{511II}	A_{611I}	A_{611II}	y_1	y_2	H_I	H_{II}	Σ
y_1	0,1429	0,1429	0,2	0,2	0,2857	0,2857	1				35
y_2	0,2	0,25	0,4	0,5	0,32	0,4		1	0,4	0,5	100
	-540	-630	-460	-640	-680	-824			-750	-930	

b) Endmatrix (nach 4 Schritten)

	A_{112I}	A_{112II}	A_{511I}	A_{511II}	A_{611I}	A_{611II}	y_1	y_2	H_I	H_{II}	Σ
A_{112I}	1	1	1,4	1,4	2	2	7				245,0
H_I		0,125	0,3	0,55	-0,2		-3,5	2,5	1	1,25	127,5
		4	521	528	250	256	1.155	175		8	227.925

Matrix 25: A_{112}, A_{511}, A_{611}, R_I, R_{II}, H_V; T_{Vmax} = 100 Std., T_{Umax} = 100 Std.

a) Ausgangsmatrix

	A_{112I}	A_{112II}	A_{511I}	A_{511II}	A_{611I}	A_{611II}	y_1	y_2	H_I	H_{II}	Σ
y_1	0,1429	0,1429	0,2	0,2	0,2857	0,2857	1				100
y_2	0,2	0,25	0,4	0,5	0,32	0,4		1	0,4	0,5	100
	-540	-630	-460	-640	-680	-824			-750	-930	

b) Endmatrix (nach 3 Schritten)

	A_{112I}	A_{112II}	A_{511I}	A_{511II}	A_{611I}	A_{611II}	y_1	y_2	H_I	H_{II}	Σ
y_1		-0,0357	-0.0858	-0,1573	0.0571		1	-0,7145	-0,2858	-0,3573	29
A_{112I}	1	1,25	2	2,5	1,6	2		5	2	2,5	500
		45	620	710	184	256		2.700	330	420	270.000

Matrix 26: A_{112}, A_{511}, A_{611}, R_I, R_{II}, H_V; T_{Vmax} = 63 Std., T_{Umax} = 95 Std.

a) Ausgangsmatrix

	A_{112I}	A_{112II}	A_{511I}	A_{511II}	A_{611I}	A_{611II}	y_1	y_2	H_I	H_{II}	Σ
y_1	0,1429	0,1429	0,2	0,2	0,2857	0,2857	1				63
y_2	0,2	0,25	0,4	0,5	0,32	0,4		1	0,4	0,5	95
	-540	-630	-460	-640	-680	-824			-750	-930	

b) Endmatrix (nach 4 Schritten)

	A_{112I}	A_{112II}	A_{511I}	A_{511II}	A_{611I}	A_{611II}	y_1	y_2	H_I	H_{II}	Σ
A_{112I}	1	1	1,4	1,4	2	2	7				441
H_I		0,125	0,3	0,55	-0,2		-3,5	2,5	1	1,25	17,0
		4	521	528	250	256	1.155	1.875		8	250.890

Matrix 27: A_{112}, A_{511}, A_{611}, H_I, H_{II}; T_{Vmax} = 63 Std., T_{Umax} = 95 Std.

unter Berücksichtigung von Opportunitätskosten im Deckungsbeitrag (vgl. Tabelle S. 349).

a) Ausgangsmatrix

	A_{112I}	A_{112II}	A_{511I}	A_{511II}	A_{611I}	A_{611II}	y_1	y_2	Σ
y_1	0,1429	0,1429	0,2	0,2	0,2857	0,2857	1		63
y_2	0,2	0,25	0,4	0,5	0,32	0,4		1	95
	-165	290	-80	-161	298	-74			

b) Endmatrix (nach 2 Schritten)

	A_{112I}	A_{112II}	A_{511I}	A_{511II}	A_{611I}	A_{611II}	y_1	y_2	Σ
A_{112I}	1	1	1,4	1,4	2	2	7		441
y_2		0,05	0,12	0,22	-0,08		-1,4	1	6,8
		455	151	70	628	256	1.155		72.765

Matrix 28: A_{112}, A_{511}, A_{611}, R_I, R_{II}, H_v, H_z; T_{Vmax} = 63 Std., T_{Umax} = 95 Std.

a) Ausgangsmatrix

	A_{112I}	A_{112II}	A_{511I}	A_{511II}	A_{611I}	A_{611II}	y_1	y_2	H_I	H_{II}	A_{112z}	A_{511z}	A_{611z}	Σ
y_1	0,1429	0,1429	0,2	0,2	0,2857	0,2857	1				0,1429	0,2	0,2857	63
y_2	0,2	0,25	0,4	0,5	0,32	0,4		1	0,4	0,5				95
	-540	-630	-460	-640	-680	-824			-750	-930	-130	360	-24	

b) Endmatrix (nach 4 Schritten)

	A_{112I}	A_{112II}	A_{511I}	A_{511II}	A_{611I}	A_{611II}	y_1	y_2	H_I	H_{II}	A_{112z}	A_{511z}	A_{611z}	Σ
A_{112I}	1	1	1,4	1,4	2	2	7				1	1,4	2	441
H_I		0,125	-0,3	0,55	-0,2		-3,5	2,5	1	1,25	-0,5	-0,7	-1	17,0
		4	517	528	250	256	1.155	175		8	35	591	306	250.890

Matrix 29: A_{112}, A_{511}, A_{611}, R_I, R_{II}, B_1, B_2; T_{Xmax} = 16 Std.

a) Ausgangsmatrix

	A_{112I1}	A_{112II1}	A_{112I2}	A_{112II2}	A_{511I1}	A_{511II1}	A_{511I2}	A_{511II2}	A_{611I1}	A_{611II1}	A_{611I2}	A_{611II2}	Y_1	Σ
Y_1	0,1	0,4	0,04	0,16	0,2	0,8	0,08	0,32	0,16	0,64	0,064	0,256	1	16
	-540	-630	-531	-594	-460	-640	-442	-568	-680	-824	-666	-766		

b) Endmatrix (nach 4 Schritten)

	A_{112I1}	A_{112II1}	A_{112I2}	A_{112II2}	A_{511I1}	A_{511II1}	A_{511I2}	A_{511II2}	A_{611I1}	A_{611II1}	A_{611I2}	A_{611II2}	Y_1	Σ
A_{112I2}	2,5	10	1	4	5	20	2	8	4	16	1,6	6,4	40	400
	787	4.675		1.528	2.193	9.970	619	3.676	1.442	7.664	182	2.630	13.263	212.200

Matrix 30: A_{112}, A_{511}, A_{611}, R_I, R_{II}, B_1, B_2; T_{Xmax} = 16 Std., T_{Vmax} = 40 Std.

a) Ausgangsmatrix

	A_{112I1}	A_{112II1}	A_{112I2}	A_{112II2}	A_{511I1}	A_{511II1}	A_{511I2}	A_{511II2}	A_{611I1}	A_{611II1}	A_{611I2}	A_{611II2}	y_1	y_2	Σ
y_1	0,1	0,4	0,04	0,16	0,2	0,8	0,08	0,32	0,16	0,64	0,064	0,256	1		16
y_2	0,1429	0,1429	0,1429	0,1429	0,2	0,2	0,2	0,2	0,2857	0,2857	0,2857	0,2857		1	40
	-540	-630	-531	-594	-460	-640	-442	-568	-680	-824	-666	-766			

b) Endmatrix (nach 5 Schritten)

	A_{112I1}	A_{112II1}	A_{112I2}	A_{112II2}	A_{511I1}	A_{511II1}	A_{511I2}	A_{511II2}	A_{611I1}	A_{611II1}	A_{611I2}	A_{611II2}	y_1	y_2	Σ
A_{112II2}	0,5	3		1	1,2	6,2	0,2	2,2	0,6662	4,6671	-0,1335	1,4667	13,335	-2,3344	39,9
A_{112I2}	0,5	-2	1		0,2	-4,8	1,2	-0,7628	1,3331	-2,6696	2,1331	0,5322	-13,3391	9,3349	240,4
	24	92			359	497	313	322	423	534	386	388	445	3.624	151.271

Adam, Dietrich, Entscheidungsorientierte Kostenbewertung, Wiesbaden 1970.
Albach, Horst, Die Koordination der Planung im Großunternehmen, in: ZfB, 36. Jg. 1966, S. 790-804.
Angermann, Adolf, Entscheidungsmodelle, Frankfurt/M. 1963.
Baumol, William J. und Tibor Fabian, Decomposition, Pricing for Decentralization and External Economies, in: Management Science, Vol. 11 (1964), S. 1-32.
Baur, Hans, Die Kalkulation chemischer Kuppelprodukte, Diss. München 1954.
Bender, Kurt, Pretiale Betriebslenkung, Essen 1951.
Beste, Theodor, Die Verrechnungspreise in der Selbstkostenrechnung industrieller Betriebe, Berlin 1924.
Beste, Theodor, Kuppelprodukte, Kalkulation der, in: HWB, 3. Bd., Stuttgart 1960, Sp. 3628-3635.
Bidlingmaier, Johannes, Unternehmerziele und Unternehmerstrategien, Wiesbaden 1964.
Bidlingmaier, Johannes, Zielkonflikte und Zielkompromisse im unternehmerischen Entscheidungsprozeß, Wiesbaden 1968.
Bierman, Harold, jr., Pricing Intracompany Transfers, in: The Accounting Review, Vol. XXXIV (1959), S. 429-432.
Bierman, Harold, jr., Topics in Cost Accounting and Decisions, New York-San Francisco-Toronto-London 1963.
Böhm, Hans-Hermann, Dynamische Kostensenkung im Betrieb, München 1960.
Böhm, Hans-Hermann, Beeinflussung des Erfolges und der Beschäftigung durch den Verrechnungspreis, in: ZfB, 24. Jg. 1954, S. 141-150.
Böhm, Hans-Hermann und Friedrich Wille, Direct Costing und Programmplanung, 1. Aufl. München 1960 (ab 2. Aufl. 1965 unter dem Titel: Deckungsbeitragsrechnung und Programmoptimierung).
Bouffier, Willy, Die Verrechnungspreise als Grundlage der Betriebskontrolle und Preisstellung, Berlin-Wien 1928.
Brink, Hans-Josef, Zur Planung des optimalen Fertigungsprogramms, dargestellt am Beispiel der Kalkindustrie, Köln/Berlin/Bonn/München 1969.
Buhr, Walter, Dualvariable als Kriterien unternehmerischer Planung, Meisenheim/Glan 1967.
Buhr, Walter, Dualvariable, Opportunitätskosten und optimale Geltungszahl, in: ZfB, 37. Jg. 1967, S. 687-708.
Busch, Adolph, Die Organisation und Buchführung des Eisengießerei- und Maschinenbau-Betriebes, Nordhausen 1854.
Charnes, A. und W.W. Cooper, Management Models and Industrial Applications of Linear Programming, in: Management Science, Vol. 4, No. 1, October 1957, S. 38-61.
Charnes, A., Cooper, W.W. und A. Henderson, An Introduction to Linear Programming, 5. Aufl. New York and London (o. Jg.).
Cook, Paul W., jr., Decentralization and the Transfer-Price Problem, in: The Journal of Business, Vol. XXVIII (1955), S. 87-94.
Dantzig, George B. und Philip Wolfe, Decomposition Principle for Linear Programs, in: Operations Research, Vol. 8 (1960), S. 101-111.
Dean, Joel, Decentralization and Intracompany Pricing, in: Harvard Business Review, Vol. 33 (1955), No. 4, S. 65-74.
Dearden, John, Interdivisional Pricing, in: Harvard Business Review, Vol. 38 (1960), No. 1, S. 117-125.
Dorfman, Robert, Samuelson, Paul A. und Robert M. Solow, Linear Programming and Economic Analysis, New York 1958.
Drebin, Allan R., A Proposal for Dual Pricing of Intra-Company Transfers, in: N.A.A. Bulletin, Vol. XL, No.6, February 1959, S. 51-55.
Engels, Wolfram, Betriebswirtschaftliche Bewertungslehre im Licht der Entscheidungstheorie, Köln und Opladen 1962.
Everling, Wolfgang, Leistungsverrechnung zwischen Fertigung und Vertrieb, in: Kostenrechnungspraxis, Jg. 1958, S. 157-164.
Everling, Wolfgang, Die Bedeutung der internen Preisbildung für die Aussagefähigkeit von Bereichsergebnissen, in: Betriebswirtschaftliche Forschung und Praxis, 14. Jg. 1962, S. 557-566.

Everling, Wolfgang, Interne Preisbildung bei Lieferung gleicher Erzeugnisse an externe und interne Abnehmer, in: Betriebswirtschaftliche Forschung und Praxis, 15. Jg. 1963, S. 446-455.
Everling, Wolfgang, Die Aussagefähigkeit der Erfolgsrechnung unselbständiger Unternehmungsteile, in: Der Betrieb, 18. Jg. 1965, S. 521-524.
Fassbender, Wolfgang, Betriebsindividuelle Kostenerfassung und Kostenauswertung, Frankfurt am Main 1964.
Fleig, Walter, Investitionsmodelle als Grundlage der Investitionsplanung, Diss. Frankfurt a.M. 1965.
Fredersdorff, Friedrich Leopold, Praktische Anleitung zu einer guten Eisenhütten-Oeconomie, Pyrmont 1802.
Funke, Hermann, Kurzfristige Rechnung und Erfolgsspaltung in Maschinen-Fabriken, Bühl-Baden 1935.
Geese, Wieland, Die Steuern im entscheidungsorientierten Rechnungswesen, Opladen 1972.
Gottschalk, C.G., Die Grundlagen des Rechnungswesens und ihre Anwendung auf industrielle Anstalten, insbesondere auf Bergbau, Hütten- und Fabrik-Betrieb, Leipzig 1865.
Gould, J.R., Internal Pricing in Firms When There Are Costs of Using an Outside Market, in: The Journal of Business, Vol. XXXVII (1964), S. 61-67.
Greer, Howard C., Divisional Profit Calculation - Notes on the "Transfer Price" Problem, in: N.A.A. Bulletin, Vol. XLIII, No. 11, July 1962, S. 5-12.
Groh, Josef Walter, Probleme der Kostenrechnung in der Chemiefaser-Industrie, Diss. Frankfurt a.M. 1955.
Gümbel, Rudolf, Die Bedeutung der Leerkosten für die Kostentheorie, in: ZfbF, NF, 16. Jg. 1964, S. 65-81.
Hahn, Dietger, Handels- und steuerrechtliche Zulässigkeit von Konzernverrechnungspreisen, in: Betriebswirtschaftliche Forschung und Praxis, 17. Jg. 1965, S. 342-357 und 438-449.
Hax, Herbert, Die Koordination von Entscheidungen, Köln-Berlin-Bonn-München 1965.
Hax, Herbert, Kostenbewertung mit Hilfe der mathematischen Programmierung, in: ZfB, 35. Jg. 1965, S. 197-210.
Hecker, Wulf, Kurzfristige Erfolgsrechnung im Einzelhandel, Stuttgart 1968.
Heine, Bernd, Grundfragen der Deckungsbeitragsrechnung in der Binnenschiffahrt, Opladen 1972.
Heine, Peter, Direct Costing - eine anglo-amerikanische Teilkostenrechnung, in: ZfhF, NF, 11. Jg. 1959, S. 515-534.
Heinen, Edmund, Betriebswirtschaftliche Kostenlehre, Bd. I: Begriff und Theorie der Kosten, 2. Aufl. Wiesbaden 1965.
Heinen, Edmund, Das Zielsystem der Unternehmung, Wiesbaden 1966.
Hirshleifer, Jack, On the Economics of Transfer Pricing, in: The Journal of Business, Vol. XXIX (1956), S. 173-184.
Hirshleifer, Jack, Economics of the Divisionalized Firm, in: The Journal of Business, Vol. XXX (1957), S. 96-108.
Hirshleifer, Jack, Internal Pricing and Decentralized Decisions, in: Management Controls: New Directions in Basic Research, hrsg. von Charles P. Bonini, Robert K. Jaedicke und Harvey M. Wagner, New York-San Francisco-Toronto-London 1964, S. 27-37.
Höhn, Günter Jürgen, Zum Problem der betriebswirtschaftlich richtigen Linienerfolgsrechnung (Schriften für Verkehr und Technik, H. 50), Berlin 1972.
Hofmann, Gerhard, Die Bedeutung der optimalen Geltungszahl für die Verrechnungspreise in Konzernen, Diss. Tübingen 1958.
Holzer, H. Peter, Direct (Variable) Costing, in: HWR, Sp. 412-418.
Hummel, Siegfried, Wirklichkeitsnahe Kostenerfassung, Berlin 1970.
Jaensch, Günter, Optimale Produktionssteuerung bei unvollständiger Information der Unternehmungsleitung, in: Produktionstheorie und Produktionsplanung, Festschrift für Karl Hax, hrsg. von Adolf Moxter, Dieter Schneider, Waldemar Wittmann, Köln und Opladen 1966, S. 195-229.
Käfer, Karl, Standardkostenrechnung, 2. Aufl. Stuttgart 1965.
Keller, Wayne J. und William L. Ferrara, Management Accounting for Profit Control, 2. Aufl. New York-St. Louis-San Francisco-Toronto-London-Sydney 1966.
Kern, Werner, Kalkulation mit Opportunitätskosten, in: ZfB, 35. Jg. 1965, S. 133-147.
Kilger, Wolfgang, Flexible Plankostenrechnung, 1. Aufl. Köln und Opladen 1961, 4. Aufl. 1970.
Kirsch, Werner, Gewinn und Rentabilität, Wiesbaden 1968.
Koch, Helmut, Die Ermittlung der Durchschnittskosten als Grundprinzip der Kostenrechnung, in: ZfhF, NF, 5. Jg. 1953, S. 303-327.

Kohler, Hanspeter, Betriebsabrechnung und Kalkulation im Gaswerk, Diss. Bern 1951.
Koopmans, Tjalling C., Analysis of Production as an Efficient Combination of Activities, in: Activity Analysis of Production and Allocation, hrsg. von dems., New York-London 1951, S. 33-97.
Kreis, Heinrich, Der Widerstreit der Verrechnungspreiszwecke in der Praxis, in: Archiv für das Eisenhüttenwesen, 4. Jg. 1930/31, S. 449-453.
Kreis, Heinrich, Verrechnungspreisprobleme in Konzernen, in: Der Wirtschaftstreuhänder, 4. Jg. 1935, S. 500-504.
Küng, Hans, Die Anwendung der grundlegenden betriebswirtschaftlichen Erkenntnisse im Rechnungswesen der chemischen Industrie, Basel 1952.
Lawrence, F.C. und E.N. Humphreys, Marginal Costing, London 1947.
Layer, Manfred, Möglichkeiten und Grenzen der Anwendbarkeit der Deckungsbeitragsrechnung im Rechnungswesen der Unternehmung, Berlin 1967.
Layer, Manfred, Die Herstellkosten der Deckungsbeitragsrechnung und ihre Verwendbarkeit in Handelsbilanz und Steuerbilanz für die Bewertung unfertiger und fertiger Erzeugnisse, in: ZfbF, NF, 21. Jg. 1969, S. 131-154.
Lehmann, Max Rudolf, Das Wesen der Verrechnungspreise in Kalkulation und Buchhaltung, in: Betriebswirtschaftliche Rundschau, 1. Jg. 1924/25, S. 220-225 und 249-252.
Lehmann, Max Rudolf, Das Wesen und das System der betriebswirtschaftlichen Verrechnungspreise, in: ZfB, 7. Jg. 1930, S. 721-742, 801-818 und 902-920.
Männel, Wolfgang, Die Wahl zwischen Eigenfertigung und Fremdbezug; Theoretische Grundlagen - Praktische Fälle, Herne/Berlin 1968.
Männel, Wolfgang, Kostenrechnerische Probleme bei der Bewertung gleichartiger Kostengüter verschiedener Herkunft, in: Neue Betriebswirtschaft, 21. Jg. 1968, Nr. 4, S. 7-20.
Männel, Wolfgang, Möglichkeiten und Grenzen des Rechnens mit Opportunitätserlösen, in: Beiträge zur betriebswirtschaftlichen Ertragslehre, Festschrift zum 70. Geburtstag von Erich Schäfer, hrsg. von Paul Riebel, Köln und Opladen 1970, S. 201-245.
Männel, Wolfgang, Die Zurechnung von Erlösen auf parallel arbeitende Betriebsteile, in: Neue Betriebswirtschaft, 24. Jg. 1971, Nr. 7, S. 1-21.
Marple, Raymond P. (Hrsg.), National Association of Accountants on Direct Costing, Selected Papers, New York 1965.
Martin, George Robert, Accounting Data and Their Decision Use: An Empirical Study of Transfer Prices and Their Use in Management Decisions, Ph. D. Diss. University of California, Berkeley 1967.
Merian, J. Rudolf, Die betriebswirtschaftliche Preisbildung der Kuppelprodukte, in: ZfhF, 25. Jg. 1931, S. 225-248 und 289-308.
Michel, Hartmut, Grenzkosten und Opportunitätskosten - zur Diskussion um das Problem Voll- oder Teilkostenrechnung, in: ZfbF, NF, 16.Jg. 1964, S. 82-93.
Münstermann, Hans, Bedeutung der Opportunitätskosten für unternehmerische Entscheidungen, in: ZfB, 36. Jg. 1966, 1. Ergänzungsheft, S. 18-36.
National Association of Cost Accountants (Hrsg.), Direct Costing, N.A.A. Research Series No. 23, New York 1953 (deutsche Übertragung: RKW, Direct Costing. Das Rechnen mit Grenzkosten. Übersetzung eines amerikanischen Forschungsberichts, 1. Aufl. Berlin-Frankfurt-Köln 1960.
National Association of Cost Accountants (Hrsg.), Accounting for Intra-Company Transfers, Research Series No. 30, New York 1956.
Opfermann, Klaus und Heinrich Reinermann, Opportunitätskosten, Schattenpreise und optimale Geltungszahl - ein Vergleich klassischer und moderner Optimalkalküle, in: ZfB, 35. Jg. 1965, S. 211-236.
Pfauter, Michael, Die Erfolgsspaltung, Berlin 1931.
Plaut, Hans-Georg, Wo steht die Plankostenrechnung in der Praxis?, in: ZfhF, NF, 4. Jg. 1952, S. 396-407.
Plaut, Hans-Georg, Die Grenz-Plankostenrechnung, in: ZfB, 23. Jg. 1953, S. 347-363 und 402-413.
Plaut, Hans-Georg, Unternehmenssteuerung mit Hilfe der Voll- oder Grenzplankostenrechnung, in: ZfB, 31. Jg. 1961, S. 460-482.
Plaut, Hans-Georg, Müller, Heinrich und Werner Medicke, Grenzplankostenrechnung und Datenverarbeitung, München 1968.
Poensgen, Otto H., Zentralisation und Dezentralisation im Lichte dreier moderner Entwicklungen, in: ZfB, 37. Jg. 1967, S. 373-394.
Richter, Artur, Verrechnungspreispolitik in Konzernen, in: Zeitschrift für Handelswissenschaft und Handelspraxis, 22. Jg. 1929, S. 234-241.
Riebel, Paul, Die Kuppelproduktion. Betriebs- und Marktprobleme, Köln und Opladen 1955.
Riebel, Paul, Die Gestaltung der Kostenrechnung für Zwecke der Betriebskontrolle und Betriebsdisposition, in: ZfB, 26. Jg. 1956, S. 278-289.
Riebel, Paul, Das Rechnen mit Einzelkosten und Deckungsbeiträgen, in: ZfhF, NF, 11. Jg. 1959, S. 213-238.

Riebel, Paul, Die Preiskalkulation auf Grundlage von "Selbstkosten" oder von relativen Einzelkosten und Deckungsbeiträgen, in: ZfbF, NF, 16. Jg. 1964, S. 549-612.
Riebel, Paul, Kurzfristige unternehmerische Entscheidungen im Erzeugungsbereich auf Grundlage des Rechnens mit relativen Einzelkosten und Deckungsbeiträgen, in: Neue Betriebswirtschaft, 20. Jg. 1967, Nr. 8, S. 1-23.
Riebel, Paul, Die Bereitschaftskosten in der entscheidungsorientierten Unternehmerrechnung, in: ZfbF, NF, 22. Jg. 1970, S. 372-386.
Riebel, Paul, Deckungsbeitragsrechnung, in: HWR, Sp. 383-400.
Riebel, Paul, Kuppelprodukte, Kalkulation der, in: HWR, Sp. 994-1006.
Riebel, Paul, Kuppelproduktion und -Kalkulation, in: Management Enzyklopädie, Bd. 3, München 1970, S. 1243-1265.
Riebel, Paul, Zur Programmplanung bei Kuppelproduktion, in: ZfbF, NF, 23. Jg. 1971, S. 733-775.
Riebel, Paul, Einzelkosten- und Deckungsbeitragsrechnung, Opladen 1972.
Rummel, Kurt, Kosten, Preise, Werte. Eine Zusammenstellung der Schwierigkeiten, Unzulänglichkeiten und Grenzen, aber auch des positiven Gehaltes der Kostenträgerrechnung, in: Archiv für das Eisenhüttenwesen, 10. Jg. 1936/37, S. 419-440.
Schmalenbach, Eugen: Über Verrechnungspreise, in: ZfhF, III. Jg. 1908/09, S. 165-185.
Schmalenbach, Eugen, Mitteilung, in: ZfhF, IV. Jg. 1909/10, S. 355 f.
Schmalenbach, Eugen, Pretiale Wirtschaftslenkung, Bd. 1: Die optimale Geltungszahl, Bremen-Horn 1947; Bd. 2: Pretiale Lenkung des Betriebes, Bremen-Horn 1948.
Schmalenbach, Eugen, Kostenrechnung und Preispolitik, bearbeitet von Richard Bauer, 7. Aufl. Köln und Opladen 1956, ebenso 8. Aufl. Köln und Opladen 1963.
Schmalenbach, Eugen, Gewerbliche Kalkulation, in: ZfhF, NF, 15. Jg. 1963, S. 375-384 (Nachdruck aus: Zeitschrift für das gesamte Kaufmännische Unterrichtswesen, V. Jg. 1902/03).
Schmidt-Sudhoff, Ulrich, Unternehmerziele und unternehmerisches Zielsystem, Wiesbaden 1967.
Schneider, Dieter, Die Theorie der Verrechnungspreise heute, in: Liiketaloudellinen Aikakauskirja (The Journal of Business Economics), II 1967, S. 106-124 (in gekürzter Form unter dem Titel "Abteilungsleiter als Unternehmer?" in: Der Volkswirt, 21. Jg. 1967, S. 275-278).
Schott, Kornelius, Deckungsbeitragsrechnung in der Spedition, Hamburg 1971.
Schütz, Günter, Pretiale Betriebsrechnung, Diss. Mannheim 1960.
Selowsky, Rolf, Der proportionale Satz als Instrument der Kostenauflösung und Preispolitik, Diss. Köln 1955.
Shillinglaw, Gordon, Cost Accounting: Analysis and Control, 1. Aufl. Homewood, Ill. 1961.
Solomons, David, Divisional Performance: Measurement and Control, New York 1965.
Stackelberg, Heinrich von, Grundlagen einer reinen Kostentheorie, Wien 1932 (zuvor veröffentlicht in der Zeitschrift für Nationalökonomie, 3. Jg. 1932, S. 333-367 und 552-590).
Stone, Williard E., Management Practices with Respect to Internal Transfer Pricing in Large Manufacturing Companies, Ph. D. Diss. University of Pennsylvania 1957.
Thaer, Albrecht, Grundsätze der rationellen Landwirtschaft, 4 Bände, Berlin 1809, Erster Band.
Tillmann, Karl-Heinz, Die Bewertung von marktpreislosen Kuppelprodukten in der Kostenrechnung der chemischen Industrie, Diss. Köln 1952 (in den wesentlichen Teilen unter dem gleichen Titel veröffentlicht in: ZfhF, NF, 6. Jg. 1954, S. 156-172).
Vonderreck, R., Kalkulation von Kuppelprodukten in der chemischen Industrie, in: ZfhF, 27. Jg. 1933, S. 617-641.
Weber, Karl, Amerikanisches Direct Costing, Bern und Stuttgart 1970.
White, John Arch., Accounting for By-Products, Co-Products and Joint Products, in: The Journal of Accountancy, Vol. 51, 1931, S. 90-102.
Winkler, Ludwig, Restwertrechnung oder Einzelkostenermittlung in der Kohlenentgasung, in: Gas- und Wasserfach, 79. Jg. 1936, S. 129 ff.
Winkler, Ludwig, Die "mangelhafte" Restwertrechnung (Das Problem der Kuppelprodukten-Kalkulation in der Gaserzeugung), in: Technik und Wirtschaft, 30. Jg. 1937, S. 241-245.
Wright, Wilmer, Direct Standard Costs for Decision Making and Control, New York-Toronto-London 1962.

GPSR Compliance

The European Union's (EU) General Product Safety Regulation (GPSR) is a set of rules that requires consumer products to be safe and our obligations to ensure this.

If you have any concerns about our products, you can contact us on ProductSafety@springernature.com

In case Publisher is established outside the EU, the EU authorized representative is:

Springer Nature Customer Service Center GmbH
Europaplatz 3
69115 Heidelberg, Germany

Batch number: 10809472

Printed by Printforce, the Netherlands